융 기본 저작집 1
정신 요법의 기본 문제

Grundwerk
C. G. Jung

in neun Bänden, herausgegeben von

Helmut Barz, Ursula Baumgardt,
Rudolf Blomeyer, Hans Dieckmann,
Helmut Remmler, Theodor Seifert

Grundwerk C. G. Jung
Grundfragen zur Praxis
by C. G. Jung

Copyright © 1984, Walter-Verlag
Korean Translation Copyright © 2001, SOL Publishing Co.
Korean translation rights arranged with Walter Verlag
through Shin Won Literary Agency.

이 책의 한국어판 저작권은 신원 에이전시를 통해
Walter 사와 독점 계약한 솔출판사에 있습니다.
저작권법에 의해 한국 내에서 보호 받는
저작물이므로 무단 전제와 복제를 금합니다.

| 개정신판 |

Carl
GUSTAV
JUNG

정신 요법의 기본 문제

융 기본 저작집 Grundwerk C.G. Jung 1
한국융연구원 C.G. 융 저작 번역위원회 옮김

「신바빌로니아 제국의 왕 네부카드네자르의 꿈」(『인간 구원의 초상』, 바티칸, 15세기)

일러두기

1. 이 책은 Grundwerk C. G. Jung — Band 1. *Grundfragen zur Praxis*(Walter, 1984)를 완역한 것이다.
2. 이 책의 주석은 본문 뒤에 미주로 두었다.
3. 이 책의 대괄호[ ]는 원서의 표기를 따랐으며, 옮긴이가 보충한 내용은 옛대괄호〔 〕로 구분했다.
4. 인명·지명 등 외국어 고유명사는 2017년에 국립국어원에서 펴낸 외래어표기법을 따라 표기했다. 단, 관습적으로 쓰이는 단어는 그에 따랐다.

융 기본 저작집 한국어판 발간에 부쳐

스위스의 정신의학자이며 분석심리학의 창시자인 칼 구스타프 융의 기본 저작집(전 9권)을 우리말로 옮겨 출간하게 되어 말할 수 없이 기쁘다. 특히 솔출판사가 이 기본 저작집의 한국어판을 스위스 발터출판사와 계약하고 융 저작의 한국어판 번역권자인 본인에게 위임하여 1998년부터 시작한 대규모 번역사업이 드디어 결실을 내놓았다는 점에서 매우 큰 의의가 있다.

발행인의 머리말에서도 밝혔듯이, 발터출판사는 융의 방대한 전집에서 기본 저작들을 고르는 데 적잖은 노력을 기울였다. 우리가 보기에 융의 사상 전체를 포괄하면서도 기본자료로 꼭 필요한 핵심논문들만을 모았기 때문에, 특정 독자층에 국한되지 않고 모든 방면의 전문가들을 융 사상의 심원한 세계로 인도하기에 알맞은 적절한 길잡이라 생각된다.

한국융연구원에서는 번역 작업을 내실 있게 추진하기 위하여 C. G. 융 저작 번역위원회를 구성하여 이를 중심으로 진행했다. 번역위원들은 모두 융의 분석심리학설에 통달해 있고 독일어에 능할 뿐 아니라 우리말 표현력이 뛰어난 전문가들로 구성되었다. 이분들이 각 권의 논문을 분담하여 책임번역한 것을 감수자와 번역위원이 여러 차례의 감수·교정을 거듭해 최대한 독자들이 이해하기 쉬운 문체로 표현하면서도 내용의 정확성을 기하도록 했다. 번역이 얼마나 어려운 일이며 시간과 노력과 책임부담이 들어가는 작업인지는 성실한 번역을 시도하는 사람들만이 안다. 이 책은 '성실한 번역'이 치러야 할 여러 차례의 검증과정을 거친 산물이다. 물론 완전무결하다고 감히 장담할 수는 없다. 그렇지만 우리가 할 수 있는 최선을 다한 번역본임을 자부한다.

대저 서양사상가의 학설을 이해하려면 저작이 쓰여진 그 언어로 읽어야 한다. 그러므로 융의 사상은 독일어로 읽어야 그 진수를 맛볼 수 있다. 독일어가 가진 독특한 어감, 개념상의 함의, 문장의 복잡하고도 치밀한 논리성은 어떤 다른 언어로도 그대로 옮길 수 없다. 영어번역본을 우리말로 옮기는 중역을 천연스럽게 받아들이고 있는 우리의 문화 풍토에서, 융의 기본저작들을 원어에서 직접 번역했다는 당연한 사실이 그래서 작은 자랑거리가 될지도 모르겠다.

이제 이 기본 저작집의 한국어판이 출간됨으로써 융의 분석심리학이 우리 독자들에게 좀더 가까이 다가갈 수 있게 되었다. 이 기본 저작집이 새로운 인간 이해, 새로운 삶의 태도를 갈망하는 많은 사람들의 갈증을 덜어주고 우리 문화를 새로운 각도에서 풍요롭게 할 것임을 믿어 의심치 않는다.

2001년 5월
한국융연구원
C.G. 융 저작 번역위원회를 대표하여 李符永

C. G. 융 기본 저작집(개역판)을 내면서

번역서를 새로 들여다보며 틀린 역어나 어색한 단어와 문장을 찾아서 수정하거나 보완하는 작업은 번역 자체보다 더 어렵고 매우 성가신 작업이다. 그러나 이번에 출판사에서 기존 번역을 다시 살펴볼 수 있게 해준 것은 정말 큰 다행이었다. 적지 않은 부분에서 수정·보완이 이루어졌는데 교정 본래의 성격상 완전무결하다고 장담할 수는 없으나 대체로 온전하다고 할 만큼은 정리되었다. 이 작업은 역자들의 책임감 있는 교열, 역자를 대신하여 꼼꼼하게 살펴준 융학파 분석가 이광자 선생, 영역과 대조하여 다른 점을 지적하여 독일어 번역의 진위를 살펴볼 수 있게 해준 한국융연구원 전문과정 상임연구원들의 열정적인 참여, 그리고 라틴어·그리스어를 비롯해 번역문 중 이해하기 어려운 문장을 지적해준 융학파 분석가 김덕규 선생의 헌신적인 노력 없이는 불가능한 일이었다. 총 감수의 책임을 지고 있는 나로서는 이분들의 도움에 깊이 감사드리지 않을 수 없다.

흥미로운 것은 영·독 대조 결과 영역본보다 우리의 독일어 번역본이 훨씬 융의 언어 표현에 가깝다는 점이다. 융의 독일어는 때론 복잡한 논리의 얽힘으로 머리를 많이 써야 이해할 수 있는 것이 있지만 대체로 표현 방식이 직접적이고 간결하며 비약이 많아서 독자가 문맥을 따라가려면 생략된 것이 무엇인지, 개울에 섬돌을 놓으며 건너가듯이 독자의 직관과 상상력으로 빈 공간을 채우면서 읽어야 한다. 말하자면 융의 말은 덜 친절하고, 수준 높은 독자를 전제로 하고 있는 것 같다. 이에 비해서 영역본은 생략돼 있음직한 것을 찾아서 붙이고 문장을 평이하게 풀어서 독일어 원서보다 읽기 쉬운 반면, 때로는 친절이 과하여 독일어 본문에 있는 것과 다른 단어를 덧붙여서 융이 표현하고자 하는 개념과 다른 내용이 된다든지 전혀 개인적 상상으로 본문에 없는 단어를 덧붙이는 일까지 있다.

나는 이전에 기본 저작집 번역 총 감수의 원칙을 본래 융의 독일어 특유의 표현을 살리고 지나친 의역을 삼가는 데 두었는데, 이번에도 이것을 그대로 고수하여 융의 정신이 융 고유의 언어를 통해 직접 독자들에게 다가갈 수 있게 되도록 노력하였다.

교열해야 할 저작집의 많은 분량으로 작업 기간이 연장되었는데, 이를 쾌히 허락해주시고 인내심 있게 기다려주신 솔출판사 임우기 사장님과 편집부 여러분에게 감사드린다.

이제 이 저서의 깨알 같은 활자의 숲에서 일단 해방된 홀가분함을 이 작업에 참여한 여러 '도반'들과 함께 감사의 마음을 담아 나누고자 한다.

2023. 5.
한국융연구원 C. G. 융 저작 번역위원회를 대표하며
李符永

발행인의 머리말

칼 구스타프 융의 기본 저작집을 출판하는 이유에 대해서는 새삼 길게 말할 필요가 없을 것이다. 융에 대한 독자들의 끊임없는 관심과, 그의 저작의 엄청난 분량 및 다층성은 기본 저작집의 필요성을 제기하기에 충분하리라고 본다.

그러나 광범위한 전집에서 중요한 내용을 선별하고, 그것의 필요성을 명확히 입증하는 데는 여러 가지 어려움이 따를 수밖에 없다. 독자가 융의 저작에 친숙하면 할수록 전체 전집에서 일부를 떼어내어, 그것이 다른 것보다 필수적이라고 설명하는 것은 그만큼 더 어려운 작업이기 때문이다.

그러나 발행인의 역할은 이러한 과제를 수행하는 데 있으며, 이 작업에 간여한 어느 누구도 그 과제를 수행하는 것이 쉽지 않았음을 밝혀두고 싶다. 이 작업에서 모두의 일치된 견해는 선정 작업이 결코 평가와 혼동되어서는 안 된다는 사실이었다. 예를 들어, 융의 초기작인 정신의학적 논문들이 이 기본 저작집에서 완전히 배제된 것은 그 논문들을 낮게 평가해서가 아니라 단순히 그것들이 전집의 대표성이라는 면에서 볼 때 덜 중요하기 때문이다.

융이 현대 정신의학에 어떠한 영향을 끼쳤는가에 관심이 있는 독자라면 이 기본 저작집에서 놀랄 만큼 현대적인 감을 주는 그의 1958년도 논문 「정신분열증(조현병)」만을 볼 것이다. 그러나 독자는 융의 이 글에 자극을 받아 아마도 전집의 1권에서 3권에까지 손을 뻗게 될 것이다.

이 선정에서 학설의 발전사적 관점은 고려되지 않았다. 융 연구의 핵심적인 분야, 즉 그의 연금술에 대한 분석 작업을 선정하는 데는 양적인 이유뿐 아니라 질적인 이유도 있다. 이 기본 저작집에 『심리학과 연금술』은 전문이 들어 있지만, 『아이온Aion』과 『융합의 비의秘儀』 등 두 권이 빠진 것은 이 두 저작의 분량 때문만이 아니라 그 책들이 독자들에게 요구하는 사항이 너무 많기 때문이다. 보통 수준의 관심을 지닌 독자는 이런 요구에 거의 부응하지 못할 것이고, 반면에 특별히 이 주제에 관해 연구하는 사람은 전집에서 그 두 권을 찾아보리라는 것이 발행인의 생각이었다. 그래서 융의 연금술의 상징성에 관한 탐구 과정을 그의 전성기 작업의 직전에서 중단하고, 두 개의 가장 중요하면서도 가장 난해한 저작을 무거운 마음으로 선정에서 보류할 수밖에 없었다.

발행인은 자주 이런 종류의 타협을 해야 했다. 『칼 구스타프 융 기본 저작집』이 되도록 저렴한 값으로 일반 독자들도 쉽게 이해하도록 하기 위해서는 그것을 편성할 때 매정한 결정을 내려야 할 때가 많았다.

그러나 오직 한 경우에는 발행인이 하나의 원칙을 정하였다. 그런 원칙을 적용하면 일하는 것은 수월하겠지만 융의 저작에는 치명적인 상처를 줄 수도 있는 것이었다. 그것은 바로 축소의 원칙이다. 이 기본 저작집에서 줄어든 것은 전집 6권의 『심리학적 유형』이다. 그 밖의 다른 저작들—그것이 논문이든 강연이든 책이든—은 축소 없이 재현했다. 『심리학적 유형』 가운데서는 11장 중 오직 제10장만 받아들였다. 그래서 독자는 이 광범위한 책에서 실질적으로 중요한 결과들을 알 수는 있으나, 융의 연구 방법에 그토록 특징적인, 정신사의 넓은 영역으로 이끌어가는 과정을 더듬어볼 수 없게 되었다. 이 경우에 융의 독자들에게 긴장과 흥분을 불러일으킬 보충설명을 달지 않은 점은 발행인으로서도 어쩔 수 없는 일이었다. 그러나 356페이지를 절약하는 것(전집에서 다시 읽을 수 있는 것들)은 책값 결정에서 중요한 요인이었다. 전집 『심리학적 유형』의 제11장 「정의」는 제외했다. 왜냐하면 그것은 후기 저작의 언어 용법상 이제 더 이상 모든 경우에 적절한 것이 아니기 때문이다.

또한 생략한 것은 융과 프로이트의 정신분석 대결과, 다른 심리학파와의 구별이다. 이에 해당되는 논문들은 융 사상의 발전사를 이해하기 위해서 매우 중요한 것들이기는 하다. 그리고 여기에 관심을 가진 사람이라면 전집 4권 『프로이트와 정신분석』에서 크게 배울 수 있을 것이다. 그러나 발행인에게는 프로이트에 대한 융의 평가와 비판을 함께 담은 추도문인 1939년의 「지그문트 프로이트」가 그의 전집 중에서 질적으로도 우수한 대표격 논문인 듯 생각되었다.

정치, 사회 문제에 대한 융의 인식은 높이 평가되고도 남지만, 여기에 선정된 글로 전체를 조망하기는 어렵다. 그러나 그 의의는 정치, 사회, 경제의 개별적인 문제에 대한 융의 공개적 입장에 있는 것이 아니라, 개별 인간의 개성화 과정에 관한 그의 개념과 그것이 지닌 모든 집단 문제에 대한 암묵적 중요성에 근거를 두고 있다. 이런 이유에서 시대사時代史에 대해 융이 자신의 입장을 밝힌 소수의 논문들은 여기에서 제외되었다. 그 논문들이 다룬 현실성이 부분적으로 퇴색하여 융의 기본 개념을 부각하기보다는 오히려 흐리게 하기에 충분한 것들이었다.

『전집』에 들어 있는 참고문헌은 지면 관계로 포기했다. 그 대신 문헌에 대한 표시는 주석으로 되어 있다. 외국어 인용은 단지 독일어 번역본만을 이용했다. 인용문의 원어는 괄호 속에 표시하였다.

각 권들의 제목은 발행인에 의해서 새로이 작성되어야 했다. 그것은 결코 독창성을 공언하는 게 아니라, 단지 각 권이 어떤 영역에 중점을 두고 있는가를 가리킨다.

발행인과 출판사는 『칼 구스타프 융 기본 저작집』이라는 제목의 의미를 온갖 어려움을 깨끗이 극복한 델포이의 신탁에 쓰일 축약을 내놓는 것이라고 보지 않는다. 바로 융의 저작의 미래성을 잉태한 측면은 오직 독서 작업을 주의 깊게 힘들여 가며 자기의 책임으로 받아들이는 사람에게만 그 길이 열릴 것이다. 여기서 제공하는 기본 저작집이 주의 깊은 독자에게, 먼저 칼 구스타프 융 저작의 기초적인 부분에 그의 작업을 집중할 수 있도록 도움이 되기를 바란다.

발터출판사 발행인

차례

융 기본 저작집 한국어판 발간에 부쳐
007

C. G. 융 기본 저작집(개역판)을 내면서
009

발행인의 머리말
011

◆

실제 정신치료의 기본 원칙
017

정신치료의 목표
043

정신치료와 세계관
067

정신치료의 현재
077

정신치료의 기본 문제
097

제반응의 치료적 가치
115

꿈 분석의 실용성
129

꿈의 심리학에 관한 일반적 관점
161

꿈의 특성에 관하여
219

콤플렉스 학설의 개요
241

심리학적 유형에 관한 개설
259

정신분열증
351

주석
371

◆

C. G. 융의 분석심리학과 국내외의 동향
379

C. G. 융 연보
385

제1권 역자 후기
398

찾아보기(인명)
400

찾아보기(주제어)
402

융 기본 저작집 총 목차
422

번역위원 소개
426

실제 정신치료의 기본 원칙

정신치료는 겨우 지난 50년 동안 발전되어 독립을 이룬 치료술의 한 분야이다. 그동안 이 분야에서 견해들이 매우 다양하게 바뀌어 왔고 분화되었으며, 또한 많은 경험이 축적되면서 온갖 종류의 서로 다른 해석을 불러일으켰다. 그 이유는, 정신치료가 사람들이 처음에 이해했던 것처럼 간단하면서 틀림없는 방법이 아니라 어떤 의미로는 **변증법적 과정**, 즉 두 사람 사이의 대화, 또는 토론임이 점차로 명백해졌기 때문이다. 변증법은 원래 고대 그리스 철학의 대화술의 하나였는데, 예로부터 새로운 합성을 만들어내는 과정을 일컫는 명칭이 되었다. 한 인간은 하나의 정신 체계이다. 그것이 다른 인간에게 작용할 때 다른 정신 체계와 상호 작용을 하게 된다. 의사와 환자 사이의 정신치료 관계에 대한 이러한 가장 현대적인 표현은, 정신치료는 원하는 효과에 도달하기 위해 틀에 박힌 방식으로 누구나 적용할 수 있는 방법이라는 초기의 견해와는 분명 매우 거리가 먼 이야기다. 이러한 예측하지 못했던, 혹은—감히 말하거니와—달갑지 않은 시야의 확대를 가져오게 한 것은 사변적 필요성이 아니고 엄연한 실제 사실들이다. 아마 그것은 무엇보다도 사람들이 경험 자료에 대해서 여러 가지 다른 해석이 가능하다는 사실을 통찰하지 않을 수 없게 되었기 때문일 것이다. 정반대의 견해를 가진 서로 다른 학파들이 생겨났다. 잘 알려진 방법만 들더라도 다음과 같은 것들이 있다. 즉 그것은 리에보와 베른하임의 프랑스식 암시요법인 '의지의 재교육', 바빈스키의 '설득법', 뒤부아의 '합리적 정신교정법', 성욕과 무의식을 강조하는 프로이트의 '정신분석', 권력의지와 의식적 허구를 강조하는 아들러의 '교육적 방법', 슐츠의 '자율적 훈련' 등이다. 이상의 방법들은 각각 나름대로 특유한 심리학적 전제에 근거를 두고 있으며 특유한 심리학적 결과를 만들어내고 있는데, 이러한 방법들을 비교하기란 매우 어려우며 때로는 불가능하다. 그러므로 문제를 더 단순화하기 위해서, 각 관점을 대변하는 사람들은 다른 사람들의 견해를 틀린 것으로 간주하는 경향이 있었다. 그러나 사실을 객관적으로 평가해보면, 이러한 이론과 방법들은 각기 어느 정도의 정당성을 가지고 있음을 알 수 있다. 왜냐하면 각 방법은 어느 정도의 성과뿐 아니라 그때그때의 전제를 광범위하게 증명할 심리학적 사실을 제시하기 때문이다. 우리는 정신치료에서 현대 물리학이 빛에 대한 서로 모순된 두 개의 이론을 제시한 것과 비교될 만한 상황에 직면하고 있다. 물리학에서 이러한 모순이 극복될 수 없는 것이라고 생각하지 않는 것처럼, 심리학에서도 여러 가지의 다른 관점이 있다고 해서 그 모순은 극복될 수 없으며 여러 견해가 단지 주관적이기 때문에 비교할 수 없다고 주장할 근거는 없다. 과학 영역에서의 모순이란 다만 과학의 대상이 예를 들어, 빛의 파장성과 입자성처럼 현시점에서 이율배반으로밖에는 파악할 수 없는 특성을 나타내고 있음을 증명할 뿐이다. 정신은 빛보다 무한히 복잡한 성질을 띠고 있기 때문에 정신의 존재를 충분히 묘사하기 위해서는 수많은 이율배반을 필요로 한다. 기초가 되는 이율배반의 하나는 다음과 같은 문장이다. '정신은 신체에 의존하고 신체는 정신에 의존한다.' 이 이율배반의 두 부분에는 명백한 증거가 있기 때문에 객관적인 판단으로 볼 때 명제These가 반명제Antithese에 대해 우세하다고 받아들일 수는 없다. 타당성 있는 모순이 존재한다는 사실은 연구 대상이 그것을 연구하는 사람의 판단력에 상당한 어려움을 주기 때문에 당분간은 최소한 잠정적, 상대적으로 타당한 진술만 할 수 있을 뿐이라는 것을 증명한다. 즉, 이 진술은 연구 대상이 어떤 종류의 정신 체계와 연관되는지를 제시하는 범위에서만 타당하다. 이리하여 우리는 변증법적 표명에 이르게 된다. 그것이 말하고자 하는 바는, 정신적 영향은 두 정신 체계의 상호 작용이라는 것이다. 정신 체계의 개별성은 무한히 다양하기 때문에 상대적으로 타당한 설명 또한 무한히 다양하게 생겨난다. 만약 개성이 전적으로 특수하다면, 다시 말해 한 개인이 다른 개인과 전적으로 다르다면 과학으로서의 심리학은 존재할 수 없을 것이다. 즉, 심리학은 해결될 수 없는 주관적 견해들의 혼돈으로 이루어질 것이기 때문이다. 그러나 개성은 다만 상대적이므로, 즉 인간의 동형성同型性과 동류성同類性에 비해 다만 보조적인 것이므로 이러한 보편타당한 설명, 곧 과학적 확인이 가능하다. 그러나 이러한 설명은 다만 비교될 수 있고 통계적으로 파악될 수 있는 동형의 정신 체계의 부분에만 관계되는 것이지, 그 정신 체계의 개별적인 것, 일회적인 것에 관계되는 것은 아니다. 심리학에서의 두 번째 기본적 대극은, 개별적인 것은 보편적인 것에 대해 아무 의미도 없고, 보편적인 것은 '개별적인 것에 대해 아무 의미도 없다'는 말이다. 다 알다시피 보편적인 코끼리는 존재하지 않으며, 다만 개별적인 코끼리만 있을 뿐이다. 그러나 코끼리의 보편성과 불변의 다수가 없다면 개별 코끼리도 결코 존재할 수 없을 것이다.

이상과 같은 논리적인 고려는 우리의 주제와 매우 동떨어진 것같이 보일 것이다. 그러나 그러한 고려가 지금까지의 심리학적 경험과의 근본적 대결인 한, 그런 대결을 통해서 대단한 의미를 지닌 실제적인 결론이 나온다. 만약 내가 정신치료자로 환자를 대할 때 의사로서의 권위를 느끼고 그에 따라 환자의 개성에 대해 무엇인가를 알고, 그것에 관해서 효과적으로 설명하기를 요구한다면, 나는 내가 비판할 수 없음을 드러내게 되는데, 왜냐하면 나는 내 앞에 있는 인격체의 전체를 판단할 수 있는 위치에 있지 않기 때문이다. 나는 그의 인격에 관해 보편적이거나 최소한 상대적으로 보편적인 부분에 한해서 타당한 설명을 할 수 있을 뿐이다. 그러나 모든 살아 있는 것은 개별적인 형태로 나타나고, 나는 다른 사람의 개별성에 대해서 언제나 자신의 개별성에서 발견하는 것만을 말할 수 있기 때문에, 나는 다른 사람에게 적합하지 않은 것을 강요하거나 스스로 그런 암시에 넘어갈 위험에 놓이게 된다. 그러므로 내가 개별적인 인간의 정신치료를 하고자 하는 한, 좋든 싫든 간에 모든 권위, 영향을 주고자 하는 마음이나 내가 더 잘 안다는 온갖 마음들을 포기해야만 한다. 어쩔 수 없이 나는 서로의 소견을 비교하는 변증법적 방법을 택해야만 한다. 이것은 다른 사람이 나의 전제로 인해 제약받지 않고 그의 자료를 완전히 표현하는 기회를 갖도록 해줌으로써 가능하다. 이러한 표현을 통해 그의 정신 체계는 나의 정신 체계와 연결되고, 내 고유의 정신 체계 속에서 어떤 작용이 일어나게 된다. 이러한 작용이 내가 개인적인 관점에서 정당하게 환자에게 내세울 수 있는 유일한 것이다.

이와 같은 근본적인 고려는 정신치료자로 하여금 아주 특정한 태도를 갖게 하는데, 그것은 모든 개인적인 치료에서 없어서는 안 될 태도인 듯하다. 왜냐하면 그것만이 과학적으로 책임질 수 있는 것이라 생각되기 때문이다. 이러한 태도에서 벗어난 것은 모두 암시요법을 뜻한다.

암시요법의 기본 원리는 '개별적인 것은 보편적인 것에 대해 아무 의미도 없다'는 것이다. 암시요법은 다른 사람의 개성에 관해 알고 있거나 해석할 수 있다고 주장하고 적용하는 모든 방법을 포함한다. 마찬가지로 원래의 의미에서 기술적인 모든 방법은 암시요법에 속하는데, 여기에서는 하나하나의 대상이 모두 같은 종류라는 것을 전제로 한다. 개인이 중요하지 않다는 명제가 사실인 한, 암시적 방법이나 기술적 방법, 이론적 가정은 어떤 형태로든 가능하며, 보통 사람에게는 성공을 보장하기도 한다. 예를 들어 크리스천 사이언스Christian Science(1870년 미국에서 창설된 기독교의 한 종파. 신앙의 힘으로 병을 고치는 것을 특징으로 함), 정신치유Mental Healing, 사상 교정Thought cure, 치료 교육Heilpädagogik 등 의학적·종교적으로 영향을 주는 여러 가지 기법 외에도 이루 헤아릴 수 없는 많은 주의들이 여기에 해당된다. 심지어 정치 운동까지도 대규모의 정신치료라고 당당히 주장할 권리가 있다. 전쟁의 발발이 많은 강박신경증을 치유해주었고, 기적이 행해졌던 장소는 태곳적부터 신경증적 상태를 사라지게 하였는데, 이와 마찬가지로 크고 작은 민중 운동도 개인에게는 치유적인 영향을 끼친다.

이러한 사실을 가장 탁월하게, 가장 간단하게 표현하고 있는 것은 원시인의 관념, 즉 소위 마나Mana 설說이다. 마나는 보편적으로 널리 퍼져 있는 의료 또는 치유의 힘인데, 이것은 사람이나 동식물을 풍요롭게 하며, 추장이나 메디신맨(呪醫, 의료 주술사)을 마술적으로 강하게 만든다. 레만Alfred Lehmann이 증명한 바와 같이 마나 개념은 비상하게 영향력 있는 것, 특히 깊은 인상을 주는 것과 같은 뜻이다. 그러므로 원시적인 수준에서 무엇이든지 인상 깊은 것은 바로 '의醫, Medizin'인 것이다. 백 명의 수재가 모이면 하나의 얼간이가 된다는 것은 다 아는 사실이다. 그러므로 덕망과 재능은 근본적으로 개인적인 특질이지 대중에게 어울리는 것이 아니다. 사람이 무리를 짓게 되면 항상 군중심리에 휩쓸리는 경향이 있기 때문에 그들은 맹목적으로 '떼 지어 다니는 무리'가 되기도 하며, 또한 폭도 심리에 휩쓸려서 분별없는 잔인성이나 히스테리적인 감상주의에 빠지게 된다. 대중들은 원시적인 특성을 가지고 있기 때문에 기술적인 방법으로 다루어야만 한다. '기술적으로 타당한 방법', 즉 보편적으로 효과가 있다고 인정되고 믿어지는 방법이 아닌 것으로 집단인간을 치료하려는 것은 기술상의 오류이다. 이러한 의미에서 예전의 최면술이나 좀더 이전의 동물자기설動物磁氣說은 기법상 이론의 여지가 없는 요즘의 정신분석이나 또는 원시사회의 메디신 맨의 부적符籍치료와 근본적으로 같은 효과를 거두었다. 그것은 모두 치료자가 당시에 어떤 방법을 믿느냐에 달려 있다. 그 방법에 대한 그의 믿음이 결정적인 것이다. 만약 그가 실제로 그것을 믿는다면 그는 환자를 위하여 진지한 태도와 인내로써 최선을 다할 것이며, 이러한 자발적인 노력과 헌신은 집단인간의 정신적 영토가 도달할 수 있는 만큼 치유 작용을 한다. 그러나 그 한계는 개별적인 것 대 보편적인 것의 이율배반에 의해서 확정된다.

이러한 이율배반은 철학적인 기준일 뿐만 아니라 심리학적인 기준도 된다. 왜냐하면 많은 사람들이 주로 집단적일 뿐 아니라, 집단적인 것에 불과한 것이 되려는 특별한 야망을 갖고 있기 때문이다. 이것은 세간에서 행해지고 있는 교육의 모든 경향과도 일치한다. 그것은 개성과 무법성을 동의어로 표현하는 것이다. 이러한 수준에서는 개인적인 것은 무엇이든지 열등한 것으로 평가되어 억압되고 있다. 그러므로 이런 단계에서의 신경증은 또한 심리적 병독病毒으로서 개인적인 내용과 경향을 나타낸다. 잘 알려져 있다시피 보편적인 것은 개별적인 것과 비교할 때 아무런 의미가 없다는 안티테제에 근거하여 개성을 과대평가하기도

한다. 그러므로 (임상적이 아닌) 심리적인 관점에서 볼 때, 우리는 정신신경증을 두 집단으로 크게 나눌 수 있다. 즉, 개성이 미발달된 집단적인 성격을 띤 사람들로 이루어진 부류와, 위축된 집단적인 적응을 하는 개인주의자들로 이루어진 부류이다. 이에 따라서 치료 태도도 달라진다. 그 까닭은 신경증적인 개인주의자는 자기 마음속에 있는 집단인간을 인정하고 집단적인 적응이 필요하다는 것을 인정하지 않고서는 건강해질 수 없다는 것이 너무나도 명백하기 때문이다. 그러므로 그를 집단적으로 타당한 진실의 수준으로 낮추어주는 것이 올바른 일이다. 다른 한편 정신치료자는 경험을 통해 집단적으로 잘 적응된 사람들이 있다는 사실을 알고 있다. 그들은 건강을 지키기 위해 이성적으로 필요한 모든 것을 가지고 있고, 또 그 모든 것을 가지고 있으면서도 아픈 사람들이다. 그런 사람들을 정상화시키려고 하는 것, 즉 일반적인 수준에 맞추려는 것은 아주 큰 잘못이다. 그런데도 그런 어리석음을 자주 범하고 있다. 그렇게 함으로써 경우에 따라서는 그들 속에 있는 모든 발전 가능한 개성적인 것을 말살한다.

우리가 서론 부분의 개요에서 논의한 바와 같이, 개인적인 것은 일회적인 것, 예측할 수 없는 것, 해석할 수 없는 것이기 때문에 이 경우 치료자는 그의 모든 가정과 기법을 포기해야만 하고, 모든 방법을 피하는 태도를 취하면서 순수한 변증법적 과정에만 국한시켜야 한다.

독자들은 내가 처음에 변증법적 방식이 정신치료의 가장 새로운 발전 단계라고 소개했음을 알고 있을 것이다. 나는 이제 내 말을 수정해서 이 방법을 제자리에 올려놓아야겠다. 이것은 다만 이전의 정신치료 이론과 실제를 계속 발달시킨 것이라기보다는 오히려 될 수 있는 대로 편견 없는 태도를 갖기 위하여 이전의 것을 완전히 포기하는 것을 말한다. 바꾸어 말하면 치료자는 이제 행동하는 주체가 아니고 개인의 발달 과정에서 함께 체험하는 자Miterlebender인 것이다.

나는 이러한 깨달음이 마치 하늘에서 곧바로 우리에게 떨어진 것처럼 저절로 이루어진 것이라는 인상을 주고 싶지 않다. 그것은 그 나름의 역사를 가지고 있다. 분석가 자신도 분석되어야 한다고 처음으로 제안한 것은 나지만, 분석가도 역시 콤플렉스를 가지고 있어서 하나 혹은 몇 개의 맹점을 갖게 되고 또한 그만큼 많은 편견을 갖게 된다는 귀중한 인식은 주로 프로이트 덕분이었다. 정신치료자는 자신의 고유한 인격을 도외시한 채 구름(높은 곳)과 강단에서 더 이상 환자를 해석할 수도, 인도할 수도 없었으며, 치료자 자신의 특이성이나 특수한 태도가 환자의 병을 회복시키는 데 방해가 된다는 사실을 여러 증례症例들을 통해서 깨달음으로써 이러한 통찰을 얻게 되었다. 치료자가 그런 점을 스스로 받아들이고자 하지 않기 때문에 여기에 대해 분명한 통찰을 갖지 않으면 환자가 의식화하는 것을 방해하고자 시도하는데, 물론 이것은 환자에게 커다란 손해가 되는 것이다. 분석가가 반드시 분석을 받아야 된다는 요구는 변증법적 방식이라는 생각에서 그 절정을 이루는데, 거기에서 치료자는 묻는 자일 뿐 아니라 대답하는 자로서 다른 정신 체계와의 관계 속으로 들어간다. 그는 이미 우월한 자도 많이 아는 자도 아니고, 재판관이나 충고를 주는 사람도 아니며 함께 체험하는 자로서, 환자라고 부르는 사람과 마찬가지로 변증법적 과정 속에 속해 있는 것이다.

변증법적 방식이라는 생각을 갖게 된 또 다른 근원은 **상징적 내용이** 여러 가지로 다양하게 해석될 수 있다는 사실에 있다. 질버러[1]는 정신분석적 해석과 영묘한anagogische 해석으로, 나는 분석적-환원적 해석과 합성적-해석학적인 해석으로 구분했다. 이것이 무엇을 뜻하는지를 상징적 내용이 풍부한 원천의 하나인 부모상父母像에 대한, 이른바 유아적인 고착의 예를 들어 설명하려고 한다. 분석적-환원적 견해는 관심 (소위 리비도)이 퇴행하여 유아적인 잔재로 거꾸로 흘러서 거기에 고착되거나 혹은 그것에서 결코 벗어나지 못했다고 주장한다. 반대로 합성적인 또는 영묘한 견해는 발전할 수 있는 능력을 가진 인격 부분이 중요한데 이것은 유아적인 상태에 있다, 말하자면 아직 모태 속에 있다고 주장한다. 두 가지 해석이 모두 맞다고 볼 수도 있으며, 그것이 본질적으로 같은 것으로 귀결된다고 말할 수도 있을 것이다. 그러나 우리가 어떤 것을 퇴행적으로 해석하느냐, 전행적前行的으로 해석하느냐에 따라 실제 치료는 엄청난 차이가 난다. 둘 중 하나를 정확히 결정한다는 것은 경우에 따라서는 쉬운 문제가 아니다. 심지어 우리는 이러한 의문에 직면해서 어떻게 해야 할지 모르는 경우가 많다. 틀림없이 한 가지로만 해석할 수 없는 본질적 내용이 존재한다는 확인은 이론이나 기법을 별생각 없이 아무렇게나 적용하는 것의 문제점을 부각시켰고, 변증법적 방식의 치료법을 그것이 더 세밀한 것이든 더 조잡한 것이든 암시요법의 방식과 비교하는 데 기여해왔다.

프로이트로부터 시작된 정신치료의 문제점의 분화와 심화는 결국 의사와 환자 사이의 최후의 대면은 의사의 인격을 포함시켜 생각해야 한다는 결론에 도달할 수밖에 없다. 예전의 최면술이나 베른하임의 암시요법은 이미 그것을 충분히 알고 있었다. 즉, 치료 효과는 한편으로는 의사와 환자의 치료적 상호 관계Rapport(프로이트의 용어로는 전이轉移)에 의해 좌우되며, 다른 한편으로는 의사의 인격에서 우러나는 설득력과 관찰력에 의해 좌우된다는 것이다. 의사와 환자의 관계에서는 두 개의 정신 체계가 상호 작용을 하므로 정신치료의 현상에 대해서 깊이 통찰해보면, 개성이 간과할 수 없는 사실인 경우, 결국 의사와 환자 관계가 변증법적 과정이어야만 한다는 결론에 도달하게 된다.

이러한 인식이 옛날의 정신치료 형태에 비해서 매우 근본적인 관점의 전환을 필요로 한다는 점은 말할 것도 없이 명백하다. 오해를 피하기 위해서, 이러한 관점의 변화가 지금까지 존재해온 방법들이 불필요하고 옳지 않으며 시대에 뒤떨어진 것이라고 비난하는 것은 결코 아님을 우선 말해두고자 한다. 왜냐하면 정신의 본질을 더 파고들어 갈수록 인간의 본질이 다양하고 여러 층으로 이루어졌기 때문에 정신적 성향의 다양성을 만족시키기 위해서는 더욱 다양한 관점과 방법이 필요하다는 확신이 더욱더 절실해지기 때문이다. 그러므로 건전한 인간 이성이 약간 결여된 단순한 환자들에게 그의 충동 체계의 복잡한 분석을 받도록 한다거나, 심지어 혼란스럽고 미묘한 심리학적 대화에 노출시키는 것은 쓸데없는 일이다. 마찬가지로 분명한 것은 복잡하고 정신적으로 높은 경지에 있는 사람들에게 좋은 취지의 조언이나 암시, 그리고 이런저런 체계로 귀의시키려고 시도해도 잘될 리가 없다는 사실이다. 그러한 경우에 의사가 할 수 있는 최선의 방법은 치료자가 가진 모든 방법론적인 도구나 이론은 제쳐두고, 치료자의 인격이 환자에게 길잡이가 되기에 충분하다고 확신하는, 오직 이 사실에 대한 신뢰를 갖는 것이다. 동시에 치료자는 환자의 지능이나 감수성, 또는 인격의 넓이와 깊이가 경우에 따라서는 자신보다 뛰어날 가능성에 대해서도 진지하게 고려해야만 한다. 그러나 모든 경우에서 변증법적 과정의 최고 규칙은 환자의 개성도 의사와 마찬가지로 똑같은 가치와 존재 이유를 가졌고, 환자에게 일어나는 모든 개인적인 발전은 그들이 스스로 수정하지 않는 한 타당한 것으로 여겨져야 한다는 사실이다. 사람이 단순히 보편적인 경우, 그는 암시에 의해서 이전의 그와는 다른 존재처럼 보일 만큼 변화될 수 있다. 그러나 그가 개인적인 경우에는 그는 오직 현재 그렇게 있고 또한 항상 그래 왔던 사람이 될 수 있을 뿐이다. '치유'는 병자를 건강한 사람으로 바꾸는 것을 의미하는 만큼의 변화를 말한다. 이런 변화가 가능한 경우라면, 다시 말해 변화로써 인격의 희생을 너무 많이 요구하지 않는 경우에, 우리는 환자를 치료적으로 변화시켜야 할 것이다. 그러나 환자가 변화를 통한 치유가 너무 큰 인격의 희생을 의미하는 것임을 알게 될 때, 의사는 변화시킨다거나 치유하려는 욕구를 포기할 수 있고 또 포기해야 할 것이다. 그는 환자의 치료를 거절하든지 아니면 변증법적인 방법을 따라야 한다. 후자의 경우는 생각보다 자주 발생한다. 나의 임상 경험 중에도 변화시키려는 진지한 시도에도 불구하고 윤리적인 이유로 이에 완강히 저항하는, 아주 학식 있고 지성적이며 개성이 뚜렷한 사람들이 많았다. 이러한 모든 경우에 의사는 개인적인 치유의 길을 열어주어야 한다. 이때의 치유란 인격에 아무런 변화도 초래하지 않을 것이며, 그것은 우리가 '개성화個性化'라고 부르는 과정이 될 것이다. 따라서 환자는 본래의 그가 된다. 심지어 그는 최악의 경우에 그의 신경증을 감수하게 될 것이다. 왜냐하면 그는 병의 의미를 이해했기 때문이다. 자신의 신경증적 증상에 감사하는 것을 배웠다고 나에게 고백한 사람은 한두 명이 아니다. 왜냐하면 그런 증상은 하나의 기압계처럼 언제 어디서 그가 자신의 개인적인 길을 벗어났는지, 또 언제 어디서 중요한 문제를 무의식에 남겨놓았는지를 보여주었기 때문이다.

 비록 새롭게 분화된 방법들이 생겨나 예기치 못하게 한없이 복잡한 정신적인 관련성에 눈을 뜨게 되고, 그 가치가 이론적으로 널리 인정되었음에도 불구하고, 그것들은 분석적-환원적 입장에만 한정되어 개인적인 성질의 발전 가능성을, 예를 들어 성욕설과 같은 어떤 일반적 원리로 환원함으로써 덮어버렸다. 개성화의 현상이 아직까지도 거의 초보적인 단계에 머물러 있는 주된 이유가 바로 여기에 있다. 이와 같은 사정이 다음에 내가 심리학적 연구를 좀더 자세히 논하는 이유를 설명해줄 것이다. 나는 개성화의 개념을 경험 재료 자체를 가지고 거기 드러난 무의식의 현상을 제시하는 것 이외에 달리 소개할 방법이 없다. 왜냐하면 한 개인의 발전 과정에서 우리들의 관심을 끄는 것은 무엇보다도 무의식이기 때문이다. 이렇게 하는 좀더 깊은 이유는 신경증 환자의 의식적인 태도가 부자연스러울 정도로 일방적이기 때문에 무의식의 보조적, 보상적인 내용에 의해서 균형을 이루어야만 한다는 데서 찾을 수 있다. 이런 경우에 무의식은 의식적인 마음의 일방성을 교정하는 데 특별한 의미가 있다. 그래서 꿈이 보내주는 관점과 자극을 관찰할 필요가 있는 것이다. 왜냐하면 이런 무의식의 관점이나 자극은 이전부터의 규칙, 즉 예로부터의 견해나 관습, 지적 및 도덕적 성질의 편견 등, 이전의 집단적 규범이 있는 곳에서 생기기 때문이다. 개별적으로 추구하는 길은 그 개체 고유의 법칙을 아는 데에 달렸다. 그렇지 않으면 의식의 자의적인 견해에 빠져서 길을 잃게 되고, 개별적 본능의 모체로부터 떨어져 나가게 된다.

    현재까지 우리가 알고 있는 한, 생명체가 구축되고 개별적인 형성을 해나갈 때 나타나는 생명의 충동은 마치 무의식에서 어떤 하나의 과정을 만들어내거나, 무의식이 부분적으로 의식화되면서 잇대어 맞춘 것과 같은 일련의 상(像)으로 나타나는 그러한 것이다. 본래 자기 내면을 성찰할 수 있는 능력을 가진 사람은 별 어려움 없이 이러한 자율적이고 자발적인 일련의 상(像)을 적어도 그 단편이라도 지각할 수 있다. 그것은 대개 시각적인 형태로 지각된다. 이때 이들은 마치 자신이 이러한 환상을 만들어낸 것 같은 잘못된 생각에 빠지는 경우가 있는데, 사실은 그들이 이러한 환상을 만들어낸 것이 아니라 그것이 그들에게 **떠오른 것**이다. 환상의 조각이, 적지 않은 예에서 볼 수 있듯이 잊혀지지 않는 어떤 음률이나 공포스러운 관념, 또는 소위 상징적 틱tics처럼 강박적 특성을 갖는다면 이러한 공상의 불수의성不隨意性을 더 이상 부정할 수 없게 될 것이다. 무의식적인 일련의 상에 보다 가까이 있는 것이 꿈이다. 만약 그것을 장기간 연속적으로 관찰하면 놀랍게도 많은 무의식적인 일련의 연속적인 상의 흐름을 명확하게 인식할 수 있다. 연속성은 이른바 주제의 반복으로 나타난다. 이에 해당되는 것은 사람이나 동물, 사물, 상황일 수 있다. 일련의 상들의 연속성은 그러한 주제가 장기간의 연속적인 꿈에서 반복되어 나타나는 것에서 표현된다.

내 환자 중의 한 사람이 두 달 이상에 걸쳐서 연속적으로 꿈을 꾸었는데, 26개의 꿈에 물의 주제가 나타났다. 첫 번째 꿈에는 육지에 부딪히며 밀려오는 파도가 나타났는데, 두 번째 꿈에는 거울처럼 빛나는 바다 풍경이 나타났다. 세 번째 꿈에서는 자신이 해변가에서 물 위에 떨어지는 비를 바라보고 있다. 네 번째는 먼 나라를 여행하는 꿈을 꾸었는데, 이는 항해를 간접적으로 암시하는 것이었다. 다섯 번째 꿈에서는 미국 여행 중이었고, 여섯 번째는 물동이에 물을 쏟는 꿈을 꾸었다. 일곱 번째는 새벽에 끝없는 바다를 내다보고 있는 꿈이었고, 여덟 번째는 자신이 배에 타고 있었다. 아홉 번째는 멀리 떨어진 원시의 나라로 여행하였고, 열 번째는 다시 배에 타고 있는 꿈이었다. 열한 번째는 강을 따라 아래로 내려갔고, 열두 번째는 시냇물을 따라 걸었다. 열세 번째는 증기선 위에 있었으며, 열네 번째는 "이것이 바다로 가는 길이다. 우리는 바다로 가야만 한다"고 외치는 소리를 들었다. 열다섯 번째는 미국으로 가는 배 위에 있었고, 열여섯 번째는 다시 배 위에 있었다. 열일곱 번째는 자동차를 타고 배 쪽으로 운전하였고, 열여덟 번째는 배 위에서 천문학적인 지표면상의 위치 결정을 하였다. 열아홉 번째는 라인강을 따라 내려갔고, 스무 번째는 섬 위에 있었고, 스물한 번째는 다시 어떤 섬에 있었다. 스물두 번째는 어머니와 함께 강을 따라 항해하였고, 스물세 번째는 해변에 서 있었다. 스물네 번째는 물속으로 가라앉은 보물을 찾으려고 하였으며, 스물다섯 번째는 자신의 아버지가 자기에게 물의 근원인 땅에 대해서 말하고 있었다. 마지막으로 스물여섯 번째 꿈에는 큰 강으로 흘러가는 작은 강을 따라 아래로 걸었다.[2]

이상의 꿈의 예는 무의식적인 주제의 연속성을 예시해주고 있으며, 주제를 통계적으로 확인하는 방법도 보여준다. 수많은 비교를 통하여 물의 주제가 실제로 무엇을 가리키는지 알아낼 수 있고, 유사한 연속적인 꿈에서 주제의 해석이 가능해진다. 바다는 항상 모든 정신적인 삶의 근원지이며 집합지를 의미하므로, 이른바 **집단적 무의식**을 뜻한다. 움직이는 물은 생명의 흐름 또는 에너지의 낙차 등을 뜻한다. 모든 주제의 밑바탕에 깔린 생각은 **원형적인 특성**, 즉 상징적인 원상源像의 시각적인 표상인데, 그것 위에서 인간 정신이 구축되었고 분화해왔다. 이러한 원초적인 상像을 정의하는 것은―모호하다는 말을 쓰지 않는다면―매우 어렵다. 지나치게 한정된 모든 지적 표현 양식은 그 원형상의 광범위한 본질을 앗아가 버린다. 그것은 명확성을 필요로 하는 과학적 개념이 아니라 최고로 보편적인 원시적 정신의 원초적 관觀으로서, 이것은 특수한 내용을 표시하는 것이 아니라 관계의 풍성함 때문에 의미가 있는 것이다. 레비-브륄Lucien Lévy-Bruhl은 그것을 **집단표상**이라고 부르고 위베르Henri Hubert나 모스Marcel Mauss는 **환상의 선험적 범주**라 불렀다.

보다 긴 연속적인 꿈에서는 주제가 자주 바뀐다. 앞서 예시한 마지막 꿈을 꾼 후에 물의 주제는 점차 후퇴하여 새로운 주제에 자리를 내주어 미지의 여인이 등장한다. 일반적으로 여성에 대한 꿈을 꿀 때 그 여성은 꿈꾼 사람이 알고 있는 경우가 많다. 그러나 간간이 여성이 나타나는 꿈이 있는데, 이 여성은 결코 아는 사람이 아니고 분명히 미지의 인물로 꿈에 등장한다. 이러한 주제는 아주 흥미 있는 현상학으로서 나는 일련의 꿈을 가지고 그 특징을 설명하고자 하는데, 그 꿈은 3개월 이상에 걸쳐 계속되었다. 이 연속적인 꿈에서 그 주제는 무려 51번 이상이나 등장한다. 처음에 그것은 많은 수의 모호한 여성상들로 나타났고, 다음에는 한 여인의 모호한 모습으로 나타났는데, 그녀는 계단에 앉아 있었다. 그녀는 베일로 얼굴을 가리고 있었는데, 베일을 젖히자 그녀의 얼굴은 태양처럼 빛났다. 그러고 나서 그녀는 알몸이 되어 지구의 위에 뒤로 돈 채 서 있었다. 이어서 그녀가 춤추는 요정의 무리 속으로 사라졌다가, 다시 성병에 걸린 창녀들의 무리 속으로 사라졌다. 잠시 후에 이 미지의 여인은 한 개의 공 곁에 나타났고, 꿈꾼 사람은 그녀에게 돈을 주었다. 그런 후 그녀는 매독 환자로 나타났다. 이 순간부터 이 미지의 여인은 꿈에 자주 나타나는 이른바 이중의 주제와 결합하기 시작한다. 한 야만인이, 아마 말레이시아 여자인 듯한데 둘로 나타난다. 그녀는 포로였음에 틀림이 없다. 그러나 지구의에 서 있는 나체의 금발 여인이기도 했으며, 빨간 모자를 쓴 젊은 처녀이거나 아이 보는 소녀, 혹은 노파이기도 했다. 그녀는 아주 위험스러운 강도단 중의 한 사람이기도 하고, 완전한 인간 같지 않고 어떤 추상적 관념 같기도 하다. 그녀는 안내자로서 꿈꾼 사람을 높은 산으로 데려간다. 그러나 그녀는 황새나 펠리컨 같은 새와 같을 수도 있다. 그녀는 한 남자를 잡아두려고도 한다. 그녀는 금발이고 미용사의 딸이기도 하다. 또한 그녀에겐 분명 숨겨둔 검은 피부의 인도인 여동생도 있다. 금발의 등산 안내인으로서 그녀는 꿈꾼 사람에게 여동생의 심혼心魂의 일부가 그녀의 것이라고 알려준다. 그녀는 그에게 편지를 쓰지만 다른 남자의 아내이다. 그녀는 말이 없고, 아무도 그녀에게 말을 걸지 않는다. 그녀는 때로는 검은 머리카락을, 때로는 흰 머리카락을 가지고 있다. 그녀는 꿈꾼 사람이 모르는 독특한 환상을 한다. 아마도 그녀는 아버지의 알려지지 않은 아내이지만 그의 어머니는 아니다. 그녀는 여자로 변신하는 어떤 목소리이다. 그녀는 그와 함께 비행기로 여행하는데, 비행기가 추락한다. 그녀는 그에게 자신이 깨어진 항아리의 한 조각이라고 말한다. 아마도 그녀가 부분 영혼이라는 말인 듯하다. 그녀에게는 모스크바의 감옥에 갇혀 있는 오빠가 있다. 어두운 모습의 그녀는 하녀인데, 바보 같아서 사람들이 그녀를 잘 돌봐주어야 한다. 그 미지의 여인은 가끔 둘로 나타나 그와 함께 등산을 간다. 한번은 이 금발의 등산 안내인이 환영으로서 그에게 나타난다. 그녀는 그에게 빵을 갖다주고, 종교적인 이념에 골몰하고, 그가 가야 할 길을 알고 있다. 그는 그녀를 교회에서 만난다. 그녀는 그에게 영적 안내자이다. 그녀는 마치 어두운 상자에서 밖으로 나오는 것처럼 보이며 스스로 개에서 여인으로 변신할 수도 있다. 한번은 심지어 원숭이로 나타난다. 꿈꾼 사람은 꿈속에서 그녀의 초상을 그린다. 그러나 종이에 나타난 것은 추상적이며 상징적인 표의문자表意文字이다. 그것은 흔히 나타나는 주제인 삼위성三位性을 내포하고 있다.

이 미지의 여인의 주제는 극도의 모순으로 가득 찬 성격을 가진 이미지여서 실제로 정상적인 여성적 존재와 관련시킬 수 없는 모습이다. 오히려 그것은 비현실적인 상상의 동물, 현란한 성격을 가진 일종의 선녀나 요정을 묘사하고 있다. 잘 알다시피 나쁜 요정과 좋은 요정이 있다. 그들은 동물로 변할 수도 있고, 보이지 않게 할 수도 있으며, 나이를 알 수 없어서 때로는 젊은이가 되었다가 때로는 늙은이로 나타나기도 한다. 그들은 부분 영혼의 특징을 가진 요정의 성질을 띠며, 유혹적이고 위험하며 탁월한 지식을 가지고 있다. 그러므로 우리는 이러한 주제가 신화에서 발견되는 표상과 비슷하다고 주장해도 틀림이 없을 것이다. 우리는 신화에서 이러한 요정들을 여러 가지 모습으로 만나게 된다. 그들은 그리스 로마의 요정, 산의 요정, 바람의 요정, 물의 요정, 게르만의 바다의 요정, 숲의 여인, 중세 민간의 처녀 귀신, 그리스 신화의 흡혈여귀, 흡혈귀, 마녀 등이다. 사실 모든 신화적인 우화의 세계는 꿈과 마찬가지로 무의식적인 환상의 소산이 아니었던가! 이런 주제는 흔히 물의 주제를 대신하는 것으로 나타난다. 일반적으로 물이 무의식을 의미하는 것처럼 미지의 여인상은 무의식의 의인화인데, 나는 그것을 '아니마Anima'라고 부른다. 이 이미지는 원칙적으로 남성에게서만 발견되며, 무의식의 성질이 환자에게 문제되기 시작할 때 비로소 뚜렷이 나타난다. 무의식은 남성에게서는 여성적인 징후를, 여성에게서는 남성적인 징후를 갖는다. 그러므로 남성에게서의 무의식의 의인화는 위에 기술한 여러 종류의 여성적 존재들이다.

이 강연의 범위는 내가 개성화의 과정에서 나타나는 모든 주제들, 즉 환자의 자료가 집단인간에게만 적용될 수 있는 보편적 전제로 더 이상 환원될 수 없을 때 나타나는 주제들을 기술하는 것을 허용치 않는다. 우리들이 신화에서 발견할 수 있는 주제는 수없이 많다. 그러므로 우리는 개인의 정신적 발달은 옛날의 우화적 세계처럼 보이는 어떤 것을 만들어내고 있다고 말할 수 있을 뿐이다. 따라서 개인적인 길이 마치 인간의 태고 시대로 역행하는 것처럼 보이고, 또 정신적 발달사 속으로 뒷걸음질 치는 것 같고, 그래서 매우 부적당한 일이 일어나고 있어 그것이 치료적인 영향을 가로막고 있는 것 같은 인상을 주는 것은 이해할 만하다. 때로는 신화적 이미지가 우글거리는 정신분열증(조현병)의 망상형과 같은 정신병적 장애에서 유사한 것들을 관찰할 수 있다. 그것이 혼돈된, 병적인 환상의 세계로 이끄는 어떤 잘못된 발달 과정이 아닐까 하는 두려움이 있다. 이러한 종류의 발달은 사회적인 인격이 확고하지 못한 사람에게는 위험스럽다. 결국 모든 정신치료적 개입이 때로는 잠재성 정신병을 만나서 이것을 눈에 띄는 정신병의 단계로 유도할 수도 있다. 그러므로 정신치료적 방법으로 무비판적이고 아마추어적인 장난을 하는 것은 위험하며, 사람들이 시급히 이런 것에서 손을 떼도록 말려야 한다. 특히 정신의 신화적 층이 노출될 때 이 일은 더욱 위험해진다. 왜냐하면 이 내용은 대개 환자를 대단히 매혹하기 때문이다. 그 작용은 신화적 표상이 인류에게 끼친 엄청난 영향을 이해하게 만든다.

건강 회복의 과정은 이러한 힘을 그 목적을 위해 동원하는 것 같다. 즉, 그 고유의 상징성을 지닌 신화적 표상들은 우리의 이성, 의지, 선의가 결코 이르지 못하는 인간 심혼의 심층, 역사적인 근본으로 파고든다. 왜냐하면 이러한 표상들은 마음의 심층에서 유래한 것이고 오늘날 우리의 이성이 이해 못 하는, 그러나 인간의 가장 깊은 내면을 움직이게 하는 언어로 말하고 있기 때문이다. 그러므로 처음에는 퇴행처럼 보이는 과정이 오히려 '더 잘 도약하기 위한 후퇴'이며, 발달 과정에서 새로운 질서를 만들도록 영향을 주는 힘의 축적과의 통합인 것이다.

이러한 단계에서의 신경증은 평범한 합리적인 방법으로는 해결할 수 없는, 전적으로 심적인 고통이다. 그런 까닭에 정신치료자들 중에는 모든 것이 실패했을 때, 기존의 종교나 또는 종파를 그들의 마지막 피난처로 생각하는 사람이 상당히 많다. 나는 이러한 노력들이 쓸데없는 것이라고 생각하지는 않는다. 오히려 그들이 매우 올바른 본능에 기초를 두고 있고, 오늘날의 종교가 아직도 신화시대의 생생한 잔재를 내포하고 있음을 강조해야겠다. 정치적인 주의主義가 경우에 따라 신화로 손을 뻗는 사실은 나치의 스바스티카 표지 卐나 '게르만기독교인

Deutsche Christen'과 독일 신앙운동에서 가장 분명하게 증명되고 있다. 구원의 상징을 갖고 있는 기독교뿐만 아니라 모든 종교, 원시인의 주술적 종교 형태까지도 심혼의 고통과 심적인 원인으로 생긴 육체적 고통을 치료하고 고치는 정신치료이다. 오늘날의 의학에 얼마나 많은 암시 치료가 들어 있는지에 대해서는 나의 판단을 표명하지 않겠다. 매우 부드럽게 표현해서 실제 치료에서 이른바 정신적 요인들의 고려는 결코 나쁜 일이 아니다. 의학의 역사는 바로 이러한 관점에서 매우 시사하는 바가 크다.

그러므로 어떤 의사들이 어떤 종교의 신화적인 표상들을 다시금 사용한다 해도 그들은 역사적으로 정당한 일을 하는 셈이다. 그러나 그들은 종교에 포함되어 있는 신화적 잔재가 아직 생생하게 살아 있는 환자에게만 이것을 실행할 수 있다. 이러한 환자들에게는 신화적 표상을 필수적으로 필요로 하는 순간이 오기까지는 합리적 치료가 적당하다. 만약 내가 실제로 믿음을 갖고 교회에 다니는 가톨릭 교인을 치료한다면, 나는 항상 그들로 하여금 교회의 고백과 은총을 받는 방법에 의지하도록 지시한다. 그것은 신앙심이 깊은 개신교도들의 경우에는 고해나 참회식이 없기 때문에 보다 어렵다. 그러나 더 현대적인 개신교는 소위 옥스퍼드 집단 운동이라는 안전판을 가지고 있다. 이 운동은 고해를 대신해서 평신도 고백을, 그리고 면죄 대신에 공동체의 체험을 제공하고 있다. 내 환자 중 일부는 나의 전적인 동의 아래 이 운동에 참여해오고 있다. 이와 마찬가지로 몇 사람은 가톨릭 신자가 되었거나 최소한 전보다 더 독실한 가톨릭 교인이 되었다. 이 모든 경우에 변증법적인 방법을 적용하는 것을 삼갔는데, 그 까닭은 환자의 필요를 넘어서 개인적인 발전을 촉진할 목적이 전혀 없기 때문이다. 만약 환자 자신이 정치적인 신조를 포함한 현존하는 어떤 신조의—정치적인 신조를 포함해서—틀 안에서 인생의 의미와 또 환자의 불안과 마음의 분열을 치유할 수 있다면 의사는 그것으로 족하다. 결국 의사의 주된 관심은 주로 치유된 사람이 아니고 병든 사람에게 있다.

그러나 아주 많은 수의 환자들은 종교적인 확신을 전혀 가지고 있지 않거나 또는 아주 비정통적 신념을 가지고 있다. 이러한 사람들은 원칙적으로 어떠한 설득도 쉽게 받아들이지 않는다. 그들의 병 자체는 치료될 수 있는 것일 테지만, 합리적인 치료 방법으로는 진전을 가져오지 못한다. 이러한 상황에서는 역사적 전통에 관계없이 환자 자신에게 살아 있는 신화적 소재를 변증법적으로 발전시키는 것밖에 아무런 방법이 없다. 여기에서 우리는 신화적인 꿈과 마주치게 되는데, 연속적으로 일어나는 특징적인 꿈의 이미지는 의사에게 전적으로 새롭고 예기치 못했던 과제를 제공한다. 이때 의사는 자신의 전문적인 연구 과정에서 배우지 않았던 종류의 지식이 필요하다. 왜냐하면 인간의 심혼Seele은 정신의학적 문제나 생리학적 문제가 아니기 때문이다. 더구나 그것은 생물학적 문제가 아니라 전적으로 심리적인 문제인 것이다. 심혼은 그 자신의 특수한 고유 법칙을 지니고 있는 영역이다. 그 심혼의 본질을 다른 과학 영역의 원리로써 추론할 수 없다. 그렇게 한다면 정신적인 것 고유의 성질이 침해받게 된다. 그것은 뇌나 호르몬 또는 그 밖에 알려진 어떤 본능과도 동일시될 수 없으며, 원하든 원하지 않든 그것은 그 본질에 있어서 독특한 현상으로 인정되어야만 한다. 그러므로 심혼의 현상학은 자연과학적으로 파악될 수 있는 사실로서 남김없이 파악되는 것이 아니고, 모든 과학의 아버지인 인간 심령心靈, Geist의 문제 자체를 파악한다. 정신치료자가 통속적인 견해보다 더 깊게 통찰해야 할 사례를 만날 때, 그는 바로 이런 사실들을 느끼게 된다. 사람들은 종종 이런 견해를 다음과 같이 비난했다. 이전에도 사람들은 정신치료를 알고 있었으나 그러한 복잡한 작업을 할 필요가 없다고 생각했다는 것이다. 나는 히포크라테스나 갈레노스, 파라켈수스 등이 뛰어난 의사들이었다는 사실을 흔쾌히 인정한다. 그러나 그 때문에 현대 의학이 혈청요법이나 방사선학을 포기해야만 한다고 믿지는 않는다. 정신치료의 복잡한 문제들을 이해하기란—특히 비전문가에게는—의심할 여지 없이 어려운 것이다. 만약 사람들이 인생의 특정한 상황이나 또는 어떤 특정한 경험이 왜 병을 일으키는가에 대해서 단순하게 생각한다면 그는 그때의 견해가 흔히 사람들에게 결정적인 역할을 한다는 것을 발견하게 될 것이다. 따라서 어떤 사물은 단순히 그 사물을 그러한 시점으로 보게 하는 견해들이 있기 때문에 위험스럽거나 불가능하게, 또는 해롭게 보인다. 예를 들면, 비록 부가 실제로는 누구에게나 최상의 행복을 가져다주는 것이 아니며 가난이 우울증의 원인이 아님에도 불구하고 많은 사람들은 부를 최상의 행복으로, 가난을 최대의 불행으로 생각한다. 그러나 사람들은 그런 견해를 가지고 있고 이 견해들은 일종의 정신적 전제, 예를 들면 시대정신이라고 부르는 것에 근거를 두고 있다. 혹은 어떤 종교적 또는 비종교적인 견해에 근거하고 있다. 비종교적 견해들은 흔히 도덕적인 갈등을 일으키는 데 결정적인 역할을 한다. 환자의 정신 상황에 대한 분석이 그의 영적인 전제의 영역을 건드릴 때, 우리는 이미 보편적인 관념의 왕국에 들어와 있는 것이다. 많은 정상인들이 그들의 영적인 전제를 한 번도 비판하는 일이 없다는 사실은—그것이 그들에게는 무의식적인 것이기 때문에 비판하지 않는다—이것이 모든 인간에게 타당하다거나 무의식적이라는 것을 증명해주지는 않는다. 그것이 인간의 심각한 양심적인 갈등의 원천이 될 수 없음을 증명해주는 것은 더욱 아니다. 오히려 그 반대로 혁명과도 같은 변환의 시대에는 한편으로는 일반적인 속성으로 전해 내려오는 편견과, 다른 한편으로는 세계관적 내지는 도덕적인 방향 상실이 정신적인 평형을 광범위하게 저해하는 보다 깊은 원인이다. 이러한 종류의 환자에 대해서 의사는 개인적인 정신적 발전의 가능성 이외에 어떤 것도 제공할 수 없다. 그런 사람들을 위해서 전문가는 자신의 지식을 정신과학의 여러 분야에 걸쳐서 널리 확대시켜야만 한다. 만약 전문가가 정신 내용의 상징성을 어느 정도 올바르게 다루려고 한다면 말이다.

  나의 설명이, 이 특수한 치료가 거창한 지식만을 요구하는 것이라는 인상을 주었다면 나는 태만죄를 저지른 셈이다. 마찬가지로 중요한 것은 또한 의사의 인격의 도덕적인 분화이다. 외과나 산부인과 의사는 단지 환자를 청결히 하는 것만으로 충분하지 않고 그들 자신의 손을 깨끗이 해야 한다는 것을 오래전부터 알고 있었다. 신경증 치료자는 항상 환자에게서 치료자 자신의 신경증을 다루게 될 것이다. 합리적 기술 분야에서는 의사의 인격의 특성과 관계없이 치료가 가능하지만, 변증법적인 방법의 영역에서는 그러한 치료는 생각할 수조차 없다. 왜냐하면 의사는 거기에서 자신을 명확히 드러내고 그가 환자에게 요구했던 바로 그것을 해명해야만 하기 때문이다. 나는 폭넓은 지식을 축적하는 것과 직업적 권위나 그의 익명성을 포기하는 것 중에 어느 것이 더 어려운지 잘 모른다. 어쨌든 후자가 필요로 하는 것은 도덕적인 부하負荷 시험이며, 그 때문에 정신치료자라는 직업은 결코 부러워할 만한 것이 못 된다. 우리는 정신치료가 가장 쉽고 가장 값싸며 사람들을 다소간 현명하게 만들거나 또는 돈을 끌어들이는 기술이라는 일반인들의 편견에 왕왕 부딪힌다. 그러나 실제로 그것은 까다롭고 위험한 직업이다. 모든 의사들이 감염이나 그 밖의 다른 직업상의 위험에 노출되는 것과 마찬가지로, 정신치료자 역시 위협적인 정신적 감염의 위험을 무릅쓰고 있다. 그것은 신체 감염보다 위험하지 않은 것이 결코 아니다. 한편으로는 환자의 신경증에 빠져들어 갈 수도 있고, 다른 한편으로는 그런 영향으로부터 자신을 너무 보호하려다 보면 치료 효과를 박탈당하게 된다. 따라서 위험도, 그리고 치료적인 힘까지도 진퇴양난에 놓이게 되는 것이다.

현대적인 정신치료는 치료를 받으러 오는 환자의 다양성에 맞추어 다층으로 이루어져 있다. 가장 간단한 경우는 건전한 상식이나 충고만을 바라는 환자들인데, 한 번의 상담으로 충분하다. 그렇지만 간단하게 보인다고 해서 실제로 모두 다 간단한 것은 아니다. 즉, 사람들은 흔히 달갑지 않은 사실들을 발견한다. 그 다음에는 비교적 철저한 고백이나 제반응除反應, Abreagieren으로 충분히 치유되는 환자가 있다. 보다 심한 신경증은 보통 증상과 상태에 대한 환원적인 분석이 필요하다. 그 경우에 이 방법 저 방법 닥치는 대로 무분별하게 적용하지 말아야 한다. 사례에 따라서는 프로이트의 원칙을 따르거나 혹은 아들러의 원칙을 따라 분석할 수도 있다. 아우구스티누스는 탐욕과 자만, 이 두 가지의 죄를 구별하고 있는데, 전자는 프로이트가 말한 쾌락원리와, 후자는 아들러가 말한 우월하고자 하는 욕망, 즉 권력의지에 상응한다. 사실상 서로 다른 요구를 하는 두 가지 인간 집단이 있다. 주된 특징이 유아적인 욕망 추구에 있는 사람들은 그들이 할 수 있는 사회적 역할보다는 양립할 수 없는 욕구와 충동의 만족을 중요시한다. 그래서 보통 유복하며 사회적으로 출세한 사람들이다. '위'에 있고 싶어 하는 사람들은 현실에서는 아래에 있거나, 그들 자신이 마땅히 해야 할 역할을 못하고 있다고 생각한다. 그러므로 흔히 사회적으로 적응하기 힘들고 허구적인 힘으로 열등함을 감추려고 한다. 물론 프로이트 학설이나 아들러의 학설로써 모든 신경증을 설명할 수도 있으나, 실제 치료에서는 먼저 환자를 주의 깊게 관찰하는 것이 더 좋은 방법이다. 교육을 받은 환자의 경우에는 결정을 내리는 것이 어렵지 않다. 우선 나는 그들에게 프로이트나 아들러의 책을 좀 읽어보라고 권한다. 대개 둘 중에서 어느 것이 자신에게 더 잘 맞는지는 스스로 깨닫게 된다. 원래의 신경증 심리학의 영역에서 활동하는 동안은 프로이트나 아들러의 관점이 필수 불가결하다.

그러나 이 정신치료가 단조로워지기 시작하고 반복되어, 편견 없는 판단으로 보더라도 정체 상태가 일어나기 시작하거나, 신화적, 이른바 원형적 내용이 나타나면 분석적이고 환원적인 방법을 포기하고 그 상징을 바로 변증법적 과정 및 개성화 과정과 같은 동일한 해석적 방법 또는 합성적 방법으로 다루어야 할 때가 온 것이다.

영향을 주는 치료 방법에는 분석적인 방법도 포함되지만 이 경우에는 환자를 가능한 한 자주 보아야 한다. 나 자신은 일주일에 최대한 세 번에서 네 번 정도 보는 것으로 만족한다. 합성적 치료의 초기에는 시간적으로 거리를 두는 것이 유리하다. 그럴 때 나는 보통 일주일에 한두 번으로 면담 횟수를 줄인다. 왜냐하면 환자가 자신의 길을 가도록 배워야 하기 때문이다. 그 이유는 환자가 스스로 자신의 꿈을 이해하도록 시도함으로써 무의식의 내용이 점차적으로 의식과 합치되도록 하는 데 있다. 신경증의 원인을 의식적인 태도와 무의식의 경향 사이의 불일치로 보기 때문이다. 이러한 해리解離는 무의식적 내용을 동화함으로써 극복된다. 그러므로 면담과 면담 사이의 시간이 무익한 것은 아니다. 이러한 방법으로 자기 자신이나 환자가 많은 시간을 절약하게 되는데, 이것은 환자가 그만큼 많은 돈을 절약한다는 의미이기도 하다. 동시에 환자는 의사에게 매달리는 대신 스스로 자립하는 법을 배우게 된다.

환자가 행하는 이러한 작업은 무의식의 내용을 점진적으로 동화함으로써 마침내 그의 인격의 통합을 성취하고, 이와 더불어 신경증적 해리를 제거하게 된다. 이러한 발전 과정을 자세히 기술하는 것은 이 강연의 범위를 넘어서는 일이다. 그러므로 나는 최소한 실제적인 정신치료 원칙에 대한 일반적인 개관을 보여준 것으로 만족하고자 한다.

번역: 한오수

정신치료의 목표

오늘날 신경증은 기능적인 정신 장애이며 따라서 특히 심리적인 방법을 통해 치유될 수 있다는 점에 대부분 일치된 의견을 보인다. 그러나 우리가 신경증의 구조와 그 치료 원칙에 대한 문제에 부딪힐 때는 의견이 엇갈리고 있음을 볼 때 아직 신경증의 본질과 치료 원리에 관해 전반적으로 만족할 정도로 파악하고 있지 못함을 인정해야 한다. 이러한 점에서 볼 때 두 개의 흐름이나 학파(프로이트와 아들러)의 견해들은 자주 들어왔지만, 이와 다른 다양한 견해들은 아직 충분히 개진되지 않았다. 또한 우리들 가운데는 어느 학파에도 속하지 않고 서로 의견이 상충하는 그들 나름대로의 독특한 관점을 갖고 있는 사람들도 많다. 만일 우리가 이 다양성을 총괄하는 하나의 그림을 그린다면, 화구 판 위에 색깔과 농담濃淡이 다른 무지개를 모두 모아야 할 것이다. 나는 많은 견해들을 함께 볼 필요성을 항상 느껴왔기 때문에, 가능하다면 그런 그림을 그려보고 싶다. 결국에는 다양한 견해들이 모두 정당한 권리를 갖고 있음을 알 수 있다. 만일 그 견해들이 어떤 특이한 심리나 기질, 또는 다소 일반적으로 일어나는 정신적 사실에 일치하지 않는다면 그 견해들은 절대로 일어날 수 없을 것이며, 심지어는 동조자를 모을 수조차 없을 것이다. 만일 그런 견해들을 단순히 잘못되어버려야 할 것으로 배제시킨다면, 우리는 이 특정한 기질이나 정신적 사실을 오해로 인해 배척하게 되는 셈이다. 말하자면, 우리들 자신의 경험 자료에 폭력을 가하는 셈이다. 신경증의 인과적·성적 이론과 정신적 사건은 본질적으로 유아적인 쾌락과 그 만족에 달려 있다는 프로이트의 관점이 공감을 얻은 것은 이런 식의 사고와 느낌이 상대적으로 널리 퍼져 있다는 것을 말해준다. 즉, 이는 프로이트의 이론과는 별개로 집단심리적 현상으로서, 동시에 다른 장소, 다른 상황, 다른 사람 그리고 다른 형태로 인지될 수 있는 정신적 흐름임을 심리학자들에게 가르쳐준다. 나는 한편으로는 엘리스Havelock Ellis와 포렐Auguste Forel의 저술들과 잡지 『안트로포피테이아*Anthropophyteia*』[1]〔인간의 성적 측면을 다루는 잡지〕의 편집자들을 상기시키고, 다른 한편으로는 앵글로색슨족 국가들에서 빅토리아 시대 이후의 성 실험과 프랑스의 사실주의자들로부터 시작된 소위 '아름다운 문학'에서의 성적 자료의 폭넓은 토론을 상기시키겠다. 프로이트는 하나의 특이한 역사를 갖는 한 시대의 심리적 사실의 대표자 가운데 한 사람이다. 이에 관해서는 물론 더 이상 여기서 논의할 수 없다.

프로이트와 비슷하게 아들러가 대양大洋의 이쪽과 저쪽에서 받은 지지는 그의 이론의 핵심 개념이라 할 열등감에 기초하고 있는 권력욕이 많은 사람들의 삶이나 문제를 설명하는 근거가 되고 있음을 말해주고 있다. 이러한 아들러의 관점이 프로이트의 관점으로는 파악할 수 없는 정신적 사실들을 파악하고 있음은 재론의 여지가 없다. 어떤 집단심리적 사회적 조건들이 아들러의 관점을 받아들여, 그 관점을 그들의 이론적 대표자로 만들고 있음을 상세히 언급할 필요는 없을 것이다.

프로이트와 아들러의 관점의 진실을 간과한다면 용서할 수 없는 실수를 저지르는 것이 된다. 그리고 또한 이 둘 중에서 하나만이 절대적으로 진실하다고 생각함은 똑같은 실수를 저지르는 일이 될 것이다. 두 진실은 모두 정신적 현실과 일치한다. 사실 어느 한쪽의 이론에 의해 가장 잘 기술되고 설명될 수 있는 사례들이 있는 반면, 다른 한쪽의 이론에 의해 그럴 수 있는 사례들이 있다.

나는 이 두 창시자 중 누구에게도 그들의 근본적인 오류를 나무랄 수 없다. 반대로 나는 그들의 상대적인 정당성을 어디까지나 인정하기 때문에 가능한 한 이 두 가설을 응용하려고 노력한다. 만일 내가 내 생각을 수정하도록 한 사실들을 접하지 못했다면 내가 프로이트의 관점에서 떠난다는 것은 아예 생각조차 할 수 없는 일이었을 것이다. 그리고 아들러의 관점에 대한 나의 관계도 마찬가지이다.

그러므로 내가 그들과 다른 나의 견해를 그들의 것과 마찬가지로 상대적인 것으로 생각하고, 나 자신을 하나의 다른 성향의 단순한 대표자로 느끼기 때문에 나는 콜리지Samuel Taylor Coleridge와 함께 "나는 하나의 유일한 축복을 가져다주는 교회를 믿습니다. 현재 나는 그 교회의 단 한사람의 교인입니다"라고 고백할 수 있을지 모르겠다.

어쨌든 응용심리학 안에서 우리는 겸손해야 하고, 상반되는 다양한 의견들의 유효성을 시인해야 한다. 왜냐하면 우리는 과학의 가장 고귀한 대상인 인간의 심혼에 관해 어떤 근본적인 것을 알기에는 아직 요원하기 때문이다. 현재 우리는 서로 일치되지 않는 다소 그럴듯한 의견들을 가지고 있을 따름이다.

그러므로 내가 사람들 앞에서 나 자신의 견해를 말한다고 해서 그것을 하나의 새로운 진리를 찬양하는 것이거나 하나의 결정적인 복음의 선포로 오해하지 말기를 바란다. 나는 사실 내가 확실히 몰랐던 심혼적 사실들을 밝히거나 치료의 난관들을 극복하려는 시도에 대해서 말할 수 있을 뿐이다.

내가 이야기를 시작하고자 하는 것은 바로 이 후자, 치료의 난관들을 극복하려는 시도에 관한 것이다. 왜냐하면 바로 여기에 수정 보완해야 할 가장 절실한 필요성이 있기 때문이다. 잘 알려져 있듯이, 불충분한 이론은 꽤 오랫동안 버틸 수 있으나, 불충분한 치료 방법은 그렇지 못하다. 나는 거의 30년간 정신치료를 해오는 동안 상당수의 실패 사례를 갖게 되었는데, 치료에 성공한 경우보다 실패한 경우가 더 깊은 인상을 남겼다. 원시적인 메디신맨이나 기도 치료자로부터 현대의 치료자에 이르기까지 누구나 정신치료에 성공한 경험을 가질 수 있다. 그러나 그 성공으로부터 정신치료자는 거의 아무것도 배우지 못한다. 왜냐하면 치료의 성공은 치료자에게 흔히 그 성공을 착각하게 만들기 때문이다. 이에 반해 치료의 실패는 보다 나은 진실로의 길을 열어줄 뿐만 아니라, 우리의 견해나 방법을 바꾸도록 하기 때문에 매우 가치 있는 경험이다.

나는 처음에는 프로이트, 그 다음에는 아들러의 관점을 환자의 치료에 활용함으로써 커다란 도움을 받았음을 인정한다. 그럼에도 불구하고 다른 한편으로는 내가 실패한 경험을 강조하지 않을 수 없다. 그 실패의 경험에 관한 나의 느낌은, 만약 내가 훗날 수정해야만 했던 사실들을 당시 고려했더라면 그 실패는 피할 수도 있었을 것이라는 거다.

여기서 내가 겪었던 모든 상황을 전부 기술하는 것은 거의 불가능하다. 몇 개의 전형적인 사례를 드는 것으로 만족할 수밖에 없다. 나는 40세 이상의 나이 든 환자들의 경우에 큰 어려움을 느꼈다. 젊은 사람들을 다룰 때, 나는 대개 프로이트와 아들러의 관점으로 치료해나간다. 왜냐하면 그들의 방법이 환자들을 사회에 적응시키고 정상화시켜주기 때문이다. 두 관점은 젊은이들에게 매우 효과적으로 적용될 수 있다. 아마도 탈을 일으킬 만한 문제가 남지 않을 듯하다. 그러나 나의 경험으로 미루어볼 때 나이 든 사람들의 경우는 종종 그렇지 못하다. 내가 보기에, 정신의 기본적인 사실들은 삶의 과정에서 인생의 전반기 심리와 후반기 심리로 말할 수 있을 정도로 아주 뚜렷한 변화를 겪는 것 같다. 대개 젊은 사람의 삶은 눈에 보이는 목표를 향한 전반적인 확대 발전이 특징이다. 따라서 젊은 사람의 신경증은 주로 이러한 방향으로부터 후퇴하거나 망설이는 데서 기인하는 것 같다. 이에 반해 나이 든 사람의 삶은 자기 응축과 자신이 성취한 것의 고수, 그리고 더 이상 외적 팽창을 하지 않는 것이 특징이다. 따라서 그의 신경증은 근본적으로 지나간 청년기 삶의 자세에 시대착오적으로 매달리는 데서 기인한다. 젊은 신경증 환자들이 삶을 두려워하는 것과 마찬가지로 나이 든 신경증 환자들은 죽음을 직면하지 않고 회피한다. 젊은이에게는 한때 정상적인 목표가 되었던 것이 나이 든 사람에게는 신경증적인 장애가 된다. 이는 젊은 신경증 환자에게서 보이는, 부모에 대한 원래의 정상적 의존이 삶에 대한 주저함 때문에 삶을 거역하는 근친상간의 관계로 뒤바뀌는 것과 같다. 신경증, 저항, 억압, 전이, 허구Fiktionen 등등이 젊은 사람들과 나이 든 사람들 사이에 표면적으로는 유사하게 보이지만 그 의미에 있어서는 정반대이다. 나이에 따라 치료의 목표는 수정되어야 한다. 그러므로 나에게는 환자의 연령이 하나의 가장 중요한 치료 적응증인 듯 여겨진다.

 그러나 역시 청년기 내에도 여러 가지의 치료 적응증들이 있다. 내 생각으로는 만약 아들러형의 심리를 갖고 있는 환자, 예를 들면 자신을 내세우고 싶은 유아적인 가치 욕구를 가지고 있는, 성공하지 못한 환자를 프로이트의 관점에 따라 치료한다면 그것은 기술상의 실수라고 본다. 이와 반대로 두드러지게 쾌락주의적인 심리를 가진, 성공한 사람에게 아들러의 관점을 강요하는 것은 크게 잘못된 판단일 것이다. 치료에 대한 진전이 없을 때 환자의 저항은 귀중한 길잡이가 될 수 있다. 역설적으로 들릴지 모르지만, 나는 깊숙이 자리 잡고 있는 저항을 우선 진지하게 받아들이는 경향이 있다. 의사가 환자의 저항이나 심리적 소질(환자 자신에게는 완전히 무의식적일 수 있는)을 환자보다 더 많이 아는 것은 아니라는 사실을 나는 확신하고 있다. 이러한 의사의 겸허한 마음은 지금까지 보편타당한 심리학이 없을 뿐만 아니라 우리가 알지 못하는 무수히 많은 기질들이 있고, 특정한 틀에 맞출 수 없는 개별적인 정신이 있다는 사실에 비추어보면 당연하다.

널리 알려져 있듯이 나는 이 기질의 문제에서, 이미 많은 인간 연구가들이 어렴풋이 짐작해왔던 전형적인 차이점에 의지하여, 두 개의 서로 다른 기본적 태도, 즉 **외향적** 태도와 **내향적** 태도를 가정한 바 있다. 나는 역시 이러한 태도들을 다른 정신 기능들[사고, 감정, 감각 및 직관기능]과 마찬가지로 본질적인 치료 적응증으로 생각한다.[2]

놀랄 만큼 다양한 개인의 삶은 종종 의사 자신이 무의식적으로 적용하고 있는 이론을 끊임없이 수정할 필요를 느끼게 한다. 그러나 그 수정은 원칙적으로 의사의 이론적인 신조와는 전혀 일치하지 않는다.

앞서 말한 기질의 문제에서, 나는 본질적으로 **정신적인**geistiger 태도를 가진 사람들과 본질적으로 **물질주의적인**materialistischer 태도를 가진 사람들이 있다는 것을 언급하지 않을 수 없다. 이러한 태도를 우연히 습득된, 단순한 착오라고 믿어서는 안 된다. 그것들은 흔히 어떤 비판이나 설득으로도 없앨 수 없는, 심지어는 선천적인 격정과 같은 것이다. 외양상 두드러진 유물주의가 근본적으로 종교적인 기질을 가진 사람들의 회피 성향으로 나타나는 사례들도 있다. 오늘날 비록 이 경우보다 흔하지는 않지만 이와 정반대의 경우도 있다. 내 생각으로는 이런 것 역시 간과해서는 안 될 하나의 치료 적응증이다.

우리가 '적응증'이라는 말을 사용할 때, 그것은 다른 의학 분야에서처럼 이 치료 또는 저 치료에 적응이 됨을 의미하는 것처럼 보인다. 아마도 그렇게 되어야 할 것이다. 그러나 오늘날 정신치료는 아직 그렇게 발전되지 않았기 때문에 적응증이란 표현은 유감스럽게도 일방성에 대한 하나의 단순한 경고에 지나지 않는다.

인간의 정신은 엄청날 정도로 이의적二義的인 것이다. 모든 환자의 경우에서 우리는 어떤 태도나 습성이 실제의 것인지, 아니면 단순히 그 반대편 쪽(무의식)의 보상인지 스스로 물어보아야 한다. 나는 이 문제에 너무나 자주 속은 적이 있기 때문에, 구체적인 사례에서 신경증의 구조, 환자가 할 수 있는 일과 해야 할 일에 관한 모든 이론적인 전제를 가능한 한 도외시하고 있음을 고백해야겠다. 나는 가능한 한 순수한 경험으로 치료의 목표를 결정한다. 이것이 아마 낯설게 들릴지도 모른다. 왜냐하면 치료자는 일반적으로 하나의 치료 목표를 갖는 것을 전제하고 있기 때문이다. 나는 정신치료에서 치료자가 너무 확실한 목표를 갖지 않기를 권유하고 싶다. 치료자는 치료 목표를 환자의 본성과 환자의 삶의 의지보다 더 잘 알 수 없다. 인간의 삶에서 중요한 결정은 대체로 의식적 재량과 선의의 합리성에 의하기보다는, 본능과 그 밖의 비밀에 가득 찬 무의식적 요인들에 의해 훨씬 많이 이루어지고 있다. 어떤 사람에게 맞는 신발이 다른 사람에게는 꼭 끼듯이 인생에는 보편적인 처방이란 없다. 모든 사람은 자신의 내부에 자신의 삶의 형태, 즉 다른 어떤 사람도 능가할 수 없는 하나의 비합리적인 삶의 형식을 갖고 있다.

물론 이 모든 것은 우선 환자들을 가능한 한 폭넓게 정상화하고 합리화해나가는 것을 막지는 않는다. 만일 치료의 결과가 만족스럽다면 우리는 아마 거기에서 치료를 끝낼 수 있을 것이다. 그러나 그렇지 않다면, 치료는 좋든 싫든 환자의 비합리적인 소여성所與性, Gegebenheiten으로 향해야 한다. 여기에서 우리는 본성을 안내자로 삼고 따라야 한다. 그리고 치료자가 하는 일은 치료라기보다는 오히려 환자 자신 속에 잠재해 있는 창조적인 싹을 발전시키는 것이다.

내가 여기서 말하는 것은 치료Behandlung는 그만두고 발전Entwicklung이 시작하는 곳에서 출발하는 것이다. 보는 바와 같이 내가 치료의 문제에 기여할 수 있는 것은 합리적 치료가 만족할 만한 결과를 얻지 못하고 있는 사례들에 국한되어 있다. 내가 담당하고 있는 환자들을 보면 초발환자는 극소수이고, 대부분은 이미 어떤 형태의 정신치료를 받아 부분적으로 호전이 되었거나 악화되어 있는 경우이다. 내 환자의 3분의 1 정도는 임상적으로 진단할 수 있는 신경증 때문이 아니라, 삶의 의미와 대상의 상실로 인하여 고통받고 있다. 이 고통을 우리 시대의 보편적 신경증이라고 이름 붙여도 무방할 것이다. 내 환자의 3분의 2는 인생의 후반기에 놓여 있는 환자들이다.

이러한 환자들은 합리적인 치료 방법에 특별한 저항을 불러일으킨다. 왜냐하면 대부분의 내 환자들은 사회적으로 잘 적응된 사람들이며, 종종 뛰어난 능력을 가지고 있어서 그들에게는 정상이 된다는 것이 아무 의미도 없기 때문이다. 소위 정상적인 사람들에게 나는 완성된 인생관을 제공할 위치에 있지 않다. 내 환자들의 대다수는 의식의 자원이 고갈되어 있다. 즉 '나는 막다른 골목에 막혀 멈추어 있다'—일상 영어로는 '나는 곤경에 처해 있다I am stuck'는 뜻이다—특히 이 사실이 나로 하여금 주로 숨어 있는 미지의 가능성을 찾아내게끔 한다. 환자가 나에게 "선생님은 저에게 어떤 조언을 해주시겠습니까? 저는 어떻게 해야 할까요?"라고 물을 때 나는 아무 대답도 할 수 없다. 나

역시 그것을 알지 못한다. 내 의식이 더 이상 어떤 나아갈 길을 보지 못하여 정체되어 있을 때, 나의 무의식의 심혼이 견딜 수 없는 의식의 정체 상태에 반응할 것이라는 점을 알 뿐이다.

이 정체는 인간 발달의 과정에서 무수히 반복되어 그것이 많은 신화나 민담의 모티프가 되어온 하나의 정신적 사건이다. 그러한 주제의 예로는 폐쇄된 문을 마법의 힘으로 열어준다는 대잎둥글레(만드라고라 뿌리)나 비밀의 통로를 찾도록 도와주는 동물 등이 있다. 다른 말로 표현하면, 정체란 시간이 지남에 따라서 특징적인 반응과 보상 작용을 불러일으키는 하나의 전형적인 사건이다. 그러므로 우리는 무의식의 반응, 예를 들어 꿈에서 이런 반응과 보상 작용이 일어날 것이라고 예상할 수 있을 것이다.

따라서 그런 사례들에서 나의 주된 관심은 우선 꿈으로 향한다. 내가 이렇게 우선 꿈을 보는 것은 치료는 어디까지나 꿈을 가지고 수행되어야 함을 주장하기 때문도 아니고, 내가 하나의 신비로운 꿈 이론을 갖고 있기 때문도 아니며, 단순히 내가 어떻게 해야 할지 모르기 때문이다. 그렇지 않고는 어떤 것을 어디에서 끄집어내야 할지 모른다. 그래서 나는 그것을 꿈속에서 발견하려고 시도한다. 적어도 꿈은 상상력을 제공해주고, 아무것도 없는 것보다는 더 많은 어떤 것을 시사해주고 있다. 나는 꿈에 대한 어떤 이론도 갖고 있지 않으며, 꿈이 어떻게 생겨나는지도 모른다. 또한 내가 꿈을 다루는 방식이 하나의 **방법**이라고 할 만한 가치가 있는지조차 전혀 확신하지 못한다. 나는 꿈 해석이 불확실성과 임의성의 성격을 띠고 있다는 모든 선입견에 동의한다. 그러나 다른 한편으로 나는 우리가 하나의 꿈을 충분히 오랫동안, 그리고 철저하게 명상해본다면, 즉 자신과 더불어 함께 끌고 간다면 대개 거기에서 어떤 것이 나타나게 된다는 것은 알고 있다. 물론 그 어떤 것이란 사람들에게 과시할 만한 과학적인 결과도 아니고, 합리적으로 설명할 수 있는 것도 아니며, 환자에게 자신의 무의식이 어디로 향하고 있는가를 보여주는, 치료적으로 중요한 암시이다. 꿈에 대하여 숙고하여 생긴 결과가 과학적으로 검증될 수 있거나 뒷받침될 수 있는 것인지 여부는 나의 중요한 관심사가 아니다. 만일 그렇지 않다면, 나는 자기애적인 부차적인 목적을 추구하고 있는 것이 된다. 내가 그 꿈에 대해 숙고한 결과가 환자에게 어떤 것을 말해주고, 그의 삶을 다시 움직이게 해준다는 사실에 전적으로 만족해야 한다. 내가 시인할 수 있는 유일한 기준은 내 노력의 결과가 **치료 효험을 나타낸다**는 사실이다. 나의 학문적인 취미, 즉 왜 치료 효험이 생겼는가를 알고자 하는 것은 뒤로 미루어야겠다.

치료를 시작할 때 나타나는 첫 번째 꿈들의 내용은 끝없이 다양하다. 많은 꿈의 사례들은 우선 과거를 제시하고 잊혀지고 잃어버린 일들을 상기시켜준다. 삶이 한쪽으로만 치우쳤을 때, 정체와 방향 상실이 종종 일어난다. 그리고 나서는 정신적 에너지의 갑작스런 상실이 일어난다. 지금까지 해왔던 모든 활동에 흥미가 없어지고 의미까지 잃게 되며, 그 활동의 목표도 더 이상 애써 추구해야 할 가치가 갑자기 없어진다. 어떤 사람에게는 단지 스쳐가는 기분이 다른 사람에게는 만성적으로 지속될 수도 있다. 이런 사례들에서는 인격의 다른 발달 가능성이 과거의 어딘가에 파묻혀 있는 일이 종종 있다. 그러나 그것에 관해서는 환자는 말할 것도 없고 어느 누구도 모른다. 그러나 꿈은 그 자취를 들추어낼 수 있다.

다른 사례들에서 꿈은 의식이 전혀 문제시하지 않았거나 갈등하는 것으로 여기지 않았던 현재의 사실들—예를 들면, 결혼이나 사회적 지위 등—을 지적해주고 있다.

이러한 현재의 가능성들은 모두 합리적인 영역의 범위 안에 놓여 있다. 그러므로 그런 초기의 꿈들을 납득시키는 것은 별로 어렵지 않을 것이다. 진정한 어려움은 꿈이 어떤 분명한 것을 가리켜주고 있지 않을 때 비로소 시작된다. 이런 경우는 특히 꿈이 미래에 일어날 어떤 것을 미리 앞질러 제시하고 있을 때 종종 일어난다. 이러한 꿈은 반드시 예시적인 꿈만을 말하는 것이 아니라 단순히 예감하는, 혹은 '확인'하는 꿈이란 뜻이다. 그런 꿈들은 어떤 가능성의 기미만을 표현하고 있기 때문에 비전문가에게는 결코 납득되지 않는다. 나조차도 종종 납득되지 않을 때가 있다. 그리하여 환자에게 "나는 그것을 믿지 않습니다. 그러나 그 자취를 추적해보십시오"라고 말하곤 한다. 이미 말한 바와 같이 유일한 기준은 관심을 갖게 하는 작용이다. 그러나 그러한 작용이 왜 일어나는지를 우리가 반드시 알 필요는 없다.

이것은 '무의식적 형이상학' 같은 것, 즉 종종 매우 기괴한 형태로 표현되는 신화적 사고를 내포하고 있는 꿈들에서 특히 그러하다.

이제 사람들은 틀림없이 꿈이 '무의식적 형이상학' 같은 것을 내포하고 있다는 것을 도대체 내가 어떻게 아는지 이의를 제기할 것이다. 이에 대해 나는 꿈이 그것을 가지고 있는지 모른다고 고백할 수밖에 없다. 그것에 관해 말하기에는, 내가 꿈에 관해 아는 바가 너무 적다. 나는 다만 환자에게 미치는 작용만을 알 뿐이다. 이에 관한 작은 예를 하나 들고 싶다.

나의 소위 '정상적인' 환자들 중 한 사람이 꾼 최초의 긴 꿈에서, 그의 여동생의 아이가 병들었다는 사실이 중요한 역할을 하고 있었다. 그 아이는 두 살짜리 여자 아이였다. 얼마 전 이 환자의 여동생은 실제로 아들을 병으로 잃었다. 그러나 그녀의 다른 아이들은 아무도 아프지 않았다. 꿈에 나타난 병든 아이는 현실과 일치하지 않기 때문에 우선 이해하기 어려웠다. 꿈꾼 사람과 여동생 사이에는 직접적이고 밀접한 관계가 없었으므로 꿈꾼 사람 역시 이 꿈의 상像에서 개인적인 어떤 것을 거의 느낄 수 없었다. 그러나 그가 2년 전에 심령학Okkultismus에 대한 연구를 시작한 것을 갑자기 상기하였는데, 그 연구 과정에서 그는 또한 심리학을 발견하였다. 그 아이는 분명히 그의 심적 관심, 즉 의식의 자아로부터 나오지 않은 어떤 생각이었다. 순수하게 이론적으로 본다면, 이 꿈의 상像은 모든 것을 의미할 수도 있고 아무것도 의미하지 않을 수도 있다. 하나의 사물이나 하나의 사실은 그 자체로 도대체 무엇을 의미하고 있는가? 확실한 것은 해석을 하고 의미를 부여하는 것이 항상 사람이라는 점이다. 그것은 심리학에서 무엇보다 본질적인 것이다. 심령론에 대한 연구가 병적인 것이라는 사실은 하나의 새롭고 흥미 있는 생각으로서 꿈꾼 사람에게 감명을 주었다. 그 사실은 어떻든 맞아떨어졌다. 그리하여 결정적으로 중요한 것은, 우리의 사적인 의견이 무엇이든 간에 그런 사실이 작용하고 있다는 것이다. 그 생각은 꿈꾼 사람에게 하나의 재검토를 의미하고, 이로써 어떤 태도의 변화가 일어나게 된다. 합리적으로는 전혀 꾸며낼 수 없는 그런 작은 변화를 통하여 무언가 움직이게 되고, 적어도 원칙적으로는 정체 상태가 극복된 것이다.

나는 이제 이 예를 근거로, 그 꿈이 꿈꾼 사람의 심령학 연구가 병적일 수 있음을 말해주고 있다고 비유적으로 말할 수 있을 것 같다. 그리고 만약 꿈꾼 사람이 자신의 꿈을 통해 그런 생각을 갖게 된다면 그런 의미에서 역시 '무의식의 형이상학'이란 말을 할 수 있을 것이다.

그러나 나는 좀더 앞으로 나아간다. 나는 환자에게 자신의 꿈에 대해 연상할 기회를 줄 뿐 아니라 나 자신에게도 그런 기회를 준다. 나는 환자에게도 나의 연상과 의견을 제공한다. 만약 거기에서 암시적인 작용이 일어난다면 그것은 나에게는 환영할 만한 일이다. 왜냐하면 잘 알려진 바와 같이 어차피 암시를 받도록 이미 준비되어 있는 것만이 암시되기 때문이다. 이러한 수수께끼 풀이가 때때로 잘못되더라도 환자에게 해를 입히지는 않는다. 왜냐하면 유기체가 이물질을 거부하듯이, 정신은 그 잘못된 것을 그 다음 기회에 거부하게 될 것이기 때문이다. 나는 나의 꿈 해석이 옳다는 것—꽤 가망이 없는 모험—을 증명할 필요가 없고 다만 환자와 함께 '작용을 일으키는 것'—'실제적인 것'이라는 말을 쓰고 싶을 정도이다—을 찾아야 한다.

그러므로 나에게는 원시인의 심리, 신화, 고고학, 그리고 비교종교사에 관하여 가능한 한 많이 아는 것이 특히 중요하다. 왜냐하면 이 분야들은 내 환자들의 연상을 풍부하게 할 수 있는 값진 비유 자료들을 나에게 제공해주기 때문이다. 이렇게 하여 나와 환자는 겉보기에는 하찮은 것처럼 보이는 것을 의미가 풍부한 것으로 옮길 수 있고, 이로써 효용성을 매우 높일 수 있다. 비록 개인적이고 합리적인 삶의 영역에서 최선을 다했으나 아직 거기에서 의미와 만족을 찾지 못한 보통 사람에게는, 비합리적인 경험의 영역에 들어갈 수 있다는 것이 대단히 중요하다. 그것을 통해서 통상적이고 일상적인 면이 변화되고, 이 변화는 그런 통상적이고 일상적인 면에 하나의 새로운 빛을 부여할 수 있다. 결국 대부분은 우리가 사물을 어떻게 보느냐에 달려 있지, 사물 그 자체가 어떻게 존재하느냐에 달려 있는 것이 아니다. 삶에서는 의미를 갖고 있는 가장 작은 것이 의미가 없는 가장 큰 것보다 항상 더 가치가 있다.

나는 이러한 작업이 지닌 위험성을 과소평가하고 있는 것은 아니다. 그것은 마치 허공중에 하나의 다리를 놓기 시작하는 것과 다름이 없다. 실로 사람들은 이러한 과정에서 치료자가 환자와 더불어 실제로는 단순히 환상을 하고 있는 것이 아니냐고 빈정대는 식으로 이의를 제기할 수 있을 것이다. 아니 이미 그런 이의가 자주 제기되어 왔다.

이 이의는 반론이 아니라 매우 중요한 지적이다. 나는 심지어 환자와 함께 환상에 잠기려고 힘쓰고 있다. 나는 환상을 가치가 적은 시시한 것으로 생각하지 않는다. 나에게 환상은 결국 남성적인 정신 속에 있는 모성적 창조성이다. 근본적으로 우리는 환상을 결코 뛰어넘은 적이 없다. 분명히 무가치하고 하찮고 병적이며 만족스럽지 못한 환상들이 있고, 그 환상의 비생산성을 건전한 상식을 가진 사람이면 누구나 곧바로 인식할 수 있다. 그러나 알다시피 그런 잘못된 활동이 정상적인 활동을 방해하지는 않는다. 인간의 모든 업적은 창조적인 환상으로부터 비롯되었다. 그렇다면 우리는 무슨 권리로 상상력을 과소평가할 수 있는가? 환상은 또한 정상적인 경우에는 잘못 나가는 일이 없다. 그러기에 그것은 인간적·동물적 본능의 기초와 매우 깊이 친밀하게 결합되어 있다. 환상은 몇 번이고 되풀이하여 불시에 적절히 나타난다. 상상력의 창조적 활동은 인간을 다만 무엇에 '불과'하다는 속박으로부터 자유롭게 하여 놀이의 주재자의 상태로 끌어올린다. 실러가 말했듯이, "인간은 오직 자신이 직접 놀이를 할 때 온전한 인간이다."[3]

내가 목표로 하고 있는 작용Wirkung이란 나의 환자가 그의 본질을 실험하기 시작하여 더 이상 고착되거나 절망적으로 굳어지지 않고 정신적 에너지가 흘러 움직이고, 자신이 변하고 미래의 무엇이 되는 정신적 상태를 일으키는 것이다. 물론 나는 내 기법의 원리만을 서술할 수 있을 뿐이다. 독자 가운데 우연히 내 연구를 알고 있는 사람들은 이와 비슷한 생각을 해볼 수 있을 것이다. 다만 여기서 내가 강조하고 싶은 것은 사람들이 나의 접근 방법을 목적이나 한계도 없는 것으로 이해해서는 안 된다는 점이다. 꿈이나 환상을 다루는 데서 항상 나는 현저한 효과가 나타나는 그 이상으로는 결코 넘어가지 않기로 원칙을 정해놓고 있다. 나는 단지 환자가 이 의미를 가능한 한 충분히 의식화할 수 있도록 노력한다. 그리하여 그 환자가 그 의미의 초개인적인 관계를 깨닫도록 한다. 어떤 사람에게 무슨 일이 일어났을 때, 그것이 실제로는 아주 보편적인 체험인데도 불구하고 자신에게만 존재하는 개인적인 것으로 여긴다면, 그의 태도는 분명히 잘못된 것이다. 즉, 그의 태도는 지나치게 개인적이며 그런 태도로 인해 그는 인간 사회로부터 소외되고 만다. 같은 방식으로 우리는 개인적인 현재 의식뿐만 아니라 역사적 연속성을 느끼는 초개인적 의식도 가질 필요가 있다. 비록 추상적으로 들릴지 모르지만, 실제로 많은 신경증이 일차적으로 어리석은 계몽주의의 망상 때문에 심혼의 종교적 요구를 더 이상 지각하지 못하고 있는 데서 기인한다는 것은 사실이다. 오늘날의 심리학자는 교의와 신앙고백이 문제가 아니라, 오히려 매우 중요한 정신 기능인 종교적인 태도가 중요하다는 것을 이제는 알아야 할 때가 되었다. 그리고 바로 종교적인 기능을 위해 역사적 연속성은 필수 불가결하다.

    나의 치료기법의 문제로 되돌아가기 위하여 치료기법에 관해 어느 정도로 프로이트에게 빚을 지고 있는지 자문해본다. 어쨌든 나는 치료기법을 프로이트의 자유연상법으로부터 배웠으므로 나의 치료기법은 프로이트의 자유연상법의 직접적인 연장으로 생각한다.

    내가 환자로 하여금 그의 꿈에서 치료적으로 작용하는 계기를 발견하도록 도와주고, 또한 그가 그 상징의 일반적인 의미를 알게끔 내가 노력하는 한 환자는 아직 심리적 유아 상태에 있다. 그는 우선 자신의 꿈에 의존하게 되고, 그 다음의 꿈이 그에게 하나의 새로운 빛을 줄 것인지에 대해 자문하게 된다. 그러고 나서 그는 내가 연상을 갖는지, 나의 지식을 통하여 그에게 더 이상의 통찰력을 중개할 수 있는지에 의존한다. 그 환자 역시 아직 모든 것이 불확실하고 수상쩍은 수동적 상태에 놓여 있다. 왜냐하면 환자와 나는 둘 다 그 여행이 어디로 가고 있는지를 모르기 때문이다. 종종 그것은 헤아리기 어려운 어둠 속을 더듬는 것과 같다. 이런 상태에서 우리는 어떤 놀라운 효능을 기대해서는 안 된다. 왜냐하면 그러기에는 그 불확실성이 너무나 크기 때문이다. 게다가 거기에는 낮에 우리가 만든 직조물이 밤에 의하여 재삼 찢어지는 위험이 종종 도사리고 있다. 위험이란 이루어진 것은 아무것도 없다는 것—그 단어의 가장 완전한 의미로는, 고정된 채로 남아 있는 것은 없다는 뜻이다. 이런 상황에서 특이한 색깔의 꿈이나 보기 드문 상像의 꿈을 꾸고 나서 나에게 "내가 화가라면 꿈에 대한 그림을 그릴 거예요"라고 말하는 경우가 종종 있다. 또는 꿈들은 사진, 채색화, 연필화, 채식彩飾된 글씨 또는 영화 등에 관해 말하고 있다.

나는 이런 것들을 실제로 이용하기 위하여 그런 경우에 환자들에게 그들이 꿈이나 환상에서 본 것을 실제로 그려보라고 권한다. 그러면 그들은 대개 자신들은 화가가 아니라고 하면서 이의를 제기한다. 그러면 나는, 오늘날은 화가가 따로 없다. 오늘날의 화법은 틀이 없으며 게다가 중요한 것은 아름다움이라기보다는 상을 그리는 데 기울이는 노력이라고 말하곤 한다. 최근에 나는 한 뛰어난 여자 초상화가로부터 이것이 사실임을 확인했다. 그녀는 내 방식에 따라, 그림을 그릴 때 한심스러울 정도로 어린애 같은 그림을 그리기 시작하였는데, 진짜 그녀는 전혀 붓을 잡아본 적이 없는 사람 같았다. 외부의 것을 그리는 것은 우리의 내면에 있는 것을 그리는 것과는 다른 예술이다.

그리하여 내가 치료한 환자들 중 많이 호전된 환자들은 그림을 그리기 시작한다. 나는 이런 유의 아마추어 예술의 철저한 무익성에 대해서 누구나 깊은 충격을 받는 것을 이해한다. 그러나 중요한 것은 자신의 사회적 유용성을 더 증명해야 하는 사람들이 아니라, 사회적 유용성 속에서는 그들의 의미를 더 이상 찾아볼 수 없어서 그들 개인적 삶의 의미에 대한 보다 깊고 심각한 의문에 부딪힌 사람들이라는 사실이다. 집단의 작은 일부분으로 존재하는 것은 아직 그 상태에 도달하지 못한 사람에게는 의미와 매력이 되겠지만 그런 것에 지독하게 싫증 난 사람에게는 그렇지 않다. 개인적 삶의 중요성은 사회적 존재로서 일반적인 적응 수준에 맞추어 사는 사람들에게는 받아들여지지 않을지도 모르며, 집단적 인간을 키우려는 야심을 가진 교육자들에게는 항상 부인된다. 그러나 이 두 범주 어느 쪽에도 속하지 않은 사람들은 조만간 이 고통스런 문제에 직면하게 될 것이다.

비록 내 환자들에 의해 때로는 예술적으로 아름다운 작품들이 만들어져 현대 미술 전람회에 전시될 정도가 되더라도, 나는 그 작품을 진정한 예술의 가치 기준에서 평가할 때 전혀 무가치한 것으로 생각한다. 그것이 무가치하다고 하는 것은 더욱이 중요하다. 그렇지 않다면 내 환자들은 자신을 화가라고 자만할지도 모르며, 이로써 그림 연습의 목적이 완전히 빗나갈 것이기 때문이다. 그것은 예술의 문제가 아닐뿐더러 오히려 예술의 문제여서는 안 될 것이며, 단순한 예술이 아닌 그 이상으로, 말하자면 환자 자신에게 미치는 살아 있는 작용을 다루고 있는 것이 사회적인 관점에서는 무가치한 것으로 보이나 개인적 삶의 의미가 여기서는 가장 높이 평가되며, 그것을 위해 환자는 이루 형언할 수 없는 어떤 것을 비록 유치하고 서툴기는 하지만 가시적인 형태로 옮기려고 노력하고 있다.

그런데 나는 도대체 왜 환자들에게 그들이 일정한 치료적 발전 단계에 도달했을 때 붓, 연필, 펜 등을 사용하여 그들 자신을 표현해보라고 하는가?

이렇게 하는 것은 첫째로 효과적인 작용을 일으키기 위해서이다. 위에서 말했던 심리적 유아 상태에서 환자는 수동적인 채로 남아 있게 되지만, 이제 그는 능동적인 역할을 하기 시작한다. 처음에 그는 본 것을 수동적으로 종이 위에 옮기기 시작하여, 그것을 다시 그 자신의 행동으로 바꾸게 된다. 그는 그것에 대하여 말을 할 뿐만 아니라, 실제로 그것을 하고 있다. 어떤 사람이 일주일에 두세 번 의사와 함께 흥미로운 대화를 나누고 그 대화의 결과가 허공에 떠 있는 채로 있는 것과, 겉보기에는 완전히 무의미해 보이는 어떤 것을 완성하기 위하여 수 시간 동안 붓과 물감으로 그림을 그리려고 노력하는 것과는 심리적으로 엄청난 차이가 있다. 만일 그 그림이 그림을 그린 사람에게 정말 무의미한 것이라면 그림을 그리려는 노력은 그가 두 번 다시 그림을 그려보려고 하지 않을 정도로 그들을 하품 나게 할 것이다. 그러나 환자의 환상은 그에게 전적으로 무의미하게 느껴지지는 않기 때문에 환상의 활동은 그 작용을 여전히 드러낼 것이다. 그 밖에 그림의 구체적 형상은 그 상像의 모든 부분을 지속적으로 관찰하게 하여 그림은 그것을 통해 효력을 충분히 전개할 수 있다. 이를 통해 이 환상 속에 현실의 사실들이 들어오고 이로써 환상에 보다 큰 비중, 보다 큰 효력이 부여된다. 그리고 이러한 스스로 만든 그림들로부터 형언하기 어려운 효력이 실제로 생긴다. 예를 들어, 한 환자가 상징적인 그림을 그리는 작업을 통하여 비참한 마음의 상태가 해소된 것을 한두 번 경험하기만 하면, 그는 일이 잘 안 될 때마다 늘 이 해소책을 택하게 될 것이다. 이 방법을 통해 환자는 말할 수 없이 중요한 것을 얻게 되는데 그것은 독립으로 향한 시작, 심리적 성숙으로 향한 이행이다. 환자는 이 방법을 통하여 자신을 소위 창조적으로 독립시킬 수 있다. 그는 이제 자신의 꿈이나 치료자의 지식에 더 이상 의존하지 않고 자기 자신을 그림으로써 스스로 해결해나갈 수 있다. 그가 그리고 있는 것은 작용하고 있는 환상이기 때문에 그가 그리는 것들은 자신의 내부에서 작용하고 있는 것들이다. 그리고 그의 내부에서 작용하고 있는 것은 바로 자기 자신이다. 자기 자신이란 더 이상 그의 개인적인 자아가 아니라, 그의 자아는 자기 자신의 대상이 되는, 지금까지의 자아로서의 그에게는 새롭고 생소한 의미의 '자기das Selbst'이다. 수많은 그림에서 그는 결국에는 우리들 심혼의 가장 깊은 기초인 '영원한 미지의 타자'를 발견하기 위하여 자신 속에서 작용하고 있는 것을 끝까지 표현하고자 노력한다.

내가 환자의 입장과 가치관에 어떤 변화가 일어나고 이를 통해 환자 인격의 중력(무게) 중심Gravitationszentrum에 어떤 변위變位가 일어나는가를 기술하는 것은 불가능한 일이다. 그것은 마치 태양이 혹성(행성)과 지구 궤도의 중심임을 발견했던 것과 마찬가지이다.

그러나 우리들은 그것을 일찍이 알고 있지 않았던가? 나는 우리들이 그것을 이미 오래전부터 알고 있었다고 믿고 있다. 그러나 내가 어떤 것을 머리로 알고 있을 때 내 속에 있는 타자는 그것을 아직 모르고 있다. 왜냐하면 나는 실제로 마치 내가 타자를 모르고 있는 것처럼 살고 있기 때문이다. 내 환자의 대부분은 타자를 알았으나 그렇게 살지 않았다. 그들은 왜 그렇게 살지 않았는가? 아마도 우리 모두로 하여금 '자아'로부터 살게끔 한 이유 때문일 것이다. 그 근거는 의식의 과대평가이다.

아직 적응을 못 하고 아무것도 성취하지 못한 젊은사람에게는 그의 의식적 자아를 가능한 한 효과적으로 형성해나가는 것, 즉 그의 의지를 교육시키는 것이 가장 중요하다. 그가 천재가 아니라면, 그는 자신의 의지와 같지 않은, 자신의 내면에서 작용하고 있는 어떤 것을 믿어서는 안 된다. 그는 자신을 의지의 존재로 느껴야 하고, 그의 속에 있는 다른 모든 것을 무시하거나 자신의 의지에 굴복하도록 만들어도 좋다. 왜냐하면 이러한 착각 없이는, 그는 아마도 자신을 사회적으로 적응시키는 데 성공하지 못할 것이기 때문이다.

이와는 달리, 더 이상 그의 의식적 의지를 교육할 필요가 없는 후반기 인생에 속하는 사람은 그의 개인적 삶의 의미를 이해하기 위해 그 자신의 내면적 존재를 경험할 필요가 있다. 사회적으로 유용한 것이 바람직하다는 사실은 부인되지 않지만 더 이상 그의 목표가 될 수는 없다. 그는 자신의 창조적 활동이 사회적으로는 무용하다는 것을 충분히 인식하고 있지만, 그것이 그 자신과의 작업이며 자신에게 이로운 선행이라고 느낀다. 이 활동은 그를 병적인 의존심으로부터 더욱 자유롭게 해줌으로써 내적인 안정과 자신에 대한 새로운 신뢰감을 갖게 한다. 그리고 이러한 결과는 또한 환자의 사회적 삶에 유익하다. 왜냐하면 내적으로 안정되고 스스로 신뢰하는 사람은 자신의 무의식과 좋지 않은 관계를 맺고 있는 사람보다 사회적인 업무를 보다 적절히 수행할 것이기 때문이다.

나는 이 강의가 이론으로 성가시게 되는 것을 의도적으로 피해왔으므로 많은 것이 불분명하고 설명되지 않은 채로 남아 있을 것이다. 그러나 내 환자들이 그린 그림들을 여러분에게 이해시키기 위해서는 약간의 이론적 관점들을 언급해야겠다. 이 모든 그림들은 형태와 색채 모두에서 불확실한 **고태적**古態的인 상징적 성격의 특징을 지니고 있다. 일반적으로 색채는 야생적으로 강하게 나타나 있다. 이러한 특징들은 인간 정신의 심층에 놓여 있는 조형미술적인 힘의 성질을 가리키고 있다. 그것들은 고고학과 비교종교사에서 비슷한 것들을 찾아내기가 어렵지 않을 정도로 역사적·고태적 성격을 갖고 있는 비합리적이고 상징적인 경향을 나타내고 있다. 그러므로 그림들은 주로 내가 **집단적 무**

의식이라고 명명했던 정신의 영역에서부터 생겨난다고 해도 좋을 것이다. 이러한 집단적 무의식이라는 이름 아래 나는 현대의 상징적 회화뿐만 아니라 과거 인류의 모든 비슷한 산물들의 근원이었던, 인간에게 공통된 무의식적인 정신 기능을 말하고 있다. 그런 그림들은 자연스런 요구에 의해 생겨나고, 또한 그것을 만족시켜주고 있다. 그것은 마치 원시적인 과거에까지 거슬러 올라가는 정신이 이 그림들에 표현되어 있는 것과도 같다. 이로써 그러한 정신에 낯선 우리의 의식과 함께 기능을 발휘할 가능성이 생기고, 그것을 통해 의식을 방해하는 그 정신의 요구가 사라진다. 즉, 그 요구가 채워지고 있는 것과도 같다.

그러나 그림으로 묘사하는 작업만으로는 충분하지 않음을 부언해야 되겠다. 즉, 그림을 지적이고 정서적으로 이해할 필요가 있다. 이런 이해를 통하여 그림들은 이성적으로뿐만 아니라 도덕적으로도 의식에 통합된다. 그림들은 합성적인 해석 작업 아래 있어야 한다. 나는 여러 차례 개별 환자들과 이 길을 걸어왔지만, 아직까지 이 과정을 상세히 밝혀서 발표하는 데까지는 이르지 못하고 있다.[4] 지금까지의 나의 작업은 단편적인 것에 불과하다. 우리는 여기서 바로 풍부한 경험에 좌우되는 절대적인 미개척지에서 움직이고 있다. 그리고 매우 중요한 이유들 때문에 곧바로 여기서 성급한 결론을 내리는 것을 피하고자 한다. 우리는 간접적으로 관찰할 수 있는, 의식의 저편에 있는 심혼의 활동 현상을 다루고 있다. 그리고 우리는 얼마나 깊이 그 내면 세계를 들여다볼 수 있는지 아직 모른다. 그것은 내가 이미 앞에서 시사한 바와 같이 일종의 중심화 과정을 다루고 있는 것 같다. 특히 환자들이 대단히 중요한 그림으로 느끼고 있는 그림들은 이 방향을 가리키고 있다. 이러한 중심화 과정에서 우리가 자아라고 부르는 것은 주변에 있는 것처럼 보인다. 이런 변화는 역사적인 심혼의 부분들Seelenteile이 출현함으로써 야기되는 것 같다. 이런 과정의 목적이 무엇인가 하는 것은 우선 불확실한 채로 남아 있다. 우리는 오직 그것이 의식적 인격에 중요한 영향을 미친다는 것을 확인할 수 있을 뿐이다. 이러한 변화가 삶의 감정을 고양시키고 삶을 흐르게 하고 있다는 사실로부터 우리는 그 변화 속에 하나의 고유한 합목적성이 내재하고 있다는 결론을 내려야겠다. 사람들은 그것을 하나의 새로운 착각이라고 부를지 모른다. 그러나 착각이란 무엇인가? 우리들은 어떤 관점에서 어떤 것을 착각이라고 명명할 수 있는가? 우리가 착각이라고 부를 만한 어떤 것이 심혼에 존재하는가? 아마도 착각이란 심혼에게는 하나의 가장 중요한 삶의 형태, 즉 유기체를 위한 산소처럼 없어서는 안 되는 불가결한 것이다. 우리가 '착각'이라고 부르고 있는 것은 아마도 극히 중요한 하나의 심혼적 사실성일 것이다. 심혼은 우리들의 현실 범주에 구애되지 않는 것 같다. 심혼에게는 **작용하는** 것이 일차적으로 **현실적인** 것처럼 보인다. 심혼을 탐구하고자 하는 사람은 심혼을 의식과 혼동해서는 안 된다. 그렇게 하지 않으면 그는 탐구의 대상을 자신의 시야로부터 가리게 된다. 반면에 심혼을 인식할 수 있기 위해서는 심혼이 의식과 얼마나 다른지를 밝혀야 한다. 우리가 착각이라고 부르는 것이 심혼에게는 현실임에 틀림없는 것 같다. 그 때문에 우리는 심혼적 현실을 의식적 현실의 잣대로 측정할 수 없을 것이다. 심리학자에게 가엾은 이교도의 신들을 착각이라고 설명하는 선교사의 관점보다 더한 바보짓은 없다. 그러나 유감스럽게도 마치 우리들이 말하는 소위 현실은 그와 똑같이 착각인데도 마치 착각이 아닌 것처럼 우리는 여전히 독선적인 잘못을 저지르고 있다. 심혼적인 세계에서는, 우리의 경험의 도처에서 보는 바와 같이 작용하고 있는 것이 현실이다. 사람들이 그것에 어떤 이름을 붙이든 상관없다. 문제는 이러한 현실을 가능한 한, 있는 그대로 이해하는 것이다. 그런 현실에 다른 이름을 부여하는 것은 문제가 아니다. 그리하여 비록 심령(정신)Geist을 사람들이 성욕이라 부른다 하더라도 심혼Seele에게 심령은 심령이다.

내가 거듭 말해두고 싶은 것은, 이러한 명명命名이나 명명의 변경은 서술된 과정의 본질의 어디에도 접근하지 못한다는 것이다. 이러한 정신적 과정은 존재하는 모든 것과 마찬가지로, 합리적인 의식 개념을 통해서는 남김없이 파악될 수 없다. 그러므로 나의 환자들도 상징적인 표현과 해석을 더 적절하고 더 효과적인 것으로 더 선호하고 있다.

이것으로 나는 개설적인 강연의 범위 내에서 치료에 관한 나의 생각과 견해에 대해 말할 수 있는 모든 것을 꽤 많이 말했다. 그러나 그것은 하나의 자극 이상일 수 없다. 그러나 하나의 자극이 된다면 나는 대만족이다.

번역: 이죽내

정신치료와 세계관

정신치료는 너무나 실제적이고도 긴급한 필요에서 만들어진 것이므로 그 자체의 사상적 토대를 깊이 생각하는 데는 오랫동안 어려움이 있었다. 경험심리학은 처음에는 물질적인 관념에, 그 다음에는 생리적인 관념에 주로 의지하고 있었고, 자신의 가장 고유한 영역인 복합적인 현상에 대해서는 그저 머뭇거리며 살펴가고 있었을 뿐이다. 이와 마찬가지로 정신치료도 처음에는 단지 보조적인 수단이었으나 차차 의학적 치료의 관념 세계에서 벗어나, 생리적인 이론의 전제뿐 아니라 무엇보다도 정신적인 전제와 관련된다는 것을 인식하게 되었다. 다시 말해서 정신치료는 심리학적 문제를 제기하여, 지금까지 존재해온 실험심리학의 틀과 그 기초적인 사실들을 부숴버렸다. 치료의 요구가 증가함에 따라 아직 초보 단계에 있는 심리학의 시야에 아주 복잡한 사실들이 출현하게 되었지만, 심리학의 대표자들에게는 치료 중에 나타나는 문제들을 처리하는 데 필요한 이론적 장비가 아직 부족했다. 그러므로 정신치료 경험을 통하여 강요되다시피 생겨난 심리학 안에서의 토론이 초기에는 통찰, 이론, 그리고 관점에서 의미상으로 혼란스런 다양성을 노출시킨 것은 놀랄 일이 아니었다. 문외한의 눈에 그것이

바빌론 언어의 대혼란으로 비춰졌다 해도 무리가 아니다. 그러나 이러한 혼란은 피할 수 없는 것이었다. 왜냐하면 정신이란, 그 전체의 궁극적이고도 가장 깊은 곳에 이르지 않고는 다룰 수 없다는 것이 한 번은 명시되어야 했기 때문이다. 그것은 마치 병든 육체를 육체의 전반적 기능, 더 나아가서 병든 사람 전체를 고려하지 않고는 치료할 수 없는 것과 같은데, 이 점은 현대 의학에서도 가끔 주장되고 있는 바이다.

어떤 상태가 '정신적psychischer'일수록 그 복합성이 커지고, 그럴수록 더욱 삶의 전체에 관여한다. 물론 기본적인 정신적 현상은 생리적 과정과 밀접한 연관을 가지고 있고, **생리적 요소가 최소한 정신적 우주의 하나의 극極**을 의미한다는 사실은 의문의 여지가 없다. 충동과 정감 과정과 그 장애로 생긴 모든 신경증적 증상이 비록 분명한 생리적 기반을 가지고 있다 하더라도 다른 한편으로는 마음의 장해 요인이 동시에 생리적 질서를 무질서로 뒤집어놓을 수 있는 힘을 가지고 있다는 사실을 증명하고 있다. 만약 그 장해가 억압에 의해 일어난다면 장해 요인, 즉 억압하는 것은 '보다 높은' 정신 질서에 속하는 것이다. 그것은 결코 기본적인, 생리적으로 제약된 것이 아니라 경험이 가리키듯 대개 하나의 매우 복합적인 조건, 예컨대 합리적·윤리적·미적·종교적 관념, 또는 그 밖의 전통과 결부된 관념으로서 이에 대해서는 생리적 토대를 과학적으로 증명할 수 없는 것이다. 이러한 고도로 복합적인 결정 요인은 정신의 다른 극을 이루며, 이러한 요인이 생리적으로 연계된 정신적 요소보다 훨씬 강하다는 것은 경험을 통하여 알 수 있다.

심리학 영역에서 생성 중인 정신치료가 제일 먼저 부딪힌 것이 정신의 매우 특이한 **대극對極** 문제이다. 정신 구조는 너무도 모순되고 대립되어 있어 누구도 심리적인 주장과 일반적인 서술을 할 경우 그 반대를 이야기하지 않고는 가능하지 않다.

이 대극성의 문제는 온갖 모순된 이론들과 그중에서 특히 반쯤, 또는 완전히 인식되지 못한 세계관적 선입견들의 가장 적합하고 가장 이상적인 싸움터임을 보여주고 있다. 이렇게 됨으로써 정신치료는 가장 큼직한 벌집을 건드리게 된 것이다. 충동억압의 단순한 예를 들어 보자. 만약 억압이 없어지면 충동은 해방된다. 충동이 해방되면 그것은 우리와 함께 살며 그 나름대로 활동한다. 그러나 그럼으로써 상황이 매우 거북해지고 때로는 너무나 참기 어려운 상태가 된다. 따라서 본능은 조절되고 사람들이 보통 말하듯 '승화'되어야 한다. 어떻게 이러한 일이 새로운 억압 없이 이루어지는지 아무도 확실히 설명할 수 없다. 벌써 '되어야 한다'는 말 자체가 항상 치료자의 무력감을 증명하는 것이며, 자신의 지혜의 자원이 바닥났음을 인정하는 것이다. 인간이 원래 이성적인 동물이라면 이성에 호소하는 것이 옳으나, 오히려 인간은 극히 비이성적인 동물이다. 그러므로 충동을 이성적 질서에 따르도록 조절하기에는 이성으로써는 부족하다. 문제의 이 단계에서 나타나는 도덕적·윤리적·철학적·종교적인 갈등은 실제 경험이 가리키듯 상상을 초월한다. 양심적이고 진실을 사랑하는 정신치료자만이 여기에 관해 경험한 것을—물론 남모르게—이야기할 수 있다. 그런 경우 온갖 시대적 문제, 오늘 우리 시대의 모든 철학적이고 종교적인 의혹 등이 파헤쳐진다. 그리고 만약 정신치료자나 환자가 적시에 포기하지 않는다면 그 두 사람 다 괴로울 것이며, 치료자나 환자 모두 세계관에 관한 서로의 논쟁에 휘말리거나 세계관을 둘러싼 자기 자신과의 대결을 치르지 않을 수 없게 된다. 강압적인 해답이나 해결책이 있기는 하지만 그것은 결국 시간이 흐름에 따라, 권할 만한 것도, 만족스러운 것도 못 된다는 사실을 알게 된다. 어려운 문제는 '고르디아스의 매듭'을 단칼에 자르듯 완전히 해결할 수 있는 것이 아니다. 그렇게 할 때 그것은 저절로 다시 매듭을 만들어 문제 해결을 처음부터 새로 시도해야 하는 거북한 속성을 가지고 있다.

이러한 세계관의 논란은 비록 모든 환자가 취해야 할 근본 원칙은 아니라 하더라도 정신치료에서 어쩔 수 없이 제기되는 과제이다. 우리의 행동을 결정할 윤리적 판단 기준, 평가 척도가 어떤 것이어야 하느냐에 대한 물음은 어떻든 대답을 필요로 한다. 왜냐하면 경우에 따라서는 환자가 치료자의 판단과 결정에 대해 해명하기를 기대하기 때문이다. 이때 우리가 해명을 거부한다고 해서 모든 환자가 유아적 열등성의 선고를 받는 것은 아니다. 그러나 우리가 스스로 의지하고 있는 나뭇가지를 그와 같은 치료적 실책으로 절단하는 경우에는 예외이다. 다시 말해서 정신치료 기술은 치료자 자신이 공언하고 믿을 수 있고, 지킬 수 있으며, 또한 최종적인 확신을 가질 것을 요구한다. 그 확신을 통해 치료자 자신이 신경증적 해리를 극복하거나, 그 해리가 나타나는 것을 방지할 능력이 있음을 증명하는 것이다. 신경증을 가지고 있다는 것은 치료자임을 부인하는 것이다. 치료자는 자신이 나아간 만큼 환자를 도와줄 수 있다. 이에 반하여 콤플렉스를 가지고 있다고 해서 곧 신경증을 뜻하는 것은 아니다. 왜냐하면 콤플렉스란 정상적인 정신 현상의 초점들이기 때문이며, 그로 인한 괴로움도 병적인 장애를 증명하지 않는다. 고통이란 병이 아니고 다만 행복의 대극일 뿐이다. 사람들이 콤플렉스를 가지고 있지 않다고 생각하는 경우에만 콤플렉스는 병적인 것이 된다.

세계관은 가장 복합적인 구성물로서 생리적으로 결부된 정신과는 대립되는 극을 이루고, 또한 가장 높은 정신적 주상主想, Dominante으로서 후자의 숙명을 결정한다. 세계관은 치료자의 인생을 이끌고 그의 치료에 임하는 정신을 형성한다. 그것은 무엇보다 강한 객관성에도 불구하고 하나의 주관적인 체계에서 때로는 환자의 진실에 부딪혀 여러 번 흔들릴 수도 있으나 다시 일어나고 새로워진다. 확신은 쉽게 자기 방어가 되고 그래서 완고해지기 쉬운데, 이는 인생의 뜻에 부합되는 것이 아니다. 굳은 확신은 탄력성과 융통성이 있을 때 스스로를 입증하며, 모든 고귀한 진리와 마찬가지로 자신의 오류를 인정하는 데서 더욱 확고해진다.

나는 정신치료자가 철학자나 철학적 의사가 되어야 하고, 더구나 우리가 그것을 인지하려 하지 않아도 이미 그런 사람이 되어 있다는 사실을 감출 수가 없다. 우리가 이 사실을 시인하지 않으려 하는 이유는 우리가 하고 있는 치료와 대학에서 가르치는 철학 사이에는 엄청난 심연이 가로놓여 있기 때문이다. 우리는 우리가 하고 있는 일을 자연 상태의 종교Religion in statu nascendi라고 부를 수도 있을 것이다. 왜냐하면 원초적 삶이 지닌 커다란 혼란에는 아직 철학과 종교의 차이를 인식할 수 있을 만한 적당한 구분이 없기 때문이다. 그리고 정감 세계를 괴롭히는 여러 가지 인상을 수반하는 정신치료 상황의 끊임없는 어려움은 체계적인 분류나 추상을 즐기도록 우리를 내버려두지 않는다. 그러므로 우리는 철학대학에도 신학대학에도 인생에서 유리된 지도 원칙의 깔끔한 설명을 제공해줄 수 없다.

우리의 환자는 신경증이라는 속박으로 괴로워하고 있다. 그들은 무의식에 갇힌 죄수이다. 우리가 무의식의 힘의 영역을 이해해갈 때 환자들을 굴복시킨 것과 똑같은 힘으로부터 우리 자신을 지키지 않으면 안 된다. 전염병을 치료하는 의사와 같이 우리는 의식의 평정을 위협하는 힘에 노출되어 있다. 우리는 무의식의 손아귀에서 환자를 구할 뿐 아니라, 우리 자신의 인간성을 보호하기 위해서 전력을 다해야 한다. 현명한 자제自制는 아직 철학 교과서가 아니고, 생명의 위협에 직면한 순간의 기도가 신학 논문이 아니다. 그러나 둘 다 가장 직접적인 삶의 역동에 어울리는 종교적·철학적 태도에서 나온 결과다.

가장 높은 정신적 주상Dominate은 항상 종교적이고 철학적인 특성을 가지고 있다. 이는 철저하게 원시적인 사실이며 그래서 우리는 이것을 원시 종족에서도 가장 풍성하게 전개된 상태에서 관찰할 수 있는 것이다. 어떤 어려움이나 위험에 처하거나 인생의 중요한 시기에는 그런 주상들이 즉각 나타난다. 그것은 모든 정감에 찬 상황에 직면하여 일어나는 가장 자연스러운 반응이다. 그러나 그 반응을 자극하는 정감 상황의 반半의식das Halbbewußtsein과 마찬가지로 그 정체는 대개 불분명하다. 그러므로 환자의 정감적 장해가 치료자의 마음속에서 이에 상응하는 종교적·철학적 요소를 자극하는 것은 매우 자연스러운 일이다. 이런 원시적 내용을 의식화하는 것이 의사에게는 매우 거북한 일이어서 그는 자기의 무의식을 보기보다는 외부로부터 소개된 종교나 철학에 그의 의식 세계를 의지하거나 의식을 지탱해보고자 한다. 이런 방책도 환자에게 외부 세계에 있는 어떤 보호 기구 속에 자기의 자리를 차지할 기회를 준다는 점에서는 부당한 것이 아니다. 이런 해결책은 토템 씨족이나 제의공동체, 그리고 고백 종교 등에서 옛날부터 존재해온 것으로 매우 당연한 것이다. 그 목적은 언제나 혼돈된 충동 세계에 질서의 형태를 부여하는 것이었다.

그러나 환자의 본성이 집단적 해결을 받아들이기를 꺼려할 때 상황은 어려워진다. 이 경우에 제기되는 문제는 치료자가 환자의 진실 앞에서 자신의 확신을 깨뜨릴 준비가 되어 있느냐 하는 것이다. 그가 환자를 계속 치료하려면 싫든 좋든 자신이 알고 있던 것을 포기하고 환자의 정동적 상태에 가장 알맞은 종교적·철학적 관념이 무엇인지를 함께 탐구해나가야 한다. 이러한 관념들은 일찍이 모든 종교적·철학적 체계가 성장해온 모성적 토양에서 원형의 모습으로 새로이 싹튼다. 그러나 만약에 치료자가 환자를 위하여 자신의 확신을 문제 삼지 않으려 한다면 그의 근본 태도의 확고함에 대한 정당한 회의가 생긴다. 아마도 그는 자신감을 지키느라 양보하지 않을지도 모르지만, 그렇게 되면 그는 곧 완고해질 위험에 처하게 된다. 정신적 융통성의 능력은 개인적이든 집단적이든 그 경계가 모두 다른데, 흔히 그 경계가 너무나 좁기 때문에 경직성이 실제로 작업 능률의 종말을 고하게 된다. 달리 말하면 누구도 그 이상은 할 수 없게 된다Ultra posse nemo obligatur.

충동은 고립된 것이 아니며 실제로 고립될 수도 없다. 그것은 항상 영적인 측면의 원형적 내용을 동반한다. 충동은 이를 통하여 한편으로는 그것의 근거로 삼고 다른 한편으로는 제약된다. 충동은 그것이 아무리 고태적이고 불분명하다 할지라도 항상 어쩔 수 없이 어떤 세계관과 짝을 이룬다. 충동은 사람에게 생각할 거리를 준다. 사람이 자발적으로 거기에 관해 생각하지 않을 때는 강박적인 사고가 생긴다. 왜냐하면 심혼Seele의 두 개의 극, 즉 생리적인 극과 영적인 극은 서로 끊을 수 없는 밀접한 관계를 가지고 연결되어 있기 때문이다. 그러므로 충동 영역에서 해방된 영der Geist이 헛도는 수레바퀴처럼 아무 쓸모가 없게 되는 것처럼 일방적인 충동 해방이라는 것도 없다. 그렇다고 영과 충동 사이의 결합이 항상 조화로운 것이라고 생각해서는 안 된다. 오히려 그것은 갈등에 차 있으며 고통을 의미한다. 그러므로 정신치료의 가장 중요한 목적은 환자를 상상할 수 없는 행복으로 이끌어가는 데 있는 것이 아니라, 그가 고통을 견디는 철학적 인내와 꿋꿋함을 갖도록 도와주는 것이다. 삶의 전체성과 충만을 위하여 기쁨과 고뇌의 균형이 요청된다.

그러나 고통은 불쾌한 것이므로 사람들은 자신들이 얼마나 많은 두려움과 근심을 만들어냈는지를 헤아리려 하지 않는다. 그래서 사람들은 될수록 큰 행복에 대해서만 말하며, 행복 또한 적절한 고통으로 채워지지 않으면 중독된다는 사실을 생각하지 않는다. 신경증의 이면에는 환자가 받아들이려 하지 않는 자연스럽고 필요한 고통이 자주 발견된다. 우리는 이러한 경우를 히스테리성 동통에서 가장 분명하게 볼 수 있다. 이는 환자가 직면하지 않고 피하려던 히스테리성 동통에 상응하는 심적 고통이 치유되는 과정에서 해소된다.

그러므로 원죄와 고통의 의미와 가치에 대한 기독교 교리에는 탁월한 치료적 가치가 있고, 이슬람교의 숙명론보다 서구인들에게 훨씬 잘 맞는다. 마찬가지로 영생의 믿음은 인생에 정지와 퇴행이 없는 미래로의 자유로운 흐름을 가능케 한다. 이와 같이 우리가 심리적으로 무척 중요한 관념을 위해서 '교리'라는 말을 쓴다고 해서 이것이 단순히 인위적인 지적 이론이라고 생각하는 것은 잘못이다. 그것은 논란의 대상이 될 수 있는 성질의 것이 아니다. 심리학적으로 볼 때 여기서 문제되는 것은 감정 체험들이다. 그것은 논란의 대상이 될 수 있는 성질의 것이 아니다. 비근한 예를 든다면 만약 내 스스로 기분이 좋고 만족스럽게 느낀다고 할 때 아무도 내가 그렇지 않다고 나에게 증명할 사람은 없을 것이다. 경험된 감정적 사실에 대해서는 논리적 논란이 소용없다. 원죄, 고통의 의미, 영생에는 이러한 종류의 감정 사실이 있다. 그러나 그것을 경험하는 것은 신으로부터 받은 능력(카리스마)이지 어떤 인간적인 술수로 억지로 할 수 있는 것이 아니다. 오직 전제 조건 없는 솔직한 헌신만이 이 목적에 도달할 가능성을 기대해볼 수 있다.

그러나 모든 사람이 이러한 헌신을 할 수 있는 것은 아니다. 여기에는 '해야 할 것이다', '해야 할지 모른다'라는 것은 없다. 왜냐하면 바로 이 의지적 노력에 내가 하겠다는 마음이 강조되어 있고, 이것은 헌신의 반대극에 다다른 것이기 때문이다. 타이탄(그리스 신화에서 신들과 싸워 정복된 거인족)이 올림포스를 점령할 수 없었고, 기독교인이 천국을 차지하기는 더욱 불가능했다. 그러므로 치유적이고 심리적으로 가장 필요한 경험은 '무척 얻기 어려운 보배'이며, 이를 얻는 것은 일상적인 사람에게 비일상적인 것을 요구한다.

우리가 다 알듯이, 환자와의 실제 작업에서 이와 같은 비일상성은 원형적 내용의 돌연한 내습으로 나타난다. 이 내용들을 소화하려면 현재의 철학적·종교적인 견해를 이용하는 것만으로는 부족하다. 왜냐하면 그것은 원형의 고태적 상징에 적합하지 않기 때문이다. 그러므로 우리는 인간 존재가 결코 서구적 유형의 특권도 아니고, 백인종이 신에 의해 사랑받는 유일한 인류도 아니라는 사실을 알고 기독교 이전과 비기독교적 세계관의 자료로 돌아갈 필요가 있다. 우리가 기독교 이전의 자료로 돌아가지 않고는 현대의 집단적 현상을 정확히 판단할 수 없다.

중세의 의사들은 여기에 관하여 몇 가지 사실을 알고 있었던 듯하다. 그들은 기독교 이전 시대에 뿌리를 둔 철학을 해왔는데, 그 내용이 오늘날 우리의 환자와의 경험과 일치했던 것이다. 중세의 의사들은 거룩한 신현神顯의 빛 이외에 두 번째의 독립된 빛의 근원으로 자연의 빛 lumen naturae을 인식했고, 교회에서 전래된 진리가 그 자신이나 환자에게 어떤 이유에서건 효과가 없을 때는 그 자연의 빛을 붙잡을 수 있도록 했다.

내가 역사를 연구하는 것은 단순한 취미가 아니라 중요한 실제적인 이유 때문이다. 현재의 학교의학이나 대학에서 가르치는 심리학과 철학은 의사가 정신치료를 할 때 꼭 필요한 요구에 효과적인 지식과 수단을 제공하지 못한다. 그러므로 우리가 역사에 대해 비전문가이며 부족하다는 부끄러움을 무릅쓰고 신체와 정신이 서로 나뉘기 전의 오래된 의학철학자들의 학설을 공부하려는 것이다. 우리는 전문가이지만 우리의 전문 영역은 이상하게도 우리를 보편주의로 유도하며, 만약 정신과 육체의 통합이라는 말이 공허한 수식어에 머물지 않게 하려면 우리의 전문성을 철저하게 극복해야 할 필요가 있다. 일단 우리가 마음을 치료하기로 작정했다면 우리는 신경증이 그 자체로 분리될 수 있는 본체가 아니고 병적으로 장해를 입은 정신 전체라는 사실을 더 이상 모르는 체할 수는 없을 것이다. 신경증이 단순한 증상의 집합체가 아니라, 정신 전체에 미치는 잘못된 작용이라는 사실이야말로 프로이트의 충격적인 발견이기도 했다. 중요한 것은 신경증이 아니라 누가 신경증을 앓고 있는가 하는 것이다. 우리는 인간에 대해 작업하며 그를 인간으로서 정당히 대해야 한다.

오늘의 학술회의는 정신치료가 그 목표를 인식했다는 사실을 증명하고 있다. 즉 생리적·영적 요소에 똑같이 관심을 기울여야 한다는 사실이다. 정신치료는 자연과학에서 기원하여, 그것이 지닌 객관적이고 경험적인 방법을 심령Geist의 현상에 적용하고 있다. 이는 아직 시도에 불과하지만 그러한 시도가 이루어졌다는 사실은 대단히 중요하다.

번역: 이부영

정신치료의 현재

오늘날 유럽의 정신 상황과 정신치료와의 관계를 자세히 살펴보는 것은 중요한 일이다. 그러나 이러한 모험을 회피한다고 해서 비난의 대상이 되지는 않는다. 왜냐하면 현재 유럽의 심적·정신적 상태를 이루고 있는 상像이 과연 정확하고 진실에 상응하는가를 보장할 수 없기 때문이다. 우리는 과연 엄청난 사건의 참여자이자 동시대인으로서, 오늘날 유럽의 형언할 수 없는 정치적·세계관적 혼돈의 한가운데서 올바른 판단을 내리고 또한 투명하게 볼 수 있는 상태에 있는가? 아니면 정신치료의 영역을 더 좁게 제약하고, 세계의 절반이 멸망한다고 하더라도 개의치 않는, 겸손한 전문가의 외딴 영역에 우리의 학문을 제한해야만 하는가? 그 겸손은 인정할 만하지만 그런 제한이 '심혼의 치료'라는 정신치료의 본질과 일치하지 못할까 두렵다. '정신치료'의 개념에는 그것을 어떤 범위에서 해석하든 엄청난 요청이 들어 있다. 즉, 심혼이야말로 모든 행동과 인간 의지에 의해 일어난 모든 사건의 근원지가 아니던가! 무한히 넓은 마음의 영역에서 임의로 한 조각을 떼내어 그것을 소위 정신치료의 사사로운 놀이터라고 선언하는 것은 어려울 뿐 아니라 불가능한 일일 것이다. 의학은 신경증과 정신병과 같은 특수 영역을 구분하지 않으면 안 되며, 이것은 치료의 실제 목적을 위해서도 가능한 일이다. 그러나 정신치료가 스스로의 문제를 단순히 기법의 문제로서가 아니라 학문의 문제로서 이해한다면 이러한 인위적인 제한은 즉시 중단되어야 한다. 학문 자체는 경계가 없으며, 전적으로 자급자족할 수 있는 전문 분야는 없다. 진정으로 학문이라고 지칭하려면 이웃하는 영역으로까지 그 범위를 넓혀야 한다. 프로이트의 정신분석학과 같은 고도의 전문 기법도 처음부터 이미 부분적으로는 거리가 먼 다른 과학 영역으로 넘어가지 않을 수 없었다. 심혼과 인격을 단지 한 단면으로만 다룬다는 것은 사실상 불가능하다. 심혼이, 모든 것이 서로 연관되는 하나의 전체라는 사실은 아마 신체질환에서보다 정신적 장해에서 더욱 분명하게 드러날 것이다. 환자가 신경증 때문에 우리를 찾아올 때 특수한 부분을 가져오는 것이 아니라 심혼 전체와 세계 전체를 우리에게 가져오는 것이며, 심혼은 이 세계에 의존하고 있고, 이 세계 없이는 절대로 심혼을 충분히 이해할 수 없다. 그러므로 정신치료는 다른 어떤 분야보다도 세계와는 아무 관계없는 신성시된 전문 영역 안에 틀어박힐 수 있는 여지가 적은 영역일 것이다. 치료 과정에서 가장 개인적인 것에 주의를 기울이고자 할 때 우리는 다음과 같은 문제에 부딪히게 된다. 즉, 환자는 어떤 세계에서 왔으며 어떤 세계에 적응해야 하는가? 세계는 초개인적으로 주어진 것이며, 본질적으로 개인적인 것에 초점을 맞춘 심리학으로는 정당하게 평가할 수 없다. 개인적인 것을 강조하는 심리학은 인간의 개인적인 요소가 미치는 부분에 있어서만 타당하다. 그러나 인간을 세계의 일부로 보는 한 그는 세계, 즉 초개인적인 것, 비개인적인 것을 그 안에 지니고 있다. 그의 모든 신체적·정신적 토대는 전부터 주어진 것이라는 점에서 초개인적이고 비개인적인 것에 속한다. 분명히 부모의 인격은 유아적 인간에게는 최초이자, 외견상 유일한 세계이다. 그러나 인간이 유아 세계에 너무 오랫동안 머물러 있게 되면 틀림없이 신경증으로 가는 길에 들어서게 된다. 왜냐하면 그가 완전한 상태로 들어서야 할 위대한 세계는 더 이상 부모의 세계가 아니고 초개인적으로 주어진 것이기 때문이다. 인간은 이미 형제 자매와의 관계를 통해 유년 시절의 부모와의 관계로부터 벗어나기 시작한다. 형은 더 이상 진짜 아버지가 아니며, 언니 역시 진짜 어머니가 아니다. 부부는 원래 서로 낯선 사람이고 서로 다른 역사적·사회적 배경을 가지고 있는 다른 가족 출신이다. 더구나 아이들은 부모로 하여금 철두철미하게 아버지와 어머니의 역할을 하도록 강요한다. 부모들은 전에는 유아적 태도를 가지고 남들이 부모 역할을 하는 것을 보기만 했고, 자신들은 어린이의 역할을 함으로써 얻게 되는 모든 이득을 유지하려고 했다. 이런 어느 정도는 정상적인 삶의 에난치오드로미Enantiodromia(대극의 반전) 식의 경과는 아이의 한 극단에서 부모의 다른 극단으로 태도가 변하도록 강요한다. 어린이에서 부모로의 변환은 어린이라면 면제받을 수 있는 객관적 사실과 가치를 인정하기를 요구한다.

그러나 어린이는, 그가 학교나 선생님을 좋아하든 싫어하든 학교에 다니면서 객관적 시간의 개념, 의무와 의무 이행, 낯선 권위 등의 개념을 갖게 된다. 학교 생활을 하면서, 또 시간이 계속 지나가면서 객관적 실재는 그 어린이의 마음에 들든 말든, 그것에 대하여 어떤 태도를 가지고 있는지에 상관없이, 타인을 향해서 개인적인 삶 속으로 점점 더 밀려들어 온다. 여기에서 한 가지 명백한 것은 부모의 세계가 도움이 될 만한 기간을 지나 연장되면 언제나 비싼 대가를 치러야 한다는 사실이다. 개인의 유아적 세계를 큰 세계로 옮기려는 모든 시도는 결국 실패하게 되고, 신경증 치료에서 나타나는 전이조차 기껏해야 중간 단계이며, 개체는 여기서 어린 시절부터 집착하고 있는 껍질을 벗겨내고, 외부 현실에서 부모상의 투사를 멀리 떼어놓는 기회를 제공받는다. 이 작업은 현대 정신치료의 가장 어려운 과제에 속한다. 사람들은 이전에 부모상이 그 내용의 분석을 통해서 어느 정도 해체되고 해결될 수 있다고 낙관적으로 생각했다. 그러나 사실은 그렇지 않다. 사람들은 부모상을 투사 상태에서 분리시키고, 외부 세계로부터 거두어들일 수는 있지만, 초기 유아 시절에 습득된 모든 것들처럼 그것은 원래의 생생한 상태를 유지하면서 사람들에게 그대로 남아 있는 것이다. 투사를 철회함으로써 자신의 마음으로 되돌아가는데, 그곳이야말로 대부분의 투사가 유래된 곳이다.[1]

부모의 상들이 더 이상 투사되지 않으면 무엇이 일어나는가에 대해 자세히 언급하기 이전에, 다른 문제에 주의를 기울여보도록 하겠다. 즉, 현대 심리학이 제기한 문제가 현재 우리가 말하는 심리학이 없었던 옛날에 비추어 새로운 사실인지 아닌지, 옛날에는 그것을 모르고 있었는지 혹은 이미 알고 있었는지, 그리고 이 문제가 과거에는 어떻게 표현되었는지에 대한 문제이다.

과거의 시대가 우리가 말하는 정신치료를 정말로 알지 못했다면, 우리는 과거의 역사에서 현재 우리가 가지고 있는 것과 비슷한 어떤 공식화된 표현을 찾는 것은 기대할 수 없을 것이다. 그러나 어린이로부터 부모에 이르기까지의 인격의 변환은 아득한 옛날부터 도처에 있었으며, 의식의 증가와 더불어 그 변환은 주관적으로도 어려운 것으로 느껴졌기 때문에, 우리는 이 어려운 이행Übergang을 인간이 할 수 있도록, 하나 혹은 그 이상의 공동의 정신치료 체계가 존재하고 있었음을 추측할 수 있다. 사실 우리는 가장 원시적 단계에서 이미 정신적 이행이 실현될 수 있는 인생의 모든 순간에 어떤 단호한 조치가 있었음을 찾아볼 수 있다. 사춘기의 성년식이나 결혼·출생·장례 풍습을 들 수 있는데, 원시적이며 외부의 영향을 받지 않은 단계에서 매우 정확히, 조심스럽게 유지되는 이 모든 의식儀式들은 우선 인생의 이런 순간에, 위협하는 정신적 손상을 피하도록 하는 데 기여하며, 또 성년식을 치르는 사람에게 삶에 필요한 준비와 교훈을 주는 데 기여한다. 원시 종족의 삶과 번영은 실제로 의식을 전통에 맞게 성실히 실행하는 데 달려 있다. 백인의 영향으로 이러한 관습이 실종되어가는 곳에서는 종족의 고유한 삶은 중단되고, 그 종족은 심혼을 잃게 되며 붕괴되어버린다. 이에 관련하여 특히 기독교 선교의 영향에 관해서는 의견이 매우 엇갈리고 있다. 나 자신이 아프리카에서 본 바로는 비관적인 느낌이었다.

  더 높은, 문명화된 단계에서 우리는 위대한 종교들이 같은 작업을 하고 있음을 본다. 우리에게는 세례, 견진성사堅振聖事, 결혼과 장례 관습이 있는데, 이것은 개신교에서보다도 가톨릭 의식 내에서 훨씬 더 원천적이고, 생생하며 더 완전하다. 우리는 또한 여기에서 어린이의 부모 세계가 풍부한 유추 상징을 통해 어떻게 분리되어가는지를 본다. 즉, 가부장적 질서는 성인을 정신적 탄생과 재생[2]을 통해서 새로운 하느님의 자녀로 받아들인다. 아버지인 교황과 어머니인 교회는 가족의 부모이며, 일부의 기독교도가 거기에 반대하지는 않는 한 모든 기독교인들을 그 품에 안는다. 발달 과정에서 부모상이 파괴되어 효력을 잃게 된다면, 그러한 질서는 그 존재 이유raison d'être나 가능성을 상실하게 될 것이며, 따라서 전혀 존재할 수 없을 것이다. 그러나 항상 활동적인 부모상과 또한 소멸되지 않은 어렸을 때의 감정이 이런 질서의 품 안에서 의미 있게 보호받을 수 있는 자리가 발견된 것이다. 이 밖에도 교회의 여러 가지 다른 제도들은 관련된 것들을 지속적으로 발전시키고 그때그때 개혁하도록 배려한다. 그중에서도 특히 미사와 고해성사를 지적할 수 있다. 성찬식聖餐式은 원래 식구들이 모여 앉아 신이 함께하는 가운데 식사를 하는 가족 식탁이고, 멀리 옛날 기독교 시절까지 소급되는 성스러운 관습이다.

  모두가 아는 이 같은 사실을 더 상세히 묘사할 필요는 없다고 생각한다. 내가 그것을 말하는 것은 단지 이전 시대의 심혼의 치료가 현대 정신치료와 마찬가지로 인간 삶의 동일한 기본 사실을 의도하고 있음을 보여주려는 것이다. 그런데 종교는 부모상을 얼마나 다르게 다루고 있는가! 종교는 그것을 해체하거나 파괴하려 하지 않고, 오히려 제거될 수도 없고, 제거되어 이로울 것도 없는 삶의 사실로 인식한다. 종교는 부모상이 엄격한 전통의 가부장적 질서의 틀 안에서 변화되고 고양된 형태로 계속 존속하게 만든다. 이 전통은 수십 년, 아니 수천 년 동안 생생하게 연결되어 유지되어온 것이다. 전통이 개개인의 유년기의 심혼을 지탱하고 유지하는 것처럼, 또한 그것은 인류의 유년기의 심혼을 수많은 살아 있는 흔적 속에 보존해왔다. 그렇게 함으로써 종교는 가장 커다란 정신적 해악, 즉 원시 종족뿐 아니라 문명인에게도 위험한, 뿌리로부터의 단절을 예방한다. 전통의 해체는 때로 필요한 것일 수도 있으나, 그것은 항상 상실이며 위험이다. 그것이 정신적 위험인 이유는, 인간에게 존재하는 가장 보수적인 것으로서의 본능적 삶이 바로 전통에 따른 관습에서 표현되기 때문이다. 예로부터 내려오는 신념이나 관습은 본능에 깊이 뿌리를 두고 있다. 그것이 상실되면 의식이 본능으로부터 분리되기 시작한다. 의식은 이로써 뿌리를 상실하게 되고, 표현을 상실하게 된 본능은 무의식으로 되돌아가며, 무의식의 에너지를 강화시킨다. 에너지는 그때그때의 의식 내용으로 흘러넘치게 되며, 그럼으로써 뿌리로부터의 의식의 단절은 비로소 위험에 처하게 된다. 이런 비밀스러운 배후에서 우러나온 힘은 의식의 오만함을 불러일으키게 되고, 이것은 자신에 대한 과대평가나 열등 콤플렉스로 나타난다. 어떤 경우이든 균형 장해가 유발되는데, 이것이 바로 정신적 손상의 가장 민감한 배양지이다.

 수천 년 역사의 유럽 문명을 돌이켜보면, 정신적 교육이나 심혼을 다루는 것에 대한 유럽의 이상은 부모상을 인정하는 것에 바탕을 둔 가부장적 질서였으며, 또한 여전히 대부분이 그러함을 알 수 있다. 그러므로 우리는 개인에서도 그의 의식이 얼마나 혁명적 입장을 취하는지 개의치 말고, 가부장적 또는 위계 질서의 태도를 갖춘 정신을 고려해야만 한다. 이 정신은 본능적으로 이런 질서를 고수하거나 적어도 그것을 추구한다. 그러므로 부모상이나 어린이 시절의 심혼의 효과를 없애려는 우리의 시도는 처음부터 실패할 수밖에 없다.

 이제 이전의 물음으로 돌아가자. 그것은 부모상이 투사에서 거두어들여진다면 무엇이 일어날 것인가 하는 물음이었다. 어떤 개인의 투사 운반자로부터 부모상을 분리하는 것은 분명히 가능하며, 이것은 우리의 정신치료가 성공한, 확고한 부분에 속하는 것이다. 이에 비해 부모상을 의사에게 전이하는 경우는 문제가 더욱 어렵다. 이 경우에 분리는 심지어 결정적인 드라마가 될 것이다. 심상心像이 더 이상 한 인간에게 밀착되어 있지 않다면 그 상像은 어떻게 될 것인가? 기독교인 최고의 아버지로서의 교황은 신에게서 직무를 부여받는다. 그는 봉사의 종이며, 그러므로 상像의 전이는 하늘에 있는 아버지와 땅에 있는 어머니인 교회로 향한다. 그러나 뿌리가 단절되고 전통이 파괴된 자에게는 무슨 일이 일어나는가? 하버드 대학의 머레이 교수[3]는 내가 이전에 피력했던 경험을 확인하면서 광범위한 통계 자료를 근거로 유대인에게서 콤플렉스의 빈도가 가장 컸음을 증명해보였다. 두 번째는 개신교도였으며 세 번째가 가톨릭 교인이었다. 세계관이 정신의 안녕과 직접적인 연관이 있다는 것은 이해력의 종류와 방법, 다시 말해서 관觀이 인간과 인간의 정신 건강에 엄청나게 중요하다는 것에서도 알 수 있다. 사물은 그것이 어떻게 존재하고 있느냐 하는 것보다 우리가 그것을 어떻게 보느냐에 달려 있다고 말할 수 있을 정도이다. 어떤 상황이나 일에 대해서 우리가 부정적인 견해를 가졌다면, 그것에 대한 우리의 즐거움 또한 사라지고, 결국 대부분 부정적인 것이 된다. 만약 우리가 어떤 선입견을 버리고 그것에 대한 견해를 바꿀 수 있다면 얼마나 많은 것이 역으로 견딜 만하고, 할 수 있게 되겠는가! 천재적인 의사였던 파라켈수스는 '이론화'의 기예技藝를 이해하지 못하는 사람은 의사가 아니라고 강조한다.[4] 그가 말하는 바는, 의사는 자기 자신에게뿐만 아니라 환자에게도 질병을 이해시키고 질병관을 가르쳐주어야 하는데, 이것이 의사에게는 치유를, 환자에게는 건강의 회복을, 또는 최소한 앓음 Kranksein의 체험을 가능하게 해준다는 것이다. 그렇기 때문에 그는 "약간의 병病은 정죄淨罪의 불길이다"[5]라고 말한다. 그는 질병의 이해가 갖는 치유력을 알고 있었고 이를 십분 활용했다. 따라서 내가 만약에 가톨릭 교인을 치료한다면, 전이 문제의 경우에는 의사로서 내가 지니는 직권에 따라 물러나서 이 문제를 교회로 넘길 것이다. 그러나 만약 내가 비가톨릭 교인을 치료한다면 이러한 출구는 가로막혀 있어, 나는 의사로서의 직권에 따라 물러설 수 없다. 왜냐하면 내가 아버지상像을 적절하게 넘겨줄 만한 아무도, 아무것도 없기 때문이다. 내가 아버지가 아니라는 이성적 통찰을 세울 수도 있다. 그러나 그럴 경우에 나는 바로 이성적인 아버지이며, 무슨 일이 있다 해도 아버지인 것이다. 자연뿐만 아니라 환자도 역시 공허 공포를 갖는다. 그는 부모상이나 어린 시절의 심혼이 희망도 미래도 없는 과거의 허무로 떨어지는 것에 대해 본능적으로 전율한다. 그의 본능은 그의 전체성을 위해서 이것들이 어떤 형태로든 살아 있어야 한다고 그에게 말한다. 그는 투사가 완전히 철회되면 별로 사랑받지 못해서 더욱더 집요한 자아 내에서, 겉보기에 무한한 고독이 뒤따르게 된다는 것을 안다. 이미 이전에도 그 상황은 견디기 힘든 것이었다. 그러므로 사람들이 그것을 지금 그리고 아직도 순수한 이성에서 행할 가능성은 별로 없다. 그렇기 때문에 이 시점에서 부모와의 지나친 개인적인 결합에서 벗어난 가톨릭 교도는 더 잘, 더 깊이 이해될 수 있는 교회의 비의秘儀에 어렵지 않게 회귀할 수 있다. 개신교의 보다 새로운 변이들 중의 하나에서, 그들에게 적합한 의미를 인식함으로써 다시 진정한 종교성에 도달한 개신교들도 있다. 다른 모든 사례는—그것이 지나치게 강제적이고 흔히 해가 되는 해결에 이르지 않는 한—전이 관계에서 흔히 말하듯이 '막혀서 그대로 머물러 있게' 되며, 그럼으로써 자신에게나 의사에게 최상급의 인내력 시험을 마련한다. 이것은 회피할 수 없다. 왜냐하면 고아가 된, 부모가 없는 상태로 갑작스럽게 추락한 것은 그것과 관련된 무의식의 갑작스러운 활성화로 인해서, 경우에 따라서는, 즉 정신병적 부담이 있는 경우에는 위험한 결과를 가져올 수 있기 때문이다. 그러므로 투사의 철회는 단계적으로 이루어질 수 있고, 또 그래야만 한다. 부모상으로 분리된 내용을 통합하는 것은 무의식을 활성화시키는 영향을 준다. 왜냐하면 이 심상心像들이, 어린 시절에 이미 처음부터 가지고 있었고, 어른이 된 나이에서도 항상 운명을 결정하는 데 작용하는 에너지를 가지고 있기 때문이다. 통합을 통해서 무의식은 현저한 에너지 증가를 획득하는데, 이 에너지 증가는 의식 내용이 무의식 내용에 의해 강하게 결정되게 됨으로써 바로 눈에 띈다. 오직 나뿐인 존재 속에서의 고립화는 역설적으로 꿈이나 환상에서 비개인적이고 집단적인 내용을 나타내게 되는데, 이것은 바로 정신분열성 정신병을 구성하는 재료이기도 하다. 이런 까닭에 이 상황은 결코 안전한 것이 아니다. 왜냐하면 투사를 통한 객체와의 유대에서 자아를 분리하는 것은—이 중에서 의사로 향한 전이가 가장 주된 역할을 하는데—과거에 개인 환경과의 관계에 용해되었던 자아가 집단적 무의식의 내용으로 용해될 위험에 빠지게 되기 때문이다. 이제 외부 세계에서 죽은 부모와 그들의 상像이 이 의식 저편으로 들어갔고, 이전과 똑같이 용해하는 투사 경향을 행사하는 것이다.

그러나 여기에서 내가 항상 기적처럼 경탄해 마지않는 치유적인 보상 효과가 나타난다. 집단적 무의식에 용해될 위험한 경향에 맞서서 반대로 같은 집단적 무의식에서 역작용이 생겨나는데, 이것은 뚜렷한 상징들이 특징인 중심화 과정의 형태로 나타난다. 이 과정은 새로운 인격 중심으로서 많은 것을 만들어내는데, 그것은 먼저 상징들을 통해서 자아보다 우월한 것으로 특징지어지고, 나중에 경험적으로도 자아보다 우월하다는 것이 밝혀진다. 그러므로 우리는 이 중심을 자아에 포함할 수 없고, 자아보다 높게 평가하여야 한다. 또한 우리는 그것에 자아Ich라는 명칭을 줄 수 없기 때문에, 나는 그것을 자기Selbst라고 불렀다. 이 자기의 경험과 체험은 인도 요가의 최상의 목표여서, 인도의 지혜의 보물에서 자기의 심리학에 관한 것을 찾고자 하는 것은 좋은 일이다. 자기의 경험은 우리에게서나 인도에서나 주지주의主知主義와는 상관이 없으며, 그것은 생명력이 넘치는 근본적으로 변화하는 과정이다. 이러한 경험에 이르는 과정을 나는 개성화 과정Individuationsprozeß이라고 불렀다. 내가 고전적 요가를 연구할 것을 추천하는 것은, 내가 그들이 지아나dhyana, 부디budhi, 묵티mukti 또는 그 외의 마술적 언어를 들으면서 무아경에 빠져 눈을 부릅뜨는 그러한 사람들에게 속해서가 아니라, 심리학적으로 요가철학에서 실제 유용한 많은 것을 배울 수 있기 때문이다. 게다가 그 자료는 동양 서적이나 그 번역서에서 분명하게 이해될 수 있게 표현되어 있다. 그것은 또한 우리가 서양에서 대등한 것을 가지고 있지 않아서도 아니다. 나는 다만 요가와 비슷한 서양의 지식은 접근하기 어려워 전문가들만 이해할 수 있기 때문에 요가를 추천하는 것이다. 이와 비슷한 서양의 지식은 감추어져 있고, 밀교적 규율을 통해서, 그리고 그 배 바닥에 고인 더러운 물에서 헤엄치는 터무니없는 것들을 통해서, 식별할 수 없을 정도로 변형되어 있다. 즉, 연금술에는 서양적인 명상 요가가 감추어져 있다. 그러나 이단으로 여겨져 고통을 겪게 될 것에 대한 공포 때문에 매우 조심스럽게 숨겨두고 있다. 그러나 연금술은 임상심리학자들에게는 인도 요가보다 엄청난 장점을 실제로 가지고 있다. 그 이유는 연금술에서는 관념 내용이 거의 결정적으로 풍부한 상징성으로 표현되어 있다는 사실에 있다. 이 상징성은 오늘날 우리의 환자들에게서도 발견되는 것이다. 나는 연금술이 개성화 과정의 상징을 이해하는 데 매우 큰 도움을 준다고 생각한다.[6]

연금술은 내가 자기Selbst라고 명명한 것을 '부패하지 않는', 즉 더 이상 용해될 수 없는 물질, 하나이자 단순한 것, 다른 것으로 더 이상 환원될 수 없는 것, 그리고 동시에 보편적인 것으로 표시한다. 16세기의 어떤 연금술사는 이것에 대우주의 아들이라고 이름 붙였다.[7] 현대의 소견은 원칙적으로 이러한 표현과 일치한다.

오늘날의 문제를 이해하기 위해 나는 이런 것들에 대해 언급하지 않을 수 없었다. 즉, 우리가 인내를 가지고 시종일관 자연스런 발전의 길을 추적한다면 우리는 자기自己의 경험, 단순한 그렇게 있음Sosein의 경험에 이르게 된다. 이와 같은 것은 윤리적 요구로서, 우리가 1941년 가을에 그의 서거 400주기를 기념한 바 있는, 진정으로 스위스적이며 진정한 연금술사인 파라켈수스의 다음의 격언이 표현하고 있다. "고유한 자신이 될 수 있는 자는 그 누구에게도 종속되지 않는다." 그러나 이런 목표를 향한 길은 대단히 힘들며, 모든 사람이 갈 수 있는 길은 아니다. 연금술사들은 '그것은 가장 어려운 길'이라고 말한다. 여하튼 우리는 이제 겨우 발전의 시작에 서 있으며, 이 발전의 기원은 고대 후기 그리스로, 그 시대의 삶은 중세기 내내 어둠 속에서 할 일 없이 살아가던 기이한 존재에 불과하였으며 고독한 기인奇人에 의해 대변되는데, 몽상가들Tenebriones로 불리운 것도 무리가 아니다. 그래도 알베르투스 마그누스, 로저 베이컨, 파라켈수스와 같은 사람들은 현대 자연과학의 아버지이며 그들의 정신은 전체 교회의 권위를 흔들어놓는 데 많은 영향을 주었다. 자연과학의 정신에서부터 현대 심리학이 자라났는데, 심리학은 그것을 의식하지 못한 채 연금술에서 시작된 작업을 계속하고 있다. '손재주'는 다만 소수의 '선택된 자들'에게만 주어진다는 것을 그들이 확신했던 것처럼, 우리는 각 환자와의 작업이 얼마나 힘이 드는지, 그리고 어떻게 소수만이 심리학적 작업의 지식과 경험을 얻는가를 매우 잘 알고 있다. 그동안 기독교 교회의 치유적인 제도의 붕괴와 약화는 위협적으로 진행되고, 신뢰할 만한 권위의 상실은 서서히 세계관적·정치사회적 무정부주의를 초래하였는데, 이것은 가부장적 질서에 익숙해져온 유럽인의 심혼에는 거슬리는 것이다. 사회적으로 볼 때, 개인의 의식화와 인격 성숙을 향한 출발은 아직 그토록 약하여 역사적 필연성에 비추어 전혀 중요하지 않을 정도이다. 유럽 사회의 질서의 기초가 흔들리지 않으려면 권위는 어떤 대가를 치르더라도, 그리고 우선적으로 다시 회복되어야 한다.

아마도 이러한 이유에서 유럽에서는 교회 공동체를 국가 공동체로 대체하려는 노력이 생겨났다. 그래서 교회가 옛날에 신권神權정치를 실현하기 위해 절대적 노력을 기울인 것과 마찬가지로, 현재의 국가도 독점적 전체성을 절대적으로 요구하고 있다. 심령心靈, Geist의 신비주의는 자연의 신비주의, 또는 파라켈수스가 '자연의 빛lumen naturae'이라 명명한 신비로 대체되는 것이 아니라, 개인이 '국가'라고 불리는 정치적 보편성에 완전히 편입됨으로써 대체된다. 이렇게 함으로써 딜레마로부터 벗어날 길이 열리는데, 그것은 부모상이 모든 것을 부양하는 자, 그리고 모든 사고나 의지를 결정하는 권위로서의 국가에 투사되면서 가능해진다. 학문의 목적은 사회 집단에 기여하고, 사회 집단의 목적을 위한 물질적 유용성에 따라서만 평가된다. 자연스러운 심적 발달의 자리에 어떤 집단의 권력 추구에 기여하고, 대중에게 어떤 경제적 이익을 약속하는 정치 지향적 태도가 들어선다. 그것은 시대를 연결해 주면서 문화 가치를 생생하게 유지하는 정신 지향적인 태도가 아니다. 유럽인에게 뿌리내리고 있는 가부장적 위계 질서에 대한 동경은 이러한 방법을 통해 적합하고 구체적인 표현을 찾는다. 이 표현은 군중 본능에는 너무나도 잘 일치한다. 그러나 이것은 모든 관점에서 볼 때 문화에는 해害가 되는 수준에 고착된다.

여기에서 사람들의 마음은 아마 서로 엇갈릴 것이다. 정신치료가 과학의 기초 위, 즉 원칙적으로 자유로운 연구에 근거를 두고 있는 한, 그것은 편견 없는 학문 연구를 통해 얻은 인식에 발맞추어 인간을 독립된 존재로, 도덕적인 자유에 이르도록 교육할 의도를 공표한다. 또 개체가 어떠한 조건들에 순응하겠다고 생각하든, 이것은 항상 의식을 가지고 자유로운 선택으로 생겨나야 한다. 그러나 정치적 목적, 즉 국가가 우선하기를 주장하는 한, 정신치료는 불가피하게 어느 특정한 정치 체계의 도구가 될 것이고, 인간은 이 목표를 위해 교육되어야 할 것이며, 이와 동시에 자신의 고유한 가장 높은 사명을 박탈당하게 될 것이다. 이와 같은 추론에 대하여, 인간의 최종 사명은 그의 개인적 실존에 있는 것이 아니라 인간 공동체를 지향하는 데 있으며, 이러한 공동체 없이는 개인이 존재할 수 없기 때문이라는 반론이 틀림없이 제기될 것이다. 이런 중대한 반론은 가볍게 처리될 수 없다. 개체가 공동체 덕분에 존재한다는 것, 그리고 항상 그렇게 존재해왔다는 것은 명백한 사실이다. 우리는 원시 종족에서 비의적 죽음을 통해서 개체를 가족으로부터, 그리고 그의 과거와의 동체성同體性으로부터 벗어나게 하고, 그들 종족의 일원으로 다시 태어나게 하는 남성 성년식을 볼 수 있다. 혹은 모든 개체성이 왕이라는 인물 속에서 극치에 이르며, 개별적인 인간은 이름도 없는 이집트나 바빌로니아 문명 같은 고대의 문명을 본다. 혹은 우리는 이름이 지닌 개성이 그 이름을 갖는 사람의 무가치함을 대를 이어서 보상하는 전체가족을 관찰할 수 있다. 또는 스승의 이름을 이어받고 그 뒤에 겸허하게 번호만을 달아서 자기 자신의 이름을 버리는 일본 예인藝人들의 세대를 보기도 한다. 그러나 심적 내용의 원래의 투사에 근거를 둔 이러한 고태적 현상과는 반대로 기독교의 부인할 수 없는 위업도 있었다. 그것은 모든 사람에게 불멸의 영혼의 존엄성을 부여한 것이다. 그 이전에는 왕이라는 유일한 인간만이 이 특권을 가지고 있었다. 기독교 개혁이 개별적인 영혼의 최고 가치를 왕이나 그와 같이 선택된 인간에게 투사되는 것을 거두어들임으로써 인간 의식과 문화의 진보를 어느 정도로 보여주고 있는가를 여기서 설명한다면 너무 길어질 것이다. 여기서는 인간 존재의 본성에 있는 의식성, 도덕적 자유, 문화를 향한 사명이 개인을 지속적으로 무의식성의 어둠에 사로잡아두고 무가치하게 되도록 억누르는 공허한 투사의 충동보다 더 강하다. 물론 그렇게 함으로써 그에게는 시련이 주어진다. 그것은 의식함으로써 생기는 고통, 도덕적 갈등, 자기 고유의 사고의 불확실성 등이다. 이 과제는 엄청나게 어려워서, 언젠가 해결된다고 하더라도 한

세기에 해당되는 단계에서나 도달될 수 있고, 항상 우리는 겉보기에 더 쉬운 무의식성의 길을 가도록 권유하는 온갖 힘과의 투쟁에서 끝없는 고통과 노력의 대가를 치러야 한다. 무의식성의 길을 가면서 사람들은 이 과제를 안심하고 '다른 사람'에게 넘길 수 있고, 또 결국에는 익명의 국가에게 넘길 수 있다고 믿는다. 그러나 누가 이 '타인', 즉 모든 사람이 할 수 없다고 확신하고 있는 것을 할 수 있는 체하는 공언하는 초인이란 말인가? 그것은 바로 우리처럼 그렇게 존재하고 사고하고 느끼는 인간들이다. 단지 그들은 다른 사람에게 떠넘기는 예술의 대가들이다. 무엇이 궁극적으로 국가란 말인가? 국가는 모든 무가치한 것의 축적이며, 그것으로 이루어져 있다. 사람들이 국가를 의인화할 수 있다면 정신적·육체적 관점에서 그것을 이루고 있는 대부분의 개별적 수준보다 훨씬 아래에 있는 한 개인, 아니 한 괴물이 나오게 될 것이다. 왜냐하면 그것은 가장 커다란 힘을 가지고 있는 대중심리를 나타내고 있기 때문이다. 그렇기 때문에 기독교는 가장 훌륭했던 시기에는 결코 국가를 믿지 않았고, 인간을 어둠의 정신에 의해 지배받는 세계로 투사하는 모든 강제적 힘으로부터 구제하기 위해서 인간에게 초현세적 목표를 설정했다. 그리고 인간에게 이 세계를 지배하는 것에 목표를 두는 것이 아니라, 그의 마음에 바탕을 두고 있는 신의 영역을 소유하는 것을 목표 삼게 함으로써 세계를 근본적으로 변화시킬 시점을 갖도록 불멸의 심혼을 주었다.

    인간은 산소, 물, 단백질, 지방 등이 없이는 존재할 수 없듯이 사회 없이는 존재할 수 없다. 산소나 물처럼 사회는 인간의 가장 필수적인 존재 조건의 하나이다. 그런데 인간이 공기를 숨 쉬기 위해 산다고 주장한다면 말이 안 된다. 마찬가지로 인간이 사회를 위해 존재한다는 것 역시 말이 되지 않는다. '사회'는 인간 집단의 공생을 위한 단순한 개념이다. 하나의 개념이 삶의 운반자는 아니다. 자연스러운 유일한 삶의 운반자는 개인이며 모든 자연에서도 그러하다.[8] '사회' 또는 '국가'는 삶의 운반자들의 집합이며, 동시에 그것의 기구로서 중요한 삶의 조건 중 하나이다. 그러므로 인간이 사회의 하나의 입자로서만 존재할 수 있다는 것 역시 완전히 옳은 말은 아니다. 어떤 경우이건 인간은 국가 없이도 공기 없이 사는 것보다 훨씬 오래 산다.

정치적 목적이 압도하면 분명히 부차적인 일이 주요 사항으로 올라가게 된다. 그러면 각각의 개인은 그 고유의 사명을 속이게 되고, 2천년의 기독교 문화는 날아가버린다. 투사의 철회를 통한 의식의 확대 대신에 의식의 협소화가 나타난다. 왜냐하면 인간 존재의 단순한 조건인 사회가 목적으로 내세워지기 때문이다. 그러나 사회는 무의식성으로의 가장 큰 유혹이다. 왜냐하면 군중은 스스로에 근거를 두고 있지 않은 개인을 틀림없이 집어삼키고, 그 개인은 모든 경우에서 무력한 입자로 환원되기 때문이다. 국가의 전체주의적 요구는 정신치료가 인간에게 그의 자연스러운 사명을 성취하도록 돕는 권리를 주제넘게 요구하는 것을 단 한순간도 견디지 못할 것이다. 오히려 국가는 정신치료가 국가적으로 이익이 되는 조력자를 만들어내는 보조 수단에 불과하다고 주장할 것이다. 이런 식으로 정신치료는 사회적 성과를 향상시키는 것을 유일한 목표로 하는, 용도가 정해진 기술 만능주의가 될 것이다. 심혼은 고유의 삶을 잃게 될 것이며, 국가의 의견에 따라 이용되는 기능이 되어버릴 것이다. 심리과학은 단순한 정신 기구의 합리화 능력에 대한 검사로 전락하게 될 것이다. 결국 정신치료의 치유 목적으로 말하자면, 환자가 국가의 조직에 완전히 성공적으로 편성되는 것이 치유의 표준이 될 것이다. 그러나 이 목적은 개체에서 심혼의 완전한 박탈을 통해, 즉 개체의 지속적인 무의식화에 의해서 가장 잘 도달되는 만큼 의식화의 모든 방법들은 단번에 진부한 것이 되고, 일찍이 무의식적 내용의 의식화를 못 하도록 막는 데 이용되었던 모든 방법들을 다시 과거의 창고에서 끄집어내도록 권장될 것이다. 이런 식으로 정신적인 치유기법은 완전히 후퇴하지 않을 수 없게 될 것이다.[9]

크게 볼 때, 정신치료는 현재 양자택일의 상황에 직면해 있다. 중세에서 벗어났다고 착각하고 있는 유럽이 두 번째로 수백 년에 걸친 종교재판의 암흑에 잠기게 될 것인가의 여부는 미래의 발전에 달려 있을 것이다. 이 경우는 물론 국가의 전체주의적 요구가 폭력적으로 관철되고 지속적으로 주장될 경우에만 나타날 것이다. 국가라고 부르는 우리의 사회 기구가 그 권위를 확대할 필요성을 느낄 뿐 아니라, 정황에 의해서도 그렇게 하도록 강요되고 있다는 것을 분별 있는 자라면 누구도 부인할 수 없을 것이다. 이것이 시민의 의식적 통찰을 바탕으로 자발적인 동의에 의해 이루어진다면 바람직하다. 그러나 그것이 귀찮은 결정을 피하기 위한 안이함에서, 또는 무의식성에서 일어난다면 개개인은 책임 있는 인간으로서는 소멸될 확실한 위험에 빠지게 된다. 그럼으로써 국가는 그 어느 면에서도 교도소나 흰개미집과 다름없는 것이 될 것이다.

개성의 의식화가 자연스러운 사명에 일치한다고 해서, 그것이 전체 목표는 아니다. 왜냐하면 개별적 존재에서 무정부적 집합체를 만들어내는 것이 결코 인간 교육의 목적이 될 수 없기 때문이다. 그것은 지나치게 극단적 개인주의의 불확실한 이상에 해당되는데, 이 개인지상주의 자체는 마찬가지로 불충분한 집단주의에 대한 병적인 반응에 불과하다. 이와는 반대로 자연스런 개성화 과정은 인간 공동체의 의식성을 가져다준다. 왜냐하면 그것은 모든 인간을 결합하는, 모든 인간에 공통되는 무의식을 의식성으로 인도하기 때문이다. 개성화는 자기 자신과 하나가 되는 동시에 인류와 하나가 되는 것이다. 개별적인 사람의 존립이 그렇게 보장된다면, 국가 속에서의 개별적인 사람들의 조직화된 모임, 또한 더 큰 권위를 갖춘 국가에서도 더 이상 이름 없는 대중의 형성이 아닌 의식된 공동체가 될 것이 보장된다. 이를 위해 꼭 필요한 전제 조건은 의식적이고 자유로운 선택과 개인의 결정이다. 개인의 이러한 자유와 독립성 없이 진정한 공동체는 없다. 그리고 잊지 말아야 할 것은, 그러한 공동체 없이는 자기 자신에 근거를 둔 독립적인 개인이 계속적으로 성장할 수 없다는 것이다.[10] 이 밖에도 독립적인 인격은 공공복지에서 가장 중요한 공복公僕이다. 그러나 오늘날의 인간이 이러한 선택을 하는 데 필요한 성숙함을 갖추고 있는가는 또 다른 문제이다. 이와 마찬가지로 자연스러운 발전에 앞서서 강제로 인간에게 강요되는 해결들 역시 문제이다. 자연의 사실들은 지속적으로 억눌릴 수 없다. 물의 스며들고 침투하는 특성으로써 그것은 자연의 사실을 고려하지 않은 모든 체계를 구멍 내고 언젠가는 무너뜨린다. 그러나 현명한 정치술을 가지고 있고, 정신을 포함한 자연에 필요한 공간을 허락하는 권위자는 몰락을 두려워할 필요가 없다. 만약 그가 더 많은 권위를 필요로 하고 소망한다면, 그것은 유럽 사람에게는 미성숙한 정신의 부끄러운 증거가 될 것이다. 그러나 우리는 유럽에 있는 무수한, 수백만 명이 전통을 잃어버린, 유치한 계몽주의자의 도움으로 교회의 권위나 왕과 황제의 부권적 통치 권력에서 벗어나 있으며, 감히 권위가 있다고 자처하는 어떤 폭력에 의미도 방향도 없이 희생되는 사실에 직면하고 있다. 인간의 미성숙은 우리가 염두에 두어야 하는 사실이다.

 우리는 스위스에서, 어떤 빈 공간을 떠돌아다니는 소행성에서 살고 있는 것이 아니라 유럽을 구성하는 같은 지구 위에서 살고 있다. 우리는 이 문제들 한가운데에 놓여 있으며, 우리가 무의식적이면 우리는 다른 국가와 마찬가지로 이 문제들에 빠지게 된다. 가장 위험스러운 것은 우리가 우리의 이웃보다 더 높은 의식 수준에 있다고 자만하는 것이다. 그것은 말할 필요조차 없다. 지금까지 설명한 몇 명에 불과한 심리학자나 정신치료자를 온당치 못한 방식으로 중요하다거나 더 의미가 있다고 받아들임이 없이, 내가 강조하고 싶은 것은 우리가 심리학자의 자격으로 무엇보다도 우리 시대의 정신 상태를 이해하고, 현재가 우리에게 제기하는 의문과 요구를 명확히 바라보아야 하는 과제와 의무를 지니고 있다는 점이다. 비록 우리의 목소리가 미약하고, 그리고 정치적인 소동에서 울리는 소음 속에서 무력하게 소멸된다고 하더라도, 우리는 다음의 중국 명언으로부터 위로를 받을 수 있으리라고 생각한다. "스스로 깨달은 자가 홀로 옳은 것을 생각할 때, 수만 리 떨어진 곳에서도 그것을 들을 수 있다."

시작하는 모든 것들은 항상 작은 것에서부터 시작된다. 따라서 비록 우리가 추구하는 목표가 도달하기 힘들 정도로 멀리 떨어져 있는 것처럼 보이더라도, 고되기는 하지만 눈에 띄지 않는 개개인에 대한 성실한 작업을 완수하는 것을 짜증 나게 여겨서는 안 된다. 우리 앞에는 도달 가능한 목표가 놓여 있는데, 그것은 바로 개별적인 인격의 발전과 성숙이다. 개체가 삶의 매개자라는 사실을 우리가 확신하는 한, 비록 수천의 나무들이 열매를 달고 있지 않아도 단 한 그루만이라도 열매를 달 수 있다면 우리는 인생의 의미에 이바지한 것이다. 그러나 성장하려는 모든 것을 가장 잘 자라게 하려는 것을 도외시하는 자는, 얼마 안 있어 항상 가장 무성하게 자라나는 잡초가 자신의 머리 위로 자라나는 것을 경험하게 될 것이다. 따라서 나는 현재 정신치료의 가장 고결한 과제는 바로 개개인의 발전이라는 목표에 꾸준히 헌신하는 것이라고 생각한다. 이와 더불어 우리의 노력은, 각 개인이 그 속에서 인생의 최대한의 충만함을 전개하려는 자연의 정진을 뒤따를 것이다. 왜냐하면 삶은 황금으로 도금된 새장 속에 갇힌 새 속에서가 아니라, 개개인의 내부에서만 그 의미를 충만하게 실현할 수 있기 때문이다.

번역: 한오수

정신치료의 기본 문제

 의학 서적의 치료와 처방 목록의 '치료'라는 제목 아래 사람들이 '정신치료'란 단어를 읽을 수 있게 된 것은 그리 오래되지 않았다. 이 단어에서 이해할 수 있을 만한 것은 그동안 많은 뜻을 함축한 채 어둠 속에 싸여 있었다. 정신치료가 뜻하는 것은 무엇인가? 최면술, 암시, '설득', 정화淨化적 방법, 정신분석학, 아들러의 교육기법, 자율 훈련 등일까? 이렇게 열거하다 보면 '정신치료'란 이름 아래 매우 모호하고 다양한 개념에 대한 의견과 이론 및 방법이 귀속되어 있음을 보게 된다.
 아무도 살지 않는 새로운 대륙이 발견되면 그곳에는 경계표도 이름도 거리도 없으며, 그 땅을 밟은 개척자는 저마다 그 대륙에 대해 조금씩 다르게 설명한다. 의사가 처음으로 정신Psyche이란 새로운 세계에 발을 들여놓았을 때 대체로 이와 같은 일이 일어났으리라 생각된다. 그러한 최초의 사람 중 한 명이 파라켈수스인데, 우리가 정신에 대하여 어느 정도 인식할 수 있는 지식을 얻게 된 것은 그의 덕택이다. 그러나 때때로 예감에 가득 찬, 깊이를 알 수 없는 그의 진기한 지식은 16세기의 정신에 사로잡혀 있는 언어로 표현되었다. 그 언어는 귀령학鬼靈學적·연금술적 관념뿐만 아니라 파라켈수스의 신조어들에서 많이 드러나고 있다. 그 신조어들의 풍부함은 흔히 아무 이유도 없이 인정받지 못했던 사람들의 비밀스러운 열등감과 상응하는 자기 현시욕을 보상하고 있다. 17세기와 더불어 시작된 자연과학의 시대는 파라켈수스적 의학의 진주를 쓰레기로 덮어버렸다. 2세기가 지난 후에야 비로소 새로운 경험적 방법이 대두되었다. 즉, 생명자기生命磁氣에 관한 메스머 Franz Anton Mesmer의 학설인데, 이것은 한편으로는 오늘날 우리가 암시 현상으로 돌리는 실제 경험에서, 다른 한편으로는 옛 연금술적 학설의 자산에서 유래한다. 몽유병에 관심을 두었던 낭만주의 시대의 의사들이 바로 이러한 선상에서 활동했다. 이렇게 해서 히스테리의 임상적 발견의 기초가 세워졌다. 그러나 한 세기가 거의 지나서야 샤르코 Jean-Martin Charcot와 그의 제자들이 이 영역에서 비로소 어느 정도 확고한 개념을 세워놓았다. 피에르 자네Pierre Janet 덕분에 히스테리 현상에 대한 보다 심도 있고 더욱 정확한 지식을 얻게 되었으며, 암시 현상의 체계적인 연구와 기술은 두 명의 프랑스 의사인 리에보Ambroise-Auguste Liébeault와 베른하임Hippolyte Bernheim에 의해서 이루어졌고, 후에 스위스에서 아우구스트 포렐이 합류했다. 심인성心因性 증상의 인과론적 지식에 대해서 그 증상에 감정적 근원이 있다는 브로이어Josef Breuer와 프로이트의 발견은 심리학 영역에서의 결정적인 진전을 의미했다. 의식에서 사라져간 기억상이나 그것의 감정 색조가 히스테리 증상의 근간을 이루었다는 사실은 곧 정신 현상의 **무의식적인 층**을 주장하는 결과를 가져왔다. 후자는 그 당시의 대학심리학이 가정하던 것처럼 **신체적**인 것도 아니고, 우연히도 의식, 즉 자아와의 연상에서 벗어나 있으나 정신 기능과 똑같이 행동하는 만큼 정신적인 것임이 밝혀졌다. 자네가 비슷한 시기에 프로이트와는 무관하게 증명했던 것처럼 그것은 히스테리 증상에도 해당된다. 그러나 자네가 의식에서 벗어나는 원인이 어떤 특수한 허약함에 있다고 추측한 반면, 프로이트는 원인이 되는 기억상은 불쾌한 감정 색조를 특징으로 한다는 것을 증명했다. 그러므로 의식에서 사라지는 것은 억압으로 쉽게 설명할 수 있었다. 따라서 그는 이 원인적 내용이 의식의 경향과는 상용相容할 수 없는 것이라고 이해했다. 이 가설은 바로 그것이 지닌, 상처를 주거나 도덕적으로 혐오감을 주는 성질 때문에 억압된 기억이 여러 관점에서의 도덕적인 검열을 불러일으켰다는 사실에 근거를 두고 있다.

  프로이트는 억압 이론을 심인성 신경증의 모든 영역으로 성공적으로 확대시켰다. 뿐만 아니라 그는 문화 현상의 설명에도 이 이론을 이용했다. 이렇게 해서 그는 지금까지 철학 학부에 맡겨져 있던 일반심리학의 영역으로 발을 들여놓았다. 의사의 임상심리학은 지금까지 언어 개념이나 몇몇 방법론적 관점을 제외하고는 일반심리학에서 빌려올 만한 것이 거의 없었다. 그렇기 때문에 처음부터 이미 무의식적인 정신과 만났던 의학심리학〔정신의학〕은 사실상 공허감에 부딪혔다. 무의식 개념은──몇 가지의 훌륭한 예외를 제외하고는──대학심리학에서 기피되었고, 다만 의식 현상만이 심리학 연구의 대상으로 남아 있게 되었다. 그러므로 의학심리학과 우세한 일반심리학 간의 충돌이 두드러지게 나타났다. 다른 한편으로 프로이트의 발견은 전적으로 신체적 입장만을 주장해온 의사들에게도 하나의 도전이었다. 이것은 이후 50년 동안 지속되었다. 이러한 상像에 새로운 특징을 적어 넣기 위해서는 미국에서 건너온 소위 정신신체 의학의 방향이 필요했다. 그러나 일반심리학은 여전히 무의식의 사실로부터 필요한 결론을 끄집어낼 수 없었다.

  미지의 땅으로의 진출은 항상 어느 정도의 위험을 내포한다. 즉, 개척자는 자기가 우연히 지니고 있던 도구에 의지해 도전한다. 우리의 경우에 그것은 신체 의학 교육으로, 일부는 기질적이며, 일부는 사회의 주관적 전제 조건에 바탕을 두고 있는 자신의 일반적인 교양과 세계관이다. 그의 의학적 전제 조건들은 그가 체험 자료의 신체적이고 생물학적인 측면을 바르게 평가할 수 있게끔 해준다. 그는 일반적인 교양으로써 억압된 요인의 특성을 대략 파악할 수 있다. 그의 세계관은 결국 일반화하는 데 도움을 줌으로써 자신의 특수한 지식을 더 큰 전체에 포함시킬 수 있도록 도와준다. 그러나 이러한 연구가 아직 발견되지 않은, 그래서 잘 모르는 영역에서 진행될 때 개척자가 항상 명심해야 할 것은 다른 장소에서 다른 장비를 갖추고 그 신대륙에 발을 들여놓은 또 다른 사람은 그 대륙에 대해 완전히 다른 상像을 그려낼 수 있다는 사실이다.

그러한 것은 프로이트에게도 일어났다. 그의 제자인 알프레드 아들러는 신경증에 완전히 다른 모습을 부여하는 견해를 발전시킨 것이다. 상像을 지배하는 것이 쾌락 원칙이나 성적 충동이 아니라 **권력 충동**(자기 현시욕, '남성적 항의', '우위에 있으려는 의지')이라는 것이다. 내가 구체적인 사례에서 제시해 보였듯이,[1] 이 두 이론을 한 사람의 동일한 사례에 성공적으로 적용할 수 있다. 또한 이 두 충동이 균형을 이루고 있거나 종종 하나가 다른 것에 종속된다는 것은 심리학에서 널리 알려진 사실이다. 아들러 역시 프로이트와 마찬가지로 일방적이었으며, 두 사람 모두 신경증뿐만 아니라 인간도 그림자의 측면에서, 즉 도덕적 열등성으로 설명한다는 점에서 공통점이 있다.

이러한 사정은 결코 비판의 대상이 된 적이 없는 개인차와 주관적 편견 때문에 일어나는 것이다. 프로이트와 아들러, 두 사람이 자신의 관점을 대변할 때 보여준 경직성은, 늘 그렇듯이, 감추어진 불확실성과 내면의 회의에 대한 보상을 의미하는 것이다. 이 두 연구자에 의해 기술된 사실은 충분히 옳다고 할 수 있다. 그러나 그들의 해석은 이런 식으로도 저런 식으로도 가능한 것으로, 다시 말해서 두 해석이 모두 부분적으로는 옳지 않거나 서로 보완하기도 한다. 우리는 이 사실에서, 경우에 따라서는 두 가지 견해를 모두 고려해야 한다는 교훈을 이끌어낼 수 있다.

　의학심리학의 이와 같은 첫 번째 딜레마의 근거는 아마 일반심리학이 사실에 입각한 그 무엇도 제공해줄 수 없었기 때문에 의사들이 이미 경작된 밭을 찾을 수 없었다는 데 있다. 따라서 그들은 자신의 주관적이고 편견을 내포하는 수단에 의지했다. 그 결과 나는 인간이 일반적으로 어떤 태도로 객체를 대하는가에 대해 조사할 필요성을 느꼈다. 이에 따라 나는 일련의 유형을 가정하게 되었는데, 이 유형은 모두 그때그때 의식의 정위定位기능Orientierungsfunktion 중 어떤 것이 지배적이냐에 근거를 두고 있어, 이것을 가지고 시험 삼아 하나의 도식을 만들었는데, 여러 가지 경험적 태도가 이 도식에 포함될 수 있다. 이것에서 이론적으로 가능한 8개 이상의 관점이 생겨난다. 이에 더해서 다소 개인적인 다른 모든 전제들을 계산에 넣는다면, 적어도 주관적 타당성을 갖는 해석 가능성은 무수히 생겨날 수 있다. 그러나 그렇게 함으로써 이론 형성을 목적으로 하는 모든 심리학적 가정에 대한 비판이 어쩔 수 없이 필요하게 된다. 유감스럽게도 아직까지는 모든 곳에서 이런 점을 이해하고 있지는 않다. 만약 이해하고 있다면 어떤 특정한 관점이 이처럼 맹목적이고 고집스럽게 옹호되지는 않았을 것이다. 이 사실은 오직 주관적 편견이 무엇을 의미하는가를 고려함으로써 이해할 수 있다. 일반적으로 편견이란 한 개인이 전 생애의 경험을 통해 얼마간 조심스럽게 구축해놓은 산물이다. 그것은 개인의 정신이 환경 조건과 충돌함으로써 생겨난다. 따라서 보통 주관적 편견은 일반적 경험을 주관적으로 다르게 받아들여 변이變異를 형성하는데, 그러므로 판단을 좀더 일반적인 것으로 만들기 위해서는 신중한 자기 비판과 포괄적인 비교 작업이 필요하다. 그러나 이처럼 절대적으로 필요한 노력을 하는 경우, 의식의 원리에 맞추려고 할수록 경험이 의식 원리의 의미로 해석되어, 그렇게 사실을 이론화하고 그것을 사람들에게 강요하는 위험은 점점 더 커진다. 일반적인 이론이 가능하기에는 우리의 심리학적 경험이 아직은 일천하고 넓지 못하다. 심리학적 연구는 우선 우리가 보편타당한 소설所說을 정립할 생각을 하기 전에 심혼의 본질을 밝혀줄 많은 사실을 필요로 한다. 우선 우리가 모든 심리학적 소설의 의미를 조금이라도 요구하려면 그 의미의 역도 타당한 것이어야 한다는 규칙을 지켜야 할 것이다.

개인적·세계관적 선입견은 심리학적 판단의 형성을 무엇보다도 먼저 가장 심각하게 방해한다. 그러나 그것은 뛰어난 의지와 통찰로써 제거될 수 있다. 프로이트는 이미 치료 목적으로 환자의 무의식을 다루는 모든 의사는 그 이전에 **교육 분석**을 받아야 한다는 나의 제안을 받아들였다. 무의식의 원인적 사실내용을 의식화할 필요성을 인정하는 통찰력 있는 모든 정신치료자들은 이러한 견해에 동의한다. 의사가 자기 자신에게서 보지 못하는 것은 환자에게서도 전혀 보지 못하거나 또는 과장해서 인지한다는 것, 그리고 의사는 스스로 통제할 수 없는 자기의 성향을 환자에게 촉진시키고, 자기 자신에게서 멸시하는 바로 그것을 환자에게서도 단죄한다는 사실은 말할 것도 없이 자명하고 수많은 경험을 통해 확인된 사실이다. 외과의사에게 손의 전염성이 없어야 함을 요구하는 것과 마찬가지로, 정신치료자도 충분히 자기 비판을 행하거나 그것을 할 준비가 되어야 함을 특히 힘주어 주장해야 할 것이다. 자기 비판의 필요성은 의사가 환자에게서 극복할 수 없는—어쩌면 정당한—저항에 부딪힐 때 특히 절대적인 의무로 다가온다. 환자는 치료받기 위해서 있는 것이지, 이론을 증명하기 위해서 있는 것은 아니다. 즉, 실제 심리학의 광범위한 영역에서 근본적으로 잘못된 이론이란 없다. 특히 환자의 저항은 어떤 경우에도 옳지 않다는 견해는 전적으로 비난받아 마땅하다. 저항은 치료 과정이 옳지 못한 가정에 근거를 두고 있다는 것을 증명할 수도 있기 때문이다.

내가 교육 분석의 주제를 자세히 역설하는 것은, 최근에 의사의 권위를 당연한 것으로 여기고 그것으로 오직 하나의 정신치료를 절대적 권위로 추대하려는 경향이 또다시 대두되기 때문이다. 이것은 이미 오래전부터 불충분하다는 사실이 명백하게 드러난, 다소 시대에 뒤떨어진 암시 치료와 조금도 다르지 않은 시도이다(그렇다고 암시 치료의 적응증이 전혀 존재하지 않는다는 것을 뜻하는 것은 결코 아니다).

모든 복잡한 치료는 의사가 환자와 마찬가지로 적극 참여하는, 개인적인 **변증법적 과정**을 드러낸다는 사실은 통찰력 있는 정신치료자에게 이미 오랫동안 알려져온 사실이다. 그러한 대면에서는, 의사가 환자에게서 기대하는 정도만큼 자기 자신의 정신 과정을 통찰하고 있는가 하는 문제가 상당히 중요하다. 그것은 특히 소위 **상호 의사소통 관계**Rapport, 즉 신뢰 관계의 관점에서 중요한데, 치료 성과는 결국 여기에 달려 있다. 왜냐하면 경우에 따라서 환자는 의사라는 인간적인 개체와의 관계의 안정성을 통해서 자신의 내적인 안정성을 얻을 수 있기 때문이다. 귀가 얇은 사람의 경우에는 의사의 권위로 무엇인가를 관철시킬 수 있다. 그러나 비판적 시각에서 보자면 이것은 일반적으로 속이 들여다보이는 행위다. 이러한 이유에서 심리치료사로서 의사의 선행자인 사제司祭는, 적어도 교육받은 사람들에게서는 그 권위를 상당 부분 잃어버렸다. 그러므로 어려운 증례症例는 의사나 환자 모두에게 인간적이고 엄밀한 시험과도 같다. 그것을 위해서 의사는 진지한 교육 분석을 통해 미리 대비해야 한다. 교육 분석은 물론 착각이나 투사를 저지하는, 이상적이고 절대적으로 확실한 수단은 아니다. 그러나 새로 시작한 정신치료자들에게 적어도 자기 비판의 필요성을 제시할 수 있으며, 이에 대한 준비 태세를 도와줄 수 있다. 어떤 분석도 모든 무의식성을 영원히 지양할 수는 없을 것이다. 사람들은 끊임없이 배워야 하고, 모든 새로운 증례는 새로운 문제를 제기하고, 지금까지 결코 배열되지 않았던 무의식적 전제 조건의 계기를 부여한다는 것을 결코 잊어서는 안 된다. 모든 심층 치료의 절반 정도는 의사의 자체 시험이라고 해도 과언이 아닐 것이다. 왜냐하면 의사가 자기 자신에게 바로잡을 수 있는 것만을 환자에게도 바로잡아줄 수 있기 때문이다. 의사가 환자 때문에 당황하고 괴로워하는 것은 잘못된 것이 아니다. 그는 자기 자신의 상처만큼만 치유할 수 있다. 상처받은 의사에 관한 그리스 신화소神話素는 바로 이것을 뜻하는 것이다.[2]

여기서 다루고 있는 문제는 소위 '작은' 정신치료 영역에서는 제기되지 않는다. 작은 정신치료 영역에서 사람들은 암시나 유익한 충고, 적절한 해명으로 이미 잘 치료해나간다. 반대로 복잡하고 지적인 사람이 신경증이나 정신병적 경계 상태가 되면 흔히 우리가 '커다란' 정신치료라고 칭하는 변증법적 절차가 필요하다. 이런 정신치료를 성공적으로 시행하기 위해서는 주관적 전제뿐 아니라 세계관적 전제도 가능한 한 제거해야만 한다. 우리는 때로 위험한 이물異物을 몰래 들여보내지 않으면서 회교도를 기독교적 전제로, 배화교도拜火敎徒를 유대 정교正敎로, 기독교인을 고대 이교도의 철학으로 치료할 수는 없다. 물론 위와 같은 일들이 끊임없이, 항상 나쁜 결과를 가져오면서 실시되는 것은 아니다. 그러나 그것은 하나의 실험이며, 그것의 정당성을 나는 의

심스럽게 여긴다. 나는 보존적인 치료가 더 바람직하다고 본다. 직접적으로 해롭지 않았던 가치는 가능한 한 파괴하지 말아야 한다. 기독교적 세계관을 물질주의적 세계관으로 대치하는 것은 물질주의적 확신을 논증으로 제거하려는 노력과 마찬가지로 잘못된 것이라고 나는 생각한다. 그것은 선교사의 과제이지 의사의 과제는 아니다.

많은 정신치료자들은 나와는 반대로, 세계관의 문제는 치료 과정에서 전혀 문제가 되지 않는다는 생각을 가지고 있다. 그들은 원인이 되는 요인들이 모두 예외 없이 개인심리학의 문제라고 생각한다. 그러나 우리가 이 요인들을 좀더 자세히 관찰하면 아주 다른 상像이 생겨난다. 프로이트의 이론에서 중요한 역할을 하는 성적 충동을 예로 들어보자. 이 충동은 다른 충동과 마찬가지로 개인적 습득물이 아니고 우리의 개인적 소망이나 의지, 의견, 결정과는 전혀 무관한 객관적이고 일반적인 소여所與이다. 그것은 전적으로 비개인적인 힘이며, 우리는 객관적이고 세계관적 판단을 가지고 이것과 대면하고자 시도한다. 후자 중에서 주관적 전제 조건만이, 그것도 일부만이 개인적 영역에 속한다. 그러나 세계관적 전제 조건은 대부분 일반적인 전통과 환경적인 영향과 관련되고, 그중 적은 부분만이 개인적으로 만들어지거나 의식적으로 선택된다. 내가 외부적·객관적·사회적 영향으로 형성되어 있듯이, 나는 내가 주관적 요인이라고 명명했던 내면의 무의식적 사실에 의해서도 역시 형성되어 존재한다. 외향적 태도를 갖는 사람은 주로 사회적 관계에, 내향적 태도를 갖는 사람은 주로 주관적 요인에 바탕을 두고 있다. 전자는 대부분 주관적 확실성을 인식하지 못하여 그것을 대수롭지 않게 여긴다. 심지어는 그것을 두려워하기조차 한다. 후자는 사회적 관계에 별로 관심을 보이지 않는다. 그는 그것을 곧잘 간과하며, 두렵지는 않더라도 번거롭다고 느낀다. 인간관계의 세계Beziehungswelt는 어떤 사람에게는 본질적인 것, 정상적인 것, 추구할 가치가 있는 것으로 여겨지지만, 다른 사람에게는 내면의 성과成果, 자기 자신과의 일치가 우선적으로 중요하다.

인격을 분석해보면 다음과 같은 사실이 나타난다. 즉, 외향적인 사람은 자신의 주관에 대한 무의식성과 자기 자신에 대한 착각 속에서 주변 세계와 관계를 맺으며, 반대로 내향적인 사람은 인간 공동체에서 인격을 실현할 때 부지불식중에 조잡한 실수를 저지르고 이치에 크게 어긋나는 미숙한 행동을 한다. 이런 널리 알려진 두 가지의 전형적 태도에서—크레치머Ernst Kretschmer가 기술한 전형적인 생리적 기질은 논외로 하고—사람들이 인간과 그들의 신경증을 하나의 이론을 가지고 천편일률적으로 처리할 수 없음을 이미 보여주고 있다.

일반적으로 이런 주관적 전제는 환자들뿐만 아니라 유감스럽게도 많은 의사들 역시 알지 못해, 의사는 예로부터 내려오는 다음의 진리를 너무도 자주 간과하려 든다. 즉, 한 사람에게 유익한 것이 다른 사람에게는 해롭다는 것이다. 이리하여 닫아야 했던 문은 여나, 열어야 했던 문은 닫아버리는 오류를 범한다. 환자가 고도로 자신의 주관적 전제에 의해 희생되듯이 의사의 이론도 그러하다. 그러나 이론의 경우는 희생의 정도가 적은 편이다. 왜냐하면 그것은 적어도 수많은 개별적인 증례와의 비교에서 나와 지나치게 개인적인 변이는 배제되었기 때문이다. 그 이론을 만든 사람의 개인적 편견에 해당되는 것은 매우 제한된 정도에 국한된다. 비교 작업을 통해서 어느 정도 약화되기는 하지만, 그럼에도 의사의 활동에 어떤 색조를 주고 어떤 경계를 정하게 한다. 경우에 따라서 이런저런 충동이, 이런저런 개념이 경계로 작용하게 되고 그것이 결과적으로 외견상의 원칙이 되는데, 이는 곧 연구 검토의 종언을 의미하는 것이다. 이런 테두리 안에서 모든 것이 제대로 관찰될 수 있고 주관적 가정에 맞추어 논리적으로 해명될 수 있는데, 프로이트와 아들러의 경우가 그렇다. 그러나 그럼에도 불구하고, 아니 바로 그렇기 때문에 우리가 지금까지 보아왔듯이 매우 다른, 서로 일치될 수 없는 견해들이 생겨난다. 그 이유는, 쉽게 알 수 있듯이 부합되는 것은 축적하고 맞지 않는 것은 제거해버리는 그때그때의 주관적 전제 때문이다.

이러한 종류의 발달은 과학의 역사에서는 결코 예외가 아니고 보편 법칙이다. 따라서 현대 의학적 심리학이 그 자신의 이론을 일치시키지 못한다고 비난하는 사람은, 그 어떤 과학도 상치되는 이론적 관점 없이는 활기차게 존재해오지 못했음을 완전히 잊고 있는 것이다. 늘 그렇듯이 그러한 불일치가 새로운 문제 제기의 출발점을 이룬다. 이 경우도 마찬가지였다. 프로이트와 아들러의 딜레마는 매번 전체 문제의 어떤 특정한 측면을 강조하는 각기 다른 원칙적 관점들을 인정함으로써 해결점을 찾았다.

이로부터 향후 연구에 대한 많은 가능성이 생겨난다. 특히 선험적 태도 유형의 문제와 그것의 바탕에 놓여 있는 기능의 문제가 흥미롭다. 이러한 선상에서 로르샤흐 검사Rorschach Test, 게슈탈트 심리학Gestalt psychologie, 그 밖의 시도들이 유형상의 차이를 분류하고자 이루어졌다. 내가 보기에 마찬가지로 중요한 그 밖의 가능성은 세계관적 요인의 조사인데, 이것은 우리가 살펴보았듯이 선택과 결정에 중요한 의미를 갖는다. 그것은 신경증의 원인론에서뿐만 아니라 분석의 결과를 평가하는 데서도 고려의 대상이 된다. 프로이트는 이미 억압의 한 원인으로서 도덕적 검열 기관의 기능을 크게 강조한 바 있고, 또한 신경증을 일으키는 요인의 하나로서 유아적 소망 환상을 유지시켜주는 종교를 넣어야 할 필요가 있다고 느꼈다. 이것 역시 세계관적 전제이며, '승화

Sublimierung'와 관련해서 결정적인 합동 작용을 필요로 하는 것이다. 다른 말로 표현하자면 세계관에 기초를 둔 가치 범주이며, 이것은 무의식의 분석을 통해 드러난 경향을 때로는 촉진하고 때로는 억제하면서 환자의 삶의 계획에 포함시켜야 하는 것이다. 원인론과 관련해서뿐만 아니라—이것이 훨씬 더 중요한데—치료에 필수적인 인격의 재구성과 관련해서도 이른바 세계관적 요인에 대한 검토는 특히 중요하다. 프로이트도 이것을—비록 부정적 관점에서이긴 하나—이미 그의 후기 연구를 통해 확인하였다. 이런 세계관적 전제의 중요한 부분은 프로이트가 '초자아Über-Ich'라고 불렀던 것, 즉 의식적으로 전달된 모든 보편적 확신이나 가치의 총체인데, 이는 정통 유대인의 율법에서처럼 자아의 상위上位에 위치한 견고한 정신 체계를 나타내며, 자아로 하여금 갈등을 일으키는 작용이 여기서 나오는 것이다.

이 밖에도 프로이트는 이미 무의식이 때때로, 우리가 '고태적'이라고밖에 부를 수 없는 상을 만들어내고 있음을 알았다. 특히 우리는 꿈이나 백일몽에서 그것을 본다. 예를 들어 레오나르도 다빈치의 꿈에서의 두 어머니 주제의 경우처럼 그는 그러한 상징의 '역사적' 해석이나 확충을 위해 노력했다.[3]

이른바 초자아를 구성하는 것이, 레비-브륄이 원시인의 심리학에서 내세웠던 개념인 '집단표상'에 해당된다는 것은 널리 알려진 사실이다. 그것은 신화의 원초적 주제에 근거를 둔 보편적 관념이자 가치 범주이며, 원시인들의 정신·사회생활을 형성하고 지배한다. 이것은 우리에게는 타당한 보편적 신념이나 견해와 같은 것으로, 이를 수단으로 해서 우리는 교육받고 세상과 삶의 방향을 잡아간다.

널리 알려져 있듯이 그것들은 거의 자동적으로 우리의 모든 선택과 결정, 그리고 견해 형성에도 관여한다. 그러므로 몇 가지를 고려해보면, 왜 우리가 무엇을 행하며, 우리의 판단과 결정이 어떤 보편 개념에서 유래하는가를 항상 말할 수 있다. 병의 원인으로 작용하는 신경증 환자의 잘못된 결론과 잘못된 결정은 보통 이러한 전제들과의 갈등에서 비롯된다. 이런 전제 속에서 마찰 없이 생활할 수 있는 사람은 종족 교훈을 절대적인 길잡이라고 생각하는 원시인처럼 우리 사회에 편입되어 있다.

개인은 그의 비정상적인 인격의 성향 때문에 집단적 관념의 규범을 더 이상 지키지 못하고 자기가 속한 사회공동체와 갈등에 빠질 뿐 아니라, 더 나아가서 (초자아 역시 자신 속에 있는 정신 체계를 표현하기 때문에) 자기 자신과 모순에 빠지게 될 가능성이 있다. 이러한 경우에 신경증이 된다. 즉, 인격의 해리가 나타난다. 이 해리는 이에 상응하는 정신병리의 기초 위에서 완전한 분열, 즉 분열증적 인격이나 정신분열증(조현병)에 이르게 할 수도 있다. 이런 증례는 개인 신경증 모델을 보여주는데, 이 개인 신경증은 개인의 인격적인 설명으로 충분하다. 왜냐하면 그 치유 과정은 주관적인 잘못된 결론과 결정을 바로잡는 것 말고는 다른 것을 필요로 하지 않기 때문이다. 환자는 자신의 잘못된 태도를 성공적으로 교정한 후에는 사회공동체에 다시 편입될 수 있다. 그의 병은 대체로 선천적이거나 후천적인 '허약함'에서 비롯된 산물일 뿐이었다. 이런 예에서 일반적인 전제, 즉 집단표상의 어떤 것을 변화시키고자 하는 것은 매우 잘못된 것이다. 그렇게 하면 환자를 사회와 갈등을 일으키게 되는 방향으로 더욱더 깊이 밀어 넣게 될 것이며, 환자는 자신의 병적인 허약함을 더욱 가속화하게 될 것이다.

정신분열증(조현병)의 임상 관찰에서 서로 다른 두 가지 유형이 생겨나는데, 하나는 쇠약성(프랑스어로는 '정신쇠약psychasthénie')이고, 다른 하나는 긴장성의 갈등에 찬 유형이다. 신경증에서도 역시 같은 현상을 볼 수 있는데, 첫 번째 유형은 전적으로 개인적인 인격의 문제로 설명될 수 있는 것으로 개인의 허약함에 바탕을 둔 부적응성을 나타내며, 후자의 유형은 이와는 달리 쉽게 적응할 수 있을 사람이고, 적응 능력을 이미 증명한 개체이다. 이 유형은 다만 확신 있게 적응할 수도 없고, 적응하려고 하지도 않는다. 또한 그의 '적응성'은, 모든 사람이 생각하기에 정상적인 삶이 가능해야 함에도 왜 정상적인 삶이 가능하지 못한지를 이해하지 못한다. 그의 신경증의 원인은 평균치를 넘어서는 초과량에 있는 것 같다. 또 그것을 이용할 가능성이 아직 없는 경우이다. 그러한 사례 대부분에서는 세계관적 전제에 대한 의식적이거나 또는 대부분 무의식적인 비판을 기대할 수 있다. 프로이트도 비슷한 경험에 부딪혔던 것으로 보인다. 그렇지 않았다면 그는 의학심리학자의 관점에서 세계관적 전제의 핵으로서의 종교 비판을 시도할 이유를 느끼지 못했을 것이다. 이러한 시도는 의사의 경험에서 볼 때 어떤 의미에서는 이론의 여지가 없다. 그러나 그런 시도를 실행하는 방법에 대해서는 여러 가지 다른 의견이 있을 수 있다. 즉 종교 자체는 환자의 적이 아니라, 기독교의 언어 관용이 명백히 보여주고 구약 성서에서도 분명히 유추할 수 있듯이 정신의 치유체계라는 것이다.[4]

의사들로 하여금 이와 같은 문제에 봉착하게끔 하는 것은 위에서 설명한 두 번째 유형의 신경증이다. 그뿐 아니라, 적지 않은 환자들은 임상적으로 인지할 수 있는 신경증을 가지고 있지 않음에도 정신적 갈등과 그 밖의 삶의 어려움 때문에 의사에게 묻거나 문제를 의뢰하는데, 이 문제에 대답해줌으로써 곧장 원칙적 문제에 대한 토론으로 들어가게 된다. 그러한 사람들은 그들의 갈등에서 태도의 기본적 문제가 중요하며, 이 문제가 어떤 원리나 보편적 생각, 즉 어떤 종교적·윤리적 또는 철학적 신념에 달려 있다는 것을 매우 잘 알고 있다. 신경증 환자는 이것을 거의, 또는 전혀 알지 못한다. 그러한 사례 덕택에 정신치료는 신체의학이나 정신의학의 범위를 훨씬 넘어서 고대의 사제나 철학자들이 맡았던 영역에 이르게 되었다. 오늘날 사제나 철학자들은 더 이상 이 역할을 담당하지 않고, 또 대중이 그들의 능력을 더 이상 믿지 않는 만큼 정신치료자가 어떠한 틈새를 메워야 했는데, 여기서 사제직과 철학이 실제의 삶에서 어느 정도 멀어졌는가를 알 수 있다. 사람들은 사제의 경우에는, 그가 무엇을 말할 것인가를 이미 알고 있다고 생각하여 비난하며, 철학자의 경우에는 실제 무엇을 시작해야 하는지 말해주지 않는다고 비난한다. 이상하게도 여기에서 문제가 되고 있는 심리학은 이들에게—사라진 소수의 예외를 제외하곤—전혀 호감을 주지 못한다.

세계관적 전제에서 종교적 요인이 지니는 긍정적 의미는 시대의 변화, 사회 환경, 그리고 이와 연관된 의식 발달의 결과로 어떤 해석이나 견해가 현실성을 상실함으로써 진부해져버리는 것을 막지는 못한다는 것이다. 모든 종교가 궁극적으로 뿌리를 두고 있는 신화소는—적어도 우리가 이해하기에는—내면 정신의 사건과 체험의 표현이며 의식적儀式的 '회상'을 통해서 의식意識이 무의식과 끊임없이 관계를 갖도록 해준다. 근원적으로 무의식은 항상 되풀이되면서 원초적 상像을 환기시켜준다. 이런 표현과 상 때문에 무의식은 의식에서 충분히 표현되고, 무의식의 본능적 충동은 마찰 없이 의식에 전달될 수 있다. 그 결과로 의식은 결코 본능의 뿌리를 잃지 않는다. 그러나 이 표현의 어떤 것이 시대에 뒤떨어지게 되면, 다시 말해서 그들이 이해될 수 있는 현재 의식과의 관련을 잃게 되면, 의식의 선택과 결정 행위는 그들의 본능적 뿌리로부터 단절되고, 우선 부분적으로 지남력指南力이 상실된다. 왜냐하면 판단하는 데에는 확실성-안정성의 느낌이, 그리고 결정하는 데에는 감정적 뒷심(배후로부터의 힘)이 부족하기 때문이다. 원시인들을 조상의 삶이나 태초의 원조原祖와 관련시키는 '집단표상'은 문화적 인간에게도 마찬가지로 무의식으로의 다리를 만들어준다. 신앙심 깊은 인간은 이 무의식을 신성한 현존의 세계로 여긴다. 이 다리는 적어도 부분적으로는 붕괴되어 있어, 의사는 이 상실로 인하여 당황해하는 자가 그 불행에 대해 책임을 지도록 할 수 있는 상태가 아니다. 의사는 이미 여러 번 역사상에서 일어난 것과 같은 전체 정신 상황의 세속적 변화가 문제임을 알고 있다. 그런 변화 앞에서 개인은 그저 무력하게 서 있을 따름이다.

의사는 자연이 어떠한 치유와 회복을 시도하는가를 관찰하고 파악하려고 애쓸 뿐이다. 경험으로 미루어볼 때 의식과 무의식 사이에 보상적 관계가 있다는 것, 무의식이 항상 정신의 의식 부분에서 부족한 것을 추가해서 보충해주고자 하며, 그렇게 함으로써 위험한 균형 상실을 예방하고자 한다는 것을 알 수 있다. 우리의 사례에서는 무의식이—기대한 대로—보상적인 상징을 만들어낸다. 이 상징은 붕괴되어 있는 다리를 대체해줄 것이다. 그러나 그것은 의식의 도움으로만 가능하다. 무의식에 의해 만들어진 상징이 커다란 영향력을 행사하기 위해서는 의식에 의해서 '이해'되어야, 즉 동화同化되고 통합되어야 한다. 이해되지 못한 꿈은 다만 사건에 불과하지만, 이해함으로써 그 꿈은 체험이 된다.

그러므로 나는 무의식의 언어를 이해하기 위해서 무의식의 표현 형식을 연구하는 것이 나의 주요 과제라고 생각하였다. 세계관적 전제가 한편으로는 역사적으로 매우 중요한 일을 나타내고, 또 다른 한편으로는 무의식이 만들어내는 상징이 정신의 고태적인 기능 양식에서 생성되어 나오기 때문에, 나는 연구를 하는 데 있어서 한편으로는 커다란 역사적 자료를, 다른 한편으로는 경험적 관찰 자료를 모으고 다루어야만 했다.

  무의식의 산물에 대하여 심도 있게 이해하는 것은 분명 실제로 필수적이다. 이렇게 함으로써 나는 프로이트가 이미 밟아갔던 방향으로 계속 가고 있는데, 이 경우에 선입관적 형이상학적 의견을 피하고자 노력하고 있다. 오히려 나는 직접 경험에 따르고자 하며, 형이상학적 신념을 더 이상 추적하려 하지 않는다. 나는 내가 정신 위에 또는 정신을 초월해서 있고, 따라서 어느 정도 초월적인 아르키메데스적 관점에서 정신을 평가할 수 있다고 상상하지 않는다. 나는 내가 정신에 사로잡혀 있고, 정신 안에서 만난 것을 기술하는 것 말고는 다른 능력이 없다는 것을 알고 있다. 예를 들어 만약 우리가 민담의 세계를 연구할 경우, 비록 여러 가지 옷을 입고 등장하기는 하지만 어떤 형태들이 자주 반복되어 나타난다는 인상을 갖지 않을 수 없다. 그러한 비교를 통해서 민속학에서 이야기하는 **주제 연구**가 생겨난다. 무의식의 심리학이 꿈이나 상상, 환상, 망상관념, 전설, 민담, 신화, 각종 종교에서 나타나는, 정신의 형상을 다루는 과정이 이와 다를 게 없다. 이 정신의 총 분야에 '주제', 즉 멀리 역사 속으로, 심지어 선사시대로 소급하여 추적되는, 그렇기 때문에 **원형**原型이라고 명명될 수 있는 전형적인 형상들이 있는 것이다.[5] 이것은 나에겐 인간 무의식의 구조적 자산에 속하는 것처럼 보인다. 왜냐하면 나는 그것들이 보편적으로 어디서나 같은 존재로 출현하는 것을 달리 설명할 수 없기 때문이다. 비록 구원자가 물고기, 토끼, 양, 뱀, 또는 인간이더라도 말이다. 그것은 다양하게 우연한 **변장**變裝을 하고 있으나 동일한 구원자의 형상이다. 이런 종류의 경험을 무수히 거치면서 나는 다음의 결론에 도달했다. 인간에게서 가장 개별적인 것은 의식이며, 이에 비해 그의 그림자, 즉 무의식의 표층 내용은 고유성이 떨어진다. 인간이 자신의 부덕不德보다는 덕德을 통해서 자신의 종種으로부터 구분되는 것으로 미루어보아도 개별성이 희박한 이유를 알 수 있다. 그런데 무의식의 가장 중요하고 가장 영향력 있는 현상은 어디서나 같기 때문에 집단적 현상으로 간주될 수 있다. 그리고 무의식이 그 자체로부터 벗어나 있는 것 같지 않기 때문에 아마도 그것은 독특한 통일성을 이루고 있을지도 모르며, 그것의 성질은 물론 아직 커다란 어둠 속에 있다. 여기에서 또 한 가지 생각해야 할 것은 오늘날 무의식과 직접적으로 연관된 표현들을 대상으로 하는 초심리학이 존재한다는 것이다. 여기에는 특히 E.S.P. 현상(초감각 지각)[6]이 속하는데, 의학심리학은 이들을 결코 간과해서는 안 된다. 이런 현상들이 무엇인가를 증명해 보인다면, 그것은 시간과 공간의 특정한 정신적 상대성이며, 집단적 무의식의 단일성에 의미 있는 빛을 던지는 일이 될 것이다. 물론 우선 확실한 것은 두 가지의 사실 집단뿐이다. 즉 한편으로는 개별 상징과 신화소의 일치이고, 다른 한편으로는 E.S.P. 현상이다. 이 현상에 대해서는 나중에 설명하기로 한다.

번역: 한오수

제반응의 치료적 가치

윌리엄 브라운William Brown의 논문 「정동적 기억의 재생과 그 치료적 가치」[1]에 대한 논평에서 윌리엄 맥두걸William McDougall[2]은 몇 가지 중요한 생각을 표명했는데, 그 부분을 여기서 언급하고자 한다. 제1차 세계대전 중에 정신적인 외상外傷으로 인해서 신경증이 발생한 경우가 있었으므로 신경증의 외상 이론이 또다시 논란의 대상이 되었다. 제1차세계대전 이전의 여러 해 동안에는 이 이론이 과학적인 토론 대상이 아니었는데, 여기에는 이해할 만한 이유가 있었다.

신경증의 외상 이론을 정립한 사람은 브로이어와 프로이트였다. 프로이트는 신경증을 좀더 철저하게 연구하고 나서 곧 신경증의 진정한 근원에 더 상응한 견해를 갖게 되었다. 왜냐하면 대다수의 통상적인 신경증에서는 외상적 원인을 확인할 수가 없었던 것이다.

그러나 신경증이 특정한 정신적 외상으로 인해서 발생했다는 추정을 성립시키려면, 중요하지 않은 이차적인 사건을 그 이론을 위해서 인위적으로 부각시켜야만 한다. 만약 이 경험이 의사의 환상의 산물이거나 환자가 의사의 환상을 추종한 결과가 아니라면, 이러한 외상 경험은 이차적 현상, 즉 이미 신경증적이었던 태도에서 비롯한 것이다.

일반적으로 신경증은 성격이 병적으로 편향되게 발달한 결과인데, 그 근원은 가장 이른 소아기로 거슬러 올라갈 수 있으나 그 시초가 어디인지는 거의 파악할 수 없다. 신경증이 실제로 언제부터 시작되었는지를 확인하고 싶어도 우리는 단지 임의로 판단할 수밖에 없다.

신경증의 결정적 원인을 태아기까지 거슬러 올라가서 찾으며, 환자가 수태된 순간부터 임신 기간까지의 부모의 정신적·신체적 성향을 고려할 수도 있는데, 오히려 이러한 태도가 환자의 개인적인 생활사의 어느 순간을 신경증 발생에 책임이 있는 것으로 임의로 정하는 것보다는 더 타당할 것이다.

설혹 환자와 환자의 가족이 증상의 최초 발견 시기를 신경증의 발생 시기와 같은 것으로 본다고 할지라도, 우리가 '정신적 외상이 신경증의 원인인가'라는 문제를 다룰 때는 증상의 표면적인 출현에 의해서 우리의 판단이 지나치게 영향을 받아서는 안 된다. 증례를 좀더 철저히 살펴보면 거의 언제나 임상적 증상이 나타나기 오래전부터 이미 병적 성향이 존재하였다는 점을 밝혀낼 수 있다.

전쟁의 결과로 정신적 외상에 결부된 신경증이 양산되기까지, 이미 오래전부터 모든 전문가들은 이처럼 명백한 사실을 알고 있었기 때문에 외상 이론은 뒤로 밀려나 있었지만 신경증의 병력이 확실히 있는 경우에 추가로 외상, 즉 격심한 충격이 가해져서 전쟁 신경증이 발병한 수많은 증례를 제외한다면 신경증적 소인素因을 확인할 수 없는 사례가 많이 있고, 이런 소인이 있다 하더라도 너무 미약하여 외상 없이는 신경증이 발병할 수 없는 사례도 적지 않다. 이러한 경우에 외상은 유발 요인 이상의 것이다. 외상은 작용인作用因이라는 측면에서 원인이 되며, 특히 우리들이 전쟁터의 독특한 정신적 분위기를 중요한 요인으로 고려할 때는 더욱 그러하다.

이러한 사례들은 치료상의 새로운 문제를 제기하며, 그것은 브로이어와 프로이트가 고안한 방법과 그 바탕이 되는 이론을 다시 채택하는 것이 타당하다는 점을 보여준다. 왜냐하면 외상은 간단하고 명확하며 강렬한 충격이나 정신적 상처에 비견될 수 있는 여러 관념과 정동情動의 복합체, 즉 콤플렉스이기 때문이다. 이 콤플렉스에 접촉하는 것은 무엇이든지 간에 아무리 가볍게 닿더라도 극도로 강렬한 반응과 본격적인 감정 폭발을 일으킨다. 따라서 우리는 그 외상을 감정적 부하emotional charge가 강하게 실려 있는 콤플렉스라고 생각할 수 있다. 겉으로 보기에는 이렇게 엄청난 효과를 발휘하는 감정적 부하가 그 장해의 병리적 원인으로 여겨지기 때문에 우리는 이 감정적 부하를 완전히 방출시키는 것을 목표로 하는 치료를 내걸 수 있다. 이와 같은 견해는 간명하고 논리적이다. 제반응Abreaktion을 시행하면―즉 외상을 받은 순간의 상태를 극적으로 반복, 각성 상태나 최면 상태에서 감정적으로 되살려 재연하면―치료에서 유익한 효과가 종종 나타난다는 사실도 이 견해와 일치하는 듯하다. 다 알다시피 인간은 강렬한 체험에 대해서는 그 체험의 감정적인 가치가 소멸될 때까지 되풀이해서 이야기하고 싶어 한다. '가슴에 가득 찬 것이 입으로 나오는 법이다'라는 격언이 있다. 자신이 겪은 일을 털어놓으면 외상 체험에 수반된 감정은 점차 약화되고, 그러면 더 이상 장해를 유발하지도 않는다.

불행하게도 맥두걸이 지적한 바와 같이 겉보기에는 이처럼 간단명료한 개념도 똑같이 간단하지만 비현실적인 여러 가지 다른 설명보다 사실에 더 적합한 표현을 하고 있는 것은 아니다. 이러한 유형의 견해는 마치 그것이 도그마인 것처럼 맹렬하게, 심지어 광신적으로 방어된다. 왜냐하면 이러한 견해가 경험적 사실에 직면하면 자신의 주장을 고수할 수 없기 때문이다. 또한 맥두걸은 상당히 많은 증례에서 제반응이 무용지물일 뿐만 아니라 실제로 해롭기도 하다는 점을 똑바로 지적하였다.

이에 대해서 사람들은 제반응 방법이 만병통치약이라는 주장을 한 적이 결코 없고, 어떤 치료법이든 치료가 되지 않는 증례가 있게 마련이라는 말을 할 수도 있다.

그러나 나는 여기서 잘 낫지 않는 증례를 세심하게 탐색하면, 방법이나 이론상의 문제에 대한 가장 명확한 해답을 얻을 수 있다고 말하고 싶다. 왜냐하면 성공한 경우보다 실패한 경우를 통해서 훨씬 더 명확하게 이론의 취약점을 파악할 수 있기 때문이다. 물론 그렇다고 해서 그 치료법이 효과가 없다거나 그 방법을 쓰는 것이 옳지 않다는 것은 아니다. 다만 그렇게 함으로써 적어도 이론을 개정할 수 있고, 간접적으로 치료법을 개선할 수도 있다.

따라서 신경증에서 핵심 요소는 정감Affekt으로 인하여 생겨난 긴장이 아니고 정신의 해리이며, 결과적으로 치료에서 중심이 되는 문제는 제반응의 시행이 아니라 어떻게 해리된 정신을 통합하느냐에 있다고 한 맥두걸의 주장은 정곡을 찌른 것이다. 이러한 주장은 외상성 콤플렉스가 정신의 해리를 유도한다는 경험적 사실과 일치한다는 점에서 우리의 논의를 더 발전시켰다. 콤플렉스는 의지의 통제하에 있지 않으며 정신적 자율성을 가지고 있는 것이다.

자율성이란 콤플렉스가 의지와는 상관없이 독립적으로 자신을 드러내며, 심지어는 의식적인 경향의 반대 방향으로 나타날 수 있는 힘을 가지고 있다는 것이다. 콤플렉스는 의식을 폭군처럼 제압한다. 정감의 폭발은 그 사람의 인격을 전면 공격하는 것으로, 개인은 마치 적이나 야수에게 습격당한 격이 된다. 나는 전형적인 외상적 정감이 꿈에서는 야수나 위험한 동물로 묘사되는 것을 자주 관찰한 바 있다. 특히, 외상적 정감이 의식에서 분열되어 있을 때 외상적 정감의 자율 성향이 뚜렷하게 나타난다.

이러한 관점에서 고려해볼 때 제반응은 전혀 다른 측면을 보여준다. 즉, 제반응은 자율적 콤플렉스를 재통합하려는 시도로 보인다. 다시 말해서 그것은 상처를 받은 상황을 한 번 또는 여러 번 되풀이하여 경험하게 함으로써 자율적 콤플렉스를 점차 의식의 일부로 동화시키는 시도라고 할 수 있다.

그러나 나는 그 일이 정말 그처럼 간단한 것인가라는 의심을 가지고, 그 과정에서 다른 본질적인 요인들은 중요하지 않은가라는 의문을 제기한다. 그러니까 단순히 체험을 반복 연출하는 것만으로는 치유의 효과가 없다는 것이 강조되어야겠다. 즉, 체험은 반드시 의사 앞에서 재연해야 하는 것이다.

만약 치유의 효과 유무가 단지 체험을 반복하는 것에만 달려 있다면, 환자 혼자 스스로 연습하는 것처럼 제반응을 시행할 수도 있으며, 따라서 환자에게는 감정을 받아줄 대상이 되는 존재가 필요 없을 것이다. 그러나 의사의 관여는 절대적으로 필요하다. 환자가 자신의 경험을 이해심과 동정심이 있는 의사에게 믿고 털어놓을 수 있을 때 의사의 개입이 환자에게 과연 무엇을 의미하는가는 자명하다. 환자의 의식은 의사의 마음속에서 자기 자신은 처리할 수 없는 외상성 콤플렉스의 정감에 대항하는 도덕적 버팀목을 발견한다. 환자는 이와 같은 기본적인 세력과의 싸움에서 이제부터는 혼자가 아니고, 자기가 믿는 사람이 자신에게 도움의 손길을 내밀어 통제할 수 없는 감정의 압제와 싸울 수 있도록 도덕적인 힘을 빌려준다는 점을 의식하게 되는 것이다. 환자의 의식이 강해지면 콤플렉스를 통합할 수 있게 되고, 감정을 다시 통제할 수 있게 된다. 의사로부터 발생하는 이 절대적이고 불가피한 영향을 우리는 암시라고 부를 수 있다.

그러나 나에게는 오히려 그것이 인간적 관심과 돕고자 하는 준비 태세처럼 보인다. 이러한 인간적 관심과 돕고자 하는 준비 태세는 어떤 특정한 치료 방법이 아니라 하나의 도덕적 특질이다. 그것은 제반응의 경우뿐 아니라 정신치료의 모든 방법 중 가장 중요한 것이다. 외상을 받았던 순간을 재연하여 신경증적 해리가 극복되는 것은 오직 환자의 의식된 인격이 의사와의 관계에 의해 강화되어 환자가 자율적 콤플렉스를 자신의 의지로 통제할 수 있는 경우에만 가능하다.

오직 이러한 조건하에서만 제반응은 치료 효과가 있다. 그러나 이 치료 효과는 단지 정감적 긴장을 해소시킨 때문만이 아니라 맥두걸이 지적한 바와 같이 의식의 해리가 효과적으로 치료되는가에 훨씬 더 많이 달려 있다. 그러므로 제반응으로 부정적인 결과를 얻은 사례들을 전혀 다른 관점에서 보아야 한다.

만약 위에서 말한 조건이 충족되지 않는다면 제반응만으로는 해리된 정신을 통합하는 데 충분하지 않다. 만약 외상 체험을 반복 표현해도 자율적 콤플렉스를 의식에 재통합하는 데 성공하지 못한다면, 환자가 의사와 맺는 치료적 관계가 콤플렉스를 극복하고 동화할 수 있도록 환자의 의식 수준을 높여줄 수 있다. 그러나 환자가 의사에게 지나치게 완강히 저항하거나 의사가 환자에게 바른 태도를 취하지 못하는 경우에는 제반응 방법은 실패로 돌아간다.

일부만 외상과 관계있는 신경증을 치료하는 경우에 제반응을 통한 정화법(카타르시스)이 별로 성과가 없는 것은 당연하다. 왜냐하면 그 경우에 신경증 고유의 본질이 고려되지 못했기 때문이고 신경증의 치료에서 정화법만을 고집하면 대부분 실패하게 마련이다. 비록 부분적으로 성과가 있었다 하더라도 신경증의 본질과 전혀 관련이 없다고 인정된, 다른 방법에 의한 성과보다 더 나을 게 없다.

이러한 경우에는 성과가 있다고 해도 그것은 암시 때문이며, 대부분은 극히 한정된 기간에 불과하고, 그것도 우연한 성과일 뿐이다. 주된 원인은 언제나 의사에 대한 전이轉移인데, 의사가 자신의 방법에 대해 진지하게 확신을 갖고 있는 한 큰 어려움 없이 전이가 이루어진다. 제반응이 최면술이나 이와 비슷한 다른 치료법처럼 신경증의 본질과는 거의 관계가 없었기 때문에 극소수를 제외하면 많은 사람이 이미 오래전에 정화법을 버리고 분석을 선호하게 되었다.

분석적 방법의 강점이 바로 정화법의 가장 약한 점에, 즉 의사와 환자의 관계에 있다는 것은 우연이 아니다. 오늘날까지도 분석에서는 나쁜 것을 뿌리째 뽑아내기 위해서 주로 아동기의 최초에 형성된 콤플렉스를 캐낸다는 견해가 만연되어 있는데, 이러한 견해는 중요한 것이 아니다. 이 견해는 오래된 외상 이론의 잔재일 뿐이다. 지나간 생활사적 사실들은 단지 환자가 과거의 사실 때문에 현실 적응이 어려운 경우에만 중요성을 갖는다. 유아적 환상의 갈래를 하나하나 면밀히 탐색하는 것은 그 자체로는 비교적 중요하지 않다. 왜냐하면 치료 효과는 의사가 환자의 심혼Seele에 들어감으로써 심리적으로 올바른 관계를 맺으려고 노력하는 과정에서 나타나기 때문이다. 환자가 괴로워하는 것은 바로 이처럼 올바른 치료 관계가 없다는 데 있다. 프로이트는 오래전부터 전이가 정신분석의 시작이자 끝이라고 생각하고 있었다. 전이는 환자가 의사와 심리적인 소통 관계Rapport를 맺으려는 시도이다. 환자가 정신적 해리를 극복하려면 이 관계가 필요하다. 이러한 심리적인 소통 관계가 약할수록, 즉 의사와 환자가 서로 이해를 못 할수록 전이는 더욱 강하게 형성되며, 더욱더 성적인 형태를 취한다.

적응Anpassung이라는 목표를 달성하는 것이 환자에게는 이처럼 너무나도 중요하므로 성性이 보상 기능으로서 개입하게 된다. 이 기능의 목적은 일반적으로 상호 이해를 통해서는 형성될 수 없는 특별한 관계를 공고히 하려는 것이다. 이러한 상황에서 전이는 성공적인 치료를 방해하는 가장 강력한 요인이 될 수 있다. 강렬한 성적 전이는 특히 분석가가 성적인 측면에 지나치게 많은 관심을 기울일 때 흔히 발생하는 것인데, 그 이유는 환자가 이해받을 수 있는 다른 길이 모두 차단되었기 때문이다. 꿈과 환상을 일방적으로 성적인 측면에 국한해서 해석하는 것은 환자의 심리적인 소질에 대한 횡포이다. 왜냐하면 이 소질은 유아적이고 성적인 환상만이 아닌 까닭이며, 심리적인 소질에는 언제나 창조적인 요소들이 포함되어 있고, 이 창조적 요소로 인해서 신경증에서 벗어나는 길이 열리기 때문이다. 신경증에서는 이러한 자연스러운 출구가 차단되어 있다. 그러므로 의사는 환자가 성적 환상이 넘칠 때 안전하게 피난할 수 있는 유일한 곳이다. 만약 환자가 미움 때문에 차라리 관계를 단절하고 싶어 하는 경우만 아니면, 환자는 격렬한 애욕적 전이를 통해서 의사에게 매달리는 수밖에 없다.

이 두 가지 경우에서 그 결과는 모두 심혼의 황폐화이다. 정신분석가가 적어도 그처럼 절망적인 결과를 목표로 노력한 것이 아니기에 이것은 더욱 유감스런 일이다. 그러나 그것은 흔히 정신분석가들의 성이라는 도그마에 대한 맹목적인 복종의 결과이다.

물론 지적인 관점에서는 성적인 것만을 고려한 해석은 극도로 단순하다. 그러한 해석은 수없이 많은 변이들 속에서 극히 적은 몇 가지 사실만을 고려할 뿐이다. 사람들은 벌써 일이 어떻게 될지를 미리 예측할 수 있다. 우리가 '똥과 오줌 사이에서 태어났다Inter faeces et urinam nascimur'는 것은 영원한 진리이다. 그러나 그것은 불모不毛이고 단조로우며 무엇보다도 맛없는 진리이다. 심혼의 최고의 추구를 계속 자궁으로 환원시켜 설명하고 그 가치를 평가절하시키는 것은 전혀 쓸모가 없는 일이다. 그렇게 하는 것은 심리적인 이해를 촉진하기보다 파괴하는 중대한 기술적인 실수이다. 신경증 환자에게는 무엇보다도 심리적인 상호 관계가 필요하다. 신경증 환자는 해리된 상태에서도 심리적 소통 관계의 도움으로 의사의 정신에 적응할 수 있다. 물론 이러한 인간관계를 형성하는 것이 그렇게 쉬운 일은 아니다. 인간관계는 세심하게 관심을 갖고 상당히 힘든 노력을 해야 맺을 수 있다. 모든 투사를 끊임없이 그 근원으로 환원시키는 것—전이도 물론 투사로 이루어졌다—은 역사적으로나 학문적으로 상당히 흥미 있는 일일지 모른다. 그러나 이것이 인생에 적응된 태도를 만들어주는 것은 절대 아니다. 왜냐하면 그렇게 하는 것은 모든 관계를 처음부터 다시 그 본래의 구성 성분으로 분해해버리므로 정상적인 인간관계를 형성하고자 하는 환자의 모든 시도를 수포로 돌아가게 하기 때문이다.

그럼에도 불구하고, 환자가 자신의 삶에 대한 적응에 성공한다면 이것은 다양한 도덕적·지적·미적 가치의 희생 아래 일어나는 것이며, 인간의 성장에서 이런 가치의 상실은 매우 유감스러운 일이다. 왜냐하면 이로써 총체적 인격의 발전이 현저히 저해되기 때문이다. 이와 같은 점을 고려하지 않는다 해도 환자가 영원히 과거에 침잠해서 자신을 잃고, 이제는 변할 수 없는 것들을 애처로이 바라볼 수밖에 없게 될 위험성이 있다. 신경증 환자에게 너무나 흔한 병적인 경향은 자신의 열등감의 원인을 희미한 과거에서, 즉 잘못된 교육과 부모의 성품 등에서 찾으려고 하는 것이다.

이와 같은 모든 사소한 원인들을 세밀하게 살펴본다 해도 환자가 현재 가지고 있는 열등감에는 거의 영향을 미칠 수 없다. 그것은 아무리 철저하게 세계대전의 원인을 탐색한다 하더라도 이미 존재하는 사회적인 조건을 개선시킬 수 없는 것과 마찬가지이다. 근본적인 문제는 전체 인격의 도덕적 능력이다.

근본적으로 환원적인 분석이 불필요하다고 본다면 그것은 너무 근시안적인 견해이다. 전쟁의 원인을 탐구하기 위한 연구는 아무런 가치가 없다는 주장만큼이나 어리석다. 의사는 다음 단계의 합성을 위한 기초를 세우기 위해 신경증의 기원을 가능한 한 깊이 있게 탐색해야 한다. 원래의 출발점으로 되돌아가게 하는 환원적 분석을 실시하는 가운데 그의―그렇지 않아도 미흡한―적응이 실패로 돌아가고, 당연히 환자의 정신은 이런 상실을 회복하기 위해 어떤 인간 대상에게 더욱 미친 듯이 매달리게 된다. 대체로 그 대상은 의사가 되지만, 때로는 환자의 배우자나 친구가 될 수도 있다. 예컨대 배우자나 친구가 의사의 대극으로 작용하기도 하는 것이다. 이렇게 되면 일방적인 전이가 약화되도록 균형을 이루는 효과가 있을 수도 있으나 분석의 발전에 지장을 주는 장애물이 될 수도 있다.

의사에 대한 강렬한 결속―전이―은 현실에 대한 환자의 부족한 적응 태도를 보상하는 것이기도 하다. 전이 현상은 모든 심층적 분석에서는 언제나 피할 수 없는 특징이다. 왜냐하면 의사는 환자의 심리적인 발달 선상에 가능한 한 가까이 접근하는 것이 필수 불가결하기 때문이다. 의사가 환자의 정신에 가장 깊이 존재하는 내용을 '요해了解하는', 즉 동화하는 것과 마찬가지로 의사는 하나의 상像으로서 환자의 정신에 합쳐진다고 말할 수 있다. 내가 '하나의 상으로서'라고 말한 것은 환자가 의사를 실제 그대로 보는 것이 아니라 자신의 과거 역사에서 자기에게 중요한 의미가 있던 사람 중의 하나로 본다는 것을 시사하고 싶었기 때문이다. 의사는 환자의 그러한 기억상記憶像들에 의해 오염된다. 왜냐하면 의사는 환자로 하여금 그의 가장 사사로운 비밀을 털어놓게 만들기 때문이다. 마치 환자의 그런 기억상들의 힘이 그에게 옮겨간 것과 같다.

따라서 전이는 진정한 심리학적 관계를 대신하는 여러 가지 투사들로 이루어져 있다. 전이는 가상적 관계를 만든다. 그러나 이 관계는 분석 과정에서 꼭 필요한 과거와의 작업이 늘어남으로써 환자의 통상적인 적응 부전不全이 더욱 심화되는 시기에서는 환자에게 대단히 중요하다. 그러므로 전이 관계가 갑자기 단절되면 언제나 대단히 불쾌하고 심지어 위험한 결과가 초래된다. 왜냐하면 그로 인해 환자가 견디기 힘든 관계 상실 상황 속에 버려지기 때문이다.

이러한 투사들이 그 근원까지 분석이 된다 해도, 그리고 모든 투사가 이런 방법에 의해서 해소가 되어 없어진다 해도—그리고 모든 투사는 이런 식으로 해소된다—, 인간관계를 필요로 하는 환자의 요구는 여전히 남아 있고, 이 요구는 충족되어야 한다. 왜냐하면 어떤 종류의 관계든 인간관계가 없다면 인간은 공허감에 빠지기 때문이다.

힘들여 적응하고자 하는 요구를 어느 정도 충족시키려면 환자는 어쨌든 직접 현존하는 대상과 관계를 맺을 수 있어야 한다. 환원적 분석의 시행 여부에 상관없이 환자는 의사를 다만 성적 욕구의 대상이 아니라 각자가 알맞은 위치에 있을 수 있는 순수한 인간관계의 대상으로 대할 수 있게 된다. 물론 이것은 투사가 의식적으로 인식되지 않는다면 불가능하다. 따라서 투사는 무엇보다도 먼저 환원적 분석의 대상이 되어야 한다. 물론 언제나 전제되어야 하는 것은 우리가 인간관계를 요구하는 환자의 요구가 정당하고 중요하다는 것을 항상 명심하고 있어야 한다는 점이다.

일단 투사가 이렇게 인식되면 특수한 형태의 상호 관계였던 전이는 종식되고, 개인적인 관계상의 문제가 수용된다. 이에 관계된 문헌을 어느 정도 알고 있고, 꿈을 해석하고 자신이나 다른 사람의 콤플렉스를 탐색하는 일에 종사한 사람이면 누구나 여기까지는 쉽게 도달한다. 그러나 여기에서 분석을 더 진행시킬 수 있는 권리를 가진 의사는 자신이 교육 분석을 철저히 받았거나 자기의 작업을 위해 환자를 통해 자신을 분석할 수 있을 만큼 진리에의 사랑을 불러일으키는 의사뿐이다. 교육 분석에 아무런 흥미도 보이지 않으면서 자기 분석도 할 수 있는 경지에 도달하지 못한 의사는 절대로 분석을 감행하지 말아야 한다. 의사가 자신의 권위를 내세운다 해도 항상 그에게 뭔가 부족한 것이 있다는 사실이 드러나게 될 것이다.

최후의 수단으로 의사는 자신이 하는 일에서 지적인 허장성세를 부리게 된다. 하지만 의사 자신이 열등하다는 것이 그렇게 드러나는데 어떻게 환자가 병적인 열등감을 극복하도록 도와줄 수 있겠는가? 의사가 남들이 자신을 열등하다고 생각할 것이 두려워서 권위, 능력, 탁월한 지식 등과 같은 전문적인 가면을 벗어버리지 못하면, 그래서 의사가 자신의 진짜 성격을 감추는 모습을 환자가 보게 된다면, 그런 환자가 어떻게 자신의 신경증적인 핑계를 그만두는 방법을 배울 수 있겠는가?

부분적으로 성공은 했지만 만족스럽지 못한 분석과, 전혀 성과 없이 답보 상태인 분석까지 포함해서 어떤 분석이든 간에 분석의 시금석은 언제나 이와 같은 인간 대 인간 관계이다. 이러한 심리적인 상황에서 환자는 의사와 동등한 처지에서 대면하며, 동시에 치료 과정에서 불가피하게 들어야 하는 의사의 무자비한 비판과 대면한다.

이러한 형태의 개인적인 인간관계는 전이 관계의 속박과는 달리 자유로이 계약된 의무 또는 유대이다. 그것은 환자에게는 마치 하나의 교량과 같고, 그것을 통해서 환자는 의미 있는 존재가 되기 위한 첫발을 내디딜 수 있다. 환자는 자기 고유의 일회적인 인격의 가치를 발견한다. 그는 그가 있는 그대로 받아들여지는 것을 보고, 스스로 삶의 요청에 적응할 수 있는 능력이 있음을 알게 된다. 그러나 의사가 계속해서 치료법을 방패 삼으면서 거리낌 없이 환자의 사소한 흠을 잡고 비판을 하는 동안에는 환자가 이러한 깨달음을 얻지 못한다. 그렇게 되면 의사가 어떤 치료법을 채택하더라도 그것은 암시와 다름없는 것이 되어버리고, 그 결과는 암시의 결과에 상응하게 된다. 그러므로 의사는 이렇게 하는 대신 환자가 자유롭게 비판할 수 있는 권리를 갖도록 해야 한다. 왜냐하면 환자가 자신이 진정 인간으로서 평등하다는 점을 느껴야 하기 때문이다.

지금까지 말한 것으로써 분석이란 기계적으로 되풀이되는 상투적인 기술의 단순한 적용보다 의사에게 훨씬 더 높은 수준의 정신적 또는 도덕적인 자질을 요구하는 것이라는 점과, 의사의 치료상의 영향은 무엇보다도 이와 같은 좀더 개인적인 방향에 따라 달라진다는 점이 분명히 지적되었다고 생각한다.

그러나 만약 독자가 이 글을 읽고 치료 방법이란 거의 또는 전혀 의미가 없다는 결론을 내렸다면 그것은 내 생각을 완전히 오해한 것이다. 단순한 개인적인 관심만으로는 환자가 자신의 신경증에 대해 객관적으로 이해하도록 도와줄 수가 없다. 그러한 객관적 이해는 환자로 하여금 의사에 대한 의존심을 해소하게 하고 전이에 대한 평형을 이루게 한다.

환자의 병을 객관적으로 이해하고 인간적인 관계를 형성하기 위해서는 반드시 지식이 필요하다. 그것도 단지 제한된 분야에 국한된 순수한 의학 지식이 아니라, 인간 심혼의 모든 측면에 대한 포괄적인 지식이 필요하다. 치료는 과거의 병적인 태도를 없애는 것 이상이 되도록 해야 한다. 그것은 건강하고 생명력 있는 새로운 태도를 갖추게 하는 것이어야 한다. 이렇게 되려면 인생관이 근본적으로 변할 필요가 있다. 환자는 자신의 신경증을 발생시킨 원인과 그 근원을 파악할 수 있어야 할 뿐만 아니라, 자신이 궁극적으로 추구하는 목표를 깨달아야만 한다. 병적인 것은 이물질처럼 간단히 제거될 수 없다. 그렇게 할 때 어떤 본질적인 것, 살려야 할 의미 있는 어떤 것을 병적인 성향과 함께 제거할 위험이 있다. 우리의 과제는 병적인 것을 말살하는 것이 아니라 오히려 자라고자 하는 것을 돌보고 키워서 그것이 심혼의 전체성 안에서 그 자체의 역할을 할 수 있게 하는 것이다.

번역: 이부영

꿈 분석의 실용성

꿈 분석의 치료적 실용성이라는 주제는 아직 논란의 여지가 많다. 많은 사람들이 꿈의 분석을 정신신경증(노이로제)의 임상치료에 없어서는 안 되는 것으로 보고 있으며, 심리적으로 의식과 맞먹을 만큼 중요한 기능을 가진 것으로 꿈을 평가하고 있다.

이와는 달리 꿈 분석의 효용성을 논박하고 꿈을 그저 하나의 사소한 정신적 부산물로 생각하는 사람들도 있다. 그러나 신경증의 원인에서 무의식이 결정적인 역할을 한다는 견해들은 당연히 무의식의 직접 표현인 꿈이 기본적으로 실용적 의미를 가지고 있다고 인정한다. 마찬가지로 무의식을 부인하거나 무의식이 신경증의 원인으로 대수롭지 않은 것이라 여기는 관점에서는 당연히 꿈의 분석도 불필요한 것으로 설명한다. 자네P. Janet, 플루르누아Théodore Flournoy, 그 외 많은 사람들의 업적은 논외로 하더라도, 카루스Carl Gustav Carus가 무의식 개념을 형성한 지 50년 이상이 지났고, 칸트가 '헤아릴 수 없는 어두운 관념 영역'을 말한 지 1백 년, 라이프니츠가 무의식적인 마음을 가정한 지 2백 년이 된 서력 1931년에, 이 모든 것에도 불구하고 무의식의 존재 여부를 놓고 의견이 분분하다는 것은 한탄할 만하다. 그러나 나는 실제적인 문제만을 다루는 여기에서 무의식에 대한 변호를 늘어놓을 생각은 없다. 물론 여기서 다루는 꿈 분석의 특수한 문제는 무의식의 가설에 의존한다. 무의식의 존재에 관한 가설의 지지가 없다면 꿈은 단지 자연의 유희이며, 조각난 낮의 기억의 잔재가 뜻 없이 뒤섞인 것에 불과하다. 꿈이 정말 그런 것이라면 꿈 분석의 실용성에 관한 토론이 받아들여질 근거조차 없을 것이다. 오늘의 이 주제는 오직 무의식의 인정이라는 바탕 위에서만 다룰 수 있다. 왜냐하면 꿈 분석의 예상되는 목적은 무슨 사고 훈련이 아니라 지금까지 무의식에 있던 내용을 발견하고 의식화하는 일이기 때문이다. 그리고 그것은 신경증 치료나 그 해명에 매우 중요하다고 할 수 있다. 무의식의 가정을 받아들일 수 없는 사람에게는 꿈 분석의 실용성 문제는 존재하지 않는다.

우리의 가설에 따라 무의식이 원인으로서 의미가 있고 꿈은 무의식적 심리 활동의 직접 표현이라고 할 때, 꿈의 분석과 해석은 무엇보다 과학적인 입장에서 이론적으로 타당한 작업이다. 이러한 시도가 성공한다면 우리는 심리적 원인의 구조를 과학적으로 통찰할 수 있다고 기대해도 좋을 것이다. 그 과정에서 경우에 따라 나타나는 치료 효과는 논외로 하고 말이다. 그런데 과학적 발견이란 임상가에게는 기껏해야 치료 활동 중에 얻는 다행스러운 부산물을 의미할 뿐이다. 그러므로 원인적 배경을 단지 이론적으로 통찰할 수 있다는 것만으로는 꿈을 임상적으로 적용하는 충분한 동기가 될 수 없고, 꿈 분석의 실제 응용을 목적으로 한 적응증으로는 더더욱 안 된다. 그것은 의사가 이와 같은 해명성 통찰이 치료에 효과가 있다고 약속한다 해도 마찬가지이다. 그 경우에 의사는 꿈의 분석을 적용하는 것을 의사의 의무라고 강조할 것이다. 두루 알려진 대로 프로이트 학파는 통찰과 해명, 즉 무의식적 원인을 완전히 의식화하는 것이 매우 큰 치료적 의미를 갖고 있다는 입장을 계속 가져왔다.

우선 이와 같은 기대가 사실로서 정당화되고 있다는 입장에 서보자. 그러면 이 경우에는 꿈 분석이 독점적이냐 상대적이냐, 즉 다른 방법들과 함께 사용할 수 있는 것이냐, 또는 무의식적 원인을 찾아내는 데 꿈 분석이 전혀 적합하지 않은 것이냐 하는 물음만이 남는다. 이런 물음에 대한 프로이트의 답은 누구나 쉽게 짐작할 수 있다고 믿는다. 나는 그 해답을 다음의 범위 안에서 증명할 수 있다. 꿈 가운데서 최초의 꿈〔분석을 시작하기로 한 뒤 처음 꾼 꿈〕, 즉 치료를 바로 시작할 때의 꿈은 중요한 원인적 요소를 분명하게 드러내는 경우가 흔히 있다. 다음에 든 예는 이를 이해하는 데 도움이 될 것이다.

지도층에 있는 한 남자가 나에게 상담을 청했다. 그는 불안 초조, 불안정한 마음, 때로는 구토까지 일으키는 어지럼증, 머리가 멍하고 숨이 막히는 등의 증상으로 괴로워했다. 그 증세는 흔히 고산병高山病과 혼동할 정도로 비슷했다. 환자는 대단히 성공한 경력을 가지고 있었다. 그는 가난한 농부의 아들로 태어나 대단한 근면성과 뛰어난 재능으로 한 단계 한 단계 올라가 마침내 지도자 격의 중요한 위치에 다다랐는데, 그 자리는 사회적으로 더 높이 올라갈 전망이 아주 큰 자리였다. 사실 그는 도약의 발판에 도달했으며, 만약 그에게 갑자기 신경증이 끼어들지만 않았더라면 더 높이 비약할 수도 있었을 것이다. 환자는 이 대목에서 다음과 같은 틀에 박힌 언어로 시작되는, 너무도 잘 알려진 사설을 내뱉었다.

'왜 하필 지금…' 등등.

고산병의 증후는 이 환자의 특이한 상황을 극적으로 묘사하는 데 특히 적절한 것 같았다. 환자는 상담 시간에 그전 밤에 꾼 두 개의 꿈에 대해 말해주었다. 첫 번째 꿈은 다음과 같다.

나는 다시금 내가 태어난 작은 마을에 있다. 길거리에는 함께 학교를 다닌 시골 청년 몇 사람이 모여 서 있었다. 나는 그들을 모르는 것처럼 행동한다. 그러곤 그들 옆을 지나간다. 이때 그들 중 한 사람이 나를 빗대어 말하는 소리를 듣는다. "저 애도 우리 동네에 자주 오지 않아."

이 꿈에서 우리는 그의 경력의 비천한 출발점이 제시되고 있음을 알 수 있다. 이 암시가 무엇을 말하려고 하는지 이해하기 위해 해석상의 곡예를 할 필요는 없을 것이다. 꿈은 분명히 말하고 있다. "너는 네가 얼마나 깊은 밑바닥에서 시작했는지 잊고 있어"라고.

두 번째 꿈은 다음과 같다.

나는 무척 서두르고 있다. 여행을 떠나려 하기 때문이다. 나는 짐을 꾸리려 하는데 아무것도 찾지 못한다. 시간은 가고 기차는 곧 떠날 것이다. 마침내 나는 내 일용품 일체를 얻을 수 있게 되어 길거리를 바삐 가는데, 중요한 서류가 든 가방을 잊은 것을 알아차리고 단숨에 되돌아가 가방을 찾아 기차역으로 달려간다. 그런데 아무리 뛰어도 앞으로 나아가지 않는다. 드디어 마지막 힘을 다해 나는 역의 플랫폼으로 뛰어든다. 기차가 어떻게 플랫폼 밖으로 달려가는지 보기 위해서다. 그런데 기차는 이상하게도 S자 형태의 곡선으로 달리고 있고 아주 길다. 나는 생각했다. 만약 기관사가 직선 궤도에 도달하자마자 부주의하게 전全 증기압을 준다면 아직 곡선 궤도에 있는 기차의 뒤쪽 차량들은 속도 때문에 궤도에서 내동댕이쳐질 것이라고.―실제로 기관사가 전 증기압을 넣었다. 나는 소리를 지르고자 시도한다.

뒤편의 차량들이 무섭게 흔들리더니 정말 궤도에서 내던져졌다. 그것은 끔찍한 재해였다. 나는 놀라서 깼다.

여기서는 묘사한 꿈을 이해하는 데 큰 노력을 기울이지 않아도 된다. 꿈은 먼저 더 앞으로 가고자 하는 신경 과민한 성급함을 묘사하고 있다. 앞자리의 기관사가 무분별하게 앞으로 달리기 때문에 뒤편에서는 신경증, 즉 동요와 탈선이 생기는 것이다.

환자는 분명 현재 자신의 인생에서 최고점에 도달했다. 미천한 출생 신분과 오랜 상승의 노고로 그는 지쳐 있었다. 그는 그가 성취한 것에 만족해야 했다. 그런데 그의 명예욕이 그를 계속 더 높은 곳으로, 그가 숨 쉬기에는 너무나 공기가 희박하고 그가 적응하지 못할 곳으로 내몰았다. 그래서 신경증이 경고하면서 그에게 다다른 것이다.

외적인 이유로 나는 이 환자를 계속 치료할 수 없었다. 내 견해 또한 그의 마음에 들지 않았다. 그 결과 이 꿈에서 그려진 운명이 자기 궤도를 밟아나갔다. 그는 야망에 차서 자기에게 온 기회를 남김없이 이용하려 들었고, 그렇게 하는 가운데 그의 직업에서 완전히 탈선하여 예상한 재앙이 현실로 나타났다.

의식 수준에서 얻은 그의 과거력으로 그저 추측한 것, 즉 고산병이 '더 이상 계속 올라갈 수 없음'의 상징적 표현이라는 것이 꿈을 통해서 사실로 확인되었다.

여기서 우리는 꿈의 실용성을 위해 더없이 중요한 사실에 마주친다. 꿈은 꿈을 꾼 사람의 내적인 상황을 묘사하는데, 의식은 그 진실성과 현실성을 전혀 인정하지 않거나 또는 그저 마지못해 인정한다는 것이다. 그는 의식에서 왜 앞으로 계속 가서는 안 되는지 그 이유를 조금도 보지 못한다. 오히려 그는 야망에 실려 더 높이 가고자 하며, 그 자신의 무능을 부인한다. 그러고는 그의 생애의 뒷날 사건을 통해 그 무능함이 너무도 분명히 드러나게 되었던 것이다.

의식의 영역에서 우리는 언제나 그런 경우에 확신을 갖기 어렵다. 그의 과거력은 이렇게도 저렇게도 평가될 수 있다. 마침내는 한낱 병사도 가장 높은 계급인 원수가 되어 원수봉元帥棒을 배낭에 꽂을 수 있으며 가난한 부모의 많은 아들들이 최고의 성공을 거둘 수 있는 법이다. 이 환자의 경우에도 그렇게 되지 말라는 법이 어디에 있는가? 내 판단이 잘못될 수도 있다. 내 추측이 그의 추측보다 더 나아야 할 이유가 어디에 있는가? 여기에 꿈이 등장한다. 꿈은 내가 마음대로 할 수 없는 하나의 표명으로서 의식의 영향에서 배제된 무의식적인 정신 과정으로 나타나 꿈꾼 사람의 내적 진실과 현실성을 있는 그대로 묘사한다. 내가 그렇게 추측하기 때문도 아니고, 그가 그런 현실을 갖고 싶어 해서도 아니며, 다만 그것을 있는 그대로 묘사한다. 그래서 나는 꿈을 일차적으로 생리적 표명처럼 관찰하는 것을 원칙으로 삼고 있다. 소변에 당糖이 나오면 당이 소변에 있는 것이지 단백질이나 우로빌린이나 그밖의 내가 기대하는 것에 더 잘 해당되는 다른 어떤 것이 있는 게 아니다. 그래서 나는 꿈을 진단적으로 응용할 수 있는 사실이라고 본다.

앞에 든 짤막한 꿈의 사례는, 꿈이 언제나 그렇듯 우리가 기대하고 요구한 것, 즉 원인을 찾는 것 이상의 것을 가지고 있다. 그 꿈은 우리에게 신경증의 원인뿐 아니라 예후豫後도 주었고, 그 이상의 것도 주었다. 우리는 심지어 어디가 직접 치료되어야 하는지를 그 꿈을 통해 알 수 있다. 우리는 환자가 전 증기압을 주는 것을 막아야 했다. 그것은 환자 자신이 꿈속에서 한 말이 아니던가.

우리는 우선 이와 같은 시사로 만족하고, 우리가 앞서 제기했던 물음──꿈이 노이로제의 원인을 해명하는지에 관한 고려로 돌아가기로 하자.

위에 든 환자의 꿈의 예는 이와 관련하여 긍정적인 사례를 제시하고 있다. 그러나 투명한 내용의 꿈인데도 어떤 원인적인 요인들의 흔적조차 인식할 수 없는 수많은 최초의 꿈을 나는 아주 쉽게 인용할 수 있을 것이다. 그러나 자세한 분석과 해석을 요하는 꿈은 잠정적으로 논외로 하고자 한다.

잘 알려진 대로 신경증의 진정한 원인이 치료의 맨 마지막에 가서야 비로소 분명해지는 경우가 있고, 또한 그 원인이 대수롭지 않은 신경증도 있다. 이런 사실은 나로 하여금 우리가 출발한 가설, 즉 원인이 되는 요인의 의식화는 치료에서 없어서는 안 되는 것이라는 가정으로 되돌아가게 만든다. 이런 가정 속에는 아직 외상 이론이 듬뿍 숨어 있다. 많은 신경증이 외상인성外傷因性이라는 사실을 결코 부인하는 것은 아니지만, 모든 신경증이 어린 시절의 결정적인 외상 체험에서 생긴다는 주장에 대해 나는 반대한다. 이러한 견해는 의사가 그의 주의를 인과적인 과거로 향하도록 그를 묶어놓는다. 그런 자세로는 언제나 '무슨 까닭에warum'만을 묻고 그만큼 본질적인 '무슨 목적으로wozu'라는 물음에 대해서는 개의치 않는데, 이것은 환자에게 큰 손해를 끼친다. 환자는 의사의 그런 과거 지향적 관심 때문에 직접적으로 중요한 것들을 철저하게 소홀히 하면서 때로는 수년 동안 실행 불가능한 어린 시절의 체험을 탐색하도록 강요받는다.

단순한 인과적 입장은 너무 편협하다. 그것은 꿈의 본질에도, 신경증의 본질에도 합당하지 않다. 그러므로 꿈을 오직 원인이 되는 요인을 발견할 목적으로 이용하고자 하는 문제 제기는 편견에 찬 것이며, 꿈의 보다 큰 부분을 간과하는 것이다.

바로 우리 환자의 예는 꿈의 원인을 분명히 지적하면서도 그 밖에 꿈이 예후나 예상, 게다가 치료에서의 힌트마저 주고 있다는 사실을 제시한다고 할 수 있다.

여기에 부가하여 원인에 대해서는 언급하지 않고 전혀 다른 문제, 예컨대 의사에 대한 태도 같은 것을 다루는 수많은 첫 꿈이 있다. 이에 대한 예로 한 여자 환자의 세 개의 꿈을 제시하고자 하는데 세 명의 서로 다른 분석가에 의해 이루어진, 치료 초기에 꾼 꿈이다. 첫 꿈은 다음과 같다.

> 나는 국경을 넘어가야 했다. 그런데 어디에서도 경계선을 찾을 수 없다. 아무도 내게 어디에 국경이 있는지 말하지 못한다.

이 치료는 얼마 뒤 성과 없이 중단되었다. 두 번째 꿈은 다음과 같다.

> 나는 국경을 넘어가야 했다. 캄캄한 밤이고 나는 세관을 찾을 수 없다. 오랫동안 찾아다닌 끝에 나는 아득히 먼 곳에서 반짝이는 작은 불빛을 보고 그곳이 국경이라고 추측한다. 그러나 그곳에 다다르기 위해 계곡을 넘고 컴컴한 숲을 지나야 하는데, 그 속에서 방향을 잃는다. 이때 나는 누군가가 그곳에 있다는 것을 알아차린다. 그 사람은 갑자기 미친 사람처럼 나에게 매달린다. 나는 놀라서 깬다.

이 치료는 수 주 뒤에 중단되었다. 분석가와 피분석가 사이의 무의식적 동체성Identität이 생겨서 완전한 방향 상실이 일어났기 때문이다.

세 번째 꿈은 나의 치료 시에 생긴 것이다.

나는 어떤 국경을 넘어야 한다. 즉 나는 그것을 이미 넘어갔고, 지금 스위스의 세관에 있다. 나는 오직 손가방 한 개를 가지고 있을 뿐, 아무것도 통관해야 할 게 없다고 믿는다. 그런데 세관원은 내 손가방을 움켜쥐고 놀랍게도 온전한 두 개의 침구를 꺼낸다.

이 여자 환자는 나의 치료 중 결혼했는데, 처음에는 이에 대해 강하게 저항했다. 그녀의 신경증적 저항의 원인은 수개월이 지난 뒤에야 비로소 분명해졌는데, 이 꿈에서는 한마디도 없다. 이상의 꿈은 예외 없이 예측을 나타내는데, 해당 의사에게 닥칠 예상된 어려움과 관계된다. 다른 많은 비슷한 꿈을 대신해서 제시된 이 예들은 꿈이 아주 흔하게 예측이라는 사실을 가리키고 있고, 순전히 인과적인 관찰만으로는 꿈의 고유한 의미를 전적으로 상실하게 된다는 사실을 보여주고 있다. 이 여러 꿈은 분석 상황에 관한 분명한 정보를 주고 있는데, 분석 상황을 올바로 인식하는 것은 치료에서 매우 중요하다. 첫 번째 의사는 상황을 옳게 인식하여 두 번째 의사에게 환자를 넘겼다. 두 번째 의사에게서는 환자 자신이 꿈에서 자기 나름의 결론을 내리고 자유의지로 치료를 그만두었다. 나의 꿈 해석은 그녀를 실망시켰지만, 꿈에서 경계선 통과가 이미 이루어졌다고 말한 사실은 온갖 어려움을 견디면서도 그녀에게 결정적인 도움을 주었다.

흔히 최초의 꿈은 놀랄 만큼 투명하고 분명한 형태를 갖추고 있다. 그러나 분석이 진행되면서 꿈은 곧 그 분명한 성격을 상실한다. 그런데도 예외적으로 꿈이 분명한 성격을 갖추고 있다면 분석이 피분석자의 인격의 중요한 부분에 전혀 미치지 못하고 있다고 보아도 틀림없다. 대개는 치료를 시작한 뒤에 꿈이 곧 불투명해지고 더 불명확해져서 그 해석을 아주 어렵게 만든다. 이렇게 어려워지는 이유는 경우에 따라서 의사가 상황을 정말 전체적으로 내다볼 수 없는 지경에 이르렀기 때문이다. 이렇게 되는 것은 꿈이 불투명해지는 것을 보면 알 수 있다. 그런데 이런 불분명함은 순전히 의사의 주관적 확인인 것이다. 이해하는 사람에게는 불분명한 것이 없다. 오직 이해 못 하는 사람에게만 사물이 불투명하고 혼란스럽게 보인다. 꿈은 그 자체로는 물론 분명하다. 바꾸어 말하면 꿈은 그때그때의 조건 아래 있어야 하는 바 그대로이다. 만약 우리가 치료의 후기에, 심지어 수년 뒤에 그 꿈을 되돌아보면 자기가 그 당시에 얼마나 눈뜬장님이었나를 생각하고 머리를 쥐어뜯는 경우도 많다. 그러니까 만약 우리가 분석을 계속하면서 뜻이 분명히 보이는 최초의 꿈과 비교해서 눈에 띄게 불분명한 꿈을 만날 때 의사는 그것을 혼란된 꿈, 또는 환자의 고의적인 저항이라고 나무라지 말아야 하며, 그것을 이제 막 시작된 자신의 몰이해의 징조로 파악해야 한다. 환자가 혼란스럽다고 말하는 정신과 의사가 그것을 자기의 무의식의 투사로 인식하고 자기 자신이 혼란에 빠졌다고 말해야 하는 것과 같다. 왜냐하면 실제로 그는 환자의 특이한 태도 때문에 이해력이 혼란스러워졌기 때문이다. 게다가 자신의 몰이해를 제때에 통찰하는 것은 치료에서 엄청나게 중요하다. 왜냐하면 환자에게는 그가 항상 이해받는다는 것 이상으로 해로운 것은 없기 때문이다. 환자는 그렇지 않아도 의사의 신비한 능력에 의지하고 그렇게 함으로써 의사가 그의 직업적 허영심에 빠지도록 함정을 만든다. 심지어 환자는 의사의 확신 있는, '깊은' 이해에 글자 그대로 이주移住하여 모든 현실 감각을 잃어버리고 집요한 전이에 빠지게 되며 치료 성과를 지연시킨다.

요해了解, Verstehen란 알다시피 매우 주관적인 과정이다. 의사는 요해했지만 환자는 요해하지 못하는 경우처럼 그것은 아주 일방적일 수 있다. 이 경우에 의사는 환자를 설득하는 것을 자기의 의무로 알고 있다. 그래서 환자가 설득되지 않으면 의사는 저항한다고 비난한다. 이 경우, 즉 이해가 일방적인 경우에 나는 주저하지 않고 나의 몰이해를 말할 것이다. 왜냐하면 결국 의사가 요해하느냐 않느냐 하는 것은 그리 중요한 문제가 아니기 때문이다. 모든 것은 환자가 요해하느냐에 달렸다. 그러므로 요해는 **동의**同意라야 한다. 즉, 함께 심사숙고한 것의 열매이다. 일방적인 이해의 위험성은 의사가 선입견으로 꿈을 판단하는 데 있다. 비록 그 판단이 정통적인 학설과 일치하고 심지어 근본적으로 옳은 것이었다 하더라도 말이다. 그런 판단은 환자의 자유로운 동의에 미치지 못하는데 실제로는 옳지 않은 판단이다. 그것이 옳지 않은 이유는, 그런 판단이 환자의 발전을 미리 예정함으로써 환자를 마비시키기 때문이기도 하다. 환자는 설교를 통해 진실을 배워서는 안 된다.—그것은 오직 환자의 머리에 호소할 뿐이다.—환자는 오히려 그 진실을 향해 성장해가야 한다. 그렇게 하여 우리는 그의 깊은 마음에 도달하며, 우리의 호소는 더욱 깊이 그를 사로잡고, 더욱 강하게 작용한다.

의사의 일방적인 해석이 단지 어떤 이론이나 그 밖의 선입견과 일치한다면, 때때로 생기는 환자의 설득 또는 치유 성과는 주로 암시에 근거하고 있다. 우리는 이에 대해 결코 착각에 빠져서는 안 된다. 암시 작용 자체는 비난할 만한 것이 아니다. 그러나 그 결과는 너무도 잘 알려진 한계를 가지고 있고 성격의 자립에 부작용을 미치고 있어, 장기적으로 보면 차라리 그것 없이 치료하고 싶어진다. 분석적 치료를 하는 사람은 그 치료가 의식화의 의미와 가치를 함축하고 있다고 믿는다. 의식화로써 지금까지 무의식적이던 인격 부분이 의식적인 선택과 비판 아래 놓이게 된다고 보는 것이다. 이로써 환자는 문제에 대면해서 의식적 판단과 의식적 결단을 하도록 자극받는다. 이것은 윤리적 기능을 직접 자극하는 것보다 결코 사소한 일이 아니며, 이로써 또한 인격 전체가 치료 계획의 부름을 받게 되는 것이다. 그러므로 분석적 치료를 한다는 것은 인격의 성숙이라는 면에서 암시보다도 현저히 높은 위치에 있다. 암시는 일종의 마술적 수단으로, 알 수 없는 어둠 속에서 작용하고 결코 인격에 대한 윤리적 요청을 제기한 일이 없다. 암시는 항상 속임수가 있고 단지 보조수단이므로, 분석적 치료의 원리와 일치될 수 없으므로 가능하면 피해야 할 것이다. 물론 암시는 의사가 그 암시 가능성을 의식할 때라야만 피할 수 있다. 무의식적으로는 아직도 너무 많은 암시 작용이 남아 있는 것이다.

의식적인 암시를 피하고자 하는 사람은 환자와의 동의에 도달하는 방식이 발견되기까지 모든 꿈의 해석이 무효라고 보아야 한다.

그 내용이 불투명하여 의사나 환자가 이해할 수 없다고 하는 꿈을 치료할 때 이 기본 규칙을 존중하는 것은 필수적인 것이라고 생각한다. 의사는 그런 꿈을 항상 새로운 사실, 아직 알려지지 않은 성질의 여러 조건들에 관한 정보라고 보아야 한다. 그것은 의사나 환자가 배울 것이 많은 정보이다. 그가 꿈을 해석할 때마다 이론적인 전제를 포기하고 모든 개별적인 경우에서 전혀 새로운 꿈 이론을 발견하려고 노력해야 한다는 것은 너무도 당연하다. 왜냐하면 여기에는 개척해야 할 끝없는 장場이 열려 있기 때문이다. 꿈이 단지 억압된 욕구 충족이라는 것은 이미 아득히 시대에 뒤진 관점이다. 물론 충족된 욕구나 근심이 나타나는 꿈도 있다. 그러나 그 밖의 무엇인들 없겠는가? 꿈에는 냉엄한 진실, 철학적 문장, 착각, 거친 환상, 추억, 계획, 예측, 심지어 텔레파시적 환상, 비합리적 체험들, 그리고 그 밖에 또 무엇이 있는지 하나님만이 안다. 그러나 우리가 결코 잊어서는 안 될 한 가지 사실이 있다. 우리 삶의 거의 절반이 무의식적인 상태에서 영위되고 있다는 사실이다.

꿈꾸는 것은 무의식의 특수한 의식의 표명Bewußtseinsäußerung이다. 심혼이 낮의 측면, 즉 의식을 가지듯, 또한 밤의 측면, 즉 무의식의 정신적 기능 활동도 가지고 있으며 일련의 꿈 같은 환상으로 파악할 수 있다. 의식에도 욕구와 근심만 있는 게 아니라 끝없이 많은 다른 것이 있듯이, 꿈의 심혼이 그와 비슷한, 아니 심지어는 그 내용과 삶의 가능성에서 의식보다도 훨씬 더 큰 보배를 마련하고 있을 가능성이 매우 높다. 의식의 본질적인 성질은 집중, 제약, 그리고 배타성에 있기 때문이다.

이러한 정황에서 볼 때, 꿈의 의미를 미리부터 독단적으로 제약하지 말아야 한다는 것은 결코 부당한 말이 아니라 오히려 권장해야 할 말이다. 꿈을 꾸는 사람 가운데는 의사의 그때그때의 기술적인 또는 이론적인 은어를 다음과 같은 옛날 글처럼 그들의 꿈속에서 흉내 내는 사람들이 있다는 사실을 알아야 한다. 개는 개밥을 꿈꾸고 어부는 물고기를 꿈꾼다. 그렇다고 어부가 꿈꾸는 물고기가 언제나 물고기에 불과한 것이라는 뜻은 아니다. 잘못 사용되지 않을 언어란 없다. 그런 오용을 통해서 우리가 어떻게 속고 있는지를 상상하는 것은 어려운 일이 아니다. 무의식은 심지어 의사를 그 자신의 이론에 질식할 정도로 옭아매는 경향조차 있다. 그러므로 나는 꿈을 분석할 때 가능한 한 이론에서 비켜서서 본다. 물론 완전히 이론을 떠나는 것은 아니다. 왜냐하면 사물을 분명히 파악할 수 있으려면 언제나 약간의 이론은 필요하기 때문이다. 꿈이 의미를 가지고 있다는 것도 하나의 이론적 기대이다. 이런 기대가 항상 정확하게 증명되는 것은 아니다. 의사나 환자가 전혀 이해하지 못하는 꿈도 있기 때문이다. 그런데도 나는 꿈을 다루어나갈 수 있는 용기를 갖기 위해 그러한 가정을 세운다. 또 하나의 이론은 꿈이 의식적 인식에 어떤 중요한 것을 보태준다는 것, 그렇지 못한 꿈은 불충분하게 해석되어 있는 경우라는 것이다. 이것 또한 가설이지만 내가 왜 꿈을 분석하는지 그 이유를 나 자신에게 확실히 하기 위하여 이러한 가설을 세워야 했다. 다른 가설들, 예컨대 꿈의 기능과 구조에 관한 가설은 단지 기계적인 규칙이고 끊임없이 수정될 수 있는 것들이다. 꿈의 분석에서 우리는 속임수로 가득 찬 땅 위를 움직이고 있다는 사실을 한순간도 잊어서는 안 된다. 여기서 가장 확실한 것은 불확실성이다. 꿈 해석자에게 그가 너무 빨리 해석하지 않도록 하기 위해 무슨 일을 해도 그저 "이해하려고만 하지 말라!"고 호소하고 싶을 정도이다.

불투명한 꿈에서 문제되는 것은 무엇보다도 이해하거나 해석하는 것이 아니고 주의 깊게 꿈의 맥락을 작성하는 일이다. 맥락이라 해서 꿈의 상들에서 출발하는 끝없는 '자유연상'을 말하는 것이 아니라, 꿈의 상을 중심으로 객관적으로 군집되어 있는 연상의 고리들을 주의 깊게 의식적으로 조명해내는 것을 말한다. 이런 작업을 위해서는 많은 환자가 먼저 훈련을 받아야 한다. 왜냐하면 의사와 마찬가지로 환자도 즉시 이해하고 바로 해석하고자 하는 참을 수 없는 성향을 가지고 있기 때문이다. 특히 이런 경향은 사람들이 설익은 독서라든가 약간 빗나간 분석 등 왜곡된 교육을 받았을 때 볼 수 있다. 그들은 먼저 이론적으로 연상을 한다. 즉, 이해하는 동시에 해석하면서 연상하고는 될수록 그 속에 들어박혀 있으려고 한다. 그들은 의사처럼 즉시 꿈의 배후에 도달하고자 한다. 꿈은 하나의 앞면일 뿐이며 진정한 의미를 감추고 있다는 잘못된 가정을 한다. 그러나 이른바 앞면은 대부분의 가옥에서는 기만 또는 속임수의 왜곡된 상이 결코 아니다. 그것은 그 집의 내용에 해당하며, 심지어 그 내면을 곧바로 보여주는 경우도 많다. 마찬가지로 현시된 꿈의 상도 꿈 그 자체이며 온전한 의미를 포함하고 있다. 내가 소변에서 당을 발견했으면 그것은 당이지 단백이 아니다. 프로이트가 '꿈의 앞면'이라고 명명한 것은 꿈의 불투명성을 말한 것이다. 그러나 그것은 사실 꿈에 대한 치료자의 몰이해의 단순한 투사이다. 즉, 사람들은 꿈에 대해 어떠한 통찰도 가지지 못했기 때문에 앞면을 말하고 있는 것이다. 그러므로 차라리 우리는 이렇게 말해야 옳을 것이다. 문제되는 것은 이해할 수 없는 문장과 같은 것이다. 그 문장에는 앞면이 없다. 우리가 단지 해득할 수 없는 문장일 뿐이라고—그러면 우리는 그 뒷면에 무엇이 있는지 해석할 필요가 없으며, 그 꿈 자체를 읽는 방법을 배워야 할 것이다.

그런 작업은 이미 말한 대로 맥락을 만들어내는 것을 통해서 가장 잘 수행할 수 있다. 소위 자유연상만으로 목표에 도달할 수는 없다. 그것으로 내가 히티트족(고대 소아시아의 인도 게르만계 문화 민족)의 비문을 해득할 수 없는 것이나 마찬가지다. 물론 자유연상을 통해 나는 나의 모든 콤플렉스를 만날 수 있다. 그러나 그 목적 때문에 꿈이 필요하지는 않다. 나는 경고판이나 신문에 있는 한 문장을 가지고 자유연상을 잘할 수 있다. 자유연상으로 콤플렉스들이 떠오를 수 있다. 그러나 꿈의 의미가 떠오르는 것은 예외에 속한다. 꿈의 의미를 이해하기 위하여 나는 가능한 한 꿈의 상像에 가까이 있어야 한다. 누군가가 전나무로 만든 상像을 꿈에서 보았다면 그가 그것에 대해 전나무가 아닌 그의 책상을 연상한 것만으로는 불충분하다. 그의 책상이 전나무로 되어 있지 않다는 단순한 이유만으로도 불충분하다. 그러나 꿈은 분명히 전나무로 된 상을 말하고 있다. 만약 꿈을 꾼 사람에게 더 이상 연상되는 것이 없다고 가정한다면 이 연상의 막힘은 객관적인 의미가 있다. 왜냐하면 그것은 그 꿈의 이미지 근처에 특히 우리에게 의심스러운 생각을 하게 만드는 알 수 없는 비밀이 지배하고 있다는 사실을 시사하고 있기 때문이다. 보통 같으면 전나무 상에 수십 개의 연상이 있을 텐데 아무것도 없다면 의미가 있는 것이다. 그런 경우에 나는 다시 꿈의 이미지로 돌아가 환자에게 보통 이렇게 말하곤 한다. "한번 가정해보시오. 내가 '전나무상'이라는 말이 무슨 뜻인지 도대체 모른다고 말입니다. 그래서 내가 그 대상이 무엇인지 이해할 수 있을 때까지 그 대상과 그 자연사自然史를 기술해주시오."

이런 식으로 꿈의 상의 총 맥락을 상당한 정도로 확인할 수 있게 된다. 이런 작업을 꿈 전체에 걸쳐 실시하면 해석을 시도해볼 수 있다.

모든 해석은 하나의 가설이다. 미지의 문헌을 읽는 시도일 뿐이다. 하나의 불투명한 꿈을 상당히 확실하게 해석할 수 있는 경우란 드물다. 그래서 나는 개별적인 꿈의 해석에 큰 무게를 두지 않는다. 비교적 확실하게 해석할 수 있는 것은 꿈의 계열에서 가능하다. 뒤따르는 꿈들이 앞서간 꿈의 해석상의 잘못을 수정해주기 때문이다. 또한 꿈의 계열에서는 그 밑바닥에 놓인 내용과 모티프가 훨씬 잘 인식된다. 그러므로 나는 환자들에게 그들의 꿈과 해석을 주의 깊게 적어놓을 것을 권한다. 또한 나는 환자들이 그들의 꿈을 앞에서 시사한 식으로 준비하도록 지도한다. 즉, 꿈을 맥락 자료와 함께 적어서 분석 시간에 가져오도록 한다. 분석의 후기 단계에서는 해석도 적으라고 한다. 이렇게 환자는 의사 없이도 자기의 무의식을 바르게 다룰 줄 알게 된다.

꿈이 다만 원인적으로 중요한 순간들에 관한 정보원情報源이라면 사람들은 꿈에 관한 전체 작업을 의사 손에 맡겨두어도 될 것이다. 혹은 의사는 온갖 유용한 힌트나 심리적 통찰을 거기서 얻기 위해서 꿈을 이용할 것이다. 그러면 나의 방법은 틀림없이 쓸모없는 것이 될 것이다. 그러나 나의 예가 보여준 대로 꿈은 의사에게 진단상의 기술 이상으로 이바지할 만한 것을 포함하고 있을 것이기 때문에 꿈을 분석할 때는 매우 특별한 주의를 기울여야 한다. 왜냐하면 꿈의 분석은 심지어 생명의 직접적인 위험과 관계되기도 하기 때문이다. 이런 종류의 많은 사례 가운데서 나에게 특히 깊은 인상을 남긴 경우가 있었다. 그것은 동료 의사의 경우였는데, 나보다 조금 나이가 적었고 가끔 만나면 꿈 해몽을 가지고 놀리기를 잘하던 사람이었다. 나는 그를 그렇게 또 거리에서 만났다. 그는 나를 불러세웠다. "그래, 어떻게 지내? 아직도 꿈을 해석하나? 그런데 글쎄 내가 요새 바보 같은 꿈을 꾸었지. 이것도 뜻이 있는가?" 그가 꾼 꿈은 다음과 같았다.

> 나는 높은 산 위로 만년설이 덮인 가파른 경사를 올라가고 있다. 그것은 점점 더 높아진다. 날씨가 기막히게 좋다. 높이 올라갈수록 기분이 점점 더 좋아진다. 그저 영원히 그렇게 올라갈 수 있을 것 같은 기분이다. 정상에 올라갔을 때 행복감과 고양된 기분이 너무도 커서 나는 더 높이 우주로 올라갈 수 있다는 느낌까지 든다. 나는 이제는 이것을 할 수 있다고 느끼고 공중으로 올라갔다. 나는 충만한 황홀감 속에서 깨어난다.

나는 그에게 대답했다. "친애하는 후배, 그대가 등산을 마다하지 않는다는 점을 내가 알기에 정말 간절히 부탁하네. 이제부터는 혼자 등산 가지 말게. 산에 가려면 두 사람의 안내자와 함께 가게. 그리고 그 사람들 말에 절대 순종해야 하네." 그는 웃었다. "어련할까?" 그러고는 헤어졌다. 그 뒤로 나는 그를 다시는 보지 못했다. 두 달 후 첫 번째 일격이 가해졌다. 그는 혼자서 산에 오르다 눈사태에 뒤덮였다. 그러나 마지막 순간에 우연히 거기에 있던 순찰대에 의해 구출되었다. 3개월 뒤에 종말이 왔다. 지도자 없이 자기보다 젊은 친구와 함께 간 등산에서 그는—밑에서 우연히 다른 지도자가 관찰한 바에 의하면—하산 시에 암벽 위로, 글자 그대로 공중으로 날아 훨씬 아래에서 기다리던 친구의 머리 위로 떨어져서 두 사람 다 밑으로 굴러떨어진 것이다. 그것은 어느 모로 보나 엑스터시Ecstasy(망아경)였다.

꿈에 관련된 어떤 회의와 비판도, 지금껏 나에게 꿈이 하찮은 것이라고 생각하도록 만든 적은 한 번도 없다. 그것이 우리에게 무의미하게 보인다면 그것은 다만 우리가 무의미한 것이며, 우리가 그 수수께끼 같은 밤에 오는 통신을 제대로 해득할 만한 재치를 가지고 있지 않은 것이다. 그러면 그럴수록 의학심리학은 꿈에 대한 체계적인 작업을 통해 그 뜻을 명확하게 해야 할 것이다. 왜냐하면 최소한 우리의 정신생활의 반은 밤 쪽에서 이루어지는데, 의식이 밤으로 이행하여 작용하듯이 그만큼 무의식 또한 낮의 생활 속으로 솟아올라 이에 영향을 주기 때문이다. 아무도 의식된 체험의 중요성을 의심하지 않는다. 그렇다면 왜 우리는 무의식적 현상의 의미는 의심해야 하는가? 그것 또한 우리의 삶이다. 흔히 낮의 생활보다 더 많은 것, 더 위험한 것, 또는 더 도움을 주는 것이다.

꿈이 우리에게 내면에 숨겨진 생활에 관해 알려주며 낮의 생활에서는 다만 신경증적 증상을 의미하던 환자의 여러 인격 구성 요소들을 드러내 보이기 때문에, 환자는 의식 쪽에서만 치료할 수 없고 무의식을 다룰 필요가 있다. 우리가 현재 알고 있는 지식의 범위에 따른다면 이는 무의식의 내용을 충분히 의식에 동화시키는 것 말고 다른 것으로는 가능하지 않다.

이 경우 **동화**同化라는 말은 의식과 무의식의 상호 삼투渗透를 말하며, 일방적으로 평가, 재해석, 변형하는 것이 아니다. 그런데도 일반적으로 그렇게 생각하고 또한 실시되고 있다. 이런 점에서 무의식의 의미와 가치에 관해 사람들은 아주 잘못된 견해를 가지고 있다. 알다시피 프로이트식의 견해는 무의식을 철두철미하게 부정적인 관점에서 보고 있다. 그 학파의 생각에 따르면 원시인은 괴물이나 다름없다. 무서운 원초적 인간에 관한 유모乳母 민담은 유아적·도착적·범죄적 무의식설과 함께 무의식 고유의 존재 방식인 자연스러움Naturding을 위험한 괴물로 비추어지게 하였다. 마치 좋은 것, 이성적인 것, 삶의 가치 그리고 아름다움은 모두 의식 속에 옮겨간 듯이 말이다! 엄청난 참화를 빚은 세계대전이 아직도 우리의 눈을 뜨게 하지 못했단 말인가? 그래서 우리가 아직도 우리의 의식이 자연물自然物인 무의식보다도 더 악마적이며 도착되어 있다는 것을 정말 보지 못하고 있단 말인가?

최근에 나는 무의식의 동화에 관한 나의 학설이 문화를 파괴하며 인간의 높은 가치를 원시성에 떠맡겼다는 비난을 받았다. 그런 생각은 무의식이 괴물이라는 잘못된 전제에 근거하고 있다. 이 견해는 자연과 실제 현실에 대한 공포에서 생긴다. 프로이트의 학설은 무의식의 상상의 발톱으로부터 탈출할 목적으로 승화Sublimierung의 개념을 만들었다. 진정으로 그 자체로 존재하는 것은 연금술적으로 승화할 수 없다. 승화되는 것처럼 보이는 것도 결코 그런 것이 아니고 잘못된 해석의 결과로 보인다.

무의식은 귀신 같은 괴물이 아니고 도덕적·미적 그리고 지적으로 중립적인 자연물인데, 그것이 위험한 것은 우리의 의식의 태도가 무의식에 대해 절망적일 정도로 잘못되어 있을 때뿐이다. 우리가 억압하는 정도에 따라 무의식의 위험성은 증가한다. 그러나 환자가 그의 무의식적이던 내용을 동화하기 시작하는 순간 무의식의 위험성도 감소한다. 인격의 해리, 낮과 밤의 불안한 분리는 지속적인 동화로 정지한다. 나의 비판자들이 두려워하는 것은 무의식에 의해 의식이 지배받는 것인데, 이것은 무의식이 억압이나 잘못된 해석과 저평가 때문에 의식과 공존하는 것이 저지될 때 나타난다.

무의식의 본체das Wesen에 관련된 기본적인 잘못은 사람들이 일반적으로 무의식에는 한 가지 뜻만 있다고 가정하며, 또한 그것이 변함없는 징후를 갖고 있다고 생각하는 데 있다. 내가 보기에 이런 견해는 너무 단순하다. 자가 조절 체계인 심혼은 신체의 생명 활동처럼 평형을 이루고 있다. 모든 과도한 과정이 발생하면 즉각, 또는 불수의적으로 보상補償,Kompensation이 일어난다. 그것 없이는 정상적인 물질대사도, 정상적인 정신도 없다. 이런 의미에서 보상학설은 정신적 행태의 기본 법칙이라고 할 수 있다. 이곳에서 너무 적은 것은 저곳에서 너무 많은 것을 생기게 한다. 이와 같이 의식과 무의식 사이의 관계도 보상적인 것이다. 이것은 꿈 해석의 가장 잘 증명된 구체적 법칙의 하나이다. 언제나 우리는 실제로 꿈을 해석할 때 우리에게 도움이 되는 다음 물음을 던진다. 어떤 의식적 태도가 꿈에 의해서 보상되고 있는가?

보상은 대개 현혹적 욕구 충족과는 다른 것이다. 그것은 사실성Tatsächlichkeit이다. 사람이 그 사실성을 억압하면 할수록 더욱 현실화되는 것이다. 목마름은 억압함으로써 멈춰지지 않는다는 것은 다 아는 사실이다. 그러므로 꿈의 내용은 먼저 사실성으로서 존중되어야 하고, 함께 결정하는 요인으로서 의식적 태도 속에 수용되어야 한다. 그렇게 하지 않을 때 사람들은 무의식의 보상을 불러들인 바로 저 삐뚤어진 의식적 태도에 집착한다. 어떻게 자기 자신에 대해 바른 판단을 하며 균형 있는 생활을 영위할지를 알아내기는 어려운 일이다.

바로 나의 비판자들이 두려워하는 대로, 누군가가 무의식의 내용을 의식의 자리에 놓으려고 생각했다면 그는 당연히 의식을 억압할 것이고, 이로 인하여 예전에 의식이던 내용이 무의식에서 보상적 역할을 이어받게 될 것이다. 이로써 무의식이 그 모습을 전적으로 바꾸게 될 것이고, 그러면 그때까지 안에 있던 예전의 자세와는 현저히 대립되는, 소심하면서 이성적인 모습이 될 것이다. 일반적으로 무의식이 이런 식으로 작동하리라고 믿진 않지만, 그럼에도 불구하고 그러한 작용은 끊임없이 일어나고 있고, 그것은 무의식의 가장 고유한 기능이다. 그러므로 모든 꿈은 정보 및 조정 기관이며 그래서 인격을 구축하는 데 가장 효과적인 보조 수단이 되는 것이다.

오만하거나 비겁한 의식이 그곳에 몰래 어떤 폭발물을 쌓아놓지 않는 한 무의식에는 본래 아무런 폭발물이 없다. 그럴수록 꿈을 경솔하게 스쳐 지나가지 말아야 할 이유가 뚜렷해진다.

이상의 모든 이유 때문에 나는 모든 꿈의 해석 시도에서 다음과 같은 물음을 던지는 것을 원칙으로 삼고 있다. 꿈을 통해서 어떤 의식적 태도가 보상되고 있는가? 이렇게 하여 나는 꿈을 의식 상황과 밀접한 관계 안에 둔다. 그렇다. 나는 꿈꾼 사람의 의식 상황을 모른다면 꿈의 개략적인 해석조차 할 수 없다고까지 주장해야겠다. 오직 의식 상황을 앎으로써 무의식적 내용에 덧셈과 뺄셈 중 어떤 징후를 부여할 것인지를 결정할 수 있다. 꿈은 결코 낮의 생활과 그 성격으로부터 완전히 단절된, 고립된 사건이 아니다. 우리에게 꿈이 그렇게 보인다면 그것은 우리의 몰이해이며 주관적 착각에 불과하다. 실제 의식과 꿈 사이에는 가장 엄격한 인과성이 있고, 최고로 섬세하게 평형을 이루는 상호 관계가 있다.

나는 이 중요한 무의식적 내용의 평가 과정을 예를 들어 설명하고자 한다. 한 젊은이가 나에게 다음과 같은 꿈을 가지고 왔다.

> 내 아버지가 새 차를 타고 집에서 출발한다. 그는 아주 서투르게 달린다. 나는 그의 바보 같은 행동에 화를 낸다. 나의 아버지는 이제 이리저리 차를 몰아 아주 위험한 사태를 빚는다. 마침내 그

는 어느 담장으로 달려들어서 차가 심하게 망가졌다. 나는 화가 머리끝까지 나서 그를 부른다. 그러고는 그에게 정신 차리라고 말한다. 그러자 아버지가 웃는다. 나는 그가 완전히 취해 있는 것을 본다.

이 꿈을 뒷받침할 만한 이런 종류의 사건은 현실에서는 없다. 꿈꾼 사람은 그의 아버지가 아무리 술에 취해도 그런 행동을 하지 않으리라는 것을 확신하고 있다. 그 자신도 카 레이서로서 매우 조심성 있고, 특히 운전할 때는 술을 극도로 절제한다. 그는 서투른 운전이나 차의 조그만 손상에도 지나칠 정도로 화를 낼 만한 사람이다. 아버지와의 관계는 좋다. 그는 아버지가 대단히 성공한 사람이라는 데 감탄하고 있다. 우리는 그 밖의 해석상의 재주 없이도 그 꿈이 아버지에게 극도로 불리한 이미지를 제시하고 있다고 말할 수 있다. 그러면 이 꿈이 아들에게 주는 의미는 무엇일까? 이에 대한 물음에 우리는 어떤 식으로 대답해야 하겠는가? 그와 아버지와의 관계는 그저 겉으로만 좋은 것이고, 실제로는 과보상된 저항에서 나온 것일까? 그렇다면 이 경우에는 이 꿈에 긍정(플러스) 표지를 주어야 할 것이다. 즉, 우리는 그에게 이렇게 말할 수 있을지 모른다. "이게 너와 아버지 간의 진정한 관계이다." 그러나 아들과 아버지의 실제 관계에서 신경증적 양가성을 발견할 수 없다. 따라서 그 젊은 청년의 감정에 이러한 파괴적인 사고방식으로 부담을 주는 것은 부당하다. 치료 면에서 보면 그것은 한마디로 실수이다.

실제 아버지와의 관계가 좋다면, 꿈은 왜 인위적으로 그런 있을 법하지 않은 이야기를 만들어서 아버지를 깎아내리는가? 꿈꾼 사람의 무의식에 그런 종류의 꿈을 만들어내는 어떤 경향이 존재하는 게 틀림없다. 그렇다면 그가 정말 질투나 그 밖의 열등한 동기로 인해 저항감을 가지고 있기 때문일까? 아주 예민한 젊은이들에게는 어떻든 위험한 일이지만, 우리가 그의 양심에 부담을 주기 전에 차라리 한번 물어보기로 하자. 왜가 아니고 무슨 목적으로 그가 그런 꿈을 꾸게 되었는지를. 이에 대한 대답은 이럴 것이다. 그의 무의식이 공개적으로 아버지를 낮추려 든다. 우리가 이 경향을 보상적 사실로 받아들이면 우리는 결국 그와 아버지의 관계가 좋을 뿐 아니라, 심지어 너무 좋다는 결론을 내리지 않을 수 없다. 환자는 실제로 프랑스 사람들이 '아빠의 아들fils à papa'이라 부르는 사람이다. 아버지는 그의 인생의 너무나 큰 보증인이다. 그리고 꿈꾼 사람은 아직도 내가 임시적 삶이라고 부른 그런 삶을 살고 있다. 그가 안고 있는 특이한 위험은 아버지 때문에 자신의 현실을 보지 못하고 있는 데 있다. 그래서 무의식이 감히 인위적인 모욕을 가해 아버지를 끌어내리고 꿈꾼 사람을 끌어올렸던 것이다. 물론 그것은 부도덕한 방법이다. 식견 없는 아버지라면 물론 이에 화를 낼 것이다. 그러나 그것은 합목적적인 보상이다. 왜냐하면 그것은 아들을 아버지와 대결하도록 만들었기 때문이며, 그렇지 않고서는 그가 결코 자신에 대한 각성에 도달할 수 없을 것이기 때문이다.

지금 언급한 해석은 사실 타당했다. 그것은 상황을 정확하게 맞추었던 것이다. 즉, 그 해석은 꿈을 꾼 사람의 자발적인 동의를 이끌었고, 아버지나 아들에게 실제로 존재하는 어떠한 가치도 손상시키지 않았다. 그러나 이런 해석은 오직 부자관계의 의식적 현상 전체를 주의 깊게 밝힘으로써 가능했다. 의식 상황에 대한 지식이 없었다면 꿈의 진정한 의미는 유보된 채 있었을 것이다.

꿈의 내용을 동화함에 있어서 대단히 중요한 것은 의식적 인격의 진정한 가치를 상처 입히거나 파괴하지 않는 것이다. 왜냐하면 그렇게 한다면 무의식을 동화시킬 수 있는 사람이 아무도 남지 않을 것이기 때문이다. 무의식을 인정하는 데 중요한 것은 밑의 것을 위로 향하게 함으로써 그것이 고치고자 하는 것과 똑같은 상태를 만들어내는 볼셰비즘적 실험이 아니다. 그러므로 의식적 인격의 가치가 남아 있도록 단단히 주의해야 한다. 왜냐하면 무의식의 보상은 오직 그것이 통합적인 의식과 협동할 때라야 효과적이기 때문이다. 동화 과정에서는 결코 이것 아니면 저것Entweder-Oder의 양자택일이 아니고 항상 이것이든가 그리고 저것Entweder und Oder(이것이기도 하고 저것인)이 중요하다.

그때그때의 의식 상황에 대한 정확한 지식을 가지는 것이 꿈의 해석에서 필수적인 것처럼, 그에 못지않게 중요한 것은 꿈의 상징성과 관련하여 꿈꾼 사람의 의식의 철학적·종교적 그리고 도덕적 확신에 주목하는 일이다. 실제 치료 현장에서는 꿈의 상징성을 증후학적으로, 다시 말해 고정된 성격의 징표나 증상으로 보지 말고 진정한 상징으로, 즉 의식 속에서 아직 인식되지 못한, 개념적으로도 설명되지 않은 내용의 표현으로 보는 것이 훨씬 더 바람직하다. 여기에 더하여 꿈의 상징성을 상대적으로 그때그때의 의식 상황과 관계있는 것으로 볼 필요가 있다. 이렇게 진행하는 것은 **실제 치료 현장**에서 매우 크게 권할 만한 일이라고 말하고 싶다. 이론적으로는 비교적 확정된 상징이 존재하지만 그것을 해석할 때는 그 상징이 내용상으로 이미 알고 있는 것, 개념상으로 설명 가능한 것을 암시하지 않도록 매우 엄격하게 조심해야 하기 때문이다. 그런 상대적으로만 확증된 상징이 없다면 무의식의 구조를 결정할 만한 것도 전혀 없을 것이다. 왜냐하면 만약 그럴 경우 우리가 어떻게든 붙잡고 특색을 표시할 만한 것이 아무것도 없기 때문이다.

내가 비교적 확정된 상징들에 불확정적 특성의 내용을 부여하는 것이 아마 이상하게 보일지 모른다. 상징들이 그런 불명료한 특성을 가지고 있지 않다면 그것은 상징이 아니고 표징Zeichen이거나 증상이다. 알다시피 프로이트 학파는 확실한 성적 상징들, 즉 표징을 가정하고 그것에 표면상 분명한 성적 내용을 부여하고 있다. 그러나 유감스럽게도 프로이트의 성 개념은 엄청나게 확대할 수 있고 매우 막연하여 경우에 따라서는 모든 것이 그 개념 속에 포함될 정도이다. 그 단어는 알고 있는 단어이지만 그것이 가리키는 것은 미지의 X나 마찬가지이며, 그것은 생리적 선腺 활동과 가장 숭고한 심혼의 번득임이라는 두 극단 사이를 현란하고도 불명확하게 동요시킨다. 그러므로 나는 알려진 단어에 의해, 또한 알려진 사실을 가정할 수 있다는 착각에 기초한 독단적인 확신에 헌신하기보다 상징이 인식하기 어려운, 미지의, 궁극적으로 결코 완전히 가늠할 수 없는 크기를 가리킨다는 견해를 선호한다. 음경이라고 규정할 수밖에 없는 남근 상징phallische Symbole을 예로 들어보자. 정신의 관점에서 보면 음경도 크라네펠트가 최근 연구[1]에서 설명한 대로 규정짓기 어려운, 그 이상의 내용을 위한 의미상像 Sinnbild이다. 그러나 남근 상징을 아주 자유롭게 다루었던 원시인이나 고대인에게도 의식적儀式的 상징으로서의 남근Phallus과 음경Penis을 혼동한다는 것은 전혀 상상할 수 없는 것이었다. 남근은 언제나 창조적인 마나Mana, 레만의 표현을 빌리자면 '비상한 효력을 가진 것', 의료 및 풍요의 힘으로서 신화와 꿈에서 그것의 등가물인 황소, 나귀, 무화과, 요니Yoni, 숫염소, 번개, 말발굽, 춤, 밭에서의 마술적 동침, 월경, 그리고 그 밖의 많은 비유로 표현된다. 이 모든 비유, 또한 성욕의 '기초를 이루고 있는 것'은 규정하기 어려운 성격을 가진 원형적 상으로, 심리학적으로 이에 가장 가까운 상징은 아마 원시적 '마나'(마력魔力: 남해 여러 섬의 원시 종족의 신적 존재자) 상징일 것이다.

이 모든 상징들은 비교적 확실하다. 그러나 우리는 구체적인 개인적 사례 분석의 어떤 경우에도 실제로 상징이 그런 식으로 해석되어야 할 아무런 선험적 확신을 가지고 있지 않다.

실제로 필요한 것은 전혀 다른 것일 수 있다. 물론 우리는 하나의 꿈을 이론적으로, 즉 과학적으로 남김없이 해석할 수 있고, 그렇게 해서 그 상징을 원형에 연관시킬 수 있다. 그러나 실제 치료 현장에서는 그것이 바로 잘못일 수 있다. 왜냐하면 그 순간의 환자의 심리적 상황은 아마 꿈의 이론으로 주의를 돌리는 것 말고 다른 모든 것을 필요로 할 것이기 때문이다. 그러므로 실제 분석에서는 무엇이 의식 상황에 관련되는 상징의 의미인지에 주목하는 것이 바람직하다. 다시 말해서 상징을 마치 그것이 확실하지 않은 듯이 다루는 것이다. 다른 말로 표현하면 우리는 미리 알고자 하고 아는 척하는 마음을 포기하고, 그것이 환자에게 의미하는 것이 무엇인지를 살펴야 한다. 물론 그렇게 할 때 이론적인 해석은 중도에 그치게 되거나, 심지어 시작 단계에서 멈추게 되기도 한다. 그러나 임상가가 확실한 상징들을 너무 많이 다루면 그는 그 일을 단순한 일과처럼 취급하게 되고, 위험한 독단에 빠지게 되어 흔히 환자의 문제를 못 보게 된다. 유감스럽게도 지금까지 말한 것의 예시는 포기하는 수밖에 없다. 왜냐하면 예 자체가 자세한 설명을 요하는데, 제한된 시간으로는 불가능하기 때문이다. 게다가 이와 같은 일에 관해서 이미 나는 충분한 자료를 발표했다.

이미 치료 초기에 꿈이 무의식의 원대한 전체 기획을 의사에게 밝히는 경우가 흔히 있다. 의사는 비교적 확증된 상징의 지식을 통해 이런 통찰을 할 수 있다. 그러나 꿈의 심오한 의미를 환자에게 분명히 하는 것은 치료상의 실제적인 이유로 아직은 불가능하다. 여기서도 우리는 실제적인 고려 때문에 제약을 받는다. 예후나 진단을 내리는 데 꿈의 전체 계획에 대한 통찰은 큰 가치가 있다고 할 수 있다. 나는 언젠가

17세 소녀의 상담을 의뢰받은 일이 있다. 한 전문의는 소녀의 병이 진행성 근육위축증의 초기 단계라고 추정했고, 다른 전문의는 히스테리라는 의견이었다. 후자의 견해 때문에 내가 관여하게 된 것이다. 신체적으로는 상태가 수상쩍었다. 그러나 실제로 히스테리적인 것도 있었다. 나는 꿈을 꾸었는가를 물었다. 환자는 곧 대답했다. "네, 무서운 꿈을 꾸었어요."

> 나는 이런 꿈을 꾸었습니다. 나는 밤에 집을 향해 옵니다. 모든 게 죽은 듯이 고요했습니다. 거실로 향하는 문은 반쯤 열려 있었고, 나는 엄마가 샹들리에에 걸쳐진 채 열린 창으로 들어오는 바람에 흔들리고 있는 것을 봅니다. 그러곤 꿈을 꾸었는데, 밤에 집에서 무서운 소음이 나는 거예요. 그래서 살펴보았어요. 겁에 질린 말이 집 안을 여기저기 마구 달리고 있는 거예요. 그 말은 마침내 복도로 가는 문을 발견하고 복도 창문을 통해 4층에서 거리로 뛰어내렸습니다. 나는 그 말이 바닥에 부서진 채 누워 있는 것을 보고 놀랍니다.

범죄적 성질만으로도 벌써 주목을 끌게 만드는 꿈이다. 그러나 다른 사람들도 공포스런 꿈을 꾼다. 그러므로 우리는 두 개의 주된 상징, 즉 '어머니'와 '말'의 의미를 좀더 자세히 살펴보아야 한다. 이 두 개는 동격이다. 왜냐하면 둘은 같은 행위를 하기 때문이다. 둘 다 자살하고 있다. '어머니'는 하나의 원형이다. 그것은 원천, 자연, 수동적인 생산자(그래서 물질materia)를 암시하며, 그러므로 물질적 자연, 자궁 그리고 식물성 기능이고, 그래서 또한 무의식, 자연스러움, 충동성, 생리적인 것, 몸, 우리가 그 속에서 살거나 또는 우리가 거기에 포함되어 있는 것이다. '어머니'는 또한 그릇, 빈 형태(자궁처럼)이다. 품에 안고 양분을 주는 것, 그래서 또한 의식의 토대를 표현하는 것이다. 내적 존재 또는 내포된 존재는 어둠, 밤, 그리고 불안(좁은 것)과 결부되어 있다. 이렇게 제시함으로써 나는 지금 모성 개념의 신화적·언어사적 변화의 상당 부분을, 또는 중국 철학에서 음양설의 음 개념의 중요한 부분을 재현하고 있는 것이다. 이것은 그 17세 소녀의 개인적인 획득이 아니라, 한편으로는 언어 속에 아직 살아 있는 집단적 유산, 다른 한편으로는 정신의 유전적 구조, 그래서 어느 시대에나 어느 민족에서나 항상 되풀이해서 발견되는 유산이다.

그렇게 누구나 잘 아는 것처럼 들리는 '어머니'라는 말은 외견상 가장 잘 알려진 개인적인 어머니, '나의 어머니'에 관계된다. 그러나 상징으로서 어머니는 개념적으로 설명하는 것에 완강하게 반대하는 심적 배경에 관계된다. 우리는 그것을 다만 아주 막연하게 예감상으로 감추어진, 소박한 신체적 삶이라고 규정할 수 있을 뿐이다. 그러나 이것 역시 너무 좁고 너무나 많은 필수적인 부수적 의미를 배제하고 있다. 그 토대를 이루는 정신적·원초적 사실은 엄청나게 복잡하므로 오직 가장 넓은 관조로써 파악될 뿐이며, 그렇게 한다고 하더라도 그저 예감으로 파악될 수 있을 뿐이다. 그러니 상징이 필요했던 것이다.

모성 상징에 대해 여기서 찾아낸 표현을 꿈에 적용하면 그 해석은 이렇다. 무의식적인 삶이 스스로를 파괴한다는 것이다. 그것이 의식에 대한 무의식의 메시지이며, 귀가 있는 자는 누구나 그 알림을 들을 수 있을 것이다.

'말'은 신화와 민담에 널리 등장하는 원형이다. 그것은 비인간적인 정신, 인간 하부적인 것, 동물적인 것, 그러므로 무의식적 정신을 대변한다. 그리하여 민간에서 말은 천리안이며 총명하고 때로는 사람의 말을 하는 동물이라고 간주되고 있다. 나르는 동물로서 말은 모성 원형에 가장 가까운 관계를 가지고 있다(죽은 영웅을 전사자의 넋이 모이는 천당인 발할로 나르는 전쟁의 여신 발퀴레들, 그리고 트로이의 목마 등). 인간의 하부에 있는 것으로서, 그것은 자궁과 거기서 올라오는 충동의 세계를 표현한다. 말은 역동이며 수레이며, 충동처럼 사람을 실어 나른다. 그러나 말은 충동처럼 공황의 지배를 받는다. 그에게는 높은 의식성이 부족하기 때문이다. 말은 마술, 즉 비합리적·주술적 작용과 관계가 있는데, 특히 죽음을 예고하는 검은(즉 밤의) 말이 그러하다.

그러므로 '말'은 '어머니'와 동격이며 어머니는 근원적 삶인데, 말은 동물적·신체적 삶이라는 점에서 의미상의 약간의 변위變位가 있을 뿐이다. 이와 같은 표현을 꿈의 문장에 적용하면 다음과 같은 해석이 나온다. 동물적 생활이 스스로를 파괴한다.

그러니까 두 개의 꿈이 말하고 있는 것은 거의 같다. 다만 일반적으로 그런 것처럼, 두 번째 꿈이 더욱 특수하게 이 사실을 나타내고 있다. 독자들은 꿈의 특별한 섬세함을 눈치챘을 줄 안다. 꿈은 개체의 죽음을 말하고 있지 않다. 알다시피 사람들이 자신의 죽음을 꿈꾸는 것은 어려운 일이 아니다. 그리고 그것은 그다지 심각하지 않다. 만약 정말로 죽음이 문제된다면 꿈은 다른 언어로 말한다.

그러므로 두 개의 꿈은 죽음으로 귀착되는 심한 기질적 질병을 암시하고 있다. 이 예후는 곧 증명되었다.

이제 비교적 확정된 상징의 문제에 관련하여 말하자면, 이 사례가 그런 상징의 성질에 대해 어느 정도 대략적인 생각을 제공해줄 수 있을 것이다. 그런 상징은 수없이 많다. 그것은 모두 각각 미세한 의미상의 변위를 나타내고 있다. 상징의 성질에 대한 과학적인 확인은 오직 비교신화학적·민속학적·종교적 및 언어사적 연구로써 가능하다. 발전사적으로 구축된 정신의 본체는 우리의 의식 속에서보다 꿈속에서 그 모습을 더 잘 드러낸다. 꿈에서는 꿈이 가지고 있는 가장 원시적 자연에서 기원된 이미지들과 충동(말)이 발언하게 된다. 그리하여 우리는 무의식적 내용을 의식에 동화함으로써 당장의 의식 생활, 그리고 자연법에서 너무도 빗나간 의식 생활을 자연물과 다시 균형을 갖추게 하여 환자로 하여금 다시 자신의 자연스러운 고유의 법칙성을 갖도록 해준다.

 나는 이곳에서 기본적인 것만을 제시했다. 강연이라는 형식은 한계가 있어 하나하나의 벽돌을 모아서 건물을 다시 세우는 것을 허락하지 않는다. 그 건물은 무의식에 대한 모든 개별적인 분석에 의해 세워지며 이 작업은 전체 인격의 궁극의 재현이 이루어질 때까지 수행될 것이다. 무의식의 계속적인 동화의 길은 의사들이 특별히 관심을 가지고 있는 치료 성과를 훨씬 넘어서는 것이며, 결국 아득한 목표로 인도되는 것이다. 그 목표란 아마도 생명을 있게 한 최초의 동기, 즉 전체 인간의 완전한 실현, 개성화일 것이다. 우리 의사들은 이 자연의 어두운 과정을 처음으로 의식적으로 관찰한 사람이 되었다. 그러나 우리 의사들은 보통 이러한 인격 발전의 병적인 장해 부분만을 보고 그가 치유되면 환자를 잊어버린다. 그러나 병에서 치유된 뒤에 비로소 정상적인 과정을 공부할 수 있는, 수년, 수십 년이 걸리는 진정한 기회가 있게 될 것이다. 의사가 무의식적인 발전 경향의 목표에 관한 몇 가지 지식을 가지고 있고, 자신의 심리학적 통찰을 병적인 장해가 생긴 시기로부터 취하지 않는다면, 꿈을 통해서 의식으로 매개된 과정에서 그리 혼란스런 인상을 받지 않을 것이며, 상징들이 궁극적으로 무엇을 목표로 하는지 분명히 인식할 수 있게 될 것이다. 내 생각에, 의사들은 모든 정신요법적 방법, 특히 분석적인 치료법이 하나의 목표 지향성과 관련된 과정으로 들어선다는 사실을 알아야 한다. 분석적 치료법은 때로는 이곳에서, 때로는 저곳에서 그리고 같은 과정의 개별 단계들을 노출시키며 그때그때의 방향들이 서로 모순되는 것처럼 보인다. 하나하나의 분석은 단지 기초적 과정의 한 부분이나 하나의 측면만을 가리킬 뿐이다. 그러므로 증례 비교는 처음에는 다만 절망적인 혼란을 일으킬 뿐이다. 그래서 나는 기본적인 것과 실제적인 것에 한정해서 이야기하는 것 또한 마다하지 않았다. 왜냐하면 오직 매일매일의 경험에 가장 가까이 있는 것에서 우리는 어느 정도 만족스러운 동의를 얻을 수 있기 때문이다.

번역: 이부영

꿈의 심리학에 관한 일반적 관점

꿈은 정신적인 산물로서 의식 내용과는 달리 그 형태나 내포된 의미가 의식 내용의 발전 선상에 있지 않다. 대체로 꿈은 의식된 정신생활에 통합되는 요소라기보다 겉으로 보기에는 오히려 우연한 체험처럼 나타난다. 꿈이 이와 같이 예외적인 위치를 갖게 되는 이유는 그 발생 양식이 특수하다는 데 있다. 꿈은 다른 의식 내용처럼 분명한 논리적·정서적 체험의 연속성에서 나오지 않고 수면 중에 일어나는 특이한 정신 활동의 잔여이다. 이와 같은 꿈의 발생 양식 자체가 꿈을 다른 의식 내용에서 떼어놓게 된다. 특히 의식된 사고와는 현저히 대립되는 꿈의 특이한 내용은 특히 그 고립을 가중시킨다.

그러나 주의 깊은 관찰자라면 꿈이 의식의 연속성에서 완전히 벗어난 것은 아니라는 사실을 그리 어렵지 않게 알아차릴 것이다. 거의 모든 꿈에서 바로 전날, 또는 그전 며칠 동안의 분위기, 생각, 인상에서 나온 것들이 발견되는 것이다. 그런 점에서 일종의 연속성이 우선 **후방을 향하여** 존재한다. 꿈의 문제에 활발한 관심을 쏟고 있는 사람이면 누구라도 꿈이 또한 **전방을 향하여**(그런 표현이 허락된다면) 연속성을 가지고 있음을 볼 수 있다. 꿈은 때때로, 미신적이라든가 특별히 비정상이라고 볼 수 없는 사람에게도 의식 생활에 주목할 만한 영향을 남긴다. 이와 같이 때때로 나타나는 후작용은 대부분 어느 정도 뚜렷한 기분 변조로 이루어지고 있다.

물론 꿈은 이렇게 의식 내용에 느슨하게 접합되어 있는 까닭에 회상하기에는 극도로 불안정한 산물이다. 많은 꿈은 잠에서 깨어난 바로 뒤에 회상이 안 되고, 그 밖의 꿈은 기억 재생은 되지만 그 신뢰성이 극도로 불확실하며, 분명하고 확실하게 회상되는 꿈은 많지 않다. 기억 재생에 관한 꿈의 이와 같은 독특한 행태는 꿈속에 나타나는 관념 결합의 성질로 미루어보면 이해할 수도 있다. 우리가 의식 과정의 특징이라고 볼 수 있는 논리적인 방향의 표상 작용과는 달리 꿈에서의 관념 결합은 본질적으로 환상적인 것이다. 그것은 보통 현실 사고에서 볼 때 전혀 낯선 관계들을 제공하는 연상 양식이다.

꿈을 두고 통속적인 형용사로 '황당하다'라고 하는 것은 꿈의 이러한 특성 덕분이다. 그러나 이와 같은 판단을 공언하기 전에 우리는 꿈과 그의 맥락은 우리가 이해 못 하는 어떤 것이라는 사실을 기억해야 할 것이다. 무엇보다도 꿈이 황당하다든가 하는 판단으로 단지 우리의 몰이해를 객관적 대상에 투사하고 있을지 모른다. 그러나 그것이 꿈에 고유한 의미가 있다는 사실을 막지는 못할 것이다.

꿈에 예언적인 의미를 시사하고자 한 수천 년의 노력을 제외한다면, 프로이트의 발견은 꿈의 의미를 탐구한 최초의 시도였다. 그것은 '과학적'이라는 특성을 부여할 만한 시도였다. 그 이유는 프로이트가 하나의 기술을 제시하였고, 자신뿐 아니라 많은 다른 연구자들도 그것이 꿈의 의미를 이해한다는 목표로 이끌어주는 기술이라고 주장하였기 때문이다. 그리고 그 꿈의 의미란 나타난 꿈(프로이트는 기억하는 꿈을 현시몽manifested dream content이라 하고, 그 뒤에 잠재몽latent dream content이 있다고 주장)의 내용이 암시하는 조각난 의미와 같은 것이 아니라는 것이다.

여기는 프로이트의 꿈의 심리학을 내 의견과 비교하여 비판적으로 대결하는 자리가 아니다. 오히려 나는 여기서 오늘날 우리가 꿈의 심리학 가운데 어느 정도 확실한 업적이라고 볼 수 있는 것이 무엇인가를 간단히 제시하도록 힘쓰고자 한다.

먼저 우리는 조각난, 불만스러운 꿈의 이미지와는 다른 의미가 꿈속에 있다고 주장하는 권리를 도대체 어디에서 도출하는가 하는 문제를 생각해보아야 한다. 이에 관련하여 하나의 추론으로 특히 중요한 것은 프로이트가 꿈의 숨은 의미를 연역적으로가 아니고 경험적으로 발견하였다는 사실이다. 숨은, 혹은 드러나지 않은 꿈의 의미를 지지하는 또 하나의 추론은 같은 사람의 꿈의 환상과 깨어 있을 때의 그 밖의 환상의 비교를 통하여 제공되었다. 그러한 각성 시 환상이 피상적이며 현실적인 의미뿐 아니라, 또한 깊은 심리학적 의미도 가지고 있다는 것을 통찰하는 것은 어려운 일이 아니다. 지면 관계로 부득이 실제 자료들을 여기에 내놓을 수는 없다. 그러나 나는 널리 퍼져 있는 아주 오래된 유형의 환상 이야기에 주의를 환기시키고 싶다. 여기에 잘 맞는 이야기 유형은 이솝의 동물우화 같은 것인데, 그것은 환상의 의미에 관해 할 수 있는 말을 잘 묘사하고 있다. 여기서는 예컨대 사자와 나귀의 어떤 행동에 관한 환상을 이야기한다. 구체적인 이야기의 표면상의 의미는 현실에서 있을 법하지 않은 환상이다. 그러나 그 속에 숨어 있는 도덕적인 의미는 깊이 생각해보면 누구에게나 분명하다. 아이들은 우화의 대중적인 의미 자체에 만족하고 즐거워할 줄 아는 특성을 가지고 있다.

그러나 꿈의 숨은 의미의 존재를 증명할 최선의 추론은 나타난 꿈의 내용을 분해하기 위한 기술적 방법을 성실히 적용함으로써 성취된다. 이로써 우리는 두 번째 요점, 즉 분석적 방법에 관한 물음에 부닥친다.

여기서도 나는 프로이트의 견해나 발견을 옹호하거나 비판하지 않고 나에게 확실하다고 보이는 것에 국한하여 말하고자 한다. 만약 우리가 꿈이 정신적인 산물이라는 사실에서 출발한다면 우리는 무엇보다도 이 산물의 구조와 기능이 다른 어떤 정신적 산물과는 다른 법칙과 의도를 따른다고 가정할 아무런 이유도 없다. '설명 원리는 필수적인 것을 넘어서는 안 된다'는 법칙에 따라 우리는 꿈을, 경험이 더 나은 것을 가르쳐주기까지 다른 정신적 산물과 마찬가지로 분석적으로 다루어야 할 것이다.

모든 정신적 산물은 인과적 관점에서 볼 때 앞서 일어난 정신적 내용의 결과라는 것을 우리는 알고 있다. 더 나아가 모든 정신적 산물은 목적론적 관점에서 볼 때 현실적인 정신 현상 속에 고유의 의미와 목적을 가지고 있음을 알고 있다. 또한 이 기준은 꿈에도 적용할 수 있다. 그러므로 만약 우리가 꿈을 심리학적으로 설명하고자 한다면 우리는 먼저 그것이 앞서 일어난 어떤 체험들로 이루어졌는지를 알아야 할 것이다. 우리는 꿈의 이미지의 모든 부분을 선행 체험과의 관계 속에서 추적한다. 예를 하나 들겠다. 누군가가 꿈을 꾼다. '그는 거리로 간다. 그의 앞에 아이가 달려온다. 그가 갑자기 차에 치었다.'

우리는 이 꿈의 상像을 꿈꾼 사람의 기억의 도움으로 앞서 일어난 사건으로 환원한다. 그 거리는 특정한 거리로 그가 전날 걸어갔던 거리다. 그 아이는 그의 형님의 아이로서, 그는 꿈꾸기 전날 형을 방문했을 때 그 아이를 보았다. 자동차 사고에 대해서 그는 며칠 전에 실제 일어난 자동차 사고를 회상했는데, 그는 그 기사를 신문에서 읽었을 뿐이다. 알다시피, 이와 같은 환원만으로도 통속적인 판단을 하기에 충분하다. 사람들은 이럴 때 다음과 같이 말한다. "아하, 그래서 내가 이런 꿈을 꾸었구나."

과학적인 입장에서 볼 때 이와 같은 환원은 물론 매우 불충분하다. 꿈을 꾼 사람은 그 전날 많은 길거리를 걸어다녔는데, 왜 꿈에서는 바로 그 거리를 골랐는가? 꿈꾼 사람은 사고에 관한 많은 기사를 읽었는데, 왜 꿈은 바로 그 사고를 골랐는가? 그러니까 앞서 일어난 일을 드러내는 것만으로는 아직 충분하지 않다. 보다 많은 원인들을 경합시킴으로써 비로소 꿈의 상들의 믿을 만한 결정 요소를 밝혀낼 수 있기 때문이다. 그 이상의 자료를 얻어들이는 작업은 똑같은 기억 재생의 원리에 따라 이루어지는데, 우리는 이것을 착상着想 방법이라고 이름하였다. 착상의 수집을 통해 매우 다양한, 부분적으로는 이질적인 자료를 얻게 되는데 이것은 쉽게 이해될 수 있다. 이질적 자료의 오직 한 가지 공통점은 그것이 꿈의 내용과 연상에 결부되어 있다는 것뿐인 듯하다. 그렇지 않다면 그것은 꿈의 내용으로부터 재생될 수 없었을 것이다.

자료 취합을 어느 만큼 할 것이냐 하는 것은 기술적으로 중요한 물음이다. 결국 우리의 정신 속에서는 삶의 내용이 모든 시작점에서 펼쳐지기 때문에 이론적으로는 모든 꿈에서 앞서 일어난 생활 내용 전체를 취합할 수 있다. 그러나 우리는 다만 우리가 꿈의 의미를 파악하는 데 꼭 필요한 만큼의 자료를 필요로 한다. 자료의 제한은 물론 칸트의 법칙에 따르면 인위적인 것이다. 칸트의 법칙에 따르면, 파악한다는 것은 우리의 의도가 충족되는 만큼 인식하는 것이다.[1] 예를 들어 만약 우리가 프랑스혁명의 원인들을 해석한다면 우리는 자료 취합에서 프랑스의 중세사뿐 아니라 로마와 그리스 역사까지 포함해야 하는데, 물론 이것들은 '우리가 지향하는 의도에' '필수적인 것'이 아니다. 왜냐하면 우리는 그 혁명의 역사적 발생을 훨씬 제한된 자료만으로도 잘 이해할 수 있기 때문이다. 그러므로 우리는 꿈에서 이용할 만한 의미를 얻어내기 위해서 꿈에 대한 자료를 우리에게 필요한 듯이 보이는 만큼만 취합한다.

자료 취합은 방금 언급한 인위적인 제한에 이르기까지 탐구자의 자의 밖에 있는 것이다. 취합한 자료는 이제 정선 과정, 하나의 철저한 탐구의 과정을 거치게 된다. 그 원리는 모든 역사적, 또는 그 밖의 경험과학적 자료의 근본적 탐구에서 적용하고 있는 것과 같다. 그것은 근본적인 비교 방법인데, 물론 기계적으로 수행되는 작업이 아니라 상당 부분이 탐구자의 기량과 목적 의도에 달렸다.

어떤 심리적 사실을 설명하여야 할 때 심리학적인 것은 이중적인 관찰 방식을 요구한다는 사실을 기억할 필요가 있다. 즉 인과성과 목적성이 그것이다. 나는 의도적으로 목적적final이라는 말을 한다. 그것은 목적론적인 것Teleologische과 개념상의 혼란을 피하기 위해서이다. 목적성目的性, Finalität이라는 말로 나는 단지 내재하는 심리학적 목표지향성을 규정하고자 한다. '목표지향성'이라는 말 대신에 '목적 의미Zwecksinn'라고도 한다. 모든 심리학적 현상 속에는 그러한 목적 의미가 살아 있다. 정동적인 반응의 예처럼 단지 반응적인 현상에도 그러한 의미가 살아 있다. 모욕에 대한 분노는 복수 속에 목적 의미를 가지고 있고, 남에게 과시하는 슬픔은 다른 사람의 동정을 자극한다는 목적을 가지고 있다.

꿈에 관해 취합한 자료에 인과적 관찰 방식을 적용하는 동안, 우리는 현시된 꿈의 내용을 그 자료를 통해 표현된 어떤 기본 경향이나 기본 사고로 환원하게 된다. 이것은 그 자체로서는 당연히 기본적이며 보편적인 성질이다. 예를 들면 한 젊은이가 꿈을 꾼다.

> 나는 낯선 정원에 서 있고 어떤 나무에서 사과를 땄다. 나는 누가 나를 보고 있지 않은지 조심스럽게 주위를 둘러보았다.

꿈의 자료는 다음과 같은 내용이다. 그는 소년 시절 남의 뜰에서 몰래 배를 몇 개 딴 일이 생각났다. 꿈속에서 특히 강조된 양심의 가책은 그 전날의 한 상황을 생각나게 하였다. 그는 별로 큰 관심이 없는, 아는 부인을 거리에서 만났고 그녀와 몇 마디 말을 주고받았다. 이 순간 아는 신사가 지나갔다. 이때 갑자기 마치 양심의 가책을 느낀 것처럼 묘한 당혹감이 그를 엄습했다. 사과에 대해서 그는 낙원의 풍경을 생각했다. 그리고 그가 일찍이 이해하지 못한 사실, 즉 금지된 사과를 먹는 것이 원초적 부모들에게 왜 그렇게 나쁜 결과를 가져다주었는지가 생각났다. 그는 그때의 신의 부당성에 항상 화를 냈다. 신은 인간을 그와 똑같은 모양으로 온갖 호기심과 탐욕을 가진 존재로 만들지 않았던가.

더 나아가 생각난 것은 그의 아버지다. 그는 자기에게 여러 번 어떤 일 때문에 부당하게 벌을 주었다. 가장 화나는 것은 그가 소녀들이 목욕하는 것을 몰래 들여다보다가 들켰을 때 벌받은 사건이다. 이 사실과 연결해 그는 최근에 집에서 일하는 아이와 아직 자연스런 끝을 보지 못한 사랑의 행각을 벌이고 있다고 고백하였다. 꿈꾸기 전날 저녁 그는 그녀와 밀회를 했다.

이러한 자료를 종합해보면, 꿈이 전날 일어난 사건과 매우 분명한 관계를 가지고 있다는 것을 알 수 있다. 사과 장면은 그것으로 연상된 자료를 통해 볼 때 애욕 장면을 말하는 것임이 분명하다. 또한 온갖 있을 수 있는 그 밖의 이유로 해서 전날의 체험이 꿈속에서 계속 작용했을 가능성이 매우 크다고 할 수 있다. 꿈에서 이 청년은 실제로는 아직 따지 않은 낙원의 사과를 딴다. 꿈에 연상된 그 밖의 자료들은 전날의 다른 사건들을 다루고 있다. 즉 그가 별로 관심 없는 젊은 부인과 말을 나누었을 때 꿈꾼 사람을 엄습한 묘한 양심의 가책, 그 다음에는 낙원의 원죄, 그리고 마지막에는 아버지로부터 엄하게 벌받은 어린 시절의 애욕적인 죄를 다루고 있다. 이와 같은 여러 가지 연상들은 죄과罪過의 선상을 움직이고 있다.

　우리는 먼저 프로이트의 인과적 관찰법을 이 주어진 자료에 응용해 보기로 하자. 다시 말해서 우리는 이 꿈을 프로이트의 표현대로 '해석'하고자 한다. 꿈꾸기 전날부터 하나의 충족되지 못한 욕구가 남아 있다. 그 욕구는 꿈속에서 사과 장면의 상징으로 충족된다. 그러면 왜 이 충족이 감추어져 있는가? 즉, 분명한 성적인 생각 대신에 상징적인 상으로 충족이 이루어지는가? 프로이트는 이 자료 속에 존재하는 간과할 수 없는 죄의 순간을 지적하면서 이렇게 말할 것이다. 어린 시절부터 이 청년에게 강요된 도덕성은 그의 자연스러운 욕구에 고통과 상용될 수 없음이라는 낙인을 찍으며 그와 같은 욕구를 억압하려고 한다. 그러므로 억압된 괴로운 생각은 오직 '상징적으로' 그 목적을 관철한다. 이 생각을 도덕적인 의식 내용이 받아들일 수 없기 때문에 프로이트가 가정한 정신적 심판소, 그가 검열이라 부른 것이 이 욕구로 하여금 감추어지지 않은 상태로 의식에 넘어오지 않도록 배려한다.

　프로이트의 견해에 대응하여 내가 내놓은 꿈의 목적지향적 관찰법은 꿈에 관해 수집된 자료에 대한 또 하나의 해석인 것은 분명하지만 결코 꿈의 원인을 부인하는 것이 아님을 분명히 하고 싶다. 해석의 대상인 여러 사실들, 즉 자료는 그대로이지만 그것을 평가하는 척도가 다르다. 이때 우리가 던지는 물음은 간단히 다음과 같이 표현될 수 있다. 이 꿈은 무슨 목적에 이바지하는가? 이 꿈은 무엇을 실현하려 하는가? 이와 같은 물음은 정신 활동 모두에 적용할 수 있을 정도로 인위적인 것이 아니다. 어디에서든 우리는 무슨 까닭이냐Warum, 즉 원인과 무슨 목적이냐Wozu를 물을 수 있다. 왜냐하면 모든 유기체는 복잡한 합목적적 기능들로 구축된 것이며, 각 기능은 또한 일련의 합목적적인 방향을 지닌 개별 사실들 속으로 소멸될 수 있는 것이기 때문이다.

분명한 것은 꿈꾸기 전날의 성애性愛 체험에 대하여 꿈이 어떤 자료를 제시한 점인데, 그것은 일차적으로 성애 행위 가운데에서 죄책감의 순간을 강조하는 것이었다는 사실이다. 같은 연상이 이미 전날 별로 관심이 없는 부인과의 만남이라는 다른 체험에 작동하고 있다는 것이 증명되었는데, 여기에서도 마치 무슨 잘못이라도 저지른 것 같은 양심의 가책이 느닷없이 그 청년에게 일어났던 것이다. 이러한 감정 체험은 또한 꿈속으로 작용해 들어가 그곳에서 이에 해당하는 더 많은 자료의 연상에 의해 강화된다. 그리하여 전날의 성애 체험은 어떤 의미로는 그토록 엄하게 벌받은 실낙원의 형태로 묘사된다.

나는 이제 꿈꾼 사람에게 그의 성애 체험을 죄라고 표현하는 무의식적인 성향이 있다고 말하고자 한다. 꿈에서 실낙원의 연상이 등장한 것은 특이하다. 이에 관해 그 청년은 그가 왜 그렇게 준엄하게 벌을 받아야 하는지 결코 이해할 수 없었다. 이 연상은 꿈을 꾼 사람이 왜 단순히 '내가 하는 일은 옳지 않다'고 생각하지 않았는지 그 까닭을 해명하는 데 실마리를 준다. 분명 그는 그의 성애 행위 역시 도덕적으로 옳지 않다고 비난받을 만한 일이라는 것을 모르고 있는 것 같다. 그런데 이것은 사실이다. 의식적으로 그는 그의 행위가 도덕적으로 전혀 하자가 없다고 믿고 있다. 그의 다른 친구들도 같은 행위를 하고 있고, 그 밖의 이유로도 왜 사람들이 그것 때문에 법석을 떨어야 하는지 그는 이해할 수 없다는 점이다.

이제 우리가 이 꿈을 의미 있는 것으로 보느냐, 무의미한 것으로 보느냐 하는 것은 옛날부터 내려오는 도덕성이 의미 있는 것이냐, 무의미한 것이냐 하는 매우 중요한 물음에 달려 있다. 나는 이 문제에 관해 철학적인 논란의 숲을 헤매고 싶지 않다. 나는 다만 다음과 같이 말할 것이다. 인류가 이 도덕을 발견한 데는 충분한 이유가 있었을 것이다. 그렇게 보지 않고는 인류가 왜 가장 강력한 욕구에 빗장을 걸었는지를 결코 이해할 수 없을 것이다. 만약 우리가 이 사실을 존중한다면 이 꿈은 의미 있는 것이라고 할 수 있다. 그 꿈은 청년에게 그의 성애 행위를 도덕적 관점에서 파악할 필요성을 제시하고 있기 때문이다. 매우 오랜 원시적 단계의 부족들조차도 아주 엄격한 성적 규제법을 가지고 있다. 이 사실은 보다 높은 정신 기능에서는 특히 성 도덕이 결코 과소평가될 수 없는 요소라는 것, 그래서 성 도덕은 충분히 참작되어야 함을 입증하고 있다. 그러므로 우리의 사례에 대해서 이렇게 말할 수 있을 것이다. 그 청년은 다소 경솔하게 친구들의 선례에 최면당한 채 자기의 애욕을 따르고 있다. 인간이 도덕을 만들었고, 자유의지든 의지에 반해서든 자기가 창조한 것에 스스로 굴복함으로써 인간은 또한 도덕적으로 책임지는 존재라는 사실을 기억하지 못하고 있다고.

우리는 이 꿈에서 평형을 이루려는 무의식의 기능을 인식할 수 있다. 그것은 의식된 삶에서 별로 통용되지 못한 인격의 성향들과 생각들이 의식 과정이 고도로 차단된 수면 상태에서 암시적으로 기능을 발휘함으로써 이루어지고 있다.

사람들은 물론 이런 물음을 던질 것이다. "그가 그 꿈을 이해하지 못한다면 무슨 소용이 있겠는가?"

여기에 대해서 나는 요해란 결코 지적인 과정만이 아니라는 사실을 환기시켜야겠다. 경험을 통해서 보면, 사람들이 지적으로 이해하지 못해도 수없이 많은 것들이 인간에게 영향을 주며 심지어 매우 효과적으로 사람들을 설득한다. 독자는 종교적 상징들의 효력을 기억할 필요가 있다.

앞서 말한 예에 따라 사람들은 꿈의 기능은 바로 '도덕적인' 기능이라고 쉽게 생각할지 모른다. 여기에 든 예에서는 그렇게 보인다. 그러나 만약 우리가 꿈이 그때마다 의식의 문턱 아래 잠재하는 자료들을 포함하고 있다는 공식을 상기한다면 더 이상 단순히 '도덕적' 기능을 말할 수는 없을 것이다. 즉, 도덕적으로 논란의 여지가 없이 행동하는 사람의 꿈은 통상적인 의미로 '부도덕하다'고 해야 할 자료를 드러내는 것을 볼 수 있다. 아우구스티누스가, 하나님이 그의 꿈에 책임을 묻지 않은 것을 다행으로 여겼다는 것은 그다운 이야기다. 무의식이 어떤 주어진 순간에도 아직 모르는 것, 그러므로 꿈이 어떤 순간의 의식적 심리 상황과는 완전히 다른 관점에서 필요할 만한 온갖 측면들을 제시한다는 것은 놀랄 일이 아니다. 이와 같은 꿈의 기능이 하나의 심리적 평형, 질서 있는 행동에 반드시 요구되는 조화를 의미한다는 것은 분명하다. 의식적 고찰 과정에서는 바른 해결책을 찾기 위해 가능한 한 문제가 되는 모든 측면과 결과 들을 분명히 밝혀야 한다. 이 과정은 또한 자동적으로 얼마간 의식이 상실된 수면 상태로 계속 이어지며, 이 수면 상태에서는—지금까지의 우리 경험에 따르면—낮에 불충분하게 또는 전혀 인정되지 못한 것, 즉 비교적 무의식적이던 온갖 관점들이 최소한 암시적으로라도 꿈을 꾸는 사람의 마음속에 떠오르는 것이다.

많은 토론 대상이 된 꿈의 상징주의Symbolismus에 관해서 말한다면 그것을 인과적인 관점에서 보느냐, 또는 목적론적 관점에서 보느냐에 따라 그 평가가 매우 달라진다. 프로이트의 인과적 관찰 방식은 욕구에서 출발한다. 즉, 억압된 꿈의 욕구에서 시작한다. 이 욕구는 언제나 비교적 단순하고 기본적인 것이어서 다양한 외피 뒤에 숨어 있을 수 있다. 그러므로 앞에 예로 든 청년은 마찬가지로 열쇠로 문을 열어야 했다든가, 비행기를 타고 난다든가, 어머니에게 키스한다는 등의 꿈을 꾸었을 수도 있다. 욕구의 관점에서 보면 이 꿈은 모두 똑같은 의미를 가질 수 있다. 이렇게 하는 가운데 보다 경직된 프로이트 학파 사람들이 도달한 것은, 예를 들자면 꿈에 나타난 길쭉한 물건은 모두 남근이고 둥글거나 속이 빈 대상은 모두 여성 상징이라는 좀 극단적인 설명이다.

목적론적 관점에서 보면 꿈의 상像들은 각각 고유의 가치를 가진다. 예컨대 그 청년이 사과 장면 대신에 열쇠로 문을 여는 꿈을 꾸었다면 변화된 꿈의 상에 해당하는, 근본적으로 다른 연상 자료가 나왔을 것이고, 그것은 의식 상황을 사과 장면과는 다른 방식으로 보충했을 것이다. 이 목적론적 관점에서는 바로 꿈속에서의 상징적 표현이 다양하고 서로 다르다는 데 깊은 의미가 있는 것이지, 결코 그 해석이 단일하다는 데 깊은 의미가 있는 것은 아니다. 인과적 관점은 그 성격에 걸맞게 단일 해석, 즉 고정된 상징 의미로 해석하는 경향이 있다. 이에 반해서 목적론적 관찰 방식은 변화된 꿈의 상 속에서 변화된 심리학적 상황의 표현을 본다. 그것은 고정된 상징 의미를 갖고 있지 않다. 그 입장에서 볼 때 꿈의 상 자체가 중요하다. 그 상은 자체에 의미를 지니고 있고, 그것 때문에 그 상들이 꿈속에 나타나기 때문이다. 앞에서 든 예를 계속 생각해보면, 목적론적 입장에서 볼 때 상징은 꿈에서 우화의 가치를 더 많이 가지고 있음을 알 수 있다. 꿈의 상징은 감추지 않는다. 그것은 우리에게 가르쳐준다. 사과 장면은 분명히 죄책감의 순간을 회상시키면서 동시에 최초의 부모의 행위를 감추고 있다.

분명한 것은 관찰 방식의 입장에 따라서 꿈의 의미에 대하여 매우 다른 견해를 갖게 된다는 사실이다. 그러면 어느 견해가 더 좋고 더 옳은 것이냐 하는 물음이 제기된다. 우리가 꿈의 의미에 관해 어떤 견해를 가져야 하느냐는 무엇보다도 우리들 치료자의 실제적인 필요에 의한 것이지 이론적인 필요에 의해서 제기되는 것이 아니다. 환자를 치료하려면 우리는 전적으로 실제적인 이유에서, 우리가 환자를 효과적으로 교육할 수 있게끔 하는 수단을 사용하도록 노력해야 한다. 앞에서 든 예를 통해 바로 알 수 있듯이 꿈에 대한 자료 취합은 그 청년에게 전에는 생각 없이 지나쳤던 많은 것에 눈을 뜨게 하는 데 적합한 문제를 내놓았다. 그러나 그는 그 문제들을 보지 않은 채 지나치면서 자기 자신을 지나쳐 가버린 것이다. 왜냐하면 그는 다른 사람과 마찬가지로 하나의 도덕적 비판과 도덕적 필요성을 지니고 있는 존재이기 때문이다. 만약 그가 이런 정황을 고려하지 않고 살고자 시도한다면, 그는 일방적이며 불완전하게 살고 있는 것이다. 다시 말해 통합이 안 된 삶을 살고 있는 것이다. 그러한 삶은 편중된 불완전한 식사가 몸에 해로운 것과 같은 결과를 심리학적 삶에도 가져다준다. 개체를 원만하고 독립된 존재로 교육하려면 지금까지 의식적 발전에 거의, 또는 전혀 도달하지 못한 기능들을 의식에 동화시킬 필요가 있다. 이 목표에 도달하려면 우리는 치료를 이유로 꿈의 자료가 우리에게 가져다준 사물의 모든 무의식적 측면들 속으로 들어가야 한다. 그러므로 바로 이 목적론적 방식이 실제 개체 교육에 큰 도움이 된다는 것을 쉽게 알 수 있을 것이다.

엄격하게 인과적으로 사고하는 우리 시대의 자연과학적 정신에는 인과적 관찰이 훨씬 더 소중하다. 그러므로 꿈의 심리학의 자연과학적 설명과 관련해서 프로이트의 인과적 관찰 방식에는 논의할 것이 매우 많이 있을 것이다. 그러나 나는 그런 인과적 관찰 방식의 타당성에 이의를 제기하고 싶다. 왜냐하면 정신은 인과적으로만 파악되는 것이 아니라 목적론적 관찰도 요구하기 때문이다. 오늘날 우리 앞에 가로놓여 있는 이론적·실제적 성질의 엄청난 난관 때문에 아직 과학적으로 만족할 만하게 수행하지 못하고 있으나, 인과론과 목적론적 관점의 결합은 비로소 우리가 꿈의 본체를 보다 완전하게 파악할 수 있게 할 것이다.

나는 이제 꿈의 심리학의 그 밖의 몇 가지 문제들을 잠깐 다루고자 한다. 그것은 꿈의 문제의 일반적인 설명과는 거리가 먼 것들이다. 그 첫째는 **꿈의 분류**의 문제이다. 나는 이 문제의 실제적·이론적 의미를 과대평가하고 싶지는 않다. 나는 해마다 1,500개에서 2,000개의 꿈 자료를 다루었고, 이 경험으로 전형적인 꿈이 아주 흔한 것은 아니지만 실제로 존재한다는 사실을 확인할 수 있었다. 또한 그런 꿈은 목적론적 관찰 양식으로 볼 때, 인과적 해석을 위한 고정된 상징 의미와의 관계에서 가지고 있는 중요성을 많이 상실하게 된다. 내 생각에는 꿈에서의 **전형적인 주제**typische Motive는 매우 중요하다. 그것이 신화적인 주제와의 비교를 허용하기 때문이다. 프로베니우스Leo Frobenius의 뛰어난 공헌으로 그 분류가 이루어진 신화적 주제의 대다수가 많은 사람의 꿈속에서 흔히 같은 의미를 지닌 채 발견된다. 유감스럽게도 제한된 지면은 나에게 여기에 관해서 자세한 자료를 제시하는 것을 허락지 않는다. 그것은 다른 곳에서 이루어질 것이다. 그러나 나는 전형적인 꿈의 주제와 신화적 주제의 비교는 니체가 이미 행한 것처럼 꿈의 사고가 계통발생적으로, 보다 오래된 사고 양식이라는 추정을 갖게 한다는 점을 강조하지 않을 수 없다. 어떻게 그렇게 생각할 수 있느냐 하는 것은 다른 많은 예가 필요 없이 앞에서 언급한 꿈의 예가 대변하고 있다. 꿈은 사과 장면을 하나의 성애적 죄책감의 전형적인 예로 내놓았다. 여기서 추리되는 생각은 '나는 그렇게 행동함으로써 잘못을 저지르고 있다'는 말로 표현될 것이다. 꿈이 논리적·추상적 방식의 표현을 거의 하지 않고 언제나 우화나 비유로 표현하고 있다는 것은 매우 특징적이다. 이러한 특징은 원시인 언어의 특징과도 같다. 원시인 언어의 화려

한 뜻 돌림(전의轉義)은 늘 우리의 주목을 끌고 있다. 고대 문헌의 기념비, 예컨대 우리가 성경의 은유 같은 것을 회상해본다면 오늘날 추상으로써 처리되는 것이 그 당시 비유법에 의해 도달한 것이었음을 발견할 수 있다. 플라톤 같은 철학자도 어떤 기본적인 관념을 비유법으로 표현하는 것을 주저하지 않았다.

우리 신체가 계통발생적 발전의 흔적을 지니고 있는 것처럼 인간의 정신도 그러하다. 그러므로 꿈이 나타내는 비유의 언어가 고태적古態的인 유물일 가능성이 있다는 사실은 결코 놀랄 일이 아니다.

동시에 우리의 예에서 볼 수 있는 사과 훔치기는 많은 꿈에서 서로 다른 변이로 출현하는 전형적인 꿈의 주제이다. 마찬가지로 이 상은 잘 알려진 신화적인 주제로 에덴의 낙원 이야기뿐 아니라, 그 밖에도 모든 시대와 지역의 수많은 신화와 민담에도 나타나고 있다. 그것은 인류 보편의 인간적 상들 가운데 하나이며, 언제라도 누구에게나 자생적으로 재현할 수 있는 것이다. 이렇게 꿈의 심리학은 우리에게 일반적인 비교심리학으로 향하는 길을 열어놓았다. 그 비교심리학으로부터 우리는 비교해부학이 인간의 신체와 관련해서 우리에게 선사한 것과 같이 인간 정신의 구조와 발전을 이해할 수 있기를 기대한다.

그러니까 꿈은 비유의 언어로써, 즉 감관적·관조적 묘사로써 억압이나 단순한 무지로 인해 무의식에 있던 생각, 판단, 견해, 지시, 경향 등을 우리에게 전해준다. 그것들이 무의식의 내용이기 때문에, 그리고 꿈이 무의식적 과정에서 유도된 것이기 때문에 꿈은 곧 무의식적 내용의 표현을 포괄하고 있다. 그러나 꿈은 무의식적 내용 전부를 표현하고 있는 게 아니다. 다만 연상에 따라 순간적인 의식 상황을 통해 끌어들이고 선택된 무의식의 내용을 표현할 뿐이다. 나는 이와 같은 것들의 검증이 실제 매우 중요하다고 생각한다. 만약 우리가 꿈을 바르게 해석하려면 우리는 그때그때의 의식 상황에 대한 철저한 지식을 필요로 한다. 왜냐하면 꿈은 의식 상황의 무의식적 보충을 내포하고 있기 때문이다. 즉, 꿈은 그때그때의 의식 상황에 의해서 무의식 속에 배정되는 자료이기 때문이다. 이러한 의식 상황에 대한 지식 없이 어떤 꿈을 충족할 만큼 바르게 해석하는 것은 불가능하다. 우연히 맞는 경우는 물론 제외하고 말이다. 지금까지 말한 것을 예를 하나 들어 설명하고자 한다.

한번은 한 신사가 상담하러 왔다. 그는 온갖 학문에 취미를 가지고 있고, 정신분석에도 관심이 있다고 하였다. 자기는 완벽하게 건강하니까 전혀 환자라 할 수 없고, 단지 자신의 심리학적인 관심을 추적할 뿐이라고 했다. 그는 매우 유복하며 한가해 무엇이든 할 수 있다고 했다. 분석의 이론적 비밀을 나에게서 인도받기 위해 나와 친분을 갖고 싶다고 했다. 정상적인 사람과 작업해야 하는 것은 물론 나에게는 재미없는 일인지 모르겠다. 왜냐하면 '미친 사람'이 나에게는 어쨌든 흥미로울 것이기 때문이라고도 했다. 상담하기 며칠 전에 그는 편지를 써서 언제 만날 수 있는지 물었다. 대화를 해가는 과정에서 우리는 곧 꿈의 문제에 이르렀다. 그 문제가 나온 김에 나에게 오기 전날 밤에 꿈을 꾸었는지 물었다. 그렇다고 하며 그는 자신이 꾼 꿈을 이야기했다.

> 나는 어떤 황량한 방에 있다. 간호사 같은 사람이 나를 맞이한다. 나에게 책상에 앉도록 강요했는데, 그 책상 위에는 케피르(알코올 성분이 있는 발효 우유) 병이 있었고 나는 그것을 마셔야 했다. 나는 융 박사한테 가고 싶다고 했다. 그러나 간호사는 내게 당신은 병원에 있고 융 박사는 나를 맞이할 시간이 없다고 말했다.

드러난 꿈의 내용으로 미루어보아도, 나에게 방문할 것을 기대하는 마음에 무의식의 배열이 일어난 것임에 틀림없다. 착상은 다음과 같다. 황량한 방에 대해서는 '좀 추운 응접실, 공공기관 건물, 병원의 입원실 같다. 나는 한번도 병원의 환자인 적이 없다.' 간호사에 대해서는 '그녀는 불쾌한 모습을 하고 있다. 그녀는 사시斜視였다. 나의 미래에 대한 예언을 구하고자 한번 방문한 적이 있는 카드 점 치는 여자와 손금 보는 여자 생각이 난다. 내가 한번 아픈 일이 있었는데, 그때 간병인이 구휼부인회원救恤婦人會員이었다.' 케피르가 든 병에 대해서는 '케피르는 구역질난다. 나는 그것을 마시지 못한다. 내 처는 항상 케피르를 마신다. 나는 그녀를 비웃는다. 그녀는 우울증에 걸려 있다. 사람은 항상 건강을 위해서 무언가 해야 하지 않겠는가. 그러니까 생각난다. 나는 한번 요양소에 갔던 적이 있다(나는 신경이 쇠약해져 있었다). 그리고 거기서 케피르를 마셔야 했다.'

나는 여기서 그의 말을 끊고 신중하지 못한 질문을 던졌는데, 그러면 그때 이후에 그의 노이로제가 완전히 없어졌는지 물었던 것이다. 그는 그 화제에서 빠져나오려고 애를 썼으나 결국 고백하기를, 아직 자기의 노이로제를 계속 가지고 있고 자신의 부인은 벌써 오래전에 나를 한번 찾아가도록 강요했다고 한다. 그러나 그는 나에게 상담 와야 할 정도로 신경과민이라고 느끼지 않았다고 한다. 그는 미치지 않았고 나는 미친 사람만 치료하지 않았느냐고 했다. 그가 관심을 가진 것은 다만 나의 심리학적 이론을 배우는 것뿐이다 등등.

이 자료로 볼 때 명백한 것은 환자가 상황을 얼마나 그럴듯하게 속였는가 하는 것이다. 철학자와 심리학자로서 내 앞에 나타나고, 자기의 노이로제는 뒷전으로 미뤄버리는 것이 그의 취미에 어울릴지 모른다. 그러나 꿈은 매우 불쾌하게 그것을 기억하게 하고, 그가 진실을 말하도록 강요하고 있다. 그는 이 쓴잔을 삼켜야 한다. 카드 점 치는 여자에 대한 회상은 그가 내 작업을 어떻게 상상했는지를 분명히 말하고 있다. 꿈이 가리키듯 그는 내게 오기 전에 병원 치료부터 받아야 했다.

꿈은 상황을 교정한다. 꿈은 아직 그 상황에 속하며, 그것으로써 그 사람의 자세를 개선하는 바로 그것을 제시한다. 우리의 치료에서 꿈의 분석을 필요로 하는 이유가 여기에 있다.

물론 이 예 하나를 가지고 모든 꿈이 이것처럼 그렇게 단순한 것이라든가, 또는 모든 꿈이 이와 같은 유형을 가진 듯한 인상을 주고 싶지는 않다. 내 생각에는 모든 꿈이 의식의 내용에 대해 보상적이지만 그 보상 기능이 모든 꿈에서 이처럼 그렇게 분명하게 나타나는 것은 아니다. 꿈이 비록 모든 억압된 것과 주목하지 않은 것, 또는 몰랐던 것을 자동적으로 등장시킴으로써 심리학적 자가 조정에 기여하지만, 꿈의 보상적 의미가 늘 분명한 것은 아니다. 우리는 인간 심혼의 본체와 그것이 필요로 하는 것에 관해서 매우 불완전하게 인식할 수 있을 뿐이기 때문이다. 그러나 당면한 문제와는 동떨어져 있는 듯이 보이는 심리학적 보상이 있다. 이런 사례들에서 우리는 하나하나의 인간이 어떤 의미로는 전체 인류와 그 역사를 대변하고 있다는 사실을 항상 기억해야 한다. 인류의 역사에서 보이듯이 큰일에서 가능했던 것은 작은 일에서도 누구에게나 가능하다. 인류가 필요로 한 것은 경우에 따라 개인에게도 필요하다. 꿈에서 종교적 보상이 큰 역할을 하는 것은 놀라운 일이 아니다. 이런 경향이 우리 시대에 점점 그 정도를 더해가는 것은 우리의 세계관을 지배하는 물질주의의 당연한 귀결이다.

그러나 꿈의 보상적 의미가 새로운 발견도 아니고 꿈을 해석하려는 인위적인 의도에서 생긴 현상도 아니라는 사실은 저 옛날의 유명한 꿈의 사례를 보면 분명해진다. 그것은 예언자 「다니엘(서)」의 4장[7~13

절]에서 발견된다. 네부카드네자르가 권력의 정점에 섰을 때 다음과 같은 꿈을 꾸었다.

> 7. 보라, 한 나무가 땅 한가운데 서 있었다. 그것은 대단히 높다. 8. 그 나무는 자랐고 매우 강했다. 그 꼭대기는 하늘에 닿았고, 그것의 수관樹冠은 온 대지의 끝에 미친다. 9. 그 잎새는 아름다웠다. 그 나무는 과일을 많이 달고 모든 사람을 위한 양식이 되었다. 그 밑에서 들판의 짐승은 그늘을 찾았다. 가지에는 하늘의 새가 살았으며, 그 나무로 하여 온갖 생명이 양육되었다. 10. 그러자 나는 나의 침상 위의 환영幻影 속에서 문지기와 성인이 하늘에서 내려오는 것을 보았다. 11. 그는 강한 목소리로 소리치며 말했다. 저 나무를 잘라라. 그의 가지를 자르고 잎사귀를 떨어뜨리고 그의 열매를 흩어뜨려라! 그 나무 밑에 있던 짐승은 도망가고 새들은 가지에서 떠나라! 12. 그러나 그의 뿌리는 땅속에 두고 들판의 푸르름 속에 철과 청동의 울타리 속에 두어라. 하늘의 이슬에 적셔지며 짐승들과 함께 땅의 약초를 나누어라. 13. 그의 인간 심장은 거기서 빼내고 동물 심장을 줄 것이다. 그리고 그 위를 일곱 시간 동안 지나가게 하라.

꿈의 두 번째 부분에서 나무는 인격화되고 있어, 그 큰 나무가 꿈꾸는 왕 자신임을 쉽게 알 수 있다. 다니엘도 이 꿈을 그렇게 해석하고 있다. 이 꿈의 의미는 틀림없이 제왕 망상을 보상하려는 시도이며, 문헌에 의하면 그 제왕 망상은 그 뒤에 진정한 정신장애로 이행하였다. 내 생각에 꿈의 과정을 보상적 과정으로 보는 견해는 생물학적 과정의 성질에 전적으로 부합되는 것 같다. 프로이트의 견해도 같은 방향으로 가고 있다. 꿈이 수면을 보호하는 것과 관련하여 마찬가지로 꿈에서 보상적 역할을 보고 있기 때문이다. 프로이트가 제시한 것처럼, 꿈꾼 사람의 수면을 빼앗는 데 적합한 어떤 자극이 어떻게 잠자고자 하는 의도나 방해받고 싶지 않은 욕구를 촉진하는 것으로 왜곡되는지를 증명하는 꿈은 많다. 마찬가지로 프로이트가 제시하였듯이, 개인적인 관념들의 출현처럼 강한 정감 반응을 유발할 만한 정신 내적 장해 자극이 괴로운 관념을 은폐하는 꿈의 문맥에 접합됨으로써 보다 강한 정감적 강조를 불가능하게 만드는 식으로 왜곡된 수많은 꿈이 있다.

이에 대해서 수면을 가장 빈번하게 방해하는 것이 바로 꿈이라는 사실을 간과해서는 안 될 것이다. 심지어 꿈의 극적 구조가 논리적으로 고도의 정감적 상황을 목표로 삼아 그런 상황을 완전히 실현시켜서 꿈꾸는 사람을 무조건 깨우는 꿈들도 적지 않다. 그런 꿈을 두고 프로이트식 견해는 검열이 괴로운 정감을 억제하는 데 더 이상 성공할 수 없게 된 것이라고 설명한다. 내게는 이런 설명이 사실에 부합되지 않는다고 생각된다. 꿈이 낮 생활의 괴로운 체험이나 관념 내용에 가장 불쾌한 방식으로 몰두하여 가장 장해가 큰 생각을 낱낱이 표현하는 경우가 있는 것은 누구나 아는 사실이다. 여기서 수면을 보호하고 정감을 은폐하는 꿈의 기능을 말하는 것은 부당한 것 같다. 이 경우에 사람들이 앞서 언급한 프로이트의 견해를 증명해내려면 현실을 거꾸로 돌려야 할 것이다. 억압된 성적 환상이 감추어지지 않고 나타난 꿈의 내용 속에 직접 출현하는 경우에도 같은 말을 할 수 있다.

그러므로 나는 꿈은 본질적으로 욕구 충족적이며 수면을 보호하는 기능을 가지고 있다는 프로이트의 견해는 너무 편협한 생각이라는 결론에 도달했다. 비록 생물학적인 보상 기능이라는, 그의 기본 사고는 옳다고 하더라도 말이다. 이러한 보상 기능은 수면 상태 그 자체와는 제한된 관계를 가지고 있을 뿐이며, 그 주된 의미는 의식 생활과 관계를 가지고 있다. 꿈은 그때그때의 의식 상황에 보상적으로 행동한다. 꿈은 가능하면 수면을 보호한다. 즉, 꿈은 수면 상태의 영향 아래서 어쩔 수 없이 자동적으로 그렇게 한다. 그러나 만약 꿈의 기능이 그것을 요구하면, 즉 보상적인 내용이 그토록 강렬하여 수면을 지양할 수 있을 정도라면 수면을 깨뜨리기도 한다. 만약 보상적 내용이 의식의 방향성에 시급하고도 중요한 의의를 가진다면 특히 강렬하게 나타난다. 1906년 나는 이미 의식과 의식에서 분리된 콤플렉스 사이의 보상 관계를 지적했고, 그 합목적적 성질을 강조하였다.[2] 플루르누아도 나와는 별도로 같은 의견을 주장했다.[3] 목적지향적 무의식적 자극의 가능성은 이러한 여러 관찰에서 나온 것이다. 그러나 강조해야 할 것은 무의식의 목적론적 방향성은 결코 의식적 의도와 병행하여 진행하지 않는다는 사실이다. 심지어 무의식의 내용은 의식의 내용과 대조를 이루는데, 그것은 특히 의식의 태도가 예외 없이 한 가지 특정한 방향으로만 움직여서 개인의 삶의 필요를 위협할 때 그러하다. 의식의 태도가 일방적이고 삶의 가능성의 최적도에서 멀어지면 질수록 의식과는 심하게 대조되는, 그러나 합목적적으로 보상하는 내용의 활발한 꿈이 개인의 심리학적 자가 조정의 표현으로 나타난다. 신체가 합목적적인 방법으로 손상이나 감염이나 비정상적인 생활 방식에 반응하는 것처럼 정신 기능들도 부자연스럽거나 위협을 주는 장해에 대하여 합목적적인 방어 수단으로 반응한다. 내 생각에는 이러한 합목적적 반응들에 속하는 것이 꿈이다. 꿈은 주어진 의식 상황에 대하여 배열된 무의식적인 자료를 상징적으로 결합하여 의식으로 내보내기 때문이다. 그 무의식적인 자료 속에, 강도가 약해서 무의식에 남아 있으나 수면 상태에서 주목을 끌게 만들 만큼 에너지를 가지고 있는 모든 연상들이 발견된다. 물론 꿈 내용의 합목적성은 드러난 꿈의 내용에서 곧바로 인지될 수 있는 것은 아니고, 잠재적 꿈 내용 고유의 보상적 요소들에 이르기 위해서는 드러난 꿈 내용의 분석을 필요로 한다. 대부분의 신체적 방어 현상은 이렇게 덜 분명한데, 말하자면 간접적인 성질을 가지고 있으며 그 합목적적 성질은 또한 심화된 경험과 면밀한 검사를 통하여 비로소 인식될 수 있다. 체열體熱의 의미나 감염된 상처의 화농 과정을 상상해보라.

보상적 정신 과정은 거의 언제나 개인적인 성질의 것이므로 그 보상적인 성격을 증명하는 것은 무척 어렵다. 일반적으로 주된 문제가 개인적 과정이기 때문에 특히 이 분야의 초보자들에게는 꿈의 내용이 어느 만큼 보상적인 의미를 가지고 있는지를 통찰하는 것이 매우 어려운 경우가 많다. 예를 들어 우리는 보상 이론에 따라 삶에 대해서 지나치게 염세적인 태도를 가진 사람은 대단히 명랑하고 낙관적인 꿈을 꾸리라는 가정을 하기 쉽다. 그러나 이것은 다만 이런 식으로 해서 기분이 북돋워지는 사람에게만 기대할 수 있다. 그가 다른 성질을 가진 사람이면 꿈은 합목적적으로 그의 의식의 태도보다 훨씬 어두운 성격을 가질 것이다. 꿈은 그때, 같은 것이 같은 것을 치료한다(이열치열以熱治熱)는 법칙을 따를 것이다.

그러므로 꿈의 보상 양식의 어떤 특정한 법칙을 설정하는 것은 쉬운 일이 아니다. 보상의 성격은 그때마다 그 개인의 전 존재와 밀접하게 관계하고 있다. 물론 경험이 축적됨에 따라 서서히 일정한 기본 특징이 모습을 갖추게 되지만, 보상의 여러 가지 가능성은 수없이 많고 무한하다.

나는 물론 보상 이론의 설정을 통해 바로 이것이 유일한 꿈 이론이고, 그것으로 꿈 생활의 모든 현상이 완전히 설명된다고 주장하고 싶지는 않다. 의식 현상이 복잡하고 헤아릴 수 없는 것처럼 꿈도 대단히 복잡한 현상이다. 모든 의식 현상을 욕구 충족 또는 충동 이론으로 이해하려는 것이 부적합한 것처럼 꿈의 현상을 그렇게 간단히 설명할 수는 없다. 또한 꿈 현상을 오직 의식 내용에 대해 보상적이고 이차적인 것으로만 보기도 어렵다. 물론 의식 생활이 개인에게서 무의식보다 비교할 수 없을 정도로 크다고 보는 것이 일반적인 견해이다. 그러나 이와 같은 의견은 좀더 수정되어야 할 것 같다. 왜냐하면 현재 우리는 그 중요성을 너무도 하찮게 생각하고 있지만, 경험이 증가되면 무의식의 기능이 정신 생활에서 중요하다는 통찰이 깊어지게 될 것이기 때문이다. 의식적 정신 생활에 미치는 무의식의 영향을 날이 갈수록 더욱 많이 발견하고 있는 것은 바로 분석의 경험이다. 지금까지의 경험은 무의식의 영향이 존재하고 또한 중요하다는 사실을 간과해왔다. 여러 해에 걸친 경험과 수많은 연구에 근거해서 생각해볼 때, 무의식의 의미는 정신의 총체적 활동에서 의식 활동만큼 큰 것 같다. 이 견해가 옳다면 무의식의 기능을 단지 보상적이며 의식 내용에 상대적인 것이라고만 보아서는 안 될 것이고, 의식 내용 또한 그때그때 배열되는 무의식의 내용에 대해 상대적이라고 보아야 할 것이다. 이 경우에 목적과 의도를 향해 적극적으로 자리매김하는 것은 의식의 특권일 뿐만 아니라 무의식의 특권이기도 할 것이다. 그리하여 무의식 또한 의식과 마찬가지로 때로는 목적론적 방향으로 인도할 수 있다. 따라서 꿈은 긍정적으로 인도하는 이념이나 목표 관념을 가지게 될 것이며, 그것이 지닌 절대적인 중요성은 일시적으로 배열되는 의식 내용에 대해 훨씬 우월하다고 할 수 있을 것이다. 모든 시대와 민족의 미신에서 꿈을 진실을 알리는 신탁神託으로 간주했던 점으로 미루어볼 때 그러한 세상의 동의consensus gentium는 내가 존재한다고 보는 꿈의 이와 같은 가능성과 서로 합치된다. 과장과 독단을 논외로 한다면 이와 같은 일반적으로 널리 퍼져 있는 생각들은 항상 일말의 진실을 간직하고 있다. 매더는 꿈의 예시적·목적적 의미를 합목적적인 무의식적 기능이라고 강력하게 주장했는데, 그 기능은 현실적 갈등과 문제들의 해결을 미리 연습하고 암중모색하여 선택한 상징들을 통해 제시하고자 시도한다고 했다.[4]

나는 꿈의 예시적 기능을 그 보상적 기능과 구별하고자 한다. 후자는 무엇보다도 무의식이 의식에 대해 상대적이라는 사실을 의미하며 꿈꾸기 전날 의식의 '문턱' 아래, 그것도 억압 때문에 머물러 있던 것, 또는 그 내용의 강도가 의식에 도달하기에는 너무나 약해서 의식 밑에 있던 모든 요소들이 의식 상황에 결합하는 것을 말한다. 보상은 정신적 유기체의 자가 조정이라는 의미에서 **합목적적**이라고 규정할 수 있다.

이에 반해서 예시적 기능은 무의식에 나타나는, 미래의 의식 활동을 앞질러 취하는 것으로 예비 연습이나 예비 소묘와 같은 것이며, 미리 구상된 기획이다. 그것의 상징 내용은 때로 매더가 적절한 전거典據를 제시하고 있는 갈등 해결의 설계도이다. 그러한 예시적 꿈이 존재한다는 사실은 부인할 수 없다. 그런 꿈을 예언적이라고 부르는 것은 옳지 않다. 왜냐하면 그런 꿈은 결국 예언적인 것도, 질병 예후나 일기예보도 아니기 때문이다. 그것은 단지 확률의 예비 결합일 뿐인데, 이것은 때로는 사물의 실제 모습과 일치할 수도 있으나 반드시 일치해야 되는 것은 아니고, 일치하더라도 모든 세부에 이르기까지 일치해야 되는 것은 아니다. 오직 이 마지막 경우에만 예언이라고 말할 수 있다. 꿈의 예시적 기능이 예견을 위한 의식적인 유추를 때로는 현저하게 능가한다는 것은 놀랄 만한 일이 아니다. 그것은 꿈이 의식의 문턱 아래의 여러 요소들이 융해하여 나온 것, 즉 그 강조하는 바가 약하여 의식에서 놓쳐버린 온갖 지각, 생각과 감정 들의 결합이기 때문이다. 그 밖에도 의식의 문턱 아래에 있는, 의식에 더 이상 효과적으로 영향을 줄 수 없는 기억의 흔적이 꿈을 지원하고 있다. 그러므로 예후를 세우는 데는 꿈이 때로는 의식보다도 훨씬 유리한 위치에 있다.

내 생각에도 예시적 기능은 꿈의 주요한 성질이기는 하지만, 이 기능을 너무 과대평가하지 않는 것이 좋겠다. 왜냐하면 그럴 경우 꿈이 마치 일종의 영혼의 인도자로서의 탁월한 앎으로서 인생에 참된 방향을 부여할 수 있다는 생각에 빠지기 쉽기 때문이다. 사람들이 꿈의 심리학적 의미를 과소평가하면 할수록 꿈의 분석에 종사하는 사람에게 구체적인 현실 생활에 대한 무의식의 중요성을 과대평가할 위험이 있다. 그러나 지금까지의 경험들로 미루어볼 때, 우리는 무의식이 의식과 거의 동등한 중요성을 가지고 있다고 가정할 권리를 가지고 있다. 무의식이 의식의 태도를 능가하는 경우가 있는 것은 의심의 여지가 없다. 다시 말해서, 전체로서의 개성에 대한 의식적 태도의 적응이 너무도 잘못되어서 무의식적 태도나 배열Konstellation이 그 대신 비길 데 없이 더 좋은 표현을 보여주는 경우가 있다. 그러나 이런 경우가 늘 있는 것은 결코 아니다. 오히려 아주 흔히 볼 수 있는 것은 꿈이 그저 단편들을 의식적 태도에 제공하고 있는 경우이다. 이 경우에는 의식의 태도가 한편으로 이미 거의 충분할 정도로 현실에 적응하고 있고, 다른 한편으로 개체의 존재를 대체로 만족시키고 있는 경우이다. 이 경우에 의식의 상황을 간과한 채 조금이라도 독단적으로 꿈의 관점을 고려하는 것은 매우 부적당하고, 오직 의식의 활동을 혼란하게 하며, 파괴하는 것이 될 것이다. 분명히 불충분하고 결함 있는 의식의 태도에서만 무의식에 높은 가치를 부여할 권리를 가진다. 그러한 판단을 위해 요구되는 평가 기준은 물론 그 자체로 까다로운 문제를 빚어낸다. 의식적 태도의 가치가 전적으로 집단적인 방향의 입장에서 측정될 수 없는 것은 당연하다. 여기서는 문제되는 개성의 철저한 조사가 필요하고,

오직 개인 성격에 대한 정확한 지식에서 어느 정도로 의식의 태도가 불충분한지를 결정할 수 있다. 내가 개인적인 성격에 대한 지식을 강조한다고 해서 집단적 입장의 요구를 전적으로 소홀히 해도 된다고 말하고 있는 것은 아니다. 개체는 알다시피 결코 홀로 자기 자신을 결정하는 것이 아니고, 그만큼 집단적 유대를 통해서 결정한다. 그러므로 의식의 태도가 대체로 만족할 만하면 꿈의 의미는 단지 그것의 보상 기능에 국한된다. 이런 경우들은 정상적인 내적·외적 조건 아래 살고 있는 정상인에게는 상례常例이다. 이런 이유에서 보상 이론은 보편적으로 온당하고 심적 사실에 적합한 공식을 부여하는 것 같다. 그것이 정신적 유기체의 자가 조정과의 관련에서 보상 기능의 중요성을 꿈에 부여하기 때문이다.

그 사람의 의식적 태도가 객관적으로나 주관적으로 적응하지 못하여 사회적 규범으로부터 벗어나면 보통은 그저 보상 작용에 머무르던 무의식의 기능이 중요성을 획득하여 인도하는 예시적 기능으로까지 높아지며, 이 기능은 의식의 태도에 대하여 완전히 변화된, 그리고 그 전의 태도에 비해 보다 개선된 방향을 제시할 수 있다. 매더는 이것을 앞에서 언급한 그의 연구에서 성공적으로 증명하였다. 이러한 부류에 드는 것이 네부카드네자르의 꿈을 본보기로 하는 비슷한 꿈들이다. 분명한 것은 이런 종류의 꿈들이 주로 자기가 본래 갖추고 있는 가치 수준 이하에 머무르고 있던 개인에게서 발견된다는 사실이다. 마찬가지로 분명한 것은, 이런 불균형이 아주 빈번하게 나타난다는 사실이다. 그래서 우리는 흔히 꿈을 예시적 가치의 관점에서 볼 기회를 갖게 되는 것이다.

그런데 이제 결코 간과해서는 안 될 꿈의 또 하나의 측면을 생각해 보아야겠다. 의식의 태도가 자신의 고유한 성격을 표현하는 데서는 부족하지만 환경에 대한 적응 면에서는 결함이 없는 사람들이 많이 있다. 그러니까 이 사람들은 그 의식적인 태도나 적응 능력이 개인 고유의 여러 가능성들을 넘어선 사람이다. 다시 말해서 그들은 남이 보기에 그들이 실제 가지고 있는 것보다 더 좋아 보이고 더 값지게 보인다. 즉 외적인 과도한 성과는 결코 개인적인 자원만으로 지불된 일이 없고, 대부분은 집단 암시로 생긴 역동적 저장원에서 지급된다. 그런 사람들은 예컨대 집단적 이상의 영향이나 집단적 이익의 유혹, 또는 회사의 지지 덕분에 그의 본성에 해당하는 것보다 더 높은 단계로 오른다. 이들은 결국 그들의 외부적인 높이에 오를 만큼 내적으로 성장하지 못했다. 그러므로 이런 모든 경우에서 무의식은 하나의 **부정적으로 보상하는**, 즉 하나의 **환원적** 기능을 가지고 있다. 이 경우에 환원 또는 평가절하는 자가 조정이라는 의미에서 똑같은 보상임은 분명하다. 마찬가지로 이러한 환원적 기능은 또한 탁월한 예시적 기능일 수도 있다(네부카드네자르의 꿈을 참조하라). 우리는 '예시적Prospektiven'이라는 개념에 즐겨 어떤 것을 구축하는 것, 준비하는 것, 합성적인 것의 견지를 연결한다. 그러나 환원적인 꿈에 충실하려면 우리는 이들을 '예시적' 개념에서 완전히 분리해야 할 것이다. 왜냐하면 환원적인 꿈은 준비하거나 세우거나 합성하기보다 분해하고 용해하고 평가절하하고 심지어 파괴적이며 끌어내리기조차 한다. 물론 이렇게 말한다고 해서 환원적 내용을 동화同化하는 것이 전체로서의 개체에 전적으로 파괴적인 작용만을 가한다는 의미는 아니다. 오히려 그 반대로, 그 작용이 단지 태도에만 가해지고 전체 인격에 가해지지 않는 한, 그것은 매우 치유적인 때가 많다. 그러나 이 이차적 작용은 꿈의 성격을 전혀 바꾸지 않는다. 꿈은 철저하게 환원적이며 회고적 특성을 지니고 있으므로 '예시적'이라고 부를 수도 없는 것이다. 그러므로 정확한 자격을 부여하기 위해서 그런 꿈은 **환원적** 꿈이며, 해당되는 기능은 **무의식의 환원적 기능**이라고 불러야 할 것이다. 물론 결국은 똑같은 보상적 기능을 하고 있는 것이기는 하다. 그러나 우리는 의식의 태도와 마찬가지로 무의식도 항상 똑같은 측면만을 제공하는 것은 아니라는 사실에 익숙해져야 할 것이다. 무의식은 자신의 모습과 기능을 의식의 태도가 바뀌는 것과 마찬가지로 바꾼다. 무의식의 성질에 관한 일목요연한 개념을 만들어내는 작업이 특히 어려운 까닭이 여기에 있다.

무의식의 환원적 기능은 프로이트의 연구를 통하여 처음으로 확립되었다. 그의 꿈 해석은 본질적으로 개체의 억압된 개인적인, 그리고 유아적 성욕의 하층에 제한되어 있다. 후기 연구는 여기에 무의식 속의 고태적 요소들, 즉 초개인적인 역사적·계통발생적 기능의 잔재에 다리를 놓았다. 그러므로 우리는 오늘날 꿈의 환원적 기능은 주로 유아적 성적 욕구의 개인적인 억압(프로이트), 유아적 권력 요구(아들러)와 초개인적·고태적 사고, 감정 및 충동 요소 들로 구성된 자료를 배열한다고 자신 있게 말할 수 있다. 철저하게 회고적 성격을 지닌 그런 요소들의 재생은 다른 어떤 것보다도 효과적으로 너무 높은 위치를 전복시키고 개체를 그의 인간으로서의 쓸모없음, 생리적·역사적 그리고 계통발생적 제약성으로 끌어내린다. 모든 거짓된 크기와 중요성으로 이루어진 가상은 꿈의 환원적 상*像* 앞에서 용해되어버린다. 꿈은 온갖 괴로움과 약점의 총목록을 보여주는 파괴적인 자료를 이끌어 올리면서, 무자비한 비평과 함께 의식의 태도를 분석한다. 그런 꿈의 기능을 예시적이라고 부를 수 없음은 자명하다. 왜냐하면 그 속에 있는 모든 것이 철두철미하게 회고적이며, 아득한 옛날에 묻어버렸다고 믿었던 과거를 환원시키고 있기 때문이다. 물론 이런 정황이 꿈의 내용이 의식 내용에 대해 보상일 수도 있고, 목적론적인 방향을 취할 수도 있다는 사실에 지장을 주는 것은 아니다. 환원적 경향은 때로는 개체의 적응성에 특별히 중요하기 때문이다. 그러나 꿈 내용의 성격은 환원적인 것이다. 꿈의 내용이 의식 상황에 대하여 어떻게 반응하는지 환자 자신이 자연스런 느낌으로 알아내는 경우가 흔히 있다. 그리고 이 감정적 인식 여하에 따라 꿈의 내용을 예시적으로도, 환원적 또는 보상적으로도 감지하게 된다. 물론 이런 일이 언제나 일어나는 것은 아니다. 오히려 분석적 치료 초기에 환자는 자신의 무의식 자료의 분석 결과를 완고하게 그의 병인론적病因論的(병을 만드는) 입장에서 파악하려는 어쩔 수 없는 경향을 가지고 있다는 사실을 강조하지 않을 수 없다.

그런 사례에서 꿈을 제대로 파악할 수 있는 상태에 이르도록 하려면 의사 측의 뒷받침이 필요하다. 그러므로 의사가 환자의 의식의 심리학을 어떻게 판단하느냐 하는 것은 대단히 중요한 작업이 될 수밖에 없다. 꿈의 분석은 기계적으로, 학습된 방법을 실제에 응용하는 것만으로 되는 것이 아니다. 그것은 분석적 관조 방식 전체에 익숙해지는 것을 전제로 한다. 그것은 오직 분석가가 스스로 분석을 받음으로써 획득될 수 있다. 치료자가 범할 수 있는 가장 큰 잘못은 그가 피분석자에게서 자기와 비슷한 심리학을 전제로 삼는 것이다. 이런 투사는 한 번은 적중할 수 있다. 그러나 대부분은 그저 투사에 머무른다. 무의식에 있는 모든 것은 또한 투사된다. 그러므로 분석가는 무의식적 투사가 그의 판단을 흐리게 하지 않도록 최소한 자기 무의식의 가장 중요한 내용들을 스스로 의식하고 있어야 한다. 다른 사람의 꿈을 해석하는 사람은 누구든 정신 현상에는 단순한, 일반적으로 알려진 이론이란 없다는 사실을 명심해야 한다. 정신 현상의 본질에 관해서든, 원인이나 목적에 관해서든, 그런 이론은 없다. 우리는 보편적인 판단 척도를 가지고 있지 못한 것이다. 우리는 많은 다양한 정신 현상이 있음을 알고 있다. 그러나 그 현상의 본체가 무엇인지 확실하게 아는 것은 하나도 없다. 다만 우리는 어떤 분리된 입장에서 정신을 관찰할 때는 매우 가치 있는 것들이 나올 수 있지만, 그것으로 연역이 가능한 이론은 나올 수 없다는 것을 알고 있을 뿐이다. 성性 및 욕구학설과 권력설은 존중할 만한 관점이지만 깊고 풍성한 인간 정신의 정당한 요구에 응할 수 있는 것은 아닌 듯하다. 우리가 그런 학설을 가지게 된다면 우리는 수기를 배우듯 그 방법을 배우는 것으로 만족할 것이다. 그렇게 되면 이미 확정된 내용을 위해 제시하고 있는 표지만을 읽어갈 것이고 그렇게 하기 위해 몇 가지 증후학적 법칙을 암기할 것이다. 의식 상황에 관한 지식과 그에 대한 올바른 판단은 척수 천자穿刺의 경우처럼 불필요한 것이 될 것이다. 그러나 우리 시대의 매우 바쁜 임상가들에게는 유감스러운 일이지만, 심혼은 처음부터 다른 모든 입장을 무시하고 하나의 입장에서만 그것을 파악하려 드는 어떠한 방법에도 반항한다. 무의식의 내용에 관하여 우리는 그것이 역하성閾下性──의식의 문턱 아래에 있는 것──이라는 사실 이외에 의식과 보상적 관계에 있고, 그래서 근본적으로 상대적인 성질의 것이라는 사실을 알 뿐이다. 그러므로 꿈을 이해하려면 의식 상황에 관한 지식이 필수적이다.

환원적·예시적, 그리고 보상적 꿈만으로 꿈을 해석할 수 있는 일련의 가능성들이 남김없이 망라된 것은 아니다. 이 밖에도 **반응꿈** Reaktionstraum이라고 부를 만한 꿈이 있다. 우리는 이 부류 속에 대체로 의식된, 정감에 찬 체험의 재생에 불과한 것처럼 보이는 꿈을 모두 포함시키는 경향이 있다. 특히 왜 이런 체험이 그토록 충실히 꿈에 재생되는지에 대한 보다 깊은 이유를 분석을 통해 발견하지 못할 경우에, 그렇게 생각하는 경향이 있다. 깊은 의미가 발견되는 꿈들을 살펴보면 그 체험이 그 개인이 잃어버린 상징적인 측면을 다루고 있으며, 오직 이 측면을 위해서 체험이 꿈속에서 재생된다는 사실을 알 수 있다. 그런데 이러한 꿈은 반응꿈에 속하지 않는다. 어떤 객관적인 사건들이 정신적 상처를 만들었고, 그것이 정신적 상처가 될 뿐 아니라 신경 체계의 신체적 외상을 의미하는 꿈만이 반응꿈에 속한다. 특히 전쟁은 이러한 심한 충격의 사례를 풍부하게 만들어냈고, 그런 경우에 특히 많은 순수한 반응꿈을 기대해도 좋은데, 이때에 결정적 인자를 나타내는 것은 그러한 충격적인 상처이다.

상처 입은 내용이 자주 체험됨으로써 서서히 그 자율성을 상실하여 다시금 정신의 계위階位에 포함된다는 사실은 총체적 정신 기능에는 분명히 매우 중요한 사실이다. 그러나 그런 꿈은 대개 상처의 재생일 뿐이므로 보상적인 꿈이라고 할 수는 없을 것 같다. 그 꿈은 정신의 분열된, 자율적인 부분을 되돌려주는 듯 보이지만 꿈속에 재생된 부분을 의식적으로 동화해도 꿈을 결정하는 충격은 결코 없어지지 않는다는 사실이 곧 판명된다. 꿈은 계속 '재생'된다. 다시 말해서, 자율화된 상처의 내용은 스스로 작동하여 상처를 주는 자극이 완전히 없어질 때까지 계속된다. 그러기까지 의식된 '인식'은 소용이 없다. 실제로 꿈이 본질적으로 반응성인지 또는 다만 상징적으로 외상적 상황을 재생하는지를 결정하기는 쉽지 않다. 그러나 분석은 후자의 경우에는 외상적 상황의 재생을 바른 해석을 통해 즉시 정지시킬 수 있는 데 비해, 반응성 재생은 꿈의 분석으로도 간섭을 받지 않는다는 점으로 이 문제를 해결할 수 있다.

물론 우리는 동일한 반응성 꿈을, 특히 **병적인 신체 상태**에서도 만날 수 있다. 예컨대 심한 동통疼痛이 꿈의 경과에 결정적인 영향을 미치는 경우이다. 내 생각에 신체적 자극이 결정적 중요성을 갖는 것은 오직 예외적인 경우뿐이다. 통상적으로 그런 자극들은 무의식적 꿈 내용의 상징적인 표현 속에 완전히 포함된다. 즉, 그것들은 표현 수단으로서 이용된다. 꿈은 분명한 신체질환과 특정한 정신적 문제 사이의 특이한 내적·상징적 결합을 만들어내는 경우가 드물지 않다. 이 경우에 신체 장해는 바로 정신 상황의 모방 표현처럼 보인다. 내가 이 기이한 일에 대해 언급하는 것은 이 문제성 있는 분야에 특별한 무게를 두기 위해서라기보다 다만 확실히 하기 위해서이다. 그러나 내가 보기에는 신체적·정신적 장해 사이에는 어떤 관련이 있는데도 사람들은 보통 그 중요성을 과소평가하는 것 같다. 물론 다른 한편으로 어떤 사람들은 신체 장해를 단지 정신 장해의 표현으로만 이해하려고 하면서 정신적 요소를 실제 이상으로 과대평가하기도 하는데, 그 예를 크리스천 사이언스에서 볼 수 있다. 신체와 정신 사이의 합동 활동의 문제에 대하여 꿈은 고도로 흥미 있는 조명을 던진다. 그래서 나는 이 문제를 여기서 언급하는 것이다.

그 밖의 꿈의 결정 요소로 **텔레파시 현상**을 인정하지 않을 수 없다. 이 현상이 보편적으로 실재한다는 사실은 오늘날 의심의 여지가 없다. 물론 현존하는 증명 자료를 조사해보지 않은 채 이 현상의 존재를 부인하는 것은 매우 간단하다. 그러나 그것은 비과학적인 태도이며 주목할 만한 일도 아니다. 나는 텔레파시 현상이 꿈에도 영향을 미치는 것을 경험했다. 그것은 벌써 아득한 고대부터 주장되어온 사실이다. 어떤 종류의 사람들은 이 점을 특히 예민하게 받아들여 흔히 텔레파시로 영향받은 꿈을 갖는다. 내가 이렇게 텔레파시 현상을 인정한다고 해서 동시에 먼 거리에서의 활동의 본질에 관한 재래의 이론적 견해를 무조건 인정하는 것은 아니다. 그 현상이 존재한다는 데는 의심의 여지가 없다. 그러나 그 이론은 그렇게 간단한 것 같지 않다. 우리는 각 사례마다 연상의 일치 가능성을 참작해야 하고, 병행하는 정신 과정[5]을 고려해야 하는데, 이 과정은 특히 가족에게 큰 역할을 하는 것으로 입증되어 있고, 무엇보다도 태도의 동일성 또는 상당한 유사성으로 나타나고 있다. 마찬가지로 고려할 것은 플루르누아가 특히 강조한 **잠재 기억**의 요소인데,[6] 이것은 경우에 따라서 놀랄 만한 현상을 일으킨다. 어쨌든 꿈속에서는 의식의 문턱 아래에 있는 자료가 나타나기 때문에 잠재 기억이 꿈속에 때때로 결정적인 크기로 나타난다고 해도 결코 이상할 게 없다. 나는 흔히 텔레파시 꿈을 분석할 기회가 있었는데, 그 가운데서도 많은 꿈이 분석 순간까지 텔레파시의 의미를 아직 모르던 것들이었다. 분석은 다른 꿈의 분석과 마찬가지로 주관적 자료를 밝혀냈고, 그렇게 함으로써 꿈은 주체의 순간적인 상황에 일치되는 의미를 가지게 되었다. 분석은 꿈이 텔레파시적인 것이었다는 사실을 암시하는 어떠한 것도 밝혀내지 못했다. 나는 지금까지 텔레파시적 내용이 분석으로 이끌어낸 연상 자료('잠재적 꿈의 내용') 속에 확실히 개재하고 있는 꿈을 본 일이 없다. 그것은 항상 나타난 **꿈의 형태** 속에 존재했다.

보통 텔레파시 꿈에 관한 문헌에는 특별히 강한 정감을 일으킨 중요 사건이 시간 공간에서 '텔레파시적'으로 예기되는 경우만 언급하고 있다. 그러니까 그 경우에는 사건의 인간적 중요성(예컨대 사망례)이 그것을 예감하거나 먼 곳에서 지각하는 현상을 어느 정도 해명하거나 최소한 이해하도록 돕는다. 내가 관찰한 텔레파시 꿈은 대부분 이 모형에 해당된다. 이에 반해 소수의 꿈들은 특히 다음과 같은 주목할 만한 사실 때문에 돋보인다. 즉, 나타난 꿈의 내용이 텔레파시의 확인을 포함하고 있고, 그 확인이 전혀 하찮은 것에 관계한다는 사실이다. 예컨대 모르는, 전혀 관심 없는 사람의 얼굴이라든가, 관심 없는 장소나 관심 없는 조건 아래에 모아놓은 가구, 하찮은 편지의 도착 등과 같은 것들이다. 물론 하찮은 것이라고 할 때 내가 말하고자 하는 것은 통상적인 질문을 통해서든, 분석을 통해서든, 그 중요성이 텔레파시 현상에 '온당'하다고 볼 만한 내용을 발견한 적이 없다는 것이다. 그런 경우는 처음에 언급한 예들보다 이른바 우연을 더 생각하게 하는 경우이다. 그러나 유감스럽게도 내게는 우연의 가설은 항상 '무지의 수용소'처럼 보인다. 대단히 드문 우연이 실제로 일어난다는 사실은 물론 누구도 부인하지 못할 것이다. 그러나 사람들이 그 우연의 반복을 확률로 계산할 수 있다는 것은 그것이 지닌 우연성을 배제한다. 물론 나는 결코 그 배후의 법칙이 '초자연적'이라고 주장하지는 않을 것이다. 다만 우리가 학교에서 얻은 지식으로는 아직 파악할 수 없는 어떤 것이라고만 할 것이다. 그리하여 의문스런 텔레파시 내용들 또한 모든 확률 기대를 조롱하는 현실적 성격을 갖추게 된다. 나는 이 문제에 관해 이론적 견해를 감히 피력하고 싶지는 않지만, 그 사실성을 인정하고 강조하는 것은 옳은 일이라고 생각한다. 이와 같은 관점은 꿈의 연구를 위해서 이득이 된다.[7]

꿈의 본질이 '욕구 충족'이라고 하는 프로이트의 유명한 견해에 대하여, 나와 나의 친구이자 동료인 알폰스 매더는 다음과 같은 입장을 취하였다.

"꿈은 상징적 표현 형태로 이루어지는 실제적인 무의식적 상황의 자율적인 자기 표현이다." 우리의 견해는 이 점에서 질버러의 사상[8]에 근접하고 있다. 질버러와의 일치는 서로 독립적인 연구 결과로 세워진 사상이기에 더욱 반갑다.

프로이트의 등식과 다른 점은 우선 이 견해가 꿈의 의미에 관해서 특정한 표명을 하는 것을 포기하고 있다는 점이다. 우리의 등식은 무엇보다도 먼저 꿈이 무의식적 내용의 상징적 표현이라는 점을 말할 뿐이다. 꿈의 내용들이 항상 욕구 충족인가 하는 물음도 미정인 채로 두었다. 이미 거기에 관해 명확히 지적한 매더의 그 밖의 연구들은 우리에게 꿈의 성 언어가 항상 구체적으로 이해할 것은 아니라는 사실을 분명하게 제시하였다.[9] 다시 말해서 여기서 문제되는 고태적 언어는 물론 이에 가장 가까운 유비들로 가득 채워져 있지만, 그 유비의 내용이 늘 실제 성적 내용과 일치할 필요는 없다는 지적이다. 그러므로 다른 내용은 상징적으로 설명하면서 꿈의 성 언어만은 어떤 경우에도 구체적으로 간주하는 것은 정당하지 않다. 그러나 우리가 꿈의 언어의 성적 형태를 미지의 것의 상징이라고 파악한다면 바로 꿈의 본질에 관한 관점은 심화된다. 매더는 이것을 프로이트가 제시한 실제 사례를 가지고 적절하게 묘사하였다.[10] 꿈의 성 언어를 구체적으로 이해하는 한, 직접적이고 외부적이며 구체적인 해결이 아니면 아무 일도 안 하는 결과가 될 뿐이다. 다시 말해서 기회주의적 체념, 통상적인 비겁과 게으름이 있을 뿐이다. 문제를 파악하지도, 문제에 임하는 자세를 갖추지도 못하고 있는 것이다. 그러나 우리가 꿈에 대한 현실주의적인 오해를 버린다면, 즉 무의식의 성 언어를 글자 그대로 보고 꿈의 이미지를 실제 사람처럼 해석하는 것을 포기한다면 우리는 그때 비로소 문제의 파악과 문제에 임하는 올바른 자세를 가질 수 있게 된다.

사람들은 이 세계가 우리가 보는 그대로라고 가정하곤 한다. 이와 마찬가지로 사람들은 순진하게도 인간이 우리가 상상하는 것과 같은 것이라고 생각하는 경향이 있다. 유감스럽게도 이 후자의 경우에 지각과 진실 사이의 오해를 증명해줄 물리학은 아직 없다. 물질 세계의 지각에 비해 인간에 대해 착각할 가능성이 몇 배 큰데도 우리는 주저하지 않고 순진하게 우리 자신의 심리학을 인류에 투사하고 있다. 모든 사람이 이런 식으로 크고 작은 상상 속의 관계를 만들고 있고, 그것은 근본적으로 투사에 근거하고 있다. 신경증 환자 가운데는 심지어 환상적인 투사가 인간관계를 맺는 유일한 가능성인 사례들도 얼마든지 있다. 주로 나의 투사를 통하여 지각되는 어떤 인간은 하나의 이마고Imago, 혹은 이마고와 상징의 운반체이다. 모든 무의식의 내용은 끊임없이 우리가 사는 환경으로 투사된다. 오직 우리가 객체의 어떤 특성들이 투사된 결과이고 상상된 것임을 간파할 때, 비로소 우리는 상상된 것을 그것의 진정한 성질들로부터 구별할 수 있다. 그러나 우리가 객체 성질이 지닌 투사 성격을 의식하지 않는 한, 우리는 순진하게 투사된 것 또한 객체에 속하는 것이라고 확신할 수밖에 없다. 인간적인 모든 관계는 그런 투사로 가득 차 있다. 이것을 잘 모르겠다고 하는 사람은 전쟁 중인 나라들의 언론의 심리학을 주목할 필요가 있다. 좀 심하게 말한다면 사람들은 인식하지 못한 자신의 잘못을 항상 적에게서 본다. 우리는 그 가장 좋은 예들을 모든 개인적인 논쟁에서 발견한다. 비범할 정도로 자기 성찰을 잘하지 못하는 사람은 자신의 투사를 극복한 윗자리에 서 있지 못하고 대부분 그 밑에 즉, 투사에 굴복한 상태에 있게 된다. 왜냐하면 자연 그대로의 정신 상태는 이 투사들의 존재를 전제로 하기 때문이다. 무의식적인 내용이 투사된다는 것은 자연스러운 일이며 본래 그렇게 되도록 되어 있다. 그것은 상대적으로 원시적인 사람들에게서 레비-브륄이 '신비한 동체성mystische Identität' 또는 '신비적 참여mystische Partizipation'[11]라고 적절하게 부른, 객체에 대한 특유의 유대 관계를 만들어낸다. 이와 같이 자기 성찰이 어느 정도 이상을 넘지 않는 이 시대의 모든 정상인들은 무의식적 투사의 전 체계를 통하여 환경과 관계를 맺고 있다. 이 관계의 강박적 성격(바로 '마술적인 것' 또는 '비밀스럽게 강요하는 것')은 '모든 것이 잘나가는 동안은' 그에게 전혀 무의식적이다. 그러나 만약 편집증적 정신장애가 시작되면 이 투사 성격의 무의식적 유대 관계는 그만큼 많은 강박적 속박 관계들로 나타난다. 그것은 보통 무의식적인 자료로 꾸며지는데, 그 자료는 이미 정상 상태에 있을 때 투사의 내용을 형성하고 있었던 것들이다. 삶의 관심, 즉 리비도가 이런 투사를 세계와 관계를 맺는 편안하고 유익한 다리로 사용할 수 있는 동안은 투사 또한 삶의 긍정적인 위안을 마련해준다. 그러나 리비도가 다른 길을 취하고자 예전의 투사의 다리에서 후퇴하기 시작할 때 투사는 온갖 상상할 수 있는 커다란 저지력으로 작용한다. 왜냐하면 투사는 예전의 대상으로부터의 모든 진정한 해방을 저지하기 때문이다. 이때 일어나는 특징적인 현상은, 사람들이 그 투사 대상에서 리비도를 떼어내기 위해 예전의 객체를 가능한 한 평가절하하고 끌어내리려는 것이다. 그러나 예전의 동체성이 주관적 내용의 투사에 기인하기 때문에, 완전한, 남김 없는 투사로부터의 해방은 오직 객체 속에 표현된 이마고가 그 의미와 함께 몽땅 주체로 되돌림받을 때라야만 이루어질 수 있다. 이러한 되돌림은 투사된 내용의 의식적 인식, 즉 예전 대상의 '상징 가치'의 인식을 통하여 이루어진다.

그러한 투사가 흔하게 일어난다는 것은 그 투사의 성격이 결코 통찰되는 일이 없었다는 사실만큼 확실하다. 이러한 형편이니 단순한 머리의 소유자들이 꿈에 X씨를 보았을 때 마치 처음부터 당연한 듯이 그 X라고 부르는 꿈의 이미지를 현실의 X씨와 동일하다고 가정하는 것은 결코 놀랄 일이 아니다. 그러한 전제는 객체 자체와 그것에 대해 사람이 가지고 있는 표상 사이의 차이를 전혀 보지 못하는 무비판적인 통상적 의식에 전적으로 부응하는 것이다. 비판적으로 살펴볼 때 꿈의 상像은 객체에 대하여 다만 외적이며 매우 제한된 관계를 가지고 있을 뿐이고, 이 사실은 아무도 논박할 수 없을 것이다. 그러나 꿈의 상은 실제로는 정신적 요소들의 콤플렉스이다. 그것은—물론 어떤 외적인 자극하에서—스스로 형성된 것이며, 그렇기 때문에 주로 주체 속에서 주관적 요소들로써 이루어진 것이다. 이 주관적 요소들은 주체에 특징적이며 실제로 존재하는 객체와는 별로 관계가 없는 경우가 흔하다. 우리는 다른 사람을 언제나 우리가 우리 자신을 이해하거나 또는 이해하고자 시도하는 방식으로 이해한다. 우리가 우리 속에서 이해하지 못하는 것은 다른 사람 속에서도 이해하지 못한다. 보통 다른 사람의 상이 대부분 주관적인 것이라는 사실은 확증되고도 남는다. 다 알다시피 친밀하게 아는 사이라고 해서 그 사람의 객관적 인식을 보증하는 것은 결코 아니다.

만약 우리가 프로이트 학파가 행한 것처럼 어떤 드러난 꿈의 내용을 '비본래적' 또는 '상징적'이라고 부르면서 꿈이 '교회 첨탑'에 관해 말하고 있지만 사실은 '남근'을 생각하고 있다고 해석한다면, 그것은 그저 이렇게 말하는 것과 다름없다. 즉, 꿈은 흔히 '성욕'에 관해 말하지만 항상 성욕을 생각하는 것은 아니다. 마찬가지로, 꿈에서 흔히 아버지에 관해 말하지만 사실은 꿈을 꾼 사람 자신을 말하고 있는 것이다. 우리가 상상하는 것들은 우리 정신의 구성 요소들이다. 우리 꿈이 어떤 관념을 재생한다면 그것은 무엇보다 먼저 그 형성에 우리 존재의 총체가 엮여 들어가 있는 우리의 관념들이다. 그것은 주관적 요소들인데, 이들은 꿈에서 외부적인 이유에서가 아니라 우리 심혼의 가장 친밀한 감동에 의해서 이렇게도 저렇게도 무리를 짓고 이러저러한 의미를 표현한다. 모든 꿈의 창조 작업은 본질적으로 주관적이다. 꿈은 극장과 같다. 그곳에서 꿈을 꾸는 사람은 무대, 연기자, 프롬프트(무대 뒤에서 대사를 읽어주는 사람), 감독, 저자, 관객과 비평가이다. 이 간단한 진실은 꿈의 의미를 파악하는 기초로 내가 주관 단계의 해석이라고 이름한 것이다. 이 해석은 그 용어에서 드러나듯 꿈의 모든 모습들을 꿈꾼 사람의 의인화된 인격의 특성들이라고 본다.[12]

이러한 견해에 대해서는 여러 가지의 저항이 눈에 띄게 나타났다. 한 가지 논박은 바로 위에서 논의된, 일상적인 사고방식의 순진한 전제에 근거를 두고 있다. 다른 종류의 논박은 원칙적인 문제에 근거한 것이다. 즉 '객관 단계'가 중요하냐, '주관 단계'가 중요하냐 하는 것이다. 주관 단계의 이론적 개연성에 대해서는 나는 정말 어떠한 효과적인 반대도 상상할 수 없다. 이에 반해서 두 번째 문제는 상당히 어려운 편이다. 객체의 상은 한편으로 주관적으로 구성되며 다른 한편으로는 객관적으로 제약되어 있다. 그것을 내 속에서 재생한다면 나는 주관적인 동시에 객관적으로 결정된 것을 만들어내는 것이다. 어느 편이 우세한지는 그때마다 그 상이 주관적인 의의 때문에 재생되는지, 객관적인 의의 때문에 재생되는지에 대한 사항이 먼저 증명되어야 할 것이다. 그러니까 만약 내가 무척 흥미를 느끼는 어떤 사람을 꿈에서 보았다고 할 때 다른 경우보다 아마 객관 단계의 해석이 더 진실에 가까울 것이다. 이에 반해서 실제로 나와는 거리가 멀고 내가 관심이 없는 사람을 꿈에서 보았다면 주관 단계의 해석이 사실에 가까울 것이다. 그러나 꿈을 꾼 사람이 그 무관심한 사람에 대하여 그와 정감으로 맺어진 어떤 사람을 연상하는 경우도 가능할 것이고, 실제로 이런 경우는 아주 흔히 일어난다. 그전 같으면 사람들은 꿈속의 무관심한 모습은 다른 모습이 주는 괴로움을 감추기 위해서 꿈에서 의도적으로 앞세운 것이라고 말했을 것이다. 그러나 이제 나는 이 경우에 자연의 길을 따라가기를 권하면서 이렇게 말할 것이다. 즉, 꿈속에서는 분명 정감에 찬 추억이 무관심한 X씨에 의해 대치되었다. 그렇게 됨으로써 주관 단계의 해석을 나에게 시사하고 있다고. 이런 대치는 꿈의 작업을 의미하는데, 그것은 물론 괴로운 추억의 억압에 해당된다. 그러나 만약 이 추억이 그렇게 깨끗이 제쳐진다면 그것은 그렇게 중요한 것이 아닐 수도 있다. 그 추억의 대치는 이 개인적인 정감을 스스로 멀리 소외시키는 이인화離人化, Depersonalisierung를 가리키고 있다. 그래서 나는 그 위에 올라서서, 내가 꿈에서 성공한 이인화를 단순한 억압이라고 평가절하함으로써 다시는 개인적인 정감 상황으로 되돌아가지 않을 것이다. 만약 내가 꿈에서 괴로운 사람을 무관심한 사람으로 성공적으로 대치한 것을 전에 개인적이던 정감이 이인화된 것이라고 평가한다면 그것이 더 옳은 처사라 믿는다. 이로써 이제 이 정감 가치, 즉 이에 필적하는 리비도의 값은 비개인적인 것이 된다. 바꾸어 말하면 객체에 대한 개인적인 속박에서 해방된다. 그리하여 나는 예전의 현실적인 갈등을 이제부터는 주관 단계로 올려 그것이 어느 정도로 주관적인 갈등인지 이해하려고 시도할 수 있다. 이것을 분명히 하기 위해 나는 다음의 짧은 예를 중심으로 설명하고자 한다.

나는 한때 A씨와 개인적인 갈등이 있었다. 차츰 나는 잘못이 나보다도 그쪽에 많다고 확신하게 되었다. 그즈음 다음과 같은 꿈을 꾸었다.

> 나는 어떤 문제에 대하여 변호사에게 상담을 했다. 내가 놀란 것은 그가 상담을 위해 5천 프랑 이상을 요구한 것이다. 나는 이에 대해 강력하게 항의했다.

변호사는 나의 학창 시절에서 나온 대수롭지 않은 추억의 상이다. 그러나 학창 시절은 중요하다. 왜냐하면 내가 그때 많은 논쟁에 휘말렸기 때문이다. 꿈속에서 변호사의 거친 태도는 나와 A씨와의 계속된 갈등을 흥분된 감정과 함께 회상하게 만들었다. 이제 나는 객관 단계에서의 해석을 진행하여 이렇게 말할 것이다. A씨는 변호사의 이미지 뒤에 감추어져 있다. A씨는 나에게 과도한 요구를 하고 있다. 그는 부당하다. 그 당시 한 가난한 학생이 나에게 5천 프랑의 대부를 청원한 일이 있었다. A씨는 그러니까 가난한 학생이다. 그는 도움을 필요로 하며 무능하다. 왜냐하면 그는 이제 막 학업을 시작한 단계에 있기 때문이다. 그런 사람은 대체로 아무런 요구도 할 수 없고 또는 아무 의견도 가질 수 없다. 이것은 욕구 충족일지 모른다. 나의 적수는 가볍게 평가 절하되었고, 따로 제쳐버렸다. 그리고 나는 마음의 안정을 보장받은 듯했던 것이다. 그러나 실제로는 꿈의 이 부분에서 그 변호사의 오만에 대해 나는 가장 격렬한 정감을 느끼며 깨어났다. 그러니까 나는 '욕구 충족'에 의해서 결코 편안해지지 않았다.

물론 변호사 뒤에 저 불쾌한 A씨와의 사건이 숨어 있다. 그러나 꿈이 저 무관심한 변호사를 나의 학창 시절로부터 불러들였다는 것은 주목할 만하다. 변호사에 대하여 생각나는 것은 법률 분쟁, 독선, 그리고 학창 시절의 추억들인데, 그때 나는 자주 정당하거나 부당하게 나 자신의 명제를 고집스럽고 끈질기게 주장해서 최소한 내가 우월하다는 겉모습이라도 쟁취하려 하였다. 내 느낌으로는 이 점이 A씨와의 대결에서 함께 작용하였다. 그로써 나는 내가 바로 그것 자체라는 것을 알게 된다. 즉, 내 속에 있는 현실에 적응하지 못한 부분, 그 당시처럼 독선적으로 부당한 요구를 하고 있는 것, 다시 말해 너무 많은 리비도를 나에게서 짜내려고 하는 것이다. 이로써 나는 A씨와의 논쟁 건은 내 속에 있는 독선가가 아직 철저하게 '정당한' 결산에 대해 배려하기를 원하기 때문에 종식될 수 없다는 것을 안다.

이런 주관 단계의 해석은 나에게 의미심장하게 생각되는 결과를 가져다주었다. 이에 비해 객관 단계의 해석은 별 효과가 없었는데, 그것은 꿈이 욕구 충족이라는 증명은 나에게 조금도 중요한 것이 아니었기 때문이다. 만약 꿈이 나에게, 내가 어떤 잘못을 하고 있는지 가르쳐준다면 그 꿈은 나의 태도를 개선할 가능성을 만들어주며 그것은 언제나 유익하다. 물론 그러한 결과에 이르는 것은 오직 주관 단계를 응용함으로써 가능하다.

이 경우에는 주관 단계의 해석이 그처럼 분명하지만 사활이 걸린 인간관계가 갈등의 내용이나 기초를 이루고 있는 경우에는 그것이 소용없을 수도 있다. 물론 이런 때 꿈의 모습은 현실적인 대상에 관계된다. 주관 단계냐 객관 단계냐 하는 판단 기준은 그때그때 의식의 자료에서 탐지된다. 그러나 전이가 문제될 경우에는 예외이다. 전이는 판단 착오를 아주 쉽게 일으켜서 때로는 의사가 절대적으로 없어서는 안 될 계략의 신, 혹은 없어서는 안 될 현실의 필수 요소처럼 환자에게 보인다. 환자의 판단으로 그는 바로 그것이다. 그런 경우에 의사의 자기 성찰은 그 자신이 어느 정도로 환자의 실제 문제인지를 결정하는 일이다. 객관 단계의 해석이 단조롭고 성과 없이 끝나려 할 때, 그때 비로소 우리는 꿈에 나오는 의사의 모습이 환자에 속하는 투사된 내용의 상징이라고 해석해야 될 때라는 것을 안다. 만약 우리가 그렇게 하지 않을 경우, 분석가는 꿈의 내용을 유아적 욕구로 환원시킴으로써 전이를 평가 절하하는 동시에 전이를 파괴하거나, 전이를 현실로 받아들여서 환자를 위해 (심지어 환자들의 무의식적 저항에 반하여) 스스로를 희생할 수밖에 없다. 후자의 경우에는 치료에 참여하는 모든 사람이 손해를 입는다. 그리고 의사는 대개 최악의 상태에서 떠나게 된다. 그러나 의사의 모습을 주관 단계로 끌어올리는 데 성공하면 모든 전이된(투사된) 내용은 환자에게 다시 그 본래의 가치와 함께 넘겨주게 된다. 전이에서의 투사의 되돌림의 예는 나의 논문 「자아와 무의식의 관계」(『기본 저작집』3)에서 볼 수 있다.[13]

실제 분석적 치료에 종사하는 분석가가 아닌 사람들에게 '주관 단계'니 '객관 단계'니 하는 설명이 아무런 흥미도 불러일으키지 않는 것은 당연하다고 생각한다. 그러나 꿈의 문제에 깊이 파고들수록 실제 치료상의 기술적 관점이 더욱더 고려의 대상이 된다. 이런 일에는 의사에게 언제나 가해지는 난치 환자의 가차 없는 강요를 고려할 필요가 있다. 왜냐하면 우리는 우리가 쓰는 치료 수단을 중환자에게도 도움을 줄 수 있도록 끊임없이 개선해갈 생각을 해야 하기 때문이다. 우리가 우리의 범용한 사고방식의 토대를 부분적으로나마 흔들어버리는 견해를 갖게 되는 것은 매일매일 환자의 치료에서 부딪히는 여러 가지 어려움 덕분이다. 이마고의 주관성은 누구나 알 만한 평범한 진리에 속하지만, 이런 확인은 어쩐지 철학적인 말처럼 들려서 어떤 사람에게는 불쾌한 느낌을 갖게 할 수도 있다. 그 이유는 위에서 설명한 단순한 전제가 이마고를 곧바로 객체와 동일시하는 데서 나온 것이다. 그러한 전제를 흔드는 모든 장해는 그런 유의 인간들에게 자극적이다. 같은 이유로 주관 단계의 생각은 그들의 마음에 들지 않는다. 왜냐하면 그 생각은 객체와 의식 내용의 동체성이라는 단순한 전제에 장해를 주기 때문이다. 우리의 사고방식의 특징은—전쟁 시기의 사건들(제1차 세계대전)이 분명히 보여준 것처럼—우리가 적을 파렴치하고 단순하게 판단하고 그에 관해 표명한 판단 속에서 우리 자신의 결함을 노출시키고 있다는 데 있다. 그렇다. 우리는 적을 비난하지만 사실은 자기 속에 있으면서 자기가 아직 용인하지 않은 잘못에 대해 비난하고 있는 것이다. 사람들은 모든 것을 다른 사람에게서 보고 있다. 사람들은 다른 사람의 잘못을 비판하고 비난한다. 사람들은 또한 다른 사람을 개선하고 교육하려 한다. 이와 같은 주장을 증명하기 위해 실제 사례를 수집할 필요는 없을 것이다. 가장 좋은 예가 모든 신문에서 발견되기 때문이다. 그러나 큰 것에서 일어나고 있는 것은 당연히 작은 것에서, 그리고 개별적인 것에서도 일어나고 있다. 우리의 사고 방식은 아직 그렇게 원시적이다. 겨우 몇 가지 기능과 영역에서만 원시적인 객체와의 신비적 동체성에서 해방될 만큼 원시인은 자기 성찰을 최소로 가짐으로써 객체에 의한 구속을 최대로 가지고 있다. 심지어 객체는 직접적인 마술적 강박성을 그에게 행사할 수 있다. 모든 원시마술과 종교는 이와 같은 마술적 객체 관계에 그 토대를 두고 있다. 그것은 무의식 내용의 객체로의 투사 이외의 다른 어떤 것으로 이루어지는 것이 아니다. 이러한 원시적 동체성 상태에서 차츰 자기 성찰이 발전하였는데, 이 발전은 주체와 객체의 구별과 동시에 진행된다. 이러한 구별은 예전에 순박하게 객체에 귀착시켰던 어떤 성질들이 사실은 주관적 내용이었다는 것을 통찰하게 해준다. 고대의 인간은 더 이상 자기가 붉은 앵무새나 악어의 형제라고 믿지는 않았지만 아직 마술적 그물 속에 엮여 있었다. 이런 관계에서 18세기 계몽기에 이르러 비로소 중요한 전진의 첫걸음을 내딛었다. 그러나 알다시피 아직 자기 성찰은 우리의 실제적인 지식과는 아득히 멀리 떨어져 있다. 만약 우리가 어떤 것에 대하여 이성을 잃을 정도로 화가 날 때 우리는 화내는 이유가 전적으로 밖에 있어 우리를 짜증 나게 만드는 사물이나 사람 탓이라고 생각하지 말자. 그러니까 우리는 우리를 화나는 상태로, 심지어 수면 장해 상태, 또는 소화 장해 상태로 바꾸어놓을 수 있는 그것들에게 힘을 실어주고 있다. 그래서 우리는 주저 없이 불쾌한 대상을 한없이 비난하고 욕하며 그렇게 함으로써 그 짜증스런 객체에 투사되어 있는 우리 자신 속의 무의식 부분을 욕하고 있는 것이다.

 그런 투사는 셀 수 없이 많다. 그것은 부분적으로 유익하다. 그것은 리비도가 흘러가는 다리 역할을 하여 긴장을 풀어주는 효과가 있다. 또한 그것은 부분적으로 무익하지만, 이 경우에 그것이 실제 방해물로서 문제가 되지는 않는다. 왜냐하면 무익한 투사들은 대개 가까운 관계를 가진 집단 밖으로 옮겨가기 때문이다. 물론 노이로제 환자는 여기서 예외이다. 그는 의식적으로나 무의식적으로 가까운 환경과 그처럼 강렬한 관계를 가지고 있어서 무익한 투사가 가장 가까운 대상으로 흘러 들어가 갈등을 자극하는 것을 막을 수 없다. 그러므로 그는—그가 치유되기를 바란다면—원시적인 투사를 정상인이 하는 것보다 훨씬 높은 정도로 일찍이 통찰하지 않으면 안 된다. 정상인도 동일한 투사를 하지만 분리가 더 잘 되어 있다. 유익한 투사는 가까운 객체에, 무익한 투사는 멀리 떨어진 곳에 한다. 다 아는 바와 같이 원시인에게서도 그렇다. 낯선 것은 적대적이고 악하다. 중세 후기까지 '낯선 것 Fremde'과 '곤궁Elend'은 같은 의미였다. 이와 같은 분할은 합목적적이다. 그러므로 정상인도 그 상태가 위험할 정도로 환상적인데도 이 투사를 의식화할 필요를 느끼지 않는다. 전쟁의 심리는 이 정황을 분명히 강조하였다. 자기 나라에서 행하는 모든 것은 좋고, 다른 나라에서 행하는 것은 모두 나쁘다. 모든 사회 공동체의 중심은 항상 적대적 경계선의 후방 수 킬로미터에 있다. 개인도 이와 같은 원시심리학을 가지고 있다. 그래서 아득한 시간에 걸쳐 무의식적인 투사를 의식화할 만한 모든 시도는 사람들의 기분을 자극한다. 물론 사람들은 동료들과 보다 나은 관계를 갖고 싶어 한다. 그러나 그것은 조건부이다. 즉 우리의 기대에 부합해야 한다는 조건부 관계이다. 동료들은 우리 투사의 즐거운 운반체라야 한다. 만약 우리가 이 투사를 의식화한다면 그로 인해서 다른 사람들과의 관계에 어려움이 생기기 쉽다. 왜냐하면 사랑과 미움을 그렇게 편하게 흘려버리는 환상의 다리, 다른 사람을 '높이고' '개선'하겠다는 이른바 미덕을 그토록 쉽고도 만족스럽게 그 사람에게 가져다줄 수 있는 환상의 다리가 없어지기 때문이다. 이런 대인 관계의 어려움의 결과로서 리비도의 정체가 생기며 이를 통해 무익한 투사가 의식된다. 그런 다음에 주체의 과제가 시작된다. 그것은 사람들이 주저 없이 다른 사람에게 부과했고, 거기에 관해 사람들이 평생을 분노한 모든 비열하고 극악무도한 것들을 자기 자신의 책임으로 받아들여야 하는 과제이다. 이 과정에서 사람들의 마음을 자극하여 짜증나게 하는 것은 한편으로는 모든 인간이 그렇게 하면 인생이 상당히 참을 만한 것이 될 것이라는 확신이고, 다른 한편으로는 이 원리를 자기 자신에게, 그것도 진지하게 적용하려는 시도에 반해서 일어나는 세찬 저항의 지각이다. 만약 다른 사람이 그것을 했더라면 더 이상 바랄 게 없을 것이다. 그러나 자기 자신이 해야 한다면 얼마나 참을 수 없는 일이냐 하는 사실을 발견하는 것이다.

노이로제 환자는 그의 노이로제 때문에 이렇게 진전되도록 강요받고 있다. 그러나 정상인은 그렇지 않다. 그 대신 정상인은 그의 정신적 장해를 사회적·정치적인 집단심리 현상의 형태로, 예컨대 전쟁과 혁명 등으로 경험하고 있다. 사람들이 온갖 나쁜 것을 짐 지울 수 있는 적의 실재는 분명 양심의 무게를 덜어주는 위로가 된다. 사람들은 최소한 누가 마귀인지를 주저 없이 말할 수 있다. 즉, 사람들은 재난의 원인이 자기 자신의 태도에 있는 것이 아니라 밖에 있다는 점을 분명히 알고 있다. 주관 단계에서의 해석이 주는 어떤 불쾌한 결과를 받아들이기로 스스로를 설득할 때 사람들은 곧장 자기들이 다른 사람을 보고 격분했던 모든 나쁜 성질들이 자기 자신에게 속한다는 것은 있을 수 없다고 항의하고 싶은 충동에 사로잡힌다. 이런 식으로 저 위대한 도덕군자, 광신적인 교육자, 그리고 세계 개혁자는 최악의 처지에 빠지게 되는 것이다. 선과 악의 이웃 관계에 관하여, 통틀어서 대극쌍의 직접적인 관계에 관해서는 할 말이 많지만, 그러자면 이 글의 주제를 너무 벗어나게 될 것 같다.

 물론 주관 단계의 해석을 과장해서는 안 될 것이다. 그것은 단지 어디에 속하느냐를 가늠하는 소속성에 관한 비판적 고려일 뿐이다. 객체에서 나의 눈을 끄는 것이 있다면 그것은 아마 객체의 실제 성질일 것이다. 그러나 인상이 주관적이고 정감적일수록 그 성질은 투사된 것이라고 이해된다. 그러나 이때 우리는 구별해야 할 것이 있다. 그것은 결코 가볍게 보아서는 안 될 구별이다. 즉 그것 없이는 객체로 향한 투사가 있을 수 없었을, 실제로 객체에 존재하는 성질과 그 성질이 지닌 가치와 의미 또는 에너지 사이의 구별을 해야 하는 것이다. 어떤 성질이 객체에 투사되면서 그 성질이 객체 속에 실제로 존재하지 않는 경우를 물론 배제할 수 없다(예컨대 무생물 대상에 마술적 성질을 투사하는 경우). 그런데 일상적인 성격 특질이나 그때그때의 태도를 투사할 때는 사정이 좀 다르다. 이 경우에는 흔히 투사 대상이 투사의 기회를 제공하고 심지어 그 기회를 도발하기조차 하는데 그것은 투사되는 성질이 객체에게 무의식적일 경우에 그렇다. 이를 통하여 그 성질은 다른 사람의 무의식에 영향을 준다. 왜냐하면 주체에서 투사된 성질이 객체에게 무의식적일 때 모든 투사는 역逆투사Gegenprojektion를 일으키기 때문이다. 그것은 마치 전이가 의사 자신도 무의식적이던, 그런데도 자기에게 존재하는 내용의 투사일 때 분석가에 대한 환자의 '전이'가 분석가로부터 '역逆전이'로 회답하는 경우와 같다.[14] 그 역전이를 통하여 무의식의 내용을 인식하는 데 없어서는 안 될, 환자와의 보다 나은 의사소통을 위해 노력하느냐 노력하지 않느냐에 따라 역전이는 그때의 환자의 전이나 마찬가지로 합목적적이고 깊은 의미를 갖거나 혹은 장해를 주거나 한다. 전이와 마찬가지로 역전이도 강박적이며 예속적이다. 왜냐하면 그것은 객체와의 '신비한', 무의식적 동체성을 의미하기 때문이다. 그러한 무의식적 속박에는 항상 저항이 따른다. 만약 주체가 주체의 리비도를 유혹이나 강요에 의하지 않고 오직 자유 의지로 내보낼 때는 의식적인 저항을, 만약 주체가 리비도를 자기로부터 빼앗아가는 것을 무엇보다 좋아한다면 무의식적인 저항을 한다. 그러므로 전이와 역전이는 그 내용이 무의식적인 채 존재하는 한 비정상적인, 오래 지탱하기 어려운 관계를 만들어 스스로의 파괴를 기도하게 된다.

만약 객체에 투사하는 성질의 흔적이 발견될 수 있다 하더라도 투사의 실제 의미는 전적으로 주관적이며 주체의 부담이 된다. 그 성질의 흔적의 투사가 객체에 과장된 가치를 부여했기 때문이다.

만약 투사가 객체에 실제로 있는 성질에 해당되더라도 투사하는 내용은 주체에게 있고, 거기서 객체 이마고Objektimago의 일부를 형성하고 있다. 객체 이마고 자체는 객체의 지각과는 다른 심리학적 크기를 가지고 있다. 그것은 모든 지각과 나란히 있으면서도 모든 지각들의 토대 위에 존재하는 상像이다.[15] 그 상의 독립적인 활기(상대적인 자율성)는 그것이 객체의 실제 활기와 일치하는 동안은 무의식적이다. 그러므로 의식은 이마고의 독립성을 알아차리지 못하고 그것은 무의식적으로 객체에 투사된다. 다시 말해서 이마고의 독립성은 객체의 독립성에 의해 오염되어 있다. 물론 그로써 주체와의 관계에서 객체에게, 곧바로 강제적인 현실 특성Wirklichkeitscharakter, 즉 하나의 과장된 가치를 부여한다. 이 가치는 투사, 혹은 이마고와 객체와의 선험적인 동일성Identität에서 기인한다. 그러한 선험적 동일성을 통해 외부 객체는 또한 동시에 내적인 것이 된다. 이렇게 외부 객체는 무의식적인 통로를 통해 곧바로 하나의 직접적인 심적 영향력을 주체에 행사한다. 말하자면 객체는 이마고와의 동일성으로 말미암아 주체의 심적 전도 장치와 직접 관계를 가진다. 이로써 객체는 주체에 대하여 '마술적' 위력을 행사할 수 있게 된다. 이에 알맞은 예들을 원시인들이 제공해주고 있는데, 그들은 그들의 아이들이나 그 밖의 '혼이 깃든' 객체를 마치 그들 자신의 정신을 다루듯이 한다. 그들은 이들에게 거슬리는 일은 아무것도 하지 않는다. 아이들이나 객체의 혼에 모욕을 줄까 두려워서이다. 그래서 아이들은 사춘기가 되기까지 가능한 한 교육을 하지 않은 채 내버려두고 사춘기가 되면 갑자기 잔인한 후기교육initiation을 시작하는 경우가 흔하다.

나는 위에서 이마고의 독립성은 이마고가 객체와 동일시되기 때문에 무의식 상태에 있다고 했다. 따라서 객체의 죽음은 특이한 작용을 일으킬 것임에 틀림없다. 그때 객체는 완전히 사라지지 않고 파악할 수 없는 형태로 계속 존재하기 때문이다. 이것은 다 아는 사실이다. 더 이상 객체에 해당되지 않는 무의식적 이마고는 사령死靈이 되어 이제는 주체에 작용한다. 우리는 이것을 우선 심리적 현상으로밖에는 파악할 수 없다. 무의식의 내용을 객체-이마고Objektimago로 옮겨서 이것을 객체와 동일시하는 주체의 무의식적 투사들은 객체가 실제로 소실된 뒤에도 오래 살아남으며, 원시인의 삶뿐 아니라 고대와 현대의 모든 문화 민족들의 삶에서 중요한 역할을 한다. 이 현상들은 객체적 상들 Objektivimagines이 무의식 속에 비교적 자율적으로 존재함을 결정적으로 증명하고 있다. 아마도 그것들은 의식적으로는 한 번도 객체와 다르다고 관찰된 일이 없었기 때문에 무의식에 존재하는 것 같다.

모든 발전, 인류의 모든 요해 작업의 성과는 자기 성찰의 발전에 결부되어 있었다. 즉, 사람들은 객체로부터 자신을 구별했고, 자기와는 다른 것으로 자연을 대했다. 그러므로 심리학적인 입장에서 새로운 방향을 정립한다고 할 때도 같은 길을 밟지 않으면 안 될 것이다. 객체와 주관적 이마고와의 동일성이 객체에 어울리지 않는 의미를 부여한다는 것은 분명한 사실이다. 그러나 그 의미를 객체는 아득한 시간 이래로 가지고 있었다. 왜냐하면 이 동일성은 전적으로 근원적인 사실이기 때문이다. 그러나 주체에게는 그것이 하나의 미개한 원시 상태를 의미하며, 그러한 상태가 심한 불편을 일으키지 않는 동안만 존립할 수 있다. 그런데 객체의 과대평가는 바로 주체의 발전을 저해하는 데 매우 적합한 조건이다. 지나치게 강조한 '마술적' 객체는 주관적 의식을 고도로 객체 위주의 방향으로 나가게 하며, 개별적인 분화의 모든 노력을 방해한다. 그런 개별적인 분화는 당연히 객체로부터 이마고를 해방하는 것에서 시작되어야 했다. 그러니까 외부적인 요소들이 주관적·정신적 작업 속에 '마술적'으로 간섭해 들어간다면 개인적인 분화의 방향은 지속할 수 없게 된다. 그러나 객체에 너무도 큰 의미를 부여한, 이마고(상)들Imagines을 객체로부터 해방시킨다면 주체의 발전에 시급히 필요한, 쪼개졌던 에너지를 주체에 다시 되돌릴 수 있다.

그러므로 현대인에게 꿈의 상들을 주관 단계에서 해석하는 것은 마치 원시인에게서 조상들의 초상과 주물呪物을 빼앗고 '의료의 힘'이 영적인 어떤 것이며 그것은 객체에 있지 않고 인간의 정신 속에 숨어 있다는 사실을 일깨워주려고 하는 것과도 같다. 원시인이 그런 이단적 해석에 저항을 느끼는 것은 당연하다. 현대인도 헤아릴 수 없는 시대를 신성한 것으로 숭상해온 이마고와 객체의 동일성을 해소한다는 것은 불쾌할 뿐 아니라 위험하다고조차 느낄 것이다. 현재 우리의 심리학도 그 결과가 어떻게 될지는 알기 어렵다. 우리에게는 비난할 사람이 아무도 없다. 책임질 만한 사람도 없고, 가르쳐주고 개선하고 벌주어야 할 사람도 없는 것 같다! 오히려 모든 것을 자기 자신이 시작해야 할 것이다. 다른 사람에게 습관적으로 하는 요구를 전적으로 자기 자신에게 해야 할 것이다. 이와 같은 정황에서 우리는 꿈의 상들을 주관 단계에서 해석하는 것이 결코 소홀히 할 수 있는 과정이 아님을 알 수 있다. 그 이유는 또한 그 과정이 양쪽 어느 한 방향의 지나친 편중과 과장의 계기가 되기 때문이기도 하다.

그러나 이와 같은 도덕적이라고 할 만한 난관을 논외로 하더라도 지적 영역에서도 몇 가지 장애가 있다. 사람들은 이미 나에게 주관 단계의 해석은 철학적인 문제이고, 이 원리를 수행하는 것은 세계관의 한계에 부딪히기 때문에 과학적인 것이 아니라고 이의를 제기했다. 심리학이 철학과 접촉한다는 것이 내게는 놀랄 만한 일 같지 않다. 왜냐하면 철학의 기초를 이루는 생각은 정신 활동이며, 그것은 그 자체로 심리학의 대상이기 때문이다. 나는 심리학에서 항상 심혼Seele의 모든 범위를 생각한다. 거기에는 철학과 신학, 그리고 그 밖의 많은 것이 있다. 왜냐하면 모든 철학과 종교 저편에 인간 심혼의 사실들이 있는 까닭이다. 그것들은 아마도 진실과 착오에 관해 최종적으로 결정을 내리는 일일 것이다.

우리의 심리학에서는 우리 문제들이 여기에 부딪히느냐, 저기에 부딪히느냐 하는 것은 중요하지 않다. 우리가 관계하는 것은 일차적으로 실제적인 필요성이다. 세계관의 문제가 심리학적인 문제라면 그것이 심리학에 속하든 철학에 속하든 우리는 그것을 다루어야 한다. 마찬가지로 종교의 문제도 우리에게는 심리학적 문제이다. 이 시대의 의학심리학〔정신의학〕이 대개 이와 같은 영역에서 멀리 떨어져 있는 것은 유감스러운 결핍이다. 심인성 노이로제가 학교 의학보다 다른 영역에서 더 좋은 치료 성과를 거두는 사실을 볼 때 그런 결핍을 실감하게 된다. 나 자신이 의사이며 '의사는 의사를 죽도록 벌하지 않는다medicus medicum non decimat'라는 원리에 따라 의사로서 의사의 비판을 삼가야 할 충분한 이유가 있지만, 그럼에도 나는 의사들이 결코 언제나 심리학적 의학의 최선의 보호자인 것은 아니라고 고백해야겠다. 나는 의학적 정신 치료자들이 자신들이 받은 의학 교육의 특성 때문에 그들에게 친숙해진 기계적인 방식으로 자신들의 기법을 사용하려고 한다는 사실을 자주 경험하였다. 의학 교육은 한편으로는 그 기억하는 것들의 기초에 관한 진정한 지식을 갖추지 않은 채 그저 암기만 해놓은 엄청나게 큰 기억 재료의 저장으로 이루어지고, 다른 한편으로는 '여기서는 오래 생각하지 않는다. 손으로 잡는다'는 원리에 따라 진행된 실제적인 숙달 경험으로 이루어지고 있다. 그러다 보니 의사들은 모든 전문가 가운데서 사고 기능을 발전시킬 기회가 가장 적다. 심지어 심리학적인 수련을 받은 의사들조차도 내 생각을 전혀 이해하지 못하거나 그저 겨우 따라올 수 있다는 사실은 놀랄 일이 아니다. 의사들은 처방을 하고, 그들 자신이 숙고해서 만든 것이 아닌 방법을 기계적으로 응용하는 데 익숙해져 있다. 그러나 이러한 경향은 의료심리학을 연마하는 데 더없이 부적절하다. 왜냐하면 그런 경향은 권위적인 이론과 방법의 변두리에 집착한 나머지 독자적인 사고의 발전을 저해하기 때문이다. 그리하여 나는 해석의 주관과 객관 단계, 나와 자기 자신, 표징과 상징, 인과론과 목적론 등과 같은, 실제 치료에서 엄청나게 중요한 기본적인 구별조차도 그들의 사고 능력의 한계를 넘는 고답적인 요구임을 경험하였다. 사람들이 진부한, 예전에 개선의 여지가 있는 해석에 끈질기게 집착하는 것은 이런 어려움 때문이라고 설명된다. 이것이 나의 주관적인 생각만이 아니라는 사실은 어떤 '정신분석적' 조직체의 광신적인 편향성과 종교결사 같은 폐쇄성이 증명하고 있다. 이러한 일방적 태도는 누구나 알고 있듯이 하나의 증상이며 의혹의 과보상을 의미한다. 그러나 그러면 누가 심리학적 기준을 자기 자신에게 적용하겠는가?

꿈을 욕구 충족으로 본다든가, 유아적 권력의지에 이바지하는 목적

지향적 배열이라고 보는 견해는 너무도 편협하고 꿈의 본질에 합당치 않다. 꿈은 정신과 관련된 모든 요소가 그렇듯 정신 전체의 합력合力이다. 그러므로 우리는 인류의 삶 속에서 태곳적부터 의미가 있는 모든 것을 꿈에서도 발견할 수 있으리라고 기대해도 좋을 것이다. 인간 생활 그 자체가 이런저런 기본 충동만으로 제약될 수 없고, 많은 다양한 충동, 필요, 필수성, 신체적·정신적 조건 위에 구축되어 있는 것처럼, 꿈도 아무리 그런 식의 설명이 유혹적일 정도로 간단하다 하더라도 이런 저런 요소만으로 설명할 수 없는 것이다. 그런 설명이 옳지 않다는 확신을 우리가 가질 수 있는 것은 어떤 간단한 충동 학설도 인간의 심혼, 그 엄청나고 신비에 찬 것을 파악할 수 없고 그 표현인 꿈을 파악할 수 없기 때문이다. 꿈에 어느 정도라도 충실해지려면 도구가 필요한데, 그 도구는 우리가 정신과학의 모든 영역에서 힘들여 조립해야 할 것이다. 그러나 몇 가지 나쁜 농담이나 어떤 억압의 증명만으로 꿈의 문제를 풀 수는 없다.

사람들은 나의 논조에 대해 '철학적인 것'(심지어 '신학적인 것')이라고 하면서 비난하였다. 내가 '철학적으로' 설명하고자 한다고 하고, 나의 심리학적 견해가 '형이상학적'이라고 생각하면서 비난한다.[16] 그러나 나는 내가 어떤 철학적·종교학적 그리고 역사적 자료를 사용할 때는 예외 없이 그것의 정신적 관련을 묘사할 목적으로 사용하고 있다. 내가 그때 신神의 개념을 사용하거나 그와 마찬가지의 형이상학적 에너지 개념을 사용한다면 그 이유는 그것이 인간의 심혼 속에 시초부터 존재하는 상들이기 때문이다. 내가 항상 거듭 강조하지 않을 수 없는 것은 도덕률이든 신의 개념이든 어떤 종교든 그것은 밖에서, 말하자면 하늘에서 인간에게 떨어진 것이 아니라 인간이 자기 안에 간직하고 있고, 그래서 그것을 자기 자신으로부터 만들어낼 수 있는 것이다.

따라서 이와 같은 유령들을 내쫓는 데는 단지 계몽이 필요할 뿐이라는 생각은 안일하다. 도덕적 계율과 신성神性은 인간 심혼의 불후의 자산에 속한다. 그러므로 속물적인 계몽주의의 맹신으로 눈멀지 않은 모든 진지한 심리학은 이와 같은 사실을 숙고해야 할 것이다. 그것들은 그럴싸하게 얼버무리거나 우롱해버릴 것이 아니다. 물리학은 신상神像, Gottesbild 없이도 가능하다. 그러나 심리학에서 그것은 '정감', '충동', '어머니' 등과 같이 계산에 넣어서 생각해야 할 결정적인 크기를 가지고 있는 것이다. 물론 문제는 객체와 이마고의 영원한 혼동에 있다. 그래서 사람들이 '신'과 '신의 이마고'(신상) 사이의 차이를 생각할 수 없기 때문에 만약 '신상神像'에 관해 언급하면 신에 관해서 설명한다 하고, '신학적으로' 말한다고 하는 것이다. 과학으로서의 심리학에는 신의 이미지의 실체화를 요구할 권한이 없다. 그러나 심리학은 사실에 입각하여 신상의 존재를 고려할 수 있다. 마찬가지로 심리학은 충동을 생각한다. 그러나 '충동' 그 자체가 무엇인지를 확인할 권한이 있다고 생각하지는 않는다. 어떤 심리적 사실을 충동이라고 규정하는지는 누구에게나 분명하다. 그러나 충동 그 자체가 무엇인지는 불분명하다. 그러므로 예컨대 신의 상像이 일정한 심리학적 사실들의 복합체에 해당된다는 것, 그래서 그것을 조작할 수 있는 일정한 크기를 나타낸다는 것은 분명하다. 그러나 신 그 자체가 무엇인지는 모든 심리학을 넘어서는 물음으로 미해결인 채로 남는다. 이렇게 자명한 것들을 되풀이 말해야 하는 것은 유감이다.

지금까지 나는 꿈의 심리학의 일반적 관점에 관련해서 내가 이야기할 만한 것을 거의 모두 말했다.[17] 세부적인 것들은 의도적으로 언급하지 않았다. 그것은 사례 연구를 위해 남겨두어야 한다. 일반적 관점에 관한 설명은 우리에게 너무도 많은 문제를 제기하였다. 꿈에 관해 이야기한다고 할 때 그 많은 문제를 언급하는 것은 피할 수 없는 일이다. 물론 꿈 분석의 목표에 관해서 매우 많은 것을 말할 수 있을 것이다. 그러나 꿈 분석이 주로 분석적 치료의 도구인 만큼 이것은 다만 전체 치료에 관한 설명과 관련해 말할 것이다. 그러나 치료의 본질을 철저하게 묘사할 수 있으려면 이에 관한 문제를 여러 다른 측면에서 접근하는 것이다. 이에 관한 여러 가지 선행작업들이 필요한데 그것은 물론 어떤 저자들은 단순성에 높은 가치를 부여하여 질병의 '뿌리'는 아주 간단히 뽑을 수 있는 것이라는 믿음을 주려 하지만 분석적 치료의 문제는 극도로 복합적이다. 나는 무엇보다도 이에 관한 경솔함을 경고하는 바이다. 나는 진지한 사람들이 분석으로 동원된 커다란 문제들과 철저하고 양심적으로 대결하는 것을 보았으면 좋겠다. 지금이야말로 대학심리학이 마침내 현실로 방향을 전환하여 실험실 시험뿐만 아니라 진정한 인간 심혼에 관해 경청해야 할 때인 것이다. 교수들이 그들의 제자에게 분석심리학의 작업을 금하거나, 분석적 치료 기법의 사용을 금하거나, 또는 우리의 심리학에 대해 비과학적인 방식으로 '일상 경험을 고려한다'고 비난해서는 안 될 것이다. 만약 이들 일반심리학이 꿈이란 예외 없이 신체적 자극에서 생겨난다는, 전적으로 부당하고 비전문가적인 편견에서 해방될 때 일반심리학은 꿈의 문제에 대한 진지한 작업에서 가장 커다란 성과를 거둘 수 있음을 나는 알고 있다. 신체적인 것의 과대평가는 정신의학에서 정신병리학이 아무런 발전을 하지 못하는 가장 근본적인 이유 중 하나인데, 정신병리학이 발전하려면 직접 분석에 의해서 풍부해지지 않으면 안 된다. '정신병은 뇌의 병이다'라는 도그마는 1870년대의 물질주의적 잔재이다. 물질주의는 모든 발전을 저지하는, 무엇으로도 정당화할 수 없는 편견이 되어버렸다. 모든 정신병이 뇌의 병이라는 것이 사실이라 하더라도 질병의 심리적 측면의 탐구에 반대할 근거는 전혀 없다. 그러나 편견은 이와 관련된 모든 시도의 신뢰성을 처음부터 평가절하하고 시도 자체를 말살하는 데 이용되고 있다. 그러나 모든 정신병이 뇌의 병이라고 하는 증거는 한 번도 제시된 적이 없고 제시될 수도 없을 것이다. 그랬다면 인간이 이렇게 저렇게 생각하고 행동하는 것은 이 분자 또는 저 분자 속의 이 단백체 또는 저 단백체가 분해되거나 또는 합성된 때문이라는 것이 증명될 수 있어야 할 것이다. 그러한 견해는 곧장 물질주의적인 복음, '인간이 먹는 것, 그것이 그다'로 인도한다. 이러한 방향으로 생각하는 사람들은 정신 생활을 뇌세포의 동화同化 및 이화異化 과정으로 이해하고자 하는데, 이 과정은 어쩔 수 없이 언제나 실험실에서의 합성과 분해라고만 생각될 뿐이다. 왜냐하면 우리가 생명 과정 그 자체를 숙고할 수 없는 한, 생명이 그 과정을 만드는 방식대로 이 생명 과정을 생각한다는 것은 전혀 불가능하기 때문이다. 그러나 만약 우리가 물질주의적인 관조의 유효성을 요구한다면 우리는 세포 과정을 생각해볼 수도 있을 것이다. 그러나 이로써 우리는 이미 물질주의를 극복했다고 할 수 있을지 모른다. 왜냐하면 우리는 생명을 결코 물질의 기능이라고 생각하지 않고 오직 그 자체로 성립된 과정, 힘Kraft과 질료Stoff가 그 과정에 종속되어 있는 과정이라고 생각하기 때문이다. 질료의 기능으로서의 생명은 내부에서 자연적으로 일어나는 생산력을 요구한다. 그러나 이것을 증명하기까지는 아직 오래 기다려야 할 것이다. 그런데 생명을 일방적으로, 인위적으로 그리고 증거 없이 물질주의적으로 파악하는 것이 정당하지 않은 것처럼 정신을 뇌의 과정으로 이해하는 것도 정당하지 않다. 그런 것을 상상하는 시도 자체가 벌써 바보짓이며, 그것을 진지하게 시도할 때마다 바보짓을 노출하게끔 촉진하였다는 점은 차치하고라도 말이다. 정신 과정은 오히려 정신적이라고 보아야 하며, 기질적인 세포 과정으로 볼 것이 아니다. 어떤 사람이 세포 과정을 생기설적生氣說的으로 설명할 때, 사람들이 그 '형이상학적 유령들'에 대하여 그토록 분노하면 할수록 신체적 가설은 그만큼 '과학적'인 것으로 간주된다. 신체적 가설이 결코 그보다 덜 환상적인 것이 아닌데도 말이다. 그러나 그 가설은 물질주의적 편견과 일치한다. 그러므로 정신적인 것을 신체적인 것으로 바꾼다는 약속을 하기만 하면 모든 헛소리는 과학으로 신성시된다. 우리의 과학 대표자들의 녹슨, 경박한 물질주의 상투가 잘릴 날이 멀지 않았기를 바란다.

번역: 이부영

꿈의 특성에 관하여

의학심리학이 다른 부문의 자연과학과 구별되는 점은 보증된 실험 기획이나 연속 실험의 결과라든가, 논리적으로 파악할 수 있는 사실의 뒷받침을 받지 못하면서도 가장 복잡한 문제를 다뤄야 한다는 점이다. 다른 자연과학 부문과는 달리 의학심리학은 끊임없이 변하는 비합리적인 사실에 직면한다. 아마도 일찍이 과학적 사고가 다루었던 현상 가운데서 가장 불투명하고 가장 접근하기 어려운 것이 심혼일 것이다. 모든 정신 현상은 넓은 의미에서 인과적인 관련을 가지고 있다고 가정할 수 있을지 모른다. 그러나 바로 여기서 주목할 점은 인과성이란 결국 통계적인 진실일 뿐이라는 것이다. 비록 우리가 더 나은 인식을 위해서 모든 경우에 먼저 인과 관계에 대한 물음을 던진다고 하더라도 어떤 경우에는 절대적 비합리성의 여지를 조금은 남겨두는 것이 적절한 일인 듯하다. 마찬가지로 이와 같은 물음을 던질 때 우리는 최소한 작용인作用因, causa efficiens과 목적인目的因, causa finalis 사이의 고전적인 개념 차이를 명심할 필요가 있다. 심리학적인 문제에서는 '무슨 까닭으로 그것이 일어났는가?'라는 물음보다 '무슨 목적으로 그것이 일어났는가?'라는 질문에서 더 풍부한 결과를 얻을 수 있다.

의학심리학의 많은 문제 가운데 말썽꾸러기가 하나 있다. 그것은 바로 꿈이다. 특히 의학적 측면, 즉 병적인 상태의 진단과 예후라는 면에서 꿈을 다루다 보면 무의식에서 나온 꿈은 잠재의식이 지각한 많은 보배에서 그 자료를 얻기 때문에 때로는 매우 주목할 만한 것들을 산출해낸다. 기질적인 증상과 심인성 증상 사이의 감별이 어려운 진단 사례에서 나는 자주 꿈의 도움을 받았다. 어떤 꿈은 예후를 보는 데도 중요하다.[1] 그러나 이 영역에서는 세밀한 증례 수집 등, 필요한 모든 예비 작업이 아직 없는 실정이다. 그러나 심리학 수련을 받은 의사가 꿈을 체계적으로 기록하는 것은 미래의 과제가 될 것이다. 왜냐하면 의사들은 꿈을 기록할 당시에는 예측하지 못한 사건과 관계되는 꿈의 자료, 즉 뒤에 일어나게 될, 생명을 위협하는 급성 질환의 발발이라든가, 심지어 죽음의 귀결에 관계될 만한 꿈의 자료를 얻을 수 있을 것이기 때문이다. 일반적으로 꿈의 연구 자체만 해도 평생을 요하는 연구이다. 하나하나의 꿈을 철저하게 연구하는 데는 많은 사람의 공동 연구가 필요하다. 그러므로 나는 이 짧은 개관에서 꿈의 심리학과 해석의 기본적인 측면을 다루어, 이 분야에 경험이 없는 사람들도 꿈에 관한 의문점과 방법론에 관해 어느 정도의 생각을 가질 수 있도록 하고자 한다. 꿈에 관한 전문가라면 내가 실제 해석 사례를 많이 늘어놓기보다 기본적인 지식을 더 중요시하는 것에 찬동할 줄 안다. 실제 해석 사례를 들려준다고 해서 부족한 경험을 메워줄 수는 결코 없기 때문이다.

꿈은 **불수의적**不隨意的 정신 활동의 하나로, 깨어났을 때 기억 속에 재생할 수 있을 정도의 의식성을 가지고 있다. 아마도 꿈은 여러 가지 정신 현상 가운데서 가장 '비합리적인' 사실일 것이다. 꿈은 의식 내용이 보여주는 가치의 위계라든가 논리적 관련성을 거의 가지고 있지 않은 듯하다. 그래서 그 내용을 꿰뚫어보기 어렵고 파악하기 어렵다. 논리적·도덕적·미적으로 만족스럽게 결합된 꿈이란 예외에 속한다. 꿈은 보통 특이하고 낯선 모습을 하고 있으며 논리성의 결핍, 의심쩍은 도덕성, 아름답지 못한 형상, 그리고 분명한 바보짓, 또는 황당함과 같은 많은 '나쁜 성질들'을 그 특징으로 한다. 그래서 사람들은 꿈을 어리석고 황당하고 쓸데없는 것으로 쉽게 제쳐놓는다.

꿈에 관한 모든 해석은 꿈의 특정한 심리적 내용에 관한 심리학적인 표명이다. 그러므로 그 해석은 위험할 수도 있다. 왜냐하면 꿈을 꾼 사람은 대부분의 사람이 그러하듯, 틀린 해석에 대해서뿐 아니라 옳은 해석에 대하여도 놀랄 정도로 과민 반응을 나타내기 때문이다. 꿈꾼 사람의 참여 없이 꿈을 살펴가는 것은 특별한 전제 조건 아래서만 가능하기 때문에 다른 사람의 자존심을 불필요하게 상처 입히지 않으려면 능숙하게 해석하기 위해 많은 노력을 기울여야 한다. 예를 들어 어떤 환자가 점잖지 못한 꿈을 이야기하고 "하필이면 내가 왜 그런 구역질 나는 꿈을 꾸었을까요?"라고 묻는다면 무엇이라고 말하겠는가? 이런 물음에 대해서는 차라리 아무런 대답도 하지 않는 편이 낫다. 왜냐하면 그 물음은 여러 가지 이유로 해서, 특히 초보자에게는 대답하기 곤란한 것이기 때문이다. 그런데도 사람들은 너무도 경솔하게 서투른 대답을 한다. 그것도 사람들이 그런 질문에 대답할 수 있다고 상상하는 바로 그 순간 그렇게 하고 있다. 꿈을 이해하는 것이 너무나 어렵기 때문에 이미 오래전부터 나는 누가 꿈을 이야기하고 내 의견을 물을 때, 최소한 한 번은 내 자신에게 다음과 같이 말하는 것을 원칙으로 삼고 있다. '나는 이 꿈이 무슨 의미를 가지고 있는지 아무것도 모른다.' 이 확인을 하고 난 뒤에야 나는 꿈을 살펴보는 일을 시작할 수 있다.

물론 독자들은 이렇게 물을 것이다. 꿈에 의미가 있고, 그 의미가 대체로 증명된다고 하더라도 개별 사례에서 꿈의 의미를 탐구하는 것이 가치 있는 일인가?

예컨대 어떤 짐승이 척추동물이라는 사실은 사람이 척추를 드러내는 것으로 쉽게 증명할 수 있다. 그러나 우리가 꿈의 내적인, 뜻깊은 구조를 '드러내려' 한다면 어떻게 해야 하는가? 악몽이나 '슈레텔리 Schrätteli'〔숲의 요정 꿈〕처럼 잘 알려진 전형적인 꿈을 제외한다면 꿈의 분명한 형태상의 법칙이라든가 꿈의 규칙적인 행동 양식이란 없는 것 같다. 불안한 꿈은 드물지 않지만 결코 어떤 규준을 만들어내지는 않는다. 그 밖에 일반인에게도 알려져 있는 전형적인 꿈의 주제가 있는데, 예를 들면 날아다님, 계단 또는 산에 오르기, 허술한 옷차림으로 돌아다님, 이가 빠짐, 많은 군중, 호텔, 역, 철도, 비행기, 자동차, 불안을 일으키는 동물(뱀) 등이다. 이런 주제는 참으로 흔하다. 그러나 이런 주제들은 꿈의 구조 속에서 하나의 법칙성을 추론할 만한 것이 결코 못 된다.

때때로 똑같은 꿈을 항상 꾸는 사람이 있다. 특히 젊은 나이에 그런 꿈이 나타난다. 그러나 때로는 그런 꿈의 반복이 수십 년에 걸쳐 이루어지기도 한다. 이 경우에는 매우 인상 깊은 꿈일 때가 드물지 않아 사람들은 무조건 그 꿈이 '무언가 말하고 있음에 틀림없다'는 느낌을 갖는다. 이런 감정은 그만한 타당성을 가지고 있다. 매우 조심스럽게 말하면 때때로 특정한 정신적 상황이 나타나서 그런 꿈을 꾸게 한다는 가정을 무시할 수 없다. 그러나 그 '정신적 상황'이란 어떤 특정한 의미 Sinn와 같은 것이다. 물론 모든 꿈이 위腸의 불쾌감, 잠자는 사람의 눕는 자세 때문이라는 전혀 증명되지 않은 가설을 고집하지 않는다면 말이다. 사실 그러한 꿈은 최소한 어떤 인과적인 의미 내용을 추측하게끔 시사하고 있다. 꿈속에 반복되는 이른바 전형적인 주제에 관해서도 같은 말을 할 수 있다. 여기서도 사람들은 '무언가를 의미한다'는 인상을 떨쳐버릴 수가 없다.

그러나 납득할 만한 꿈의 의미를 얻으려면 어떻게 해야 할 것인가? 또한 그 해석의 정당성을 어떻게 증명할 수 있겠는가? 과학적인 방법은 아니지만 하나의 방법은 해몽서를 근거로 하여 미래에 일어날 사건을 그 꿈의 내용을 가지고 예언하고, 그 사건이 뒤에 일어나는 것을 보아서 그 해석을 검증해보는 경우가 있는데, 이것은 물론 꿈의 의미가 미래를 예견한다는 가정하에서 말할 수 있다.

꿈의 의미를 직접 증명할 수 있는 다른 가능성은 아마도 과거를 돌이켜보면서 꿈속에 나타난 특정한 주제를 가지고 과거의 체험들을 재구성하는 것일 것이다. 물론 이것이 제한된 범위에서는 가능하지만 그것이 결정적인 가치를 가질 수 있는 것은 오직 실제로 일어났으나 꿈꾼 사람에게는 무의식적인 채 잠재해온 것, 혹은 어떤 경우에도 스스로 내보이고 싶지 않은 내용을 인식할 때이다. 그러나 둘 다 아닌 경우라면 단지 꿈속에 나타난 기억의 상像일 뿐이다. 꿈속에 그런 기억의 상들이 나타난다는 것은 첫째 아무도 부정할 수 없는 사실이고, 둘째 의미심장한 꿈의 기능과의 관련에서 볼 때 대단히 하찮은 것이다. 즉, 꿈을 꾼 사람은 깨어 있는 상태에서도 그 기억의 상에 관한 정보를 잘 말해줄 수 있을 것이기 때문이다. 그러나 유감스럽게도 그런 작업으로 꿈의 의미를 직접 증명할 가능성은 사라지고 말 것이다.

프로이트의 커다란 공로는 꿈의 탐구를 도운 데 있다.[2] 그는 무엇보다도 우리가 꿈을 꾼 사람 없이 꿈을 해석할 수 없다는 사실을 인식했다. 하나의 꿈의 보고를 구성하고 있는 단어들은 한 가지 의미만을 가지고 있는 것이 아니라 많은 의미를 가지고 있다. 예를 들면 누군가가 탁자에 관해 꿈을 꾸었다면 우리는 꿈을 꾼 사람에게 그 '탁자'가 무엇을 의미하는지 모른다. 탁자라는 말이 분명한 말 같아도 말이다. 다시 말해 우리는 그 탁자가 그의 아버지가 꿈꾼 사람에게 더 이상의 재정 지원을 거절하고 쓸모없는 놈이라고 그를 집에서 내쫓았을 때 그 옆에 앉았던 탁자인지 모른다. 그 탁자의 반짝이는 표면은 낮의 의식 속에서나 밤의 꿈에서나 그의 비극적인 무능함의 상징으로 그를 노려보고 있다. 그것이 이 꿈꾼 사람이 '탁자'라는 말로 알고 있는 것이다. 그러므로 단어의 다양한 의미를 본질적인 것과 확신할 만한 것으로 좁히기 위해서는 꿈을 꾼 사람의 도움이 필요하다. 탁자가 꿈꾼 사람의 인생에서 하나의 괴로운 핵심을 제시하고 있다는 사실을 그 자리에 없던 사람들은 누구나 의심할 것이다. 그러나 꿈을 꾼 사람이나 나는 그것을 의심치 않는다. 분명히 꿈의 해석은 무엇보다도 우선 두 사람에게만 이론의 여지 없이 확증된 체험이다.

그러므로 만약 우리가 꿈속의 탁자가 바로 저 운명적인 탁자와 그에 속하는 온갖 것들을 의미한다는 사실을 확인하게 된다면 우리는 꿈 전체는 아니더라도 최소한 꿈의 개별적인 주제의 요점을 해석한 셈이다. 즉 탁자가 어떤 종류의 주관적인 문맥에 있는지를 인식한 것이다.

이와 같은 결론은 꿈을 꾼 사람의 착상着想, Einfälle을 물어보는 방법을 통해 얻은 것이다. 나는 꿈의 내용을 보기 위해서 프로이트가 시도한 그 밖의 방법은 물론 받아들이지 않는다. 왜냐하면 그 방법은 꿈이 '억압된 욕망'의 충족이라는 선입견을 전제로 하고 있기 때문이다. 그런 꿈이 있기는 하지만 그렇다고 곧 모든 꿈이 욕구 충족이라고 증명하기에는 거리가 있다. 의식적인 정신 생활의 온갖 생각들이 욕구 충족이라고 생각할 수 없는 것과 마찬가지다. 꿈의 밑바탕에 있는 무의식적 과정의 형식과 내용이 의식 과정보다 더 제약된 것이거나 간단명료하다고 가정할 만한 근거는 어디에도 없다. 우리는 오히려 후자, 즉 의식 과정이야말로 의식 생활의 규칙성, 심지어 단조로움을 본으로 삼아 묘사함으로써 스스로 이미 알려져 있는 유형들에 한정시키고 있다고 추정할 수 있다.

꿈의 의미를 확인하기 위해서 나는 위에 언급한 인식에 근거하여 하나의 방법을 만들어냈다. 그것을 나는 **맥락의 취합**Aufnahme des Kontextes이라고 하는데 그것은 꿈의 온갖 주목되는 세부 하나하나를 **꿈꾼 사람의 착상**을 통해 그것이 꿈꾼 사람에게 어떠한 함의로 나타났는지를 확인하는 것이다. 그러니까 내가 하는 일은 읽기 어려운 문장을 해독하는 일에 지나지 않는다. 이 방법이 결과적으로 당장 이해할 수 있는 문장을 만들어주는 것은 아니다. 흔히는 그저 많은 가능성 가운데서 의미 있는 것처럼 보이는 것이 드러나게 될 뿐이다. 나는 일찍이 한 청년을 치료한 일이 있다. 과거를 물었을 때 그는 '좋은' 집안의 딸과 약혼하여 행복하다고 말했다. 그러나 그의 꿈속에서는 약혼녀가 그에게 아주 불이익을 주는 식으로 나타나는 경우가 자주 있었다. 꿈의 맥락은 꿈꾼 사람의 무의식이 전혀 다른 소식통으로부터 나온 온갖 추문을 약혼녀의 모습과 결부시키고 있음을 보여주고 있었다. 그는 이것을 전혀 이해할 수 없었고, 나 또한 마찬가지였다. 꿈속에서 그런 결합이 끊임없이 반복되었기 때문에 나는 그가 의식적으로는 저항하고 있으나 그의 마음속에는 약혼녀의 그러한 이중적인 면을 보여주려는 무의식적 경향이 있다는 결론을 내렸다. 만약 그것이 사실이라면 정말 끔찍한 일이라고 했다. 그의 급성신경증은 약혼식을 하고 얼마 지난 뒤부터 생긴 것이었다. 상상할 수 없는 일이었으나, 그의 약혼녀에 관한 혐의가 내게는 엄청나게 중요한 문제인 듯싶었다. 그래서 나는 그에게 그녀에 관한 조사를 해보도록 권했다. 조사 결과 그 혐의는 충분히 근거가 있다는 사실이 알려졌는데, 불쾌한 발견의 '충격'은 환자를 때려눕힌 게 아니라 그의 신경증을 치유했고, 그를 약혼녀로부터 해방시켰다. 맥락을 취합하다 보니 결과적으로 이른바 '생각할 수 없는 것'이 되었고, 그와 함께 겉보기에 불합리한 꿈 해석이 되었지만 그럼에도 불구하고 뒤에 발견된 사실에 비추어볼 때 그 해석은 옳았다. 이 사례는 교육용 표본처럼 간단하다. 그러나 두말할 것 없이 그렇게 간단하게 해결되는 꿈이란 극히 드문 법이다.

물론 맥락의 취합은 간단하고 거의 기계적인 작업인데, 그것은 다만 본격적인 해석의 준비로서 의미가 있다. 그 뒤를 이어 읽을 수 있는 꿈의 문장을 만들어가는 것, 즉 꿈의 진정한 해석은 이에 비해서 대개 매우 부담이 큰 과제이다. 그것은 심리학적인 공감 및 종합 능력, 직관, 세계와 인간에 대한 지식, 무엇보다도 폭넓은 지식뿐 아니라 일종의 '가슴의 예지intelligence du cœur'를 필요로 하는 특수한 전문 지식을 미리 갖추고 있어야 한다. 이러한 전제 조건들은 심지어 가장 뒤에 언급된 것을 포함해서, 의학적 진단학의 기법 전반에 가치가 있다. 꿈을 이해할 수 있기 위해서 육감六感이 꼭 필요한 것은 아니다. 그러나 독자들이 통속적인 해몽서에서 발견하거나, 거의 언제나 선입견의 영향 아래 전개되는, 활기 없는 형식 이상의 것을 필요로 한다. 꿈의 주제에 대한 판에 박힌 해석은 피해야 한다. 정당한 해석은 오직 특수한, 주의 깊은 맥락 취합을 통해 해명되는 의미뿐이다. 이 영역(꿈의 해석)에서 많은 경험을 가진 사람일지라도 개별적인 꿈을 보기 전에 자기 자신의 무지를 고백하고, 온갖 선입견을 포기하면서 전적으로 예상치 못한 것에 대해 준비하는 자세를 갖추어야 한다.

꿈이 어떤 특정한 성질의 의식과 특정한 정신 상황에 관계되면 될수록 그 뿌리는 의식 현상의 인식할 수 없는 어두운 뒷면 속에 더욱 깊숙이 자리하고 있다. 이 뒷면을 우리는 표현의 부족으로 무의식이라 부른다. 우리는 무의식의 본체가 무엇인지 모른다. 오직 그 작용을 관찰할 뿐이며, 그 작용 양태로 미루어 거꾸로 무의식적 정신의 성질을 추론하고자 시도해볼 뿐이다. 꿈은 엄청나게 흔하고 평범한 무의식적 정신의 표명이기 때문에 그 대부분의 경험 자료는 무의식을 탐구하는 데 제공된다.

꿈의 의미가 대부분 의식의 경향과 일치되지 않고 특이한 차이를 나타내는 것으로 미루어볼 때, 우리는 꿈의 모체인 무의식이 독자적인 기능을 가지고 있다고 가정하지 않을 수 없다. 나는 이것을 무의식의 자율성이라고 규정한다. 꿈은 우리의 의지에 따르지 않을 뿐 아니라 심지어 의식의 의도에 대하여 날카로운 대극의 입장을 취한다. 그런데 그 대극이 항상 그렇게 뚜렷한 것은 아니다. 때로는 꿈도 의식의 입장 또는 경향과 그저 조금만 벗어나 있기도 하고 약간의 변형이 있기도 하다. 심지어 꿈은 의식의 내용과 경향에 때로는 일치되기조차 한다. 이런 상태를 설명하기 위하여 나는 적용할 수 있는 단 하나의 개념으로 **보상**Kompensation이라는 개념을 내놓았는데, 내가 보기에는 이것만이 꿈의 모든 작용 양식을 의미 있게 종합할 수 있다. 보상은 **보충하는 것**Komplementierung과 엄격하게 구별해야 한다. 보충은 너무도 좁고 제한된 개념이어서 꿈의 기능을 적절히 설명하는 데 충분하지 않다. 왜냐하면 그 개념은 이를테면 강제적으로 모자라는 것을 채우는 보완 관계를 가리키기 때문이다.[3] 반면에 보상은 그 용어가 말해주듯, 여러 가지 서로 다른 사항이나 관점의 비교와 대조이며 이를 통하여 조정 혹은 수정됨을 말한다.

이에 관련해서 세 가지 가능성이 있다. 생활 상황에 대한 의식의 태도가 지나칠 정도로 한쪽에 치우쳐 있으면 꿈의 관점은 반대편을 취한다. 의식이 비교적 '중앙'에 근접한 자세를 취하고 있으면 꿈은 의식과 비슷한 변이로 만족한다. 그러나 의식의 자세가 '옳으면'(적절하면) 꿈은 이와 일치되고 의식의 경향을 재강조한다. 그러나 그렇다고 무의식 특유의 자율성을 잃어버리지는 않는다. 어쨌든 한 환자의 의식 상황이 어떻게 평가되어야 할지 확실히 알 수는 없기 때문에 꿈을 꾼 사람에게 물어보지 않고 꿈을 해석한다는 것은 있을 수 없는 일이다. 그러나 우리가 의식의 상황을 안다고 해도 그것으로는 아직 무의식의 태도에 관해 아무것도 알 수 없다. 무의식이 꿈의 모체일 뿐 아니라 심인성 증상의 모체이기도 하기 때문에 무의식의 태도를 물어보는 것은 특히 임상적으로 중요하다. 남이 나와 함께 내 의식의 입장을 옳은 것으로 보든 보지 않든 상관없이 무의식은 나와는 '다른 의견'일 수 있다. 그것은—특히 노이로제일 경우에—결코 무관심한 것이 아니다. 그것이 무의식을 완전히 장악하고 흔히 심각한 결과를 빚는 실수로써 원치 않는 장해를 일으키거나 제 마음대로 신경증적인 증상을 만들어내는 한 그러하다. 이러한 여러 가지 장해는 '의식'과 '무의식'의 불일치에서 기인한다. '통상적으로는' 아마 그런 일치가 있어야 할 것이다. 그러나 사실은 그렇지 못한 경우가 많고, 이것이 대수롭지 않은 말실수에서 심한 재해와 질병에 이르기까지 무한히 많은 심인성 장해의 이유이다. 이러한 관련성을 지적한 점은 프로이트의 공적이다.[4]

훨씬 많은 사례에서 볼 때 보상은 정상적인 심적 평형을 이루는 것을 목표로 하고, 스스로 정신 체계의 일종의 자가 조정自家調整임을 보여주고 있지만, 그렇다고 이와 같은 인식에 만족해서는 안 된다. 왜냐하면 어떤 조건 아래서, 그리고 어떤 증례에서(예를 들면 잠재적 정신병의 경우에) 보상은 비극적인 귀결(심한 파괴적 경향), 예컨대 자살이나 그 밖의 이상 행동을 일으키게 하기 때문이다. 이것은 유전적 부담을 가진 몇몇 사람들의 생활 설계도 속에서 '예고'되어 있다.

신경증 치료에서는 '의식'과 '무의식'의 일치를 재현하는 것이 과제이다. 이것은 우리가 알다시피 '자연스러운 삶의 방식', 이성을 북돋워 주는 것, 의지의 강화에서 '무의식의 분석'에 이르기까지 다양한 방식으로 일어나고 있다.

보다 간단한 방법이 너무도 자주 실패하고, 그럴 때 의사는 어떻게 환자를 계속 치료해야 할지 모르기 때문에 꿈의 보상적 기능은 환영받을 만한 도움을 제공한다. 고대 그리스 아스클레피오스 신전에서의 사원寺院 수면의 꿈Inkubationsträumen에 관해서 보고된 것처럼, 현대인의 꿈이 꿈꾼 사람에게 직접 적절한 치유법을 알려준다는 이야기가 아니다.[5] 꿈은 환자의 상황을 건강을 촉진할 수 있는 방식으로 조명하는 것이다. 꿈은 추억, 통찰, 체험 등을 가져다주며, 잠자는 사람의 인격을 일깨우고 대인 관계에서 무의식적 요소를 드러낸다. 그러므로 자기의 꿈을 사명감에 찬 보살핌으로 오랜 기간 소화하기를 꺼려하지 않은 사람치고 그의 시야의 확대와 풍성함을 얻지 못한 사람은 거의 없다. 바로 보상적 태도 덕분에 연속적으로 일관되게 수행된 꿈의 해석은 새로운 관점을 트이게 하고, 두려워하던 정지 상태를 극복하는 새로운 길을 열어준다.

'보상'이라는 개념을 가지고 꿈의 기능의 매우 일반적인 특성을 제시하였다. 장기간의 어려운 치료에서 볼 수 있듯이, 만약 우리가 수백 개가 넘는 일련의 꿈을 관찰한다면 관찰자에게는 차츰 하나의 현상이 다가오게 된다. 그 현상은 개별적인 꿈에서 그때그때 보상된 것 뒤에 숨어 있어 보이지 않았던 것이다. 그것은 일종의 인격 발전 과정이다. 보상은 처음에는 관찰자에게 빗나간 평형 상태를 조화시키거나 일방성을 조정하는 양식으로 나타난다. 이에 비해서 좀더 깊이 통찰하고 경험하면, 이와 같은, 겉보기에 일회적인 보상 행위는 일종의 큰 기획 속에 배열되고 있음을 알 수 있다. 보상 행위는 서로 연관되고 더 심층적인 의미에서는 공동의 목표 아래 있어, 긴 꿈의 배열이 지리멸렬한 일회적 사건의 의미 없는, 산만한 나열에 불과한 것이 아니라, 마치 계획된 단계를 거쳐 지나가는 발전 또는 정리 과정Ordnungsprozess이다. 나는 이러한 긴 꿈의 계열의 상징성 속에 자율적으로 스스로를 표현하는 무의식 과정을 개성화 과정이라고 규정하였다.

꿈의 심리학을 서술적으로 정리해가고 있는 지금이야말로 꿈의 해석 사례를 제시하는 데 적합할 듯하지만 기술적인 이유로 그것은 전혀 불가능하다. 그러므로 나는 독자에게 나의 책 『심리학과 연금술』(『기본 저작집』 5와 6)을 제시한다. 그 책은 무엇보다도 일련의 꿈의 구조를 탐구한 책으로 특히 개성화 과정을 고찰한 것이다.

분석 과정이 아닌 경우에 얻은, 긴 일련의 꿈에서도 분석 과정의 꿈과 마찬가지로 개성화를 가리키는 발전 도정을 인식할 수 있는가 하는 의문은 이에 해당되는 연구가 부족하여 아직 완전한 해명을 보지 못하고 있다. 분석 과정은, 특히 그것이 체계적인 꿈의 분석을 포괄할 때, 스탠리 홀G. Stanley Hall이 언젠가 적절하게 논평했듯이 하나의 '촉진된 성숙 과정'이다. 그러므로 개성화 과정을 수반하는 주제는 주로, 그리고 무엇보다도 먼저 오직 분석 과정 안에서 얻은 꿈의 계열 속에서만 나타난다. 이에 비해서 '분석 외적인' 꿈의 계열에서는 그 주제가 아마 현저하게 긴 시간 간격을 두고 나타날 것이다.

앞에서 나는 꿈의 해석이 다른 지식과 함께 특수한 지식을 필요로 한다고 말했다. 나는 어느 정도의 심리학적 지식을 갖추었고, 인생 경험과 실습을 한 지적인 일반인이 꿈의 보상을 실제로 바르게 진단할 수 있으리라고 믿지만, 우리가 잘 알듯이 무엇보다 심리학적 보상을 바탕으로 하고 있는 개성화 과정에서는 신화나 민담 분야의 지식과 원시인의 심리학에 관한 지식, 비교종교학의 지식이 없는 사람이 그 본질을 이해할 수는 없다고 본다.

모든 꿈이 다 똑같이 중요한 것은 아니다. 원시인은 이미 '작은' 꿈과 '큰' 꿈을 구별하였다. 우리 같으면 '사소한' 꿈, '중요한' 꿈이라고 말할 것이다. 자세히 살펴보면 '작은' 꿈들은 주관적이며 개인적인 영역에서 매일 밤 떨어져 나온 환상의 조각들로서 그 의미는 일상적인 것 속에 소진될 수 있는 것들이다. 그래서 그런 꿈은 쉽게 잊어버린다. 왜냐하면 그런 꿈의 가치는 심리적 평형의 일상적인 동요의 범위를 넘어서지 않기 때문이다. 이에 반해서 뜻깊은 중요한 꿈은 평생 동안 기억에 남아 있으며, 그것은 흔히 심적 체험의 보고寶庫 속에서 가장 값진 것이다. "예전에 나는 이런 꿈을 꾸었어요!" 초면에 이런 말을 주저 없이 하는 사람을 나는 얼마나 많이 만났는지 모른다. 때로 그것은 그들이 기억할 수 있는 한 가장 최초의 꿈으로 3세와 5세 사이에 나타난 것이었다. 나는 그런 꿈을 많이 조사해보았는데, 다른 꿈과는 구별되는 특이함을 자주 발견하였다. 즉, 그 꿈에는 상징적인 모습들이 나타났으며, 그들은 우리가 인류의 정신사 속에서 마주치는 상像들이었다. 주목할 만한 것은 꿈꾼 사람이 그러한 유사점이 있다는 것을 상상하지 않고 있다는 사실이다. 이런 특이성은 개성화 과정의 꿈에도 해당된다. 그 꿈들 속에 이른바 신화적 주제 또는 신화소神話素가 포함되어 있는데, 나는 이를 '원형原型, Archetypen'이라고 불렀다. 그것은 특수한 심적 방식과 그림으로 나타나는 맥락들을 의미하는데, 언제, 어디서나 나타날 뿐 아니라, 개별적인 꿈, 공상, 환상적 이미지와 망상관념 속에서도 일치된 형태로 발견된다. 개인 사례에서 흔히 나타날 뿐 아니라 어느 민족에서도 보편적으로 나타난다는 사실은, 일회적이고 주관적 또는 개인적인 것은 인간 심혼의 일부일 뿐이고 나머지는 집단적이며 객체적임을 증명하는 것이다.[6]

그러므로 우리는 한편으로는 개인적인 무의식에 관해서, 다른 한편으로는 의식에 가까운 개인적 무의식보다 더 깊은 층을 표현하는 집단적인 무의식에 관하여 말한다. '큰' 꿈, 또는 중요한 꿈은 집단적 무의식의 보다 깊은 층에서 나온 것들이다. 그 꿈에 대한 꿈꾼 사람의 주관적인 감명은 논외로 하더라도 벌써 그것이 지닌 생생한 형상을 통해 그 꿈이 중요한 꿈임을 암시하며, 그 형상은 시적詩的인 힘과 아름다움을 나타내는 경우가 흔하다. 그런 꿈은 대개 인생의 운명을 결정하는 시기에 일어난다. 즉 어린 시절, 사춘기, 중년(36세에서 40세), 그리고 죽음이 다가왔을 때이다. 그 꿈을 해석하는 데는 큰 어려움이 뒤따른다. 왜냐하면 꿈을 꾼 사람이 도움받을 수 있는 정보가 매우 부족하기 때문이다. 원형적 형상에서 문제되는 것은 개인적인 경험이 아니라 일반적인 관념들이며, 그 관념의 주된 가치는 그것이 보편적 관념 특유의 의미를 가지고 있다는 점에 있는 것이지, 그것이 어떤 개인적인 체험과 이에 관련된 것들에 있는 것은 아니다. 예를 들면 한 청년이 꿈에 지하 동굴에서 황금 접시를 지키고 있는 커다란 뱀을 보았다고 하자. 그는 동물원에서 한 번 거대한 뱀을 본 적이 있기는 하다. 그러나 그 밖에는 무엇 때문에 그런 꿈을 꾸게 되었는지 동화 같은 이야기를 기억하는 것 말고는 아무것도 말할 수 없었다. 이와 같은 불만족스러운 맥락에 따라 이 꿈의 의미를 추론한다면 그렇게 강렬한 정감을 일으킨 그 특이한 꿈은 하찮은 의미만을 얻을 뿐이다. 그것으로는 그 꿈의 두드러진 정동성情動性이 설명되지 않는다. 그런 경우에 우리는 뱀이나 용, 보배, 동굴이 영웅의 삶의 시련을 묘사하고 있는 신화소로 되돌아가 이를 근거로 삼아야 한다. 그렇게 할 때 여기에 집단적 정동이 관계한다는 것, 즉 전형적인 정감에 찬 상황과 관계되며 그것은 먼저 첫째로 개인적인 체험이 아니고 이차적으로 그렇게 체험된 것임을 알 수 있다. 일차적으로 그것은 보편적인 인간적 문제로서 주체에 의해 간과되었으므로 객체에 의해 꿈을 꾼 사람의 의식에 밀려든 것이다.[7]

중년기의 남자는 아직 젊다고 느끼고 노년과 죽음은 그와는 거리가 멀다고 생각한다. 그러나 그는 36세경에 그 사실의 의미를 의식함이 없이 삶의 절정을 넘어선다. 그의 타고난 소질과 재능이 너무나 큰 무의식성을 견디지 못하는 사람이라면 아마도 이 순간의 인식이 그에게 원형적 꿈의 형태로 엄습할 것이다. 그는 자세히 취합한 꿈의 맥락의 도움으로 부질없이 그 꿈을 이해하려 할 것이다. 왜냐하면 그 꿈은 낯선 신화적 형태로 표현되고 있는데 꿈꾼 사람에게는 익숙한 것이 아니기 때문이다. 꿈은 집단적 형상들을 이용하고 있다. 왜냐하면 꿈은 개인의 균형 장해가 아닌, 영원한, 끝없이 반복되는 인간의 문제를 표현하고자 하기 때문이다.

보편타당한 인간적 숙명의 법칙이, 개인적 의식의 의도와 기대, 그리고 견해를 부수어버릴 때, 개인의 삶의 모든 순간들은 동시에 개성화 과정의 길을 따라 존재하는 정류소들이다. 이 과정은 그러니까 자율적인 전체 인간의 실현이다. 자아 의식적 인간은 살아 있는 전체의 일부일 뿐이며, 그의 삶은 아직 전체의 실현을 묘사하지 못한다. 그가 단순한 자아Ich에 불과한 존재일수록 그 또한 그것인 집단인간으로부터 분리되며 심지어 그 반대극으로 빠지게 된다. 그러나 모든 살아 있는 것은 자신의 전체성을 향해 나아가므로 피할 수 없는 의식 생활의 일방성에 대하여 끊임없는 수정과 보상이 우리 가운데 있는 보편적 인간적 본질 쪽에서 일어나며, 그것은 궁극적인 무의식의 의식으로의 통합, 혹은 자아의 보다 넓은 인격으로의 동화를 목표로 한다.

'큰' 꿈의 의미를 옳게 파악하려면 이상과 같은 숙고가 불가피하다. 큰 꿈은 저 반신半神의 성질을 지닌 출중한 인간, 영웅의 삶의 특징을 보이는 수많은 신화소를 이용하고 있다. 여기에 성인식Initiation에서 보는 것과 같은 위험한 모험과 시련이 있다. 나쁜 용과 도움을 주는 동물들과 귀령들이 있다. 우리는 노현자老賢者, 반쪽은 짐승인 인간, 숨겨진 보배, 마법의 나무, 샘, 동굴, 울타리로 에워싼 뜰, 변환의 과정들과 연금술의 물질 등, 일상의 범속에서는 접할 수 없는 것들을 만나게 되는데, 왜냐하면 아직 이루어지지 않았고 이제 막 이루어지려는 인격 부분의 실현이 여기에 관계하기 때문이다. 네부카드네자르의 꿈의 모상模像(이 책 표제 그림 참조)은 그러한 신화소들이 서로 응축되고 수정되면서 꿈에 나타나는 양식을 묘사하고 있다.[8] 그 그림이 겉보기에는 그의 꿈을 묘사한 것처럼 보이지만 그 세부를 자세히 살펴보면, 그 그림은 마치 그것을 그린 예술가가 또 한 번 꿈을 꾼 것처럼 되어 있다는 것을 곧 알 수 있을 것이다. 나무는—비역사적 방식으로—왕의 배꼽에서 자라고 있다. 그러니까 그 나무는 시조, 아담의 배꼽에서 자라는 저 그리스도의 조상의 계보이다.[9] 그러므로 그 나무는 꼭대기에 자기의 피로 새끼를 양육하는, 저 잘 알려진 '그리스도의 비유'인 펠리컨을 이고 있다. 펠리컨은 그 밖에도 4복음자 대신에 서 있는 네 마리 새, 4복음자의 상징과 함께 5점형五點形, Quincunx(구형 네 모퉁이에 한 점씩, 그 대각선상에 한 점을 배치한 형)을 이루고 있다. 같은 5점형은 또한 그림의 아랫부분에서 발견되는데, 그리스도의 상징인 수사슴[10]과 기대에 찬 눈초리로 위를 바라보고 있는 네 마리 짐승이 그것이다. 이 두 가지 4위에 가장 밀접한 관계를 가지고 있는 것은 연금술의 표상이다. 즉 위에 날개, 아래로 땅, 앞의 것은(보통 볼 수 있듯이) 새, 뒤의 것은 네 발 짐승으로 묘사되는 표상이다. 그러니까 꿈의 상을 묘사하면서 가계家系와 복음 4위의 기독교적 표상뿐 아니라 이 중 4위성이라는 연금술적 사상, '아래가 있음으로써 위가 있다, 위는 아래와 같다Superius est sicut quod inferius'가 끼어든 것이다. 이러한 오염은 개인의 꿈이 어떻게 원형들을 이용하고 있는지를 가장 잘 보여주고 있다. 원형들은 이곳에서 보듯 상호 간에서뿐 아니라 일회적으로 개인적 요소들 속에 응축되고 엮어지고 섞이게 된다.[11]

그런데 만약 꿈이 그렇게 중요한 보상을 일으킨다면 왜 꿈은 그렇게 이해하기 어려운 것인가? 나는 흔히 이런 질문을 받는다. 여기에 대해 우리는 이렇게 대답할 수 있을 것이다. 꿈은 자연의 사건이라는 것, 그리고 자연은 그의 열매를 공짜로 나누어주거나, 인간의 기대에 맞추어 제공하는 경향을 전혀 가지고 있지 않다는 것이다. 가끔 사람들은 항변한다. 우리가 꿈을 이해할 수 없다면 보상이란 효과가 없는 것이라고. 그러나 그것은 그렇게 확실하지 않다. 왜냐하면 꿈을 이해하지 못해도 많은 효과가 있기 때문이다. 물론 우리가 그것을 이해함으로써 그 효과가 현저히 높아지는 것은 말할 것도 없고, 무의식을 건성으로 보아 넘기는 경우가 많기 때문에 꿈을 이해한다는 것은 필수적이다. 연금술에 이런 말이 있다. "자연이 미완성인 채 내버려둔 것을 예술이 완성한다! Quod natura relinquit imperfectum, ars perficit!"

이제 마지막으로 꿈의 형상에 관해서 볼 때, 여기에는 번개같이 순간적으로 번뜩이는 인상에서 끝없이 긴 꿈의 실타래 같은 얽힘에 이르기까지 온갖 것이 발견된다. 그래도 대다수의 '평균적'인 꿈이 있어 그 속에서 일종의 구조가 인식된다. 그것은 극劇의 구조와 닮았다. 예를 들어 꿈은 장소의 진술로 시작된다. ① '나는 거리에 있다. 그것은 가로수 길이다' 또는 ② '나는 호텔 비슷한 큰 건물 안에 있다' 등, 여기에 추가해서 흔히 행동하는 인물에 관한 진술이 나온다. 예를 들면, ③ '나는 친구 X와 어떤 거리의 공원을 산책한다. 십자로에서 우리는 느닷없이 Y 부인과 마주친다.' ④ 나는 부모와 함께 기차 객실에 앉아 있다. 또는 ⑤ '나는 제복을 입고 있으며 많은 동료들이 내 주위에 있다' 등등. 시간의 진술은 드문 편이다. 나는 이 단계의 꿈을 제시부Exposition라고 한다. 여기서는 행위의 장소, 행동하는 인물들과 출발 상황이 흔히 진술된다.

두 번째 단계는 착종Verwicklung이다. 예컨대, ① '나는 거리에 있다. 그건 가로수길이다. 멀리에 자동차가 나타나더니 갑자기 이쪽으로 가까이 달려온다. 그 차가 달리는 것이 눈에 띄게 불안하다. 나는 운전수가 필시 술에 취했나 보다라고 생각한다.' 또는 ③ 'Y부인은 무척 흥분하고 있는 것 같다. 분명 내 친구 X가 듣지 못하게 내게 급히 무엇인가를 귀띔해주려고 한다.' 상황은 어쩐지 복잡해지고 이제 무엇이 나올지 모르기 때문에 어떤 긴장이 감돌고 있다.

세 번째 단계는 절정Kulmination 또는 급전急轉, Peripetie이다. 여기서는 어떤 결정적인 일이 일어난다. 혹은 어떤 것이 반전한다. 예를 들면, ① '별안간 나는 차 속에 있고 나 자신이 그 술 취한 운전사인 것 같다. 나는 급히 달리는 차를 멈출 수 없다. 마침내 쾅 하고 담벽에 부딪쳤다.' 혹은 ③ '갑자기 Y부인의 얼굴이 창백해지더니 바닥에 쓰러졌다.'

네 번째의 마지막 단계는 해소Lysis, 해결Lösung 또는 꿈 행위의 결과이다(네 번째 단계가 빠진 꿈이 있는데 이것은 경우에 따라서는 특별한 문제를 제기한다. 여기서는 논의하지 않는다). 예컨대, ① '나는 차의 앞쪽이 찌그러진 것을 본다. 그것은 낯선 차이다. 나는 다치지 않았다. 나는 좀 불안한 마음으로 나의 책임에 관해 깊이 생각해본다.' 또는 ③ '우리는 Y부인이 죽었다고 생각했다. 그러나 잘 보니 그저 기절한 것뿐이다. 친구 X가 소리쳤다. 의사를 불러올게!' 마지막 단계는 종결된 사실을 알려주는데 그것은 또한 '추구하던' 결과이기도 하다. 꿈 ①에서는 분명 일종의 조종 상실의 혼란 뒤에 새로운 자각이 나타나고 있다. 다시 말해서 꿈은 보상적인 것이니 그런 자각이 나타나야 하는 것이다. 꿈 ③에서는 그 결과는 경쟁적인 제3자의 도움이 적절하다는 생각으로 표현된다.

첫 번째 꿈을 꾼 사람 ①은 힘든 가족 상황 때문에 정신이 없던 한 남자인데 최악의 상황이 오지 않기를 바랐던 사람이다. 두 번째 꿈을 꾼 사람 ③은 자신의 신경증을 정신치료자의 도움에 맡기는 것이 옳은 일인지 의심하고 있었다. 이상의 진술로 꿈이 해석된 것은 아니다. 다만 그 출발 상황을 대강 그려본 것뿐이다. 이 네 단계의 구분이 실제로 나타나는 대다수의 꿈에 별 어려움 없이 적용되는 것으로 보아, 대부분의 꿈이 '극'의 구조를 가지고 있다는 것을 증명한다고 할 수 있다.

꿈 행위의 근본 내용은 앞에서 제시한 것처럼 의식의 관점의 일방성, 착오, 회피 또는 그 밖의 결함에 대한 일종의 섬세하게 조율된 보상이다. 귀족인 히스테리 여자 환자 중의 한 사람은 지나칠 정도로 한없이 고귀한 체 행동했는데, 꿈에서는 연달아 더러운 생선가게 아낙네와 술취한 창녀를 만나고 있었다. 보상은 극단적인 경우에는 너무도 위협적이어서 그것이 무서워 잠을 못 자는 경우가 있다.

그러니까 꿈은 꿈을 꾼 사람을 철저하게 무시하거나 인자롭게 도덕적으로 지지해줄 수 있다. 앞의 경우는 방금 언급한 여자 환자처럼 자기 자신을 너무 좋게 생각하는 사람들 사이에서 잘 나타나고, 뒤의 경우는 자기를 너무 대수롭지 않게 여기는 사람들에게서 나타난다. 그러나 때때로 우쭐대는 사람은 꿈속에서 자기를 낮추기보다 상상할 수 없을 정도로 자기를 높여서 아주 웃음거리가 되고, 지나치게 겸손한 사람은 꿈속에서도 마찬가지로 상상할 수 없을 만큼 자기를 업신여긴다. "불쾌한 것을 누누이 지껄인다"고 영국인이 말하는 것처럼 말이다.

꿈과 꿈의 의미에 관해서 조금은 알지만 충분히 알고 있지 못한 사람들은, 교묘한, 마치 일부러 그러는 것처럼 보이는 꿈의 보상 작용에 인상을 받는 나머지 꿈이 실제로 도덕적인 의도를 가지고 있어 경고하고, 나무라고, 위로하고, 미리 말한다는 등의 편견에 쉽게 빠진다. 이로써 다음과 같은 것을 가정할 수 있다. 사람들은 무의식이 무엇이든 더 잘 알고 있다고 생각하여 그들이 내려야 할 결정과 결심을 꿈에 미루고자 하는 유혹에 쉽게 빠지며 그러고 나서 꿈이 차츰 더 하찮은 것을 나타내면 그만큼 실망한다.

경험에 의하면 꿈의 심리학을 몇 가지 알게 되면 쉽게 무의식을 과대평가하여 의식의 결정력을 해친다. 그러나 무의식은 의식이 자신의 과제를 그 가능성의 끝까지 완수할 때라야만 만족스럽게 기능을 발휘한다. 그래도 아직 부족한 것이 있다면 꿈이 이를 보충할 수 있을 것이다. 혹은 꿈은 최선의 노력으로도 좌절한 경우에 그를 계속 도울 것이다. 만약 무의식이 의식보다 정말 우월하다면 의식의 유용성이 결국 어디에 있으며, 도대체 왜 계통 발생에서 의식 현상이 필수적인 것으로 생겨났는지를 통찰하기 어려울 것이다. 만약 의식이 단순한 자연의 놀이라면 이 세계와 그 자신의 존재함을 안다는 사실에 아무런 의미도 부여할 수 없을 것이다. 의식이 자연의 놀이라는 견해는 좀 소화하기 어려운 말이다. 그러므로 이 주장은 심리학적 이유로 해서 이 말이 바르다 하더라도 삼가야 할 것이다. 다행히 우리는 앞으로도 그것을 증명할 수 있는 위치에 결코 있지 않을 것이다.(그 반대를 증명하는 것도 마찬가지다!) 이 문제는 형이상학의 영역에 속하는데 거기서는 진리의 기준이 없다. 그러나 그것이 형이상학적 관점이 인간 정신의 안녕에 매우 중요하다는 사실을 경시하는 것은 결코 아니다.

꿈의 심리학의 탐구에서 우리는 아득히 먼 철학적 문제와 심지어 종교적인 문제들에 부닥친다. 그것을 이해하는 데는 바로 꿈의 현상이 결정적인 기여를 했다. 그러나 우리는 오늘 이미 이 파악하기 어려운 현상의 설명이나 만족할 만한 보편타당한 이론을 갖고 있다고 자랑

할 수는 없을 것이다. 그러기에는 무의식적 정신의 본체가 아직 너무도 알려져 있지 않다. 이 영역에서는 아직 끝없이 많은, 참을성 있고 편견 없는 연구가 수행되어야 하며, 아무도 그런 연구를 싫어하지 않을 것이다. 왜냐하면 탐구의 의도는 가장 올바른 학설을 소유하고 있다고 착각하는 데 있지 않고, 모든 이론을 의심하면서 차츰 진실에 다가가는 것이기 때문이다.

번역: 이부영

콤플렉스 학설의 개요

현대 심리학은 그 대상보다 방법에 인식상의 의의를 더 크게 둔다는 점에서 현대 물리학과 공통점이 있다. 심리학의 대상인 정신은 한없는 다양성, 비규정성 그리고 무한정성이라는 특징을 가지고 있다. 그래서 정신에 관한 규정은 필연적으로 어려울 수밖에 없고, 더욱이 불분명하기조차 하다. 이에 비해서 정신을 대하는 관찰양식과 여기서 도출된 방법을 통해 내려진 규정들은 양적으로 알려진 크기를 하고 있고 최소한 그래야만 한다. 심리학적 연구는 이러한 경험적 혹은 임의로 정한 요인에서 출발하고 있고, 바로 이런 양적 크기의 변화로 정신을 관찰한다. 그렇게 함으로써 정신적인 것은 그때그때의 방법이 가정한, 개연적 행동 양식의 장해로서 나타난다. 이런 과정의 원칙을 좀 깎아내려서 말한다면 일반적인 자연과학적 방식이다.

이런 상황 아래서 모든 것은 방법상의 전제에 의해 좌우되고, 그 결과도 주로 방법상의 전제에 의해 규정된다는 것은 너무도 자명한 사실이다. 비록 인식의 본질적 대상이 어느 정도는 함께 작용한다고 하더라도 그 경우에 그 대상이 자율적 존재로서 방해를 받지 않은 본래의 상황에서처럼 태도를 취하지 않는다. 어떠한 실험 기획이 정신적 과정을 직접 파악하는 것이 아니라, 우리가 흔히 **실험 상황**이라고 부르는 심리적 제약이 실험과 정신 과정 사이에 끼어든다는 사실은 실험심리학, 무엇보다도 정신병리학 분야에서 이미 오래전부터 인식하고 있었다. 이러한 정신적 '상황'은 경우에 따라서 전체 실험을 위태롭게 할 수 있다. 왜냐하면 그 실험 상황이 실험 기획과, 심지어 실험이 기초를 이루는 의도마저 **동화**Assimilation하기 때문이다. 여기서 **동화**란 실험을 잘못 판정하는 피검자의 태도를 뜻하는데, 그것은 예를 들어 실험이란 지능을 검사하는 것이라든가 혹은 실험 장치 뒤에 숨어서 비밀을 캐려고 던지는 경망스런 시선과 같은 것이라고 가정하는, 어쩔 수 없는 경향 때문에 생기는 것이다.

우리는 그것을 주로 연상 검사에서 경험하였다. 여기서 연상 검사의 방법이 목적으로 하는 것, 즉 평균 반응 속도와 반응 특성을 확인하는 일은 실험 방법이 정신의 자율적 활동에 의해서, 다시 말해 동화에 의해서 어떻게 **방해받는**가 하는, 방식과 방법에 비하여 비교적 부수적인 결과라는 사실을 발견했다. 그때 나는 소위 **감정적으로 강조된 콤플렉스**를 발견했는데, 이전에는 사람들이 이것을 늘 반응 실패라고 여겼다.

콤플렉스의 발견 또한 이러한 콤플렉스에 의해 일어난 동화同化현상의 발견은 콩디야크[1]로 거슬러 올라가는 오래된 견해, 즉 하나하나의 고립된 정신 과정을 연구할 수 있다는 견해가 얼마나 허약한 토대 위에 서 있는가를 분명히 가르쳐주고 있다. 따로 고립된 어떠한 삶의 과정도 있을 수 없는 것처럼 따로 고립된 어떠한 정신적 과정도 없다. 어떤 경우든 그것들을 따로 고립시킬 실험적인 수단을 우리는 아직 발견하지 못했다.[2] 특별히 훈련된 주의력과 집중력에 의해서만 실험의 의도에 상응하도록 하나의 과정을 외관상으로 고립시킬 수 있을 뿐이다. 그러나 이것은 다시 하나의 **실험 상황**인데 위에서 서술한 실험 상황과 다른 점이 있다면, 이전에는 무의식의 열등 콤플렉스가 작용하였으나 이번에는 의식이 동화하는 콤플렉스의 역할을 떠맡았다는 것뿐이다.

여기서 나는 실험의 가치를 원칙적으로 의문시하는 것이 아니라 단지 그 가치를 비판적으로 제한하려는 것일 뿐이다. 지각이나 운동반응과 같은 정신생리학적 과정의 영역에서는 실험이 검사의 목적에 의해 방해받지 않는다는 것이 자명하므로 순수한 반사 기전이 우세하고, 실험이 근본적으로 방해받지 않기 때문에 동화가 거의 일어나지 않는다. 그러나 복잡한 정신적 과정을 다루는 영역에서는 사정이 다르다. 여기서는 실험 실시 조건이 전적으로 특정의 가능성에만 국한하지 않는다는 사실을 인식하게 한다! 특별한 목적 설정에 의하여 보장된 확실성이 제거되면 그 대신에 불특정한 가능성들이 경우에 따라서 나타나는데, 이것은 벌써 실험 상황의 초기에 바로 일어난다. 우리는 이것을 배열이라고 부른다. 배열은 외적 상황에 의하여 어떠한 내용을 모으고 준비하는 정신적 과정이 유발된다는 사실을 개념적으로 말한다. '사람이 배열되다'라는 표현은 사람이 아주 특정한 방식으로 반응하게 되는 일종의 기다리며 준비하는 상태에 관계됨을 말한다. 배열은 자기도 모르게 나타나는 일종의 자발적인 과정으로 누구도 자기 마음대로 중단할 수 없다. 배열된 내용은 특정의 **콤플렉스들**인데, 이것은 고유의 특수한 에너지를 보유하고 있다. 문제가 된 시험이 연상 검사라면 콤플렉스는 대체로 연상 과정에 커다란 영향을 끼친다. 즉 콤플렉스는 반응 장해를 일으키거나, 혹은 드물게 방어적으로 더 이상 자극 단어의 의미에 걸맞지 않는 **특정한 반응 양식**을 일으킨다. 지식 수준이 높고, 의지가 강한 피험자는 언어적·행동적으로 노련하기 때문에 자극어가 콤플렉스에 이르지 못할 정도의 짧은 반응 시간을 보임으로써 자극어의 의미를 포장할 수 있다. 그러나 이런 경우는 실제로 심각한 개인의 비밀이 지켜져야만 하는 상황에서 성공한다. 단어들로 생각을 감추는 탈레랑Charles Maurice de Talleyrand의 기술은 단지 극소수의 경우에만 할 수 있다. 지적이지 않은 사람들, 특히 주부들과 같은 사람들은 종종 아주 우스꽝스러운 상像이라고 해야 할 소위 **가치성 서술어**로 반응하여 자신을 방어한다. 가치성 서술어는 아름답다거나 좋다거나 달콤하다거나 혹은 친절하다는 등의 감정적인 수식어들을 말한다. 검사를 할 때 어떤 사람들은 내면적으로 참여하지 않고 있음을 감추거나 또는 대상과 자신의 사이에 거리를 두기 위하여 모든 것을 흥미롭다거나 자극적이라거나 좋다거나 또는 아름답게—영어로는 좋다거나 대단하다거나 굉장하다거나 훌륭하다거나 혹은 매혹적으로—느낀다고 하는 것을 그리 드물지 않게 볼 수 있다. 더욱이 대부분의 피실험자들은 자신의 콤플렉스가 어떤 특정 자극어를 집어내고 지연된 반응 시간과 같은 일련의 반응 장해 증후를 나타내는 것을 막지 못한다. 우리는 이러한 실험들을 베라구트[3]가 처음으로 이에 관련하여 적용했던 전기적電氣的 저항력의 측정과 결부시킬 수 있는데, 이때 소위 **심리 유전기성**流電氣性 반사 현상이 콤플렉스에 의한 장해 반응의 또 다른 징후들을 제공한다.

　연상 검사는 다른 간단한 심리적 실험과 달리 둘이서 대화하는 상황을 최대한으로 정확하게 양적·질적인 규정으로 표현한다는 점에서 일반적으로 흥미를 자아낸다. 특정한 문장 형식의 질문이 아니라 모호하고 여러 의미가 내포되어 그 때문에 뭔가 마음을 건드리는 자극어를 주어서, 문장으로 대답하는 대신 한 단어로 반응하게 한다. 반응 장해를 정확히 관찰함으로써 보통의 대화에서는 종종 고의적으로 지나쳐버리는 사실을 파악하고 기록하여, 표현되지 않은 배경과 내가 앞서 지적한 준비 상태 혹은 배열을 확인할 수 있도록 한다. 연상 검사에서 일어난 것은 두 사람이 나누는 대화나 별다를 바가 없다. 두 사람 간의 대화처럼 연상 검사에서도 대화를 하는 상대방을 포함한 대화의 대상이나 상황 전체를 동화하는 콤플렉스들이 있어서 이것들이 필요에 따라서 배열되는 실험 상황이 일어난다. 그 때문에 대화는 대답하는 사람의 의도가 콤플렉스들의 배열에 의해 저지당하고, 때에 따라서는 이후에 다시 기억하지도 못하는 엉뚱한 답변을 하여 대화의 객관적 특성과 고유한 목적을 상실하고 만다. 후자의 경우 범죄수사학에서 증인을 반대신문하는 데 사용해왔다. 심리학에서는 이것을 기억상실이나 기억의 오류를 발견하고 지적하는 재생 실험이라고 한다. 예를 들어 피실험자가 각 자극어에 대해 대답한 것을 기억에 환기하도록 이미 실행한 1백 개의 반응에 대해 질문하는 것이다. 보통 기억상실이나 오류는 언제나 콤플렉스에 의해 연상이 방해받는 영역에서 규칙적으로 나타난다.

나는 지금까지 의도적으로 콤플렉스의 특성에 관해 다루지 않고, 콤플렉스에 대하여 이미 잘 알고 있을 것이라는 것을 암암리에 전제하고 말하였다. 심리학적 의미의 '콤플렉스'라는 용어는 독일어와 영어에서 일상 용어로 통용되고 있다. 오늘날 우리는 누구나 '콤플렉스를 가지고 있다'는 것을 안다. 그러나 콤플렉스가 그 사람을 가지고 있다는 사실은 잘 모르고 있다. 그러나 이론적으로는 이것이 더욱 중요하다. 의식을 '정신'과 같은 것으로 여겨 의식의 통일성과 그의 의지를 최상이라고 주장하는 순진한 전제 때문에 콤플렉스가 현존한다는 것을 의심하는 것이다. 각 콤플렉스의 배열에 의해 의식의 상태는 장해를 일으킨다. 의식의 통일성은 깨져버리고 의지적 의도는 곤경에 빠지며, 심지어 실행 불가능 상태가 되어버린다. 기억력 또한 종종 위에서 보는 바와 같은 처지에 놓인다. 콤플렉스는 때에 따라서 에너지로 표현되며 의식의 의도를 넘어설 정도의 커다란 가치를 가지는 심리적 요인임에 틀림없다. 그렇지 않다면 그렇게 마음대로 의식의 질서를 어지럽히는 일이 결코 가능하지 않을 것이기 때문이다. 실제로 활동 중인 콤플렉스는 일시적으로 우리를 부자유의 상태, 강박적 사고 및 행동 상태에 처하게 한다. 그것은 경우에 따라서는 '제한적 판별 능력'이라는 법률적 개념에 알맞은 것이다.

그렇다면 학문적으로 '감정이 강조된 콤플렉스'란 무엇인가? 그것은 감정적으로 강조된 어떤 특정한 심리적 상황의 이미지, 즉 상像, Bild으로서 습성화된 의식 상황이나 태도와 상용할 수 없는 것이다. 이러한 상은 내적인 폐쇄성을 지니고 있으며, 그 자체로서 전체이고, 비교적 높은 수준의 자율성을 지니고 있다. 말하자면 의식적 계획의 지배를 거의 받지 않으며, 마치 의식의 영역에서 하나의 살아 있는 이물체처럼 행동한다. 일반적으로 콤플렉스는 강한 의지에 의해서 억압될 수 있지만 제거할 수는 없으며, 적절한 기회가 오면 본래 가지고 있던 힘을 가지고 다시 등장한다. 어떤 실험적 연구에 의하면 콤플렉스의 강도 곡선, 혹은 활동 곡선은 물결 모양의 특징을 보이고 있으며, 한 파장波長은 몇 시간, 며칠, 혹은 몇 주에 걸쳐 지속된다고 한다. 그러나 이러한 매우 복잡한 문제는 아직 완전히 밝혀진 것이 아니다.

오늘날 우리가 의식의 해리 가능성에 대하여 폭넓게 알게 된 것은 프랑스의 정신병리학자 피에르 자네의 공헌 덕분이다. 자네는 모턴 프린스Morton Prince와 함께 4중, 5중으로 분리된 인격을 밝혀내는 데 성공하였는데, 각 인격의 부분들은 조각이기는 하지만 각각의 고유한 성격과 기억을 가진다는 사실이 판명되었다. 각 부분은 상대적으로 서로 독립하여 존재하며, 언제든지 서로 교체가 가능한데, 즉 각 부분은 고도의 자율성을 가진다. 콤플렉스와 관련된 나의 확인들은 정신적 분해 가능성이라고 하는 이러한 불안정한 상像을 보완한다. 부분 인격과 콤플렉스 사이에는 근본적으로 아무런 차이가 없기 때문이다. 부분 인격과 콤플렉스는 부분 의식에 대한 까다로운 문제에 이르기까지 전반적으로 공통되는 특징들을 가지고 있다. 부분 인격은 의심할 나위 없이 나름의 의식을 가지고 있으나 콤플렉스처럼 그렇게 작은 정신의 파편 또한 나름의 고유한 의식을 가질 수 있는가 하는 문제에 대해서는 아직 답을 하지 못하고 있다. 나는 종종 이 문제에 매달려왔음을 고백한다. 콤플렉스들은 데카르트적 작은 악마처럼 행동하고, 도깨비같이 배회를 하면서 흥겨워하는 것 같다. 콤플렉스들은 틀린 단어를 혀에 올려놓게 하고, 소개해야 할 바로 그 사람의 이름을 지워버리고, 연주회의 가장 아름다운 피아노 대목에서 기침을 하게 하고, 너무 늦게 도착하여 눈에 띄지 않으려고 조심하는 사람을 의자에 걸려 넘어져 커다란 소음을 내게 한다. 콤플렉스들은 장례식에서 애도 대신 축하를 하게 만드는데, 그들은 프리드리히 테오도어 피셔가 죄 없는 대상들에 혐의를 둔 악의 주범이다.[4] 콤플렉스들은 우리의 꿈속에서 행동하는 사람들이다. 그들 앞에서 우리는 그저 속수무책이다. 콤플렉스들은 덴마크 민담의 목사님 이야기에서 그 특성을 잘 드러낸 요정과도 같은 존재이다. 이야기에 의하면, 목사님이 두 요정에게 주기도문을 가르치려고 했다. 그 요정들은 제대로 따라하려고 온갖 노력을 다 했지만, 벌써 첫 문장부터 "하늘에 계시지 않는 아버지시여"라고 말해버린다. 이것은 콤플렉스가 이론적인 기대에 걸맞게 가르칠 수 없는 것임을 보여주는 예라 하겠다.

    학문적인 문제를 이런 식으로 은유화한다고 너무 화내지 않기를 바란다. 콤플렉스 현상에 관한 철저히 객관적인 설명조차도 콤플렉스의 자율성이라는 인상적인 사실을 피할 수 없다. 그리고 그 본성을 깊이 탐구하면 할수록—나는 거의 콤플렉스의 **생물학**을 탐구한다고 말하고 싶을 정도다—콤플렉스가 부분 영혼적 특징을 가졌음이 더 뚜렷하게 드러난다. 꿈의 심리학은 의식이 콤플렉스들을 억압하지 않을 때, 콤플렉스들이 어떻게 의인화되어 나타나는지를 분명하게 보여준다. 마치 밤이면 집 안에서 온갖 소란을 피우는, 민담 속의 작은 요정들과 같다. 이 같은 현상을 우리는 정신병과 같은 데서 관찰할 수 있다. 거기서 콤플렉스는 '큰소리'를 내고, 인격적 특징을 가진 '소리(환청)'로 나타난다.

오늘날 확인된 것은 콤플렉스가 전체에서 떨어져나간 부분 정신들이라는 가설이라고 보아도 좋을 것이다. 물론 콤플렉스의 기원은 흔히 외상, 정서적 충격 등과 같은 것들이며, 이로 인해 한 조각의 정신이 떨어져 나간 것이다. 물론 가장 흔한 원인은 도덕적 갈등이다. 이러한 도덕적 갈등의 결정적 근거는 인간 존재 전체를 긍정적으로 시인하기가 외견상 불가능한 데 있다. 이 불가능성은 자아 의식이 그것을 알든 모르든 상관없이 직접적인 정신의 분리를 전제로 한다. 일반적으로 콤플렉스에 대해서는 뚜렷한 무의식성을 볼 수 있는데, 이때 콤플렉스에는 당연히 더 큰 활동의 자유가 허용된다. 이런 경우 콤플렉스의 동화력은 매우 두드러진 작용을 한다. 즉 콤플렉스에 대한 무의식성은 심지어 콤플렉스로 하여금 자아를 동화시키도록 하여 일시적이고 무의식적인 인격의 변화를 일으키는데, 이를 콤플렉스와의 동일성이라고 한다. 이러한 현대적인 개념이 중세에는 다른 이름을 가지고 있었다. 그 당시에는 이것을 사로잡힘이라고 불렀다. 사람들은 이러한 상태를 꽤 해로운 것으로 여기지만 콤플렉스 실언失言과 사로잡힌 자의 격한 신성모독적 발언 사이에는 원칙적으로 아무런 차이가 없다. 단지 정도의 차이가 있을 뿐이다. 그에 대해서는 언어적 관용의 역사가 매우 많은 실례를 제공하고 있다. 콤플렉스 정동에 대하여 "오늘 그에게 뭐가 또 지나간 거야?"(오늘 그 사람 어떻게 된 거야?), "그는 악마 등에 태워졌어!"(그는 악마에 사로잡힌 거야) 등으로 말한다. 이렇게 낡은 은유에서 사람들은 당연히 그 본래의 의미를 생각하지 않는다. 그러나 그 본래의 의미는 물론 쉽게 인식할 수 있으며, 게다가 보다 원시적이고 보다 소박한 사람은 장해를 주는 콤플렉스를 '심리화'하지 않고 오히려 그 자체로, 즉 악령으로 파악했다는 사실을 가리키고 있음에 틀림없다. 보다 더 의식이 발전하여 이제 자아 콤플렉스 또는 자아 의식성을 그토록 강력하게 만들었으므로 콤플렉스는 자신의 본래적인 자율성을 언어 사용에서도 박탈당했다. 일반적으로 사람들은 "나는 콤플렉스가 있다"라고 말한다. 의사는 히스테리성 환자에게 경고할 때, "당신의 아픔은 사실이 아닙니다. 당신은 아프다고 그저 상상할 뿐입니다"라고 말한다. 감염 불안은 환자의 의도적인 상상이며 사람들은 어쨌든 그가 망상에 빠져 있는 것이라고 설득하려 든다.

마치 콤플렉스란 환자들에 의해 발명되고 '상상된' 것이고, 환자가 의도적으로 불러들이는 노력을 하지 않았다면 전혀 존재하지 않을 것이라고 의심할 여지 없이 확실한 것처럼 여기는 현대의 통상적인 견해가 문제를 그렇게 다루고 있는 것을 쉽게 볼 수 있다. 그에 비해서 확실한 것은 콤플렉스가 뚜렷한 자율성을 가지고 있다는 것, 신체적으로 근거를 댈 수는 없으나 "상상"된 아픔은 신체가 아픈 것과 마찬가지로 아프다는 것, 그리고 환자 자신이나 의사 그리고 위의 경우처럼 일반적인 위로의 말로 그 병이 단지 "상상"일 뿐이라고 안심시키더라도 질병 공포증은 사라지지 않는 경향을 가지고 있다는 것이다.

우리는 여기에서 이른바 재앙을 방지하기 위한 이해 방식의 흥미 있는 예를 본다. 이 이해 방식은 고대 그리스의 완곡어법과 동일선상에 있으며, 손님을 환대하는 바다πόγτος εὐξεως는 그 가장 전형적인 예이다.

고대 그리스인들이 복수의 여신Erinnyen들의 기분을 조심스럽게 맞춰주며 좋은 분들Eumeniden이라 부른 것처럼, 현대인의 의식은 모든 내적 장해 요인들을 자신의 고유한 활동으로 파악하고 그런 요인들을 덮어놓고 동화해버린다. 물론 이것은 재앙을 방지하려는 완곡법이라는 공언公言 아래 일어나기보다는 오히려 변화된 이름을 붙임으로써 콤플렉스의 자율성을 비실재화하려는 무의식적 성향에서 생겨난 것이다. 의식은 마치 위층에서 이상한 소리를 듣고 지하실로 재빨리 내려가 본 사람이 침입자를 발견하지 못해 그 소리는 단지 상상에 불과했다고 믿으려는 것처럼 행동하는 것이다. 실제로 이 소심한 사람은 위층으로 감히 가볼 용기가 없었던 것이다.

물론 의식이 콤플렉스를 고유한 활동성으로 설명하려는 동기가 두려움에 있다고 하는 점은 아직 분명치 않다. 콤플렉스는 그렇게 사소하고, 사람들이 그에 대해 부끄러워하고 감추기에 급급할 정도로 우습고 아무것도 아닌 것으로 생각되고 있다. 그것들이 참으로 그렇게 사소한 것이라면 그토록 괴로울 리가 없다. 괴로운 것은 괴로움을 일으키는 원인이 있기 때문이다. 즉 분명히 불쾌한 어떤 것, 그 자체로 중요할 뿐 아니라 중요하게 여겨야 하는 것이 있다. 그러나 사람들은 될 수 있는 대로 이 불편한 것을 비실재화하려고 한다. 신경증의 급작스러운 발병은 재앙을 막는 행위와 완곡법으로 사용되던 원시적이고 마술적인 수단이 더 이상 소용없게 되는 순간에 일어난다. 이때부터 콤플렉스는 의식의 표면에 거처를 정해버린다. 콤플렉스는 더 이상 변두리로 돌아다닐 이유가 없다. 이전의 상태에서는 자아 의식이 콤플렉스를 동화하려 했다면 이제 콤플렉스가 차츰 자아 의식을 동화시킨다. 그래서 마침내 신경증적 인격의 해리가 생겨난다.

그와 같은 진전을 통하여 콤플렉스는 자신이 가지고 있던 본래의 강도를 드러내며 심지어 경우에 따라서는 자아 콤플렉스의 강도를 넘어서기도 한다. 이런 경우에 비로소 사람들은 자아가 콤플렉스를 내쫓기 위해서 조심스럽게 명명하는 주술을 사용한 충분한 이유들을 이해한다. 자아는 엄청나게 커져 자신을 뒤덮으려는 위협을 무서워한 것이 분명하기 때문이다. 보통 정상이라고 하는 사람들 중에서도 '가족 내의 비밀'을 간직하고 있는 사람들이 많은데, 사형선고가 내려진다 하더라도 그러한 사실을 발설해서는 안 된다. 매복하고 있는 유령에 대한 그들의 공포는 그 정도로 큰 것이다. 아직도 콤플렉스 비실재화 Komplexirrealisierung의 단계에 있는 사람들은 양성적인 병적 성질이 문제이지 자기들은 거기에 속하지 않는다는 증거를 제시하기 위해서 신경증에 관한 여러 사실들을 이용하고 있다. 마치 병이 생기는 것이 병자의 특권인 듯이 말이다!

　콤플렉스를 동화함으로써 비실재화하려는 경향은 그것이 아무것도 아니라는 것을 입증하기보다는 오히려 그 반대로 그것의 중요성을 입증한다. 그런 경향은 어둡고, 보이지 않으며, 제멋대로 움직이는 대상에 대하여 원시인이 본능적으로 두려워하고 있다는 부정적인 고백이다. 실제로 원시인들의 공포는 밤의 어둠과 더불어 시작한다. 마치 콤플렉스가 낮에는 소리를 죽이고 밤이면 목소리가 높아져 잠을 몰아내거나 적어도 악몽으로 잠을 방해하는 것과도 같다. 콤플렉스는 바로 내적 경험의 대상이고, 대낮에 거리나 광장에서 마주칠 수 없는 것이다. 개인의 삶에서 안락함과 고통은 콤플렉스에 달려 있다. 그것들은 집의 아궁이에서 우리를 기다리고 지키는 가정의 수호신, 조왕신竈王神 가신家神이며, 사람들은 가정의 평화를 거창하게 소리 높여 찬양하고, 그 수호신들은 밤에 잠을 방해하면서 나타나 무엇인가를 전하는 '좋은 분들'인 것이다. 물론, 악한 존재가 단지 주변 사람들만을 사로잡는 동안은 상관이 없다. 그러나 만약 그것이 우리 자신을 괴롭힌다면 사람들은 콤플렉스가 얼마나 끔찍한 해악이 될 수 있는지 알기 위해서 자신의 의사가 되어야 할 것이다. 콤플렉스가 실재한다는 충분한 인상을 가지도록 지난 수십 년간 가족 전체가 그 때문에 얼마나 도덕적·육체적으로 파괴되었고, 그토록 전례가 없는 비극과 절망적 곤궁이 얼마나 뒤쫓아왔는지 사람들은 이미 보았을 것이다. 그러고 나서야 사람들은 콤플렉스를 '상상으로 만들어낼 수 있다'는 생각이 얼마나 쓸모없고 비학문적인지 이해하게 된다. 우리가 의학에 비교한다면 아마도 콤플렉스는 세균 감염이나 악성종양과 가장 잘 비교할 수 있을 것이다. 이 둘은 의식과 전혀 상관없이 발생한다. 물론 이러한 비교가 만족할 만한 충분한 것은 못 된다. 왜냐하면 콤플렉스는 병적인 성질만을 가진 것이 아니라, 그것이 지금 분화되어 있거나 원시적으로 나타나거나에 관계없이 정신적인 삶의 독특한 현상이기 때문이다. 그러므로 우리는 모든 민족과 시대에서 그들의 흔적을 발견할 수 있다. 가장 오래된 문학적 기념비들은 그러한 것을 간직하고 있다. 예를 들면 『길가메시 서사시』는 권력 콤플렉스의 심리학을 뛰어난 작품성으로 묘사하고 있고, 구약에 실려 있는 「토빗기」는 성적인 콤플렉스에 관한 이야기를 그 콤플렉스의 치유와 함께 다루고 있다.

널리 알려진 귀령신앙은 무의식의 콤플렉스 구조에 관한 직접적인 표현이다. 즉 콤플렉스는 원래 무의식적 정신의 살아 있는 단위들이라고 해야 옳다. 무의식적 정신이 존재하고 활동한다는 것은 콤플렉스를 통해서만 알 수 있다. 만약에 콤플렉스가 없었다면 무의식이라는 것은 실제로 분트 심리학에서처럼 빛이 약한, 이른바 '어두운' 표상들의 잔재에 불과하거나, 혹은 윌리엄 제임스가 부르듯이 '의식의 가장자리'에 불과하다고 할 것이다. 프로이트는 그 어두운 부분을 탐구하면서 그것을 완곡하게 축소하는 오류를 범하지 않았기 때문에 심리학적인 무의식의 진정한 발견자가 되었던 것이다. 그러나 무의식에 접근하는 왕도는 그가 말하듯이 꿈이 아니라 꿈과 증상을 만드는 콤플렉스들이다. 그러나 콤플렉스에 의하여 제시된 길은 왕도라고 하지만 울퉁불퉁하고 매우 꾸불꾸불한 오솔길과 같고 덤불 속에서 자주 길을 잃게 하여, 대부분 무의식의 중심으로 향하지 않고 그 옆을 지나치게 한다.

콤플렉스 공포는 아주 좋지 않은 길 안내자이다. 왜냐하면 늘 무의식으로부터 떠나서 의식으로 되돌려놓기 때문이다. 콤플렉스들은 너무도 불쾌한 것들이어서 콤플렉스가 가지고 있는 충동이 좋은 것이라고 자신의 건강한 감각이 믿도록 아무도 설득하지 못한다. 의식은 늘 콤플렉스가 자기에게 속한 것이 아니므로 어떻게든 제거해야 하는 것이라고 확신한다. 비록 콤플렉스가 언제 어디서나 존재한다는 온갖 증거들이 엄청나게 있는데도 불구하고, 사람들은 콤플렉스를 정상적인 삶의 현상으로 받아들이지 못한다. 콤플렉스 공포는 강한 선입견을 의미한다. 왜냐하면 불편한 것에 대한 미신적인 불안은 온갖 이성적인 설명에도 불구하고 그대로 남아 있기 때문이다. 이런 공포는 콤플렉스를 조사할 때 커다란 저항의 원인이 된다. 그것을 극복하려면 어느 정도의 결단력이 필요하다.

공포와 저항은 무의식으로 가는 왕도에 있는 길 안내 표시이다. 그것은 우선 그들이 지시하고 있는 것에 대한 선입견을 의미한다. 불안함에서 어떤 위험한 것을, 저항에서 어떤 혐오스러운 것을 추정하는 것은 지극히 자연스러운 일이다. 환자들이 그렇게 하고, 대중들이 그렇게 하고, 결국 의사들도 그렇게 한다. 무의식에 관하여 가장 먼저 나온 의학 이론이 조리에 맞게 프로이트에 의하여 설정된 억압 이론이었기 때문이다. 이 이론에 따라 콤플렉스의 성질을 역추론해보면 무의식은 그의 비도덕성 때문에 억압된, 상용할 수 없는 경향들로 이루어졌다고 볼 수 있다. 이 같은 견해를 가진 저자가 어떤 철학적 전제의 영향도 받지 않고 순수하게 경험적으로만 작업하여 그 견해를 확인해왔다는 사실을 믿을 만한 아무런 것도 제시받지 못했다. 무의식에 관해서는 이미 프로이트 이전부터 이야기되고 있었다. 철학적으로는 라이프니츠가 그 개념을 도입하였고, 칸트와 셸링도 그에 대해 언급하였으며, 카루스는 최초로 그 개념을 하나의 체계로 확대했는데, 에두아르트 폰 하르트만Eduard von Hartmann은 이 체계에서 많은 영향을 받아 자신의 주저 『무의식의 철학Philosophie des Unbewussten』에서도 그대로 따랐다. 그런데 최초의 의학심리학적 이론은 이러한 전제 조건들과 관계가 없고, 니체와도 아무런 관계가 없다.

프로이트의 이론은 콤플렉스 연구에서 실제로 존재하는 경험을 충실하게 묘사했다. 그런데 이 연구는 두 사람 사이의 대화에서 이루어지기 때문에 견해를 형성하는 데는 한 사람의 콤플렉스뿐만이 아니라 또 다른 사람의 콤플렉스도 고려해야 한다. 불안과 저항에 의해 방어된 영역에 부딪히는 모든 대화는 본질적인 것을 목표로 한다. 그리고 이때 그 대화는 한 사람을 그의 전체성으로 통합하도록 함으로써 또한 다른 사람에게 보다 온전한 태도 표명을 하도록 강요한다. 말하자면 마찬가지로 전체성이 되도록 한다. 이 전체성 없이는 대화는 결국 공포로 방어 뒷면으로 계속 파고드는 데 성공하지 못할 것이다. 아무리 연구자가 편견이 없고 객관적이라고 해도 자신의 콤플렉스를 간파할 수는 없다. 자신의 콤플렉스 또한 다른 사람의 콤플렉스와 마찬가지로 똑같은 자율성을 즐기기 때문이다. 그는 자신의 콤플렉스를 외면할 수 없다. 왜냐하면 콤플렉스가 그를 외면하지 않기 때문이다. 콤플렉스는 정신적 체질에 속하며, 그것은 각 개체에서 절대적으로 혹은 미리 정해진 것이기 때문이다. 그러므로 이 체질은 어떤 특정한 관찰자가 어떠한 심리학적 견해를 가지게 될지를 가차 없이 결정한다. 이것이 심리학적 관찰의 피할 수 없는 한계이다. 심리학적 관찰은 관찰자가 개인적으로 비슷하다는 전제하에서만 타당하다.

그리하여 심리학적 이론은 어떤 특정한 관찰자와 다수의 피관찰자들 간의 대화를 통하여 생겨난 정신 상황을 가장 먼저 설명한다. 대화는 주로 콤플렉스에 저항하는 영역에서 이루어지기 때문에, 또한 그 이론에는 필연적으로 콤플렉스적 성격이 가미된다. 즉 그 이론은 가장 보편적인 의미의 불쾌감을 유발한다. 왜냐하면 그것은 다시 대중의 콤플렉스를 작동하기 때문이다. 그래서 모든 현대 심리학의 견해들은 객관적으로 모순될 뿐 아니라 자극적이다! 대중에게 동의하는 의미로든, 혹은 거부하는 의미로든, 학문적 토론 영역에서 정서적 논쟁을 한다든가, 독단적인 기분 발작, 혹은 개인적 모욕감이 일어나는 격렬한 반응을 불러일으킨다.

이러한 사실을 통하여 현대의 심리학이 콤플렉스를 연구함으로써 온갖 종류의 근심과 희망이 비롯되는 정신적 금기의 영역을 열어보였다는 것을 쉽게 알 수 있다. 콤플렉스 영역은 본질적으로 심적인 동요가 일어나는 근원이며, 그곳의 동요가 너무도 크기 때문에 학문적 동의를 전제로 평화롭고 조용히 작업하는 심리학적 연구를 더 이상 할 수 없다. 현재로서 콤플렉스 심리학은 그런 의견의 일치와는 한없이 거리가 멀다. 내가 보기에는 염세주의자들이 예측하는 것보다도 훨씬 더 먼 것 같다. 상용할 수 없는 경향을 드러나게 함으로써 비로소 무의식의 한 단면을 보게 되었고, 단 한 부분의 불안의 원천이 입증되었기 때문이다.

프로이트의 연구가 일반에게 널리 알려졌을 때 도처에서 분노의 폭풍이 얼마나 불었던가를 사람들은 아직 기억할 것이다. 이러한 콤플렉스 반응은 독단적인 학파라고 연구자를 비난하며 고립시켰다. 이 영역에 있는 모든 심리학적 이론가들도 똑같은 위험을 안고 있다. 왜냐하면 그들은 루돌프 오토Rudolf Otto가 적절하게 표현했던 누미노제(신성한 힘), 인간이 자신의 내부에서 지배하지 못하는 것을 대상으로 삼고 있기 때문이다. 콤플렉스의 영역이 시작되는 곳에서 자아의 자유는 종식된다. 왜냐하면 콤플렉스는 심혼적인 힘이고, 그의 가장 내밀한 본성은 아직 밝혀지지 않았기 때문이다. 심혼의 두려움을 향하여 보다 깊게 진척된 연구가 성공할 때마다 대중은 반응했다. 마치 치료적 근거에서 환자들이 그들의 콤플렉스의 불가침성에 대항하며 전진하는 것과 같다.

내가 콤플렉스 학설을 서술하는 방식은 전혀 들을 준비가 되어 있지 않은 사람들의 귀에는 마치 원시적 귀령론과 금기심리학을 묘사하는 것처럼 들릴지 모른다. 이러한 특이성은 콤플렉스의 존재, 즉 분리된 정신의 단편은 원시적 정신 상태의 무척 주목할 만한 잔재라는 점에서 비롯한다. 원시적 정신 상태는 고도의 해리성을 가지고 있고 그것은 원시인들이 많은 영혼들을, 어떤 경우에는 심지어 여섯 개까지 가정하고 있다. 그 밖에도 수없이 많은 신들과 귀령들이 있으며, 그에 관해 말만 하는 것이 아니라, 매우 인상 깊은 정신적인 경험을 한다는 사실도 표현되어 있다.

이 기회에 나는 '원시적'이라는 개념을 '근원적'이라는 의미로 사용할 뿐 어떤 가치 판단을 염두에 두고 있는 것이 아님을 밝혀두고 싶다. 또한 원시적 상태의 '잔재'에 관해 언급할 때도 그것이 조만간 종결된다는 것을 반드시 의미하지는 않는다. 나는 그 상태가 인류의 종말 때까지 지속된다는 것을 부정할 만한 근거를 가지고 있지 않다. 어쨌든 지금까지 그 상태는 근본적으로는 달라지지 않았으며, 세계대전 이후로 오히려 이 상태가 더욱 강해져버렸다. 그 때문에 나는 오히려 자율적 콤플렉스가 정상적인 삶의 현상에 속하고 무의식적 정신의 구조를 결정한다는 견해 쪽으로 기울었다.

보다시피 나는 여기서 콤플렉스 학설의 중요한 기본 사실을 언급하는 것으로 만족해왔다. 그러나 나는 자율적 콤플렉스가 존재함으로써 생기는 문제성을 제시하여 이 미완성의 그림을 보충하는 일은 단념해야겠다. 세 가지 중요한 문제가 다음과 같이 제기된다. **치료상의 문제, 철학적 문제** 그리고 **도덕적 문제**를 말한다. 이 세 가지는 모두 아직 논쟁거리로 남아 있다.

번역: 이유경

심리학적 유형에 관한 개설

1. 서론

이 장에서는 유형類型의 심리학을 일반적으로 서술하고자 한다. 먼저 내향적·외향적이라고 부른 두 일반 유형을 서술하겠다. 그러고 나서 개체가 자신에게 가장 많이 발달된 기능을 가지고 적응함으로써 생겨나는 특수한 유형들의 특징을 다루게 될 것이다. 전자를 관심의 방향, 리비도의 움직임의 방향에 의해 구별되는 일반적 태도 유형이라 부르고, 후자를 기능 유형이라 부르고 싶다.

일반적 태도 유형은 앞 장에서 여러 번 강조되었듯이 객체에 대한 독특한 태도에 의해 구별된다. 내향적인 사람은 객체에 대해 추상적인 태도를 취한다. 근본적으로 그는 마치 객체의 세력이 커지는 것을 막으려는 것처럼 언제나 객체에서 리비도를 빼내려고 한다. 반대로 외향적인 사람은 객체에 대해 긍정적으로 행동한다. 그는 객체의 의미를 긍정하여 주관적 태도를 항상 객체에 맞추고 객체와 관계를 맺는다. 근본적으로 그에게는 객체가 충분한 가치를 가진 적이 없기 때문에 그것의 의미를 높여야 하는 것이다. 두 유형은 너무나 눈에 띄게 다르기 때문에, 심리학자가 아닌 보통 사람들도 주의만 기울이면 쉽게 구별할 수 있다. 폐쇄적이고, 속을 알 수 없고, 수줍음을 타는 사람들이 있는가 하면, 정반대로 개방적이고, 사교적이고, 명랑하거나 친절하고 붙임성 있는, 온 세상과 잘 지내거나 아니면 싸울 때가 있어도 세상과 관계를 맺고 영향을 주고받는 사람들이 있는 것이다. 사람들은 물론 그런 차이가 독특한 성격 형성의 개별 사례일 뿐이라고 생각하기 쉽다. 그러나 많은 사람들을 철저하게 알 기회를 가진 사람은 이 차이가 결코 고립된 개별 사례들이 아니라 매우 보편적인 전형적 태도들이라는 것을 쉽게 발견할 것이다. 양쪽 유형들은 배운 사람들에게서만 나오는 것이 아니라 모든 계층에서 나온다. 성별의 차이도 없다.

만약 그것이 의식의 문제라면, 즉 의식적·의도적으로 선택된 태도라면 그렇게 보편적이지는 않을 것이다. 그것이 의식의 문제라면, 교육 방식과 수준에 따라 계층별로 태도가 다르게 나타날 것이다. 그러나 유형들은 선택적으로 분포되지 않는다. 똑같은 가정에서 태어나 자라도 한 아이는 내향적이고 다른 아이는 외향적이다. 보편적이고 우연적으로 분포되는 현상으로서 태도 유형이 의식의 판단이나 의도의 문제일 수는 없으므로, 의식되지 않는 본능적 토대에서 나온다고 볼 수밖에 없다. 그러므로 보편적·심리학적 현상으로서 유형 차이는 생물학적으로 설명되어야 할지도 모른다.

주체와 객체의 관계는 생물학적으로 보면 언제나 적응 관계로, 항상 하나가 다른 하나를 변화시키는 작용을 한다. 이 변화들이 바로 적응이 된다. 따라서 객체에 대한 여러 전형적 태도는 여러 가지 적응 과정이 된다. 자연에는 생명체들이 적응, 번식하는 두 가지 근본적으로 다른 길이 있다. 하나의 길은 자손을 많이 퍼뜨리되 개체의 방어력과 생존 기간은 떨어지는 것이고, 다른 하나의 길은 개체가 여러 가지 자기

보존 수단을 갖추되 자손은 많이 퍼뜨리지 않는 것이다. 이 생물학적 차이가 우리의 두 가지 심리적 적응 형태들의 보편적 토대인 것으로 여겨진다. 외향적인 사람은 자신이 가진 에너지를 다 쓰고 모든 것에 자기 자신을 집어넣어 퍼뜨리는 반면, 내향적인 사람은 바깥의 요구들에 맞서 자신을 지키고 객체에 직접 관계되는 에너지 지출들을 가능한 한 삼가며, 대신 가능한 한 안전하고 막강한 위치를 마련한다. 블레이크는 두 유형을 '다산형多產型, prolific'과 '탐식형貪食型, devouring'이라 부른 바 있다.[1] 일반생물학이 보여주는 대로 두 길이 모두 가능하며 나름으로 성공적이듯이, 전형적 태도들도 그러하다. 한 유형이 다수의 관계들로써 이루는 것을 다른 유형은 독점을 통해 이룬다.

때로 아주 어린 아이들도 유형적 태도를 확실하게 나타낸다는 사실을 보면, 위에서 말한 생존을 위한 투쟁 때문에 어떤 특정한 태도를 가지게 되는 것이 아니라고 가정하게 된다. 이런 가정에 대해 물론 적절한 근거를 대면서 다음과 같이 반박할 수 있다. 아무것도 모르는 아이도, 심지어는 젖먹이조차 의식하지 못하는 가운데 엄마의 특성에 적응하는 특수한 반응을 보인다는 것이다. 이런 주장은 의심할 수 없는 사실들에 토대를 두고 있지만, 똑같이 의문의 여지가 없는 다음과 같은 사실을 언급함으로써 그 근거가 희박해진다. 같은 엄마에게서 태어난 두 자녀가 어릴 때부터 상반되는 유형을 나타내는데, 엄마의 태도의 차이는 전혀 입증할 수 없는 경우도 많은 것이다. 부모의 영향이 중요하다는 것을 결코 무시하고 싶지는 않지만, 외적 조건들은 비슷한데 한 아이는 이 유형이, 다른 아이는 저 유형이 되는 것은 궁극적으로 개인 성향 때문일 것이다. 물론 나는 여기서 정상적 조건 아래 있는 사례들을 염두에 두고 있다. 비정상적 조건에서는, 즉 엄마의 태도가 극단적이고 비정상적일 때는, 자녀들의 개인 성향을 무시한 채 유사한 태도가 강요될 수 있다. 비정상적인 외적 영향력이 방해하지 않았다면 자녀들은 다른 유형을 선택했을지도 모른다. 유형이 그렇게 외적 영향에 의해 왜곡될 때 그 개체는 나중에 신경증에 걸리며, 그 개체에게 본래 맞는 태도를 끄집어내야만 치유가 가능해진다.

그 독특한 성향에 대해 말하자면, 나는 선천적으로 개체들이 둘 중 어느 한 방식으로 적응하는 것을 더 쉽게 여기거나 더 잘하거나 더 좋아한다는 말밖에는 할 수가 없다. 거기에는 우리가 모르는 생리학적 이유들이 있을 수 있다. 나는 충분히 그럴 수 있다고 본다. 내 경험상, 본래의 유형과 상반되는 유형으로 살면 대부분 급성 탈진이 생기고 유기체의 생리적 안녕이 심하게 손상될 수 있다.

2. 외향형

이해를 쉽게 하기 위하여 유형들을 서술할 때 의식의 심리학과 무의식의 심리학을 구분하겠다. 먼저 의식 현상을 서술해보기로 한다.

a) 의식의 일반적 태도

누구나 바깥 세계가 전달하는 여건Daten에 방향을 맞추지만 그 강도에는 차이가 있다. 한 사람은 바깥이 춥다는 사실을 알면 즉시 스웨터를 걸치지만, 다른 사람은 자신을 단련하기 위해 이것이 불필요하다고 본다. 한 사람은 온 세상이 경탄하기 때문에 한 테너 가수를 좋아하지만, 다른 사람은 그 가수가 마음에 들지 않아서가 아니라 누구나 경탄한다고 해서 꼭 훌륭한 것은 아니라고 생각하기 때문에 그를 좋아하지 않는다. 한 사람은 경험상 다른 것이 가능하지 않으므로 주어진 여건들에 자신을 맞추는데, 다른 사람은 1,000번을 그래왔다 해도 1,001번째는 다를 것이라 믿는다. 이 예들에서 전자는 주어진 외적 사실들에 의해 좌우되는데, 후자는 자기 자신과 객관적 여건 사이에 자신의 견해를 끼워넣는다. 객체와 객관적 여건에 방향 맞추기가 우세하여 가장 흔하고 가장 주된 결정과 행동 들이 주관적 의견들이 아니라 객관적 관계에 의해 정해질 정도라면, 외향적 태도라 할 수 있다. 이것이 습성화되어 있으면 외향형이라 한다. 어떤 사람이 그렇게 생각하고 느끼고 행동하면, 즉 객관적 여건과 그 요구에 **직접** 부응하는 식으로 살면, 그는 외향적인 것이다. 그의 생활에서는 의식 속의 결정 요인으로 객체가 주관적 견해보다 더 큰 역할을 한다. 물론 그에게도 주관적 견해들이 있지만, 그것들의 결정력은 외적·객관적 조건들의 결정력보다 작다. 그래서 그는 자신의 내면에서 어떤 절대적 요인들에 부딪히리라는 예상을 하는 적이 없다. 그런 요인들은 밖에만 있기 때문이다. 에피메테우스Epimetheus식으로 그의 내면은 밖의 요구들에 굴복한다. 물론 투쟁이 없는 것은 아니지만 언제나 객관적 조건이 이기는 쪽으로 끝난다. 그의 의식 전체는 밖을 내다보는데, 왜냐하면 중요한 결정 요인들이 밖에서 온다고 예상하기 때문이다. 이 근본 태도에서 그의 심리학의 모든 특성들이 유래된다. 물론 하나의 특정한 심리적 기능이 우세해서 또는 개인적 특징들 때문에 나타나는 특성들도 있다.

관심과 주의력은 객관적 사건들을, 특히 바로 곁의 환경의 사건을 따라간다. 사람뿐만 아니라 사물도 그의 흥미를 사로잡는다. 그에 따라 **행동**도 사람과 사물의 영향력에 의해 좌우된다. 행동은 객관적 자료 및 결정 요인들에 직접 관계되는데, 말하자면 이 객관적 요인들로 전부 설명될 수 있다. 행동은 누구나 인식할 수 있는 방식으로 객관적 여건들과 관계된다. 단지 환경의 자극에 반응하는 것이 아닌 한, 행동은 언제나 현실 여건들에 적용될 수 있는 성격을 가지며, 객관적 여건들을 넘어서려는 경향을 가지지 않는다. 이러한 경계를 넘어가기 위한 어떤 진지한 노력도 하지 않는다. 관심도 마찬가지이다. 객관적 사건들이 거의 무한한 자극을 주기 때문에 다른 것을 요구하는 일이 없다. 행동의 도덕적 법칙들은 사회의 상응하는 요구들과 또는 보편타당한 도덕적 견해와 일치한다. 보편타당한 견해가 달라지면, 심리적·총체적 자세가 변하지 않고도 주관적·도덕적 노선들이 달라진다.

객관적 요인들에 의해 엄격히 제한된다고 해서 이 유형이 생활 조건들에 전적으로 또는 이상적으로 적응한다는 것은 결코 아니다. 외향적 견해로 보면 다른 준거란 존재하지 않기 때문에 객관적 여건에의 순응 Einpassung이 완전한 적응이 될 것이다. 그러나 보다 높은 관점에서 보면 객관적 여건이 언제나 정상적이라는 법은 없다. 객관적 조건들은 시대적으로 또는 지역적으로 비정상적일 수 있다. 개체가 이 여건들에 순응하면 환경의 비정상적 양식을 뒤따르기는 하지만, 동시에 보편타당한 삶의 법칙들에서 볼 때는 그의 전체 환경이 비정상적인 상황에 처하는 것이다. 개인은 물론 그렇게 해서 잘 살 수 있지만, 보편적 삶의 법칙들을 거역하는 죄 때문에 그의 전체 환경과 함께 무너지게 될 때까지만 살 수 있다. 그는 이전에 객관적으로 주어진 것에 순응한 것과 똑같이 몰락할 것이다. 그는 순응하되 적응하지 않는다. 적응Anpassung이란 직접적 환경의 그때그때의 조건들을 마찰 없이 따라가는 것 이상을 요구하기 때문이다(슈피텔러의 에피메테우스[2]에 주목할 것). 적응은 지역적·시대적 조건들보다 더 보편적인 법칙들을 지킬 것을 요구한다. 단순한 순응은 정상적 외향형의 한계이다.

외향적 유형이 '정상적'인 이유는 한편으로는 그가 주어진 여건들에 비교적 마찰 없이 순응하고 객관적으로 주어진 가능성들을 채우려고 들며 다른 요구가 없기 때문이다. 그래서 그는 지금 여기에 전망 좋은 가능성들을 제공하는 직업을 택하며, 환경에서 그 순간 필요하거나 그에게 요구하는 바로 그것을 하며, 환경의 기대를 넘어서는 모든 혁신들을 피한다. 그러나 다른 한편 그의 '정상성'은 주체의 욕구들을 너무 적게 고려하는 결과를 가져온다. 그것이 그의 약점이다. 바깥에만 신경을 쓰므로 모든 주체적 사실들 중 가장 명백한 사실인 신체적 건강 상태가 너무나 덜 객체적이며 너무나 덜 '외적'이어서 충분히 고려되지 않아, 신체적 안녕에 불가피한 기본 욕구들의 충족이 이루어지지 않는 것이다. 따라서 몸도 마음도 고통받는다. 외향적인 사람은 보통 이를 별로 알아채지 못하나, 그럴수록 그의 가족의 눈에는 더 잘 띄게 된다. 그가 균형 상실을 느낄 때는 병적인 신체 감각이 나타날 때이다.

그는 이런 감지할 수 있는 사실을 간과하지 못한다. 그는 물론 이것을 구체적·'객체적'인 것으로 본다. 왜냐하면 그의 사고방식으로는 그 밖의 다른 것일 수가 없기 때문이다. 다른 사람들이 그렇게 한다면 그는 당장 그 '착각'[주체의 상태를 객체적인 것으로 보는 착각]을 알아본다. 지나치게 외향적인 태도는 또한 주체를 객체의 요구를 위해 완전히 희생시킬 정도로 주체에 대하여 무자비해질 수 있다. 주문이 쇄도하니까, 이미 열려진 가능성을 충족해야 하니까 끊임없이 사업을 확장하는 것이 그 한 예이다.

외향적인 사람이 처하는 위험은, 객체로 흡수되어 자기 자신을 아예 잃어버리는 것이다. 그래서 생기는 기능적(신경성) 또는 실제적 신체 장해들은 보상적 의미를 띠어, 주체가 원하지 않지만 스스로 제약을 가하지 않을 수 없게 만든다. 그것이 기능적인 증상이라면 그 증상의 독특한 성질을 통해서 심리 상황을 상징적으로 표현할 수 있다. 예를 들면, 너무 빨리 유명해져서 위험할 만큼 정력을 소모한 가수가 갑자기 신경성 억제 때문에 고음을 내지 못한다. 아주 초라하게 시작해서 빠른 기간에 매우 영향력 있고 높은 사회적 위치에 도달한 남자가 심리적 이유로 고산병의 모든 증상들을 나타낸다. 품성이 매우 의심스러운 여자를 지나치게 좋게 보아 사모하는 남자가 정작 그녀와의 결혼을 앞두고 신경성으로 목구멍에 경련이 일어나 하루에 우유 두 잔밖에 마실 수가 없는데, 그것도 세 시간씩 걸려서 한 잔을 마신다. 그래서 결과적으로 그는 여자를 만날 수 없게 된다. 자기 몸에 영양분을 공급하는 일에 전념할 수밖에 없다. 혼자의 노력으로 엄청나게 확장한 사업 때문에 일 부담이 감당 못 하게 커진 남자가 신경성 갈증에 시달린 나머지 술독에 빠진다.

내가 보기에 외향형에서 가장 흔한 신경증은 히스테리이다. 히스테리의 교과서적 사례의 특징은 언제나 주변의 사람들과의 과장된 관계(라포르)이며, 대인 관계에서 아예 모방하듯이 순응하는 것도 두드러진 특성이다. 히스테리성 본질의 한 가지 근본 특징은 흥미를 끌고 남의 눈에 띄려는 끊임없는 경향이다. 그와 상관된 특징이 유명한 피암시성被暗示性, 즉 다른 사람들에게 쉽게 영향받는 것이다. 틀림없는 외향적 경향은 히스테리 환자가 이야기하기 좋아하는 성격에도 나타나는데, 때로 그것은 순전히 환상적인 내용의 이야기에 이르게 되어 히스테리적 거짓말이라는 비난이 여기서 나온다. 히스테리 '성격'은 우선 정상적인 외향적 태도의 과장이지만, 무의식의 보상적 반응들 때문에 그 양상이 복잡해진다. 이 보싱 반응들은 과장된 외향화에 내항하여 신체 장해를 통해 정신적 에너지의 내향화Introversion를 강요한다. 무의식의 보상 반응들을 통해 보다 내향적 성격을 가진 다른 범주의 증상들이 생겨난다. 이에 속하는 것이 무엇보다 병적으로 항진亢進된 환상 활동이다.

외향적 태도의 일반적 특징을 묘사했으니 이제는 심리적 기본 기능들이 외향적 태도를 통해 겪는 여러 가지 변화를 서술하기로 한다.

b) 무의식의 태도

'무의식의 태도'라는 말이 아마 낯설게 느껴질지 모르겠다. 내가 그동안 충분히 설명한 대로 나는 의식에 대한 무의식의 관계가 보상적이라고 생각한다. 이렇게 본다면 의식처럼 무의식에도 태도가 있다. 앞 절에서 외향적 태도에 어떤 한 방향으로 가는 경향이 있음을 강조하였는데, 그것은 곧 정신 생활에서의 객관적 요인의 우세를 말하는 것이었다. 외향형은 언제나 (외견상) 객체를 위해 자신을 내주고 자신의 주체를 객체에 동화시키려 든다. 나는 외향적 태도가 과장될 때 나올 수 있는 결과들을 상세히 서술하였는데, 그것은 바로 주관적 요인이 억눌린 결과로 나타나는 피해였다. 따라서 의식의 외향적 태도가 심리적으로 보상되면 주관적 요인이 특히 강조될 것임을 짐작할 수 있다. 즉, 무의식에서는 강한 자아중심적 경향이 나올 것이다. 이는 실제의 경험에서 입증된다. 여기서는 예를 들어 증명하는 일은 하지 않겠다. 뒤의 절들에서 각 기능 유형에 따른 무의식의 특징적 태도를 각기 서술하도록 하고, 일반적·외향적 태도의 보상을 다루는 이 절에서는 무의식의 보상적 태도의 일반적 특징만 이야기하기로 한다.

무의식의 태도는 의식의 외향적 태도를 효과적으로 보충하기 위해 일종의 내향성을 지닌다. 주관적 요인에, 즉 외향적 태도를 통해 억제 또는 억압되는 모든 욕구 및 요구에 에너지를 집중시키는 것이다. 객체와 객관적 여건들을 따라가면 주체의 많은 충동, 의견, 소망, 수요들이 짓밟히고 그들에게 자연스럽게 할당되는 에너지를 빼앗긴다. 인간은 기계가 아니어서, 필요하면 전혀 다른 목적들에 맞게 고쳐서 아주 다른 방식으로 전과 같이 규칙적으로 기능하지 못한다. 인간은 언제나 자신의 역사 전체와 인류의 역사를 지니고 다닌다. 그 역사적 요인은 현명하게 관리해야 할 절실한 필요를 제시한다. 지금까지의 것이 새로운 것 속에서 표출되고 함께 살아야 하는 것이다. 따라서 객체에 완전히 동화하면 지금까지의 것, 처음부터 존재해온 것의 억제된 소수가 저항한다. 이렇게 생각해보면 왜 외향형의 무의식적 요구들이 원시적이고 유아적이며 이기적인 성격을 띠는지 쉽게 이해할 수 있다. 프로이트가 무의식은 '오직 원할 수 있을 뿐'이라고 말할 때, 그것은 외향형의 무의식에 상당히 잘 들어맞는다. 객관적 여건에 순응, 동화하면 힘이 약한 주관적 활동의 의식화가 방해받는다. 이 경향들(생각, 소망, 정감, 욕구 등)은 억압되는 정도에 따라 퇴행적 성격을 띤다. 즉 인정을 못 받을수록 그들은 유아적·고태적이 된다. 의식의 태도는 그들에게서 비교적 자유롭게 처리할 수 있는 에너지를 빼앗고, 빼앗지 못하는 만큼만 에너지를 남겨둔다. 이 여분도 여전히 무시 못할 만큼 강한데, 이것을 근원적 본능이라 불러야 할 것이다. 그 본능은 개체가 마음대로 뿌리 뽑을 수 없다. 본능은 하나의 특정한 생물학적 구조가 에너지로 표현되는 것이기 때문에 많은 세대들을 거쳐야 느리게 변할 수 있다.

따라서 어떤 경향이 억제될 때마다 본능 강도에 상응하는 상당한 에너지가 남아 있으며, 에너지를 빼앗겨 무의식적인 것이 된긴 했어도 그 효력이 없어지지는 않는다. 의식의 외향적 태도가 완전할수록 무의식의 태도는 유아적·고태적이다. 무의식적 태도는 때로 유치함을 훨씬 넘어서서 무자비한 이기주의가 된다. 여기서 우리는 프로이트가 기술하는 근친상간적 소망들을 극명하게 볼 수 있다. 물론 그것들은 전혀 의식되지 않으며 모르는 관찰자의 눈에는 보이지 않는다. 그러나 의식의 외향적 태도가 과장되면 무의식이 증상들로 나타난다. 즉 무의식적 이기주의, 유아성, 고태성이 본래의 보상성을 잃고 의식의 태도를 내놓고 거역한다. 이것은 우선 의식의 태도의 어처구니없는 과장으로 나타나는데, 이렇게 되면 무의식이 억압되는 것 같지만 통상 의식의 태도의 붕괴로 끝난다. 객관적 목적들이 점차 주관적 목적으로 변조되면 객관적 재앙이 될 수도 있다. 20년간 열심히 일하여 평직원에서 출발해 이제는 매우 훌륭한 인쇄소의 주인이 된 사람의 예를 들어보자. 사업은 점점 더 확장되었고, 그는 점점 더 일에 끌려들어 가 다른 관심사들은 없어지게 되었다. 일이 그를 삼켜버리자, 그는 다음과 같은 방식으로 파멸하였다. 무의식적으로, 사업에만 신경 쓰는 것을 보상하기 위해 어린 시절의 기억들이 살아났다. 어릴 때 그는 그림 그리기를 매우 좋아했다. 균형을 잡아주는 취미 활동으로 이 능력을 받아들이는 대신, 그는 그것을 자신의 사업에 끌어넣어 '예술적' 인쇄를 꿈꾸기 시작했다. 불행하게도 공상들이 현실이 되었다. 그는 실제로 일에서 자기 자신의 원시적이고 유아적인 취미를 따라가기 시작했고, 그 결과 몇 년 안에 사업이 망해버렸다. 그는 정력적인 남자는 모든 것을 하나의 목적에 집중해야 한다는 우리 '문화의 이상理想'에 따라서 행동한 것이다. 그러나 그는 너무 지나쳤고 주관적·유아적 요구들에 사로잡혀 버렸다.

 파멸적 해결은 주관적 양식으로 나타나는 수도 있는데, 신경증이 그것이다. 신경증이 생기는 것은 언제나 무의식적 반작용이 의식의 활동을 마비시키기 때문이다. 무의식의 요구들이 의식을 좌우하여 파멸적인 분열을 일으키는 것이다. 그러면 사람들은 자신들이 무엇을 원하는지 더 이상 알지 못하고 아무것도 하고 싶지 않거나, 아니면 한꺼번에 너무 많은 것을 원하고 너무 하고 싶은 것이 많지만 말도 안 되는 것들이 하고 싶어진다. 유아적·원시적 요구들은 문화적 이유들로 억눌러야 할 때가 많으므로 신경증이 생기거나, 알코올, 아편, 코카인 같은 마취제들을 남용하게 되는 것이다. 더 심하면 그 분열은 자살로 끝난다. 무의식적 경향들의 두드러진 특성이란 의식에서 인정하지 않음으로써 에너지를 빼앗길수록 파괴적 성격을 띠며, 보상적이기를 멈추면 곧 파괴적이 된다는 것이다. 그들이 보상적으로 작용하기를 멈추는 경우는 우리 자신의 문화 수준과 절대로 서로 용납될 수 없는 저급한 수준으로 내려갈 때이다. 이 순간부터 무의식적 경향들은 의식의 태도에 모든 점에서 반대하는 장벽이 되며, 이것이 있음으로 인해 공공연한 갈등으로 진전된다.

　무의식의 태도가 의식의 태도를 보상한다는 사실은 일반적으로 심리적 균형에서 표현된다. 물론 정상적인 외향적 태도는 그 개인이 언제 어디서나 외향적으로 행동한다는 것을 의미하지는 않는다. 그는 심리적으로 내향성의 기제機制라 할 만한 것을 많이 나타낼 것이다. 어떤 사람의 태도를 외향적이라 부르는 것은 외향성의 기제가 우세할 때에 국한된다. 가장 많이 분화된 심리적 기능이 외향성이고 덜 분화된 기능들은 내향성을 띨 때 외향형이 되는 것이다. 즉 더 가치 있는 기능은 가장 많이 의식되고 가장 완전히 의식의 통제와 의도 아래 놓이는 데 비해, 덜 분화된 기능들은 덜 의식되고 부분적으로 무의식적이며 의식의 의도를 훨씬 덜 따른다. 더 가치 있는 기능은 언제나 의식되는 인격의 표현이며, 의도, 의지, 성취의 표현인 반면, 덜 분화된 기능들은 우리에게 그냥 그렇게 일어나는 것들에 속한다. 우리에게 그냥 일어나는 것들이 반드시 '헛말lapsus linguae'이나 '펜 실수calami'라든가 그 밖의 착각일 필요는 없다. 분화가 덜 된 기능들도 약간의 의식성을 갖추고 있기 때문에 그런 일들이 반쯤, 또는 4분의 3 정도는 의도적으로도 생긴다. 이에 대한 고전적인 예가 주변 사람들과 마음이 매우 잘 통하는 외향적 감정형이 때로 놀랄 만큼 무례한 판단들을 입 밖에 내는 경우이다. 이 판단들은 그의 덜 분화되고 덜 의식된 사고 기능에서 튀어나오는데, 그것은 일부만 통제를 받으며 객체에 충분히 맞추어지지 않기 때문에 매우 무례하게 비칠 수 있다.

외향적 태도에서 덜 분화된 기능들은 언제나 극히 자아중심적이고 편파적인 극도의 주관성을 드러냄으로써 무의식과 가까운 관계임을 입증한다. 무의식은 덜 분화된 기능들 속에서 항상 드러난다. 무의식이 몇 개의 층 아래 파묻혀 있어서 고생스럽게 뚫고 들어가야 발견될 수 있다고 생각해서는 안 된다. 그와 반대로 무의식은 의식되는 심리 속으로 끊임없이 흘러들거니와 그 정도가 상당해서 어떤 특성들이 의식적 성격에, 어떤 특성들이 무의식적 성격에 귀속되는지를 밖에서 보고 알아내기 어려울 때가 많다. 다른 사람들보다 자기 표현을 풍부하게 하는 사람에게서 이런 어려움이 주로 나타난다. 물론 관찰자가 한 성격의 의식적인 특성을 파악하는지 무의식적인 특성을 파악하는지는 그의 태도에 크게 좌우된다. 일반적으로, 판단하는 태도를 가진 관찰자는 의식적 특성을 더 파악하고, 지각하는 태도의 관찰자는 무의식적 특성에서 더 많은 영향을 받는다. 판단 기능은 의식적 동기부여에 더 관심이 있고, 지각 기능은 일어난 일 자체를 기록하기 때문이다. 그렇지만 우리가 지각과 판단을 똑같이 사용한다면, 한 사람의 성격이 내향적인 동시에 외향적으로 보이면서 어떤 태도에 더 우세한 기능이 속하는지를 알 수 없는 경우가 생길 수 있다. 그런 경우에는 기능 특성들을 철저하게 분석해야만 타당한 견해에 이를 수 있다. 그때 주목할 것은 어떤 기능이 의식에 통제되고 동기화動機化되며, 어떤 기능들이 우연성과 자발성을 띠느냐 하는 것이다. 전자의 기능은 후자보다 언제나 더 분화된 것이며, 후자는 유아적이고 원시적인 특성을 지닌다. 때로 전자의 기능은 정상적이라는 인상을 주는 반면 후자는 좀 이상하거나 병적인 면을 지닌다.

c) 외향적 태도에서 심리적 기본 기능들의 특성

사고

전체 태도가 외향적이기 때문에 사고思考는 객체와 객관적 자료에 맞추어지며, 이 때문에 사고가 독특해진다.

사고에는 한편으로는 주관적이고 궁극적으로 무의식적인 것들이, 다른 한편으로는 감관-지각을 통해 전달된 객관적 자료들이 들어가는데, 외향적 사고에는 전자보다 후자가 더 크게 작용한다. 판단은 언제나 하나의 표준을 전제하는데, 외향적 판단에서는 객관적 여건들에서 끌어낸 표준이 타당하고 결정적이다. 그 표준이 객관적인 감각 기관을 통해 지각될 수 있는 사실에서 나오는가, 아니면 객관적 이념에서 나오는가 하는 것은 상관이 없다. 객관적 이념도 비록 그것이 주관적으로 승인된다 하더라도 외적으로 주어진 것, 밖에서 끌어온 것이기 때문이다. 따라서 외향적 사고는 순전히 구체적인 사실들만 가지고 생각하는 것이 아니고 순전히 이념적인 사고일 수도 있다. 그 이념들이 밖에서 끌어온, 즉 전통, 교육을 통해 전달된 것이라는 것이 입증될 수 있는 한, 그것은 외향적 사고이다. 따라서 어떤 사고가 외향적인가를 판단하는 기준은 사고가 어떤 표준을 따르는가, 그 표준이 밖에서 전달되는가 또는 주체에서 나오는가 하는 데 달려 있다.

또 다른 기준은 추론의 방향으로서, 사고가 주로 밖을 향하느냐 아니냐 하는 것이다. 구체적 대상들에 몰두하는 것은 사고가 외향적이라는 증거가 아니다. 구체적인 대상에 대해 사고할 때, 내 사고를 그것으로부터 추상화하거나 그것을 통해 내 사고를 구체화할 수 있기 때문이다. 내 사고가 구체적인 것들에 집중하기 때문에 외향적이라고 말할 수 있다 해도, 그 사고가 어떤 방향으로 갈지, 즉 객관적인 것들로, 외적 사실들이나 일반적인, 이미 주어진 개념들로 끌고 갈지 아닐지는 아직 모르는 것이다. 상인, 기술자, 자연과학자의 실제적 사고에서는 객체로 향하는 방향이 눈에 보인다. 철학자의 사고에서 사고의 방향이 이념들을 향한다면 결정을 내리기 어려워진다. 이 경우에는, 한편으로는 그 이념들이 단지 객체에 대한 경험들에서 추상된 것들이며 따라서 객관적 사실들의 총합을 포괄하는 더 높은 집단 개념들을 나타낼 뿐인지를 알아보아야 한다. 다른 한편으로는 이 이념들이 (직접적 경험들에서 추상된 것들로 보이지 않는다면) 전통을 통해 전달된 것이거나 주변 세계의 정신적 분위기에서 끌어낸 것인가를 알아보아야 한다. 이 물음에 대한 답이 긍정이면 그러한 이념들도 객관적 여건들에 속하며, 따라서 이 사고도 외향적이라 할 수 있다.

내향적 사고의 본질은 뒤에서 제시하기로 했지만, 여기서 몇 가지를 지적하지 않을 수 없을 것 같다. 방금 외향적 사고에 대해 말한 것을 잘 생각해보면 내가 지금까지 말한 것이 사고의 전부라는 결론에 독자가 어렵지 않게 도달할 수 있을 것이기 때문이다. 객관적 사실들도, 보편적 이념들도 겨냥하지 않는 사고를 '사고'라 할 수 있겠느냐고 말할 수 있을 것이다. 우리의 시대와 그 대표자들이 외향형의 사고만 알고 또 인정한다는 것을 알고 있다. 그렇게 된 부분적인 이유는 일반적으로 세상의 표면에 보이는 모든 사고가—과학과 철학, 또는 예술의 형태로—직접 객체에서 유래하거나 아니면 보편적 관념들로 끌고 들어가기 때문이다. 그 두 가지 이유 때문에 사고는 언제나 명백하지는 않다 해도 본질적으로 이해할 수 있고, 또 비교적 타당한 것으로 나타난다. 이런 의미에서 외향적 사고, 즉 객관적 여건에 맞추어지는 사고만 알려져 있다고 말할 수 있다.

    그러나 사고라고 하기 힘든 아주 다른 종류의 사고도 있으니, 곧 내향적 사고이다. 내향적 사고는 직접적인 객관적 경험에도, 일반적이고 객관적으로 전달되는 이념들에도 방향을 맞추지 않는다. 내가 이 내향적 사고에 도달하는 방식은 다음과 같다. 내가 구체적 객체나 일반적 관념에 대해 생각할 때 사고의 방향이 결국 나의 대상들로 되돌아간다면, 이 지적 과정이 그 순간 내 안에서 일어나는 유일한 심리 과정은 아니다. 나는 내 생각의 흐름 옆에서 그것을 방해하는, 있을 수 있는 모든 감각과 감정 들을 무시하며, 객관적 여건에서 출발하여 객체적인 것으로 향해 가려고 하는 내 사고의 흐름이 계속 주체와 관계를 맺는 것을 강조한다. 이 관계는 필수 요건인바, 주체와의 관계 없이는 어떤 생각도 흘러가지 않기 때문이다. 내 생각이 객관적으로 주어진 것에 가능한 한 많이 맞추어간다 해도, 그것은 나의 생각의 흐름이어서 주관적인 것이 섞이는 것을 피할 수 없거니와 그것이 없으면 안 된다. 내가 내 생각의 흐름에 어느 모로 보나 객관적인 방향을 부여하려 한다 해도, 그와 나란히 가는 주관적 과정과 그것의 참여를 방해한다면 내 생각은 끊기고 만다. 이 주관적 평행 과정은 자연스러운, 단지 어느 정도까지만 피할 수 있는 경향을 가지고 있다. 그것은 바로 객관적 소여所與를 주체화하는, 즉 주체에 동화시기려는 경향이다. 주관적 과정이 우세해지면, 외향형에 대립되는 다른 종류의 사고, 즉 주체와 주관적으로 주어진 것에 맞추는 방향이 생기는데, 그것을 나는 내향적이라고 부른다. 이 다른 방향 설정에서 나오는 사고는 객관적 여건들에 의해 결정되지도 않고 객관적으로 주어진 것을 향하지도 않으며, 주체적으로 주어진 것에서 출발하여 주관적 이념이나 사실들로 향하는 사고이다. 여기서는 이 사고에 관한 것을 더 이상 다루지 않고 존재만을 확인하여 외향적 사고의 반대를 보여줌으로써 그것의 본질을 분명히 하기로 한다.

그러므로 외향적 사고가 생겨나는 것은 객관적 방향 설정의 비중이 커짐으로써 가능하다. 그렇다고 사고의 논리가 변하는 것은 아니고, 제임스가 사상가들의 기질 문제라고 한 차이만 생기는 것이다. 객체에 방향을 맞춘다고 해도 사고 기능의 본질에는 아무 변화가 없고 사고의 현상만 달라지는 것이다. 객관적으로 주어진 것에 방향을 맞추기 때문에 이 사고는 마치 객체에 사로잡힌 것처럼, 외적 방향 설정 없이는 존재할 수 없는 것처럼 보인다. 그것은 외적 사실들을 거느리고 다니는 것처럼 보이거나, 보편타당한 이념에 도달해야 완성되는 것으로 보인다. 이 사고는 언제나 객관적 여건에 의해 생겨나고 그 객관적 여건이 동의해주어야 결론을 내릴 수 있는 것처럼 보인다. 그러므로 그 사고는 객관적인 경계로 인해 제한된 공간 안에서는 아주 기민한데도 불구하고 부자유스럽고, 때로는 근시안적이라는 인상을 불러일으킨다.

내가 여기서 서술하는 것은 외향적 사고의 현상이 관찰자에게 주는 인상일 뿐이다. 그는 다른 관점(제3자로서 밖에서 관찰하는 입장을 말함)을 취하지 않는다면 외향적 사고의 현상을 전혀 관찰할 수 없을 것이기 때문에 다른 관점에서 볼 수밖에 없다. 관점이 다르기 때문에 그는 현상만 보고 본질은 보지 못한다. 그러나 이 사고의 본질 속에 있는 사람은 그것의 본질은 파악할 수 있지만 현상은 보지 못한다. 현상만 보고 판단하면 본질을 제대로 평가할 수 없어 대체로 값을 깎아내리게 된다. 그러나 이 사고는 본질상 내향적 사고보다 성과나 창조성이 덜하지 않고 다만 수행하는 목표들이 다를 뿐이다. 이 차이를 특별히 잘 느낄 수 있는 것은, 외향적 사고가 주관적으로 방향을 맞춘 사고의 특수한 대상인 재료를 자기 것으로 장악할 때이다. 이를테면 어떤 주관적 확신이 객관적 사실들로부터 또는 객관적 이념들에서 나오는 결과로써 분석적으로 설명될 때 그런 경우가 발생한다. 자연과학적으로 지향된 우리의 의식에 두 사고 방식의 차이가 더 분명해지는 것은, 주체에 방향을 맞추는 사고가 객관적으로 주어진 것을 객관적으로 주어지지 않은 관계들 속에 집어넣는, 즉 주관적 이념에 종속시키는 시도를 할 때이다. 둘 다 영역 침해로 느껴지며, 그때 두 종류의 사고 방식들이 가진 서로에 대한 편견이 겉으로 드러난다. 그렇게 되면 주체를 지향하는 사고는 제멋대로 하는 방자함으로, 외향적 사고는 천박하고 진부하게 이것저것 가져다 맞추는 것으로 보인다. 그래서 두 관점은 끊임없이 서로 싸운다.

　이 싸움을 쉽게 끝내려면 주관적인 성질의 대상들을 객관적인 성질의 대상들과 깨끗하게 분리하면 된다고 생각할 수도 있다. 적지 않은 사람들이 시도했지만 이 분리는 불가능하다. 그리고 그 분리가 가능하다 할지라도 그것은 큰 재앙일 것이다. 두 지향이 일방적이고 타당성이 제한되어 있기 때문에 서로 영향을 주고받아야 하기 때문이다. 객관적으로 주어진 것이 사고에 더 많은 영향을 미치면, 사고의 생명이 없어지게 된다. 사고가 객관적으로 주어진 것에 붙은 단순한 장식물로 격하되는 나머지 객관적으로 주어진 것으로부터 해방되어 추상적 개념을 생산하는 것이 아예 불가능해지기 때문이다. 그렇게 되면 사고의 과정은 단순한 모방이 되어버려 객관적으로 주어진 것에서 눈에 보이는 뻔한 것만을 말하게 되고 만다. 물론 그러한 사고 과정은 객관적으로 주어진 것에 직접 인도하지만 결코 그것을 넘어서지는 못하며, 따라서 경험이 객관적 이념에 연결조차 안 된다. 반대로, 이 사고가 어떤 객관적 이념을 대상으로 할 때는, 실제적인 개별 경험에 도달하지 못하고 동어반복만 하게 된다. 유물론적 사고가 이에 대한 좋은 예들을 제공한다.

외향적 사고가 객체를 통해 결정되기 때문에 객관적으로 주어진 것에 종속되면, 한편으로는 개별 경험 속에서 사고가 사라져버려 소화되지 않은 경험적 재료들만 쌓아놓는다. 서로 관련 없는 개별 경험들이 쌓여 짓누르면 다른 한편에서 심리적 보상을 요구하는 사고 해리 상태가 생긴다. 이 보상은 단순하면서도 일반적인 이념으로 나타난다. 쌓아놓기는 했지만 내적 연결은 없는 전체에 그 이념은 하나의 연관성을 부여하거나 아니면 적어도 그런 연관성을 추측하게 한다. 이 목적에 맞는 이념들은 이를테면 '물질' 또는 '에너지' 따위이다. 그러나 사고가 외적 사실들은 별로 중시하지 않고 어떤 인습적 관념에 매달리면, 이 생각의 빈곤이 보상되어 사실들을 더욱더 인상 깊게 쌓아 모으게 된다. 그들은 비교적 제한되고 생명 없는 하나의 관점에 따라 한 방향으로만 모여, 사물의 훨씬 가치 있고 의미 깊은 측면들은 으레 아주 없어져버리게 된다. 우리 시대에 소위 과학적 문헌이 현기증이 날 만큼 쌓이는데, 유감스럽게도 그 상당 부분은 이 잘못된 방향 설정 때문에 존재한다.

외향적 사고형

경험이 보여주는 대로 심리적 기본 기능들은 한 개체에서 모두 똑같이 강하거나 똑같은 정도로 발달하는 일이 드물거나 거의 없다. 보통 어느 한 기능이 우세하고 강하게 발달한다. 심리적 기능들 중에서 사고가 우위를 차지하면, 즉 개인이 주로 사고에 이끌리면서 삶을 살아가며 그리하여 모든 중요한 행위들이 머리로 생각한 동기들에서 비롯되거나 적어도 그런 경향으로 나가면, 그는 사고형Denktypus이다. 그러한 유형은 내향적이거나 외향적일 수 있는데, 우리는 여기서 우선 외향적 사고형을 다룬다.

    이 유형은, 궁극적으로 언제나 객관적으로 주어진 것에, 즉 객관적 사실이나 아니면 보편타당한 관념에 방향을 맞추는 지적 추리에 의존하여 전체적인 삶을 표현하려고 하는──순수한 유형이라면 그것만 하려고 하는──사람이다. 이 유형은 자기 자신뿐 아니라 주위 사람들에게서도 객관적 사실 또는 객관적인 지적 공식公式이 가장 막강하다고 본다. 이 공식에 비추어 선과 악이 측량되고, 미와 추가 정해진다. 이 공식에 맞는 것은 모두 옳고, 이에 대립하는 것은 모두 그르며, 상관없는 것은 모두 우연한 것이다. 이 공식이 세계의 의미에 맞다고 여겨지기 때문에 그것이 세계의 법칙이 되어 언제 어디서나, 개별적으로나 보편적으로나 실현되어야 한다. 스스로 이 공식에 종속되듯이 주위 사람들도 자신들을 위해 그렇게 해야 한다. 그렇게 하지 않는 사람은 올바르지 않고, 세계의 법칙에 반항하는 것이며, 따라서 비이성적이고 비도덕적이며 비양심적이다. 도덕적 양심상 외향적 사고형은 예외를 용인하지 못한다. 그의 이상은 어떤 경우에든지 현실이 되어야 한다. 그 이상이 그에게는 객관적 현실을 가장 순수하게 표현해주는데, 인류의 행복에 불가결한 보편타당한 진리임이 분명하기 때문이다. 이는 박애정신에서 나오는 것이 아니라, 정의와 진리라는 더 고차원의 관점에서 나온다. 본질상 이 공식에 대립한다고 느껴지는 것은 무엇이나 단지 미완성으로, 기회가 닿는 대로 없애버릴 우연한 실패이며, 만일 이렇게 되지 않는다면 병적인 것이다. 병들고, 고통당하고, 비정상적인 자들에 대한 관용이 공식의 한 부분을 이룬다면, 구호소, 병원, 감옥 같은 시설이나, 식민지 같은 것에 대한 계획이 세워져야 한다. 그것들을 정말로 실현하는 데는 보통 정의와 진리라는 동기로는 충분하지 않고 이에 더하여 진정한 이웃사랑도 필요한데, 그것은 지적 공식보다는 감정과 관계가 있다. 외향적 사고형에서는 '사람은 본래' 또는 '사람은 마땅히'가 큰 역할을 한다. 그 공식이 충분히 넓으면 이 유형은 개혁자로, 대중에게 고발하고 양심을 정화하는 자로, 중요한 개혁들의 전파자로 사회생활에 매우 유용한 역할을 할 수 있다. 그러나 공식이 좁을수록, 이 유형은 자신과 남들을 어느 한 틀 속에 밀어넣고 싶어 하는 불평자, 궤변가, 자기만 옳은 비판자가 된다. 두 극단 사이에서 이 유형의 대다수가 움직인다.

외향적 태도의 본질에 어울리게 인격의 작용과 표현들은 바깥에 멀리 놓일수록 더 유리하거나 좋다. 그 최상의 측면은 작용 영역의 주변에서 발견되며, 세력권 안으로 들어갈수록 그 횡포의 불리한 결과들이 눈에 띈다. 주변에는 공식의 진실을 그 밖의 것에 첨가된 값진 것으로 느끼는 다른 삶이 약동한다. 그러나 공식의 세력권 안으로 깊이 들어갈수록, 공식에 맞지 않는 모든 생명이 죽어버린다. 가족들이 외향적 공식의 나쁜 결과들을 가장 많이 맛보게 된다. 그러나 가장 크게 고통 당하는 것은 주체 자신이다. 이제 이 유형의 심리학적 다른 면을 보기로 한다.

삶과 그 가능성들의 풍부함을 모두 포괄하고 적절하게 표현할 수 있는 지적 공식은 한 번도 존재한 적도 없고 또 존재하지도 않을 것이기 때문에 다른 중요한 생활 형태와 활동들은 억제되거나 배제되는 경우가 생긴다. 이 유형에서 억제되는 것은 일차적으로 감정에 의존하는 생활 형태들로, 예를 들면 심미적 활동들, 안목, 예술적 감각, 우정을 가꾸는 것 등이다. 종교적 경험, 열정 등과 같은 비합리적 형태들은 대개 의식되지 않을 정도로 완전히 말살된다. 경우에 따라 극히 중요한 이 생활 형태들은 대부분 의식되지 않는 것이다. 삶 전체를 하나의 특정한 공식에 헌신하는 예외적 인간이 있기는 하지만, 대부분의 사람들은 그렇게 다른 것들을 배제하는 삶을 지속적으로 살지 못한다. 지적 태도를 통해 억압된 생활 형태들이—외적 상황과 내적 성향에 따라—언젠가는 간접적으로 나타나 의식의 생활을 방해한다. 이 방해가 상당한 정도에 도달하면 신경증이라 할 수 있다. 그러나 대부분의 경우에는 신경증까지 가지는 않는데, 개인이 본능적으로 그 공식을—물론 적절한 합리적 옷을 입혀서—예방적으로 완화시키기 때문이다. 숨 쉴 구멍을 만드는 것이다.

 의식의 태도가 배제시킨 경향과 기능들은 상대적으로 또는 전적으로 의식되지 않기 때문에 비교적 발달되지 않은 상태에 멈추어 있게 된다. 그것들은 의식의 기능에 비해 열등하다. 의식되지 않으면 그 경향과 기능들은 무의식의 다른 내용들과 합쳐져서 기괴한 성격을 띠게 된다. 그들이 의식되면 이차적인 역할을 할지라도 심리적 전체상全體像에서 상당한 중요성을 가진다. 의식이 억누르는 것은 일차적으로 감정들이다. 그들이 경직된 지적 공식에 가장 먼저 대립되기 때문에 가장 쉽게 억압된다. 어떤 기능도 아주 꺼버릴 수는 없고, 단지 크게 일그러뜨릴 수 있을 뿐이다. 임의로 모양을 만들고 종속될 수 있는 한, 감정들은 의식의 지적 태도를 지지하고 그것의 의도들에 적응해야 한다. 그러나 이것은 어느 정도까지만 가능하며, 감정의 일부는 계속 순종을 거부하므로 억압하지 않으면 안 된다. 억압이 성공하면 감정은 의식에서 사라지고 의식의 문딕 아래에서 의식의 의도들에 역행하는 활동을 펼치는데, 그 결과는 때에 따라 개체에게 완전한 수수께끼가 된다. 이를테면, 의식의 극단적인 이타주의에 그 개체 자신도 모르는 이기심이 끼어들어, 근본적으로 사심 없는 행위들에 이기주의의 도장을 찍는다.

순수한 윤리적 의도에서 출발했는데 아주 다른 동기들이 결정적으로 작용한 것같이 보이는 상황에 들어간다. 남을 구한다고 나섰거나 도덕적 부패를 비판한 사람들이 갑자기 스스로 도움이 필요하거나 타락한 것으로 나타난다. 그들은 도우려는 의도를 가지고 출발하지만 피하려고 한 바로 그 상황을 불러들이는 수단들을 사용하고 만다. 외향적 이상주의자들 중에는 인류의 행복을 위해 그들의 이상을 실현시키려는 나머지 거짓말이나 다른 부정직한 수단들조차 꺼리지 않는 사람들이 있다. 저명한 학자들이 그들의 공식적 진리와 보편타당성을 확신한 나머지 그들의 이상에 맞게 증거들을 왜곡하는 민망스런 예들이 많다. 목적이 수단을 정당화하는 것이다. 열등한 감정 기능이 무의식적으로 유혹하며 작용할 때, 고매한 사람들이 그런 실수들을 저지르게 된다.

이 유형에서 감정의 열등함은 다른 식으로도 표현된다. 객관적 공식이 지배하므로 의식의 태도가 비개인적이어서 때로는 개인적 관심이 상당히 피해를 입는다. 의식의 태도가 극단적이면 모든 개인적 배려가 사라지고 자기 자신에 대한 배려도 없어진다. 자신의 건강을 소홀히 하고, 사회적 위치는 약화되며, 가족의 중요한 욕구들은 무시되고, 건강·재정·도덕이 손상되는데, 이 모든 것이 이상을 위해서이다. 어떤 경우에나 타인―같은 공식을 따르는 사람이 아니라면―에 대한 개인적 관심이 없어진다. 그래서 가족, 예컨대 자녀들이 그런 아버지를 잔인한 폭군으로 알고 있는 데 비해 다른 사람들은 그의 인간성을 칭송하는 일이 흔하다. 의식의 태도가 매우 비개인적임에도 불구하고, 아니 바로 그 때문에 무의식에서 감정들은 사적으로 지극히 예민하며 은연중에 편견을 만들어낸다. 이를테면, 자신의 공식에 대한 객관적 반대를 사적인 악의로 잘못 받아들이려 하거나, 남들의 주장을 미리 약화시키려고 항상 그들의 자질을 의심하고 보는 것이다. 물론 자신의 예민함을 보호하기 위해서이다. 무의식적으로 예민하기 때문에 말투가 매우 날카롭고 공격적이다. 곡해하는 일도 자주 일어난다. 열등한 기능이 그렇듯이 감정들은 뒤에 절름발이로 온다. 그래서 원한을 품는 성향이 커진다. 지적 목표를 위한 개인적 헌신이 아무리 대범하다 해도 감정들은 좀스럽게 의심이 많고 변덕스럽고 보수적이다. 공식 속에 들어 있지 않은 새로운 것은 무엇이나 무의식적 증오의 안경을 통해 보고 그에 따라 판단한다. 19세기 중반에 인도주의자로 유명한 의사가 자기 조수인 의사가 체온계를 사용했다 해서 내보내겠다고 위협한 일이 있었다. 공식인즉 '열은 맥을 짚어서 알아내는 법이다'라는 것이었다. 물론 비슷한 사례들은 매우 많다.

　감정들이 강하게 억압될수록 그것들은 사고에 더 나쁘게 그리고 은밀하게 영향을 미친다. 실제로 가치 있기 때문에 보편적인 인정을 요구할 수 있을 지적 관점이 무의식의 사사로운 예민함의 영향을 받아 변질되어 독선적이고 경직된다. 진리가 자연스럽게 작용하도록 내버려 두지 않고 주체가 그것과 동일시되는 나머지 진리를 못된 비판자가 상처를 입힌 예민한 인형 다루듯이 한다. 그는 그 비판자를 끌어내리는 데 개인적 험담을 하는가 하면, 때에 따라 아무리 나쁜 논거라도 상관없이 써먹는다. 진리를 무대에 올려야 하는 것이다. 사람들은 언젠가는 이 사람에게 중요한 것은 진리가 아니라 그것을 만든 개인이라는 것을 깨닫기 시작한다.

　무의식적·사적 감정들이 무의식적으로 섞임으로써 지적 관점의 독단성은 다른 녹특한 변화도 겪는다. 그 변화들은 엄격한 의미에서 감정 때문이 아니라 무의식 속에 억압된 감정에 녹아들어 간 다른 무의식적 요인들이 섞여서 나타난다. 이성 자체가 증명하는 바, 모든 지적 공식은 다만 제한된 범위의 타당성을 가지고 있을 뿐이고, 결코 혼자만 지배하겠다고 나설 수가 없다. 그러나 실제로 그 공식의 비중이 너무 커지면 다른 모든 관점과 가능성들은 뒷전으로 물러나게 된다. 더 보편적이고, 더 모호하고, 따라서 더 겸손하고 더 참된 세계관을 그 공식이 대신해버리는 것이다. 따라서 종교라고 부르는 보편적 견해를 대신하게도 된다. 그로써 그 공식은—본질상 종교적인 것과 아무런 관계가 없음에도 불구하고—종교가 되어버린다. 또한 그에 따라 그것은 종교에서 본질적인 무조건성을 얻는다. 말하자면 지적 미신이 되어버리는 것이다. 그 공식을 통해 억압되는 모든 심리적 경향들은 무의식 속의 반대 위치에 쌓이게 되어 그로 하여금 의심에 사로잡히게 한다. 의심을 막아내기 위해 의식의 태도는 광신적이 된다. 광신은 의심이 과잉 보상된 것에 지나지 않는다. 이렇게 나가다가 결국에는 의식의 태도가 지나치게 강조되고 절대적으로 대극적對極的인 무의식적 태도가 형성되기에 이른다. 예를 들어, 이 무의식적 태도는 의식의 합리주의와 반대로 극히 비합리적이고, 의식적 관점의 현대적 과학성과 반대로 극히 고태적이며 미신적이다. 그에 따라 학문의 역사에서 잘 알려진 진부하고 우스꽝스러운 견해들이 발생하며, 저명한 학자들이 거기에 걸려 넘어진다. 때로 그러한 남성에게서 무의식적 측면은 여성으로 구체화되어 나타난다.

독자도 이런 유형을 잘 알고 있겠지만, 이 유형은 내 경험에 따르면 주로 남성들에서 발견된다. 사고 자체가 여성보다 남성에게서 훨씬 더 지배적으로 기능하기 때문이다. 사고가 여성들을 지배하게 되면, 내 의견으로는 주로 **직관적인** 정신 활동에 따라오는 사고가 대부분이다.

외향적 사고형의 사고는 **긍정적이다.** 즉, 창조한다. 그것은 새로운 사실들을 이끌어내거나 아니면 불일치하는 경험 재료들을 보편적으로 이해할 수 있게 해준다. 그것의 판단은 일반적으로 **합성적**合成的이다. 분해하더라도 다시 세운다. 언제나 해소를 넘어서 새로운 종합으로, 분해한 것을 다른 식으로 다시 결합하는 다른 견해로 이끌거나, 주어진 재료에 다른 어떤 것을 덧붙인다. 따라서 이런 종류의 판단을 일반적으로 술어적述語的, prädikativ이라 부를 수도 있을 것이다. 어쨌든 외향적 사고형의 사고는 절대적으로 가치를 없애거나 파괴하는 일이 결코 없고, 언제나 파괴된 가치를 다른 가치로 대치하는 것이 특징이다. 이런 특성이 생기는 이유는, 사고형에서는 그의 삶의 에너지가 주로 흘러가는 통로가 사고이기 때문이다. 계속 전진하는 삶이 그의 사고 속에서 표명되어 그의 생각이 전진하고 생산하는 성격을 유지하는 것이다. 외향적 사고형의 사고는 정체해 있거나 퇴행하지는 않지만, 의식에서 사고에 우위가 주어지지 않을 때에는 정체나 퇴행이 생긴다. 이 경우에는 사고가 상대적으로 무의미해지기 때문에 긍정적 삶의 활동이라는 성격이 없어진다. 사고가 다른 기능들의 뒤를 따라가며 에피메테우스(그리스어로 '뒤에 안다')〔프로메테우스Prometheus, 즉 '미리 안다'의 동생으로, 형의 경고를 무시하고 판도라와 결혼한 그리스 신화의 인물〕와 같이 언제나 지나간 일, 이미 일어난 일을 곱씹어 생각하고 분해하며 소화하는 것으로 만족한다. 이 경우에는 창조성이 다른 기능에 있으므로, 사고가 전진하지 않고 정체한다. 그 사고의 판단은 현저한 내재적 성격 Inhärenzcharakter을 띤다. 즉, 앞에 놓인 재료의 범위에 한정되고 그것을 결코 넘어서지 않는다. 그것은 추상적 확인으로 만족하고, 경험 재료에 처음부터 들어 있지 않던 가치를 부여해주지 못한다. 외향적 사고의 내재적 판단은 객체에 맞추어져 있다. 즉, 그의 확신은 언제나 경험의 객관적인 의미에 따라 이루어진다. 따라서 그것은 개별적인 경험에 사로잡혀 있고, 이 경험을 통해 이미 주어진 것만을 말한다. 이런 사고를 쉽게 관찰할 수 있는 예로서, 어떤 사람들은 어떤 인상이나 경험에 자주 온당하고 매우 타당한 언급을 갖다 붙이지만 그 언급은 경험의 주어진 범위를 결코 넘어서지 못한다. 그러한 언급이 가리키는 것은 근본적으로 '나는 그것을 이해했다. 나는 그것을 생각해볼 수 있다'는 것일 뿐이다. 그러나 그것으로 그만이다. 그러한 판단은 기껏해야 어떤 경험을 하나의 객관적 관련 속에 집어넣는 것인데, 그 경험이 그 틀 안에 속한다는 것은 누구에게나 처음부터 명백했다.

그러나 사고가 아닌 다른 기능이 의식에서 우위를 차지하면, 사고가 의식되는 한, 그리고 지배적인 다른 기능에 직접 의존하지 않는 한, 그 사고는 부정적 성격을 띤다. 우세한 기능에 종속되는 동안 사고가 긍정적인 것처럼 나타날 수 있지만, 자세히 조사해보면 단순히 그 우세한 기능이 시키는 대로 따라가면서 흔히 논리적인 사고의 법칙과 명백히 모순되는 논거들로 그것을 지지해준다는 것을 어렵지 않게 입증할 수 있다. 따라서 이 사고는 현재 고찰의 대상이 되지 않는다. 우리가 문제 삼는 것은 다른 기능들보다 우위에 있고, 그 자신의 원칙에 충실한 사고가 어떤 것이냐 하는 것이다. 이 사고는 관찰·연구하기가 어렵다. 구체적인 경우, 사고가 언제나 의식의 태도에 의해 어느 정도 억압되어 있기 때문이다. 따라서 우연히 모르는 사이에 표면으로 떠오르지 않는다면 사고는 대부분 의식의 배경들로부터 끌어올려져야 한다. 대체로 다음과 같은 질문으로 그것을 끌어올려야 한다. "그런데 당신은 대체 그 일에 대해 근본적으로, 또한 정말 개인적으로 어떻게 생각하십니까?" 또는 꾀를 내어 다음과 같이 질문해보아야 한다. "이 일에 대해 내 생각이 어떻다고 생각하십니까?" 원래의 사고가 의식되지 않고 투사될 때 후자의 형태를 선택해야 한다. 이런 식으로 의식의 표면으로 떠올려지는 사고는 내가 **부정적**이라 부르는 특징들을 가진다. 그것의 습성은 '~에 지나지 않는다'라는 말로 가장 잘 표현된다. 괴테는 이 사고를 메피스토펠레스〔괴테의 희곡 『파우스트』에 나오는 악마〕라는 인물로 의인화하였다. 무엇보다도 이 사고의 경향은 판단의 대상을 진부한 어떤 것으로 귀속시키고 그 자체의 독립적 의미를 빼앗는 것이다. 그 대상이 다른 어떤 진부한 것에 의존하는 것이라 제시해버린다. 두 남자가 분명히 객관적인 문제를 놓고 충돌할 때, 부정적 사고는 '배후에 누가 있다'고 말한다. 누가 어떤 일을 변호하거나 선전하면 부정적 사고는 그 일의 의미에 대해 묻지 않고 "저러면서 얼마나 벌지?"라고 묻는다. 몰레스훗Jacob Moleschott이 했다는 "인간은 그가 먹는 그것이다 Mensch ist, was er ißt"〔어떤 사람이 무엇을 먹는지를 알면 그가 어떤 사람인지를 알 수 있다〕는 말도 여기에 속한다. 그 밖에도 그런 견해와 격언들이 많으나 일일이 소개할 필요가 없을 것이다.

 이 사고가 파괴적이면서도 별로 유용성이 없다는 것은 더 설명할 필요가 없을 것이다. 그러나 얼른 보아 눈치채기 어려운 부정적 사고의 또 다른 형태도 있는데, 그것은 신지학적神智學的, theosophisch 사고이다. 아마도 한동안 유행하던 유물론에 대한 반작용으로, 이것은 오늘날 세계 모든 곳에 빠르게 퍼지고 있다. 신지학적 사고는 외견상 전혀 환원적이지 않고 모든 것을 초월적 관념들로 상승시킨다. 예컨대 꿈은 더 이상 그냥 꿈이 아니라 '다른 차원'의 체험이다. 아직 설명할 수 없는 사실인 텔레파시는 두 사람 사이에 오가는 '진동'으로 아주 단순하게 설명된다. 평범한 신경성 장해는 단순히 몸속의 '영체靈體, Astralkörper'에 나쁜 일이 생긴 것으로 설명된다. 대서양 해안 주민들의 어떤 인류학적 특성들은 아틀란티스〔그리스 사람들이 대서양에 있다고 생각한 전설의 섬〕의 침몰로 쉽게 설명된다. 신지학 책을 펴보면 모든 것이 이미 설명되었으며, '정신과학'에는 아무런 수수께끼도 남아 있지 않다는 인식에 숨이 막힌다. 이런 종류의 사고는 유물론적 사고와 똑같이 부정적이다.

심리학을 신경세포들의 화학적 변화로, 또는 내분비 호르몬으로 이해한다면, 이런 유물론적 사고는 신지학만큼이나 미신적이다. 유일한 차이라면, 유물론은 우리가 잘 아는 생리학으로 환원하는 데 비해 신지학은 모든 것을 인도의 형이상학 개념들에 갖다 붙인다는 것이다. 꿈을, 과식한 위장으로 귀착시킨다고 꿈이 설명된 것이 아니며, 텔레파시를 '진동'으로 설명한다 해도 마찬가지로 의미가 없다. '진동'이 무엇이란 말인가? 두 설명 방식 모두 무력할 뿐 아니라 파괴적이며, 문제의 진지한 연구를 방해한다. 가짜 해명으로 일에 대한 관심을 빼앗아 가고 첫 번째 경우에는 위에, 두 번째 경우에는 가상적인 진동에 주의를 돌리기 때문이다. 두 사고 방식 모두 생명이 없고 생명을 죽인다. 이 부정적인 특질이 생기는 이유는 이 사고가 말할 수 없이 싸구려이기 때문이다. 즉, 생산하고 창조하는 에너지가 빈약하다. 그것은 다른 기능들에 끌려가는 사고이다.

감정

외향적 태도에서 감정은 객관적으로 주어진 것에 방향을 맞춘다. 즉, 느끼는 방식의 필수적 결정 요인이 객체이다. 감정을 주관적 상태로만 알고 있는 사람은 외향적 감정의 본질을 잘 이해하지 못할 것이다. 외향적 감정은 주관적 요인으로부터 가능한 한 해방되는 대신 객체의 영향에 종속되었기 때문이다. 겉보기에 구체적 객체의 특질과 독립적인 것으로 나타날 때도 그것은 언제나 전통적이면서도 보편타당한 가치들에 사로잡혀 있다. 내가 '아름답다' 또는 '좋다'고 느끼는 이유는 주관적으로 그 객체를 아름답다거나 좋다고 보기 때문이 아니라, 그것을 그렇게 부르는 것이 알맞기 때문이다. 적절하다는 것은, 만일 반대로 판단한다면 일반적 감정 상황을 어쩐지 어지럽히는 것 같다는 말이다. 그러한 적절한 감정 판단은 결코 가장이나 거짓말이 아니고 순응 행위이다. 이리하여 어떤 그림을 '아름답다'고 말하는 이유는, 거실에 걸려 있는 유명한 화가의 서명이 된 그림이란 일반적으로 '아름답다'고 전제되기 때문이거나, 또는 추하다고 평가한다면 그 그림을 산 사람의 가족이 속상할 것이기 때문이거나, 또는 방문객에게 편안한 감정적 분위기를 만들려는 의도가 있어서 모든 것이 좋게 느껴져야 하기 때문일 수 있다. 그러한 감정들은 객관적 결정 요인들에 맞추어진다. 그 감정들은 진짜이며 눈으로 볼 수 있고 총체적인 감정 기능을 제시해준다. 외향적 사고가 주관적 영향들에서 가능한 한 많이 벗어나는 것처럼, 외향적 감정도 분화 과정을 거쳐 모든 주관적 요소를 벗어버려야 한다. 감정 행위를 통해 일어나는 가치 평가Bewertungen는 객관적 가치들과 일치하거나 아니면 적어도 전통적 또는 보편적 가치 기준들과 일치한다.

이러한 종류의 감정이 존재하기 때문에 그렇게 많은 사람들이 연극이나 음악회나 교회에 긍정적 감정을 가지고 가는 것이다. 유행도 그 덕분이고, 훨씬 더 가치 있는 사회적·박애주의적, 그 밖의 문화 사업들의 긍정적이고 보편적인 지지도 그러하다. 이런 것들에서 외향적 감정 활동은 창조적 요인으로 나타난다. 이러한 감정이 없다면, 사람들의 아름답고 조화로운 어울림 같은 것은 생각할 수가 없다. 따라서 외향적 감정도 외향적 사고만큼이나 고마운, 이성적으로 작용하는 힘이다. 그러나 객체가 지나치게 과장된 영향력을 얻으면 이 유익한 효과는 없어진다. 이 경우 감정 활동은 인격을 지나치게 외향적인 객체 속으로 끌어들인다. 다시 말해 객체가 사람을 동화해버림으로써 감정 활동의 주된 매력인 개인적 성격이 상실된다. 그렇게 되면 감정은 차갑고, 사무적이고, 믿을 수 없어진다. 그것은 숨은 의도를 드러내며, 편견 없는 관찰자에게 그런 의심을 갖게끔 일깨운다. 그것은 진정한 감정 활동에 늘 따라오는 편안하고 신선한 인상을 더 이상 주지 않고, 자아 중심적 의도가 전혀 의식되지 않는다 해도 가식이나 연기처럼 느껴진다. 그렇게 과장된 외향적 감정 활동은 심미적 기대들을 충족시키지만 가슴에 와닿지 않고 감각에, 혹은—더 심하게는—오성Verstand에만 닿는다. 그것은 생기를 잃었다. 이 과정이 더 진행되면, 눈에 띄게 모순에 찬 감정 활동의 해리解離로 진전된다. 즉 모든 객체를 감정적인 가치 판단으로 지배하고, 서로 내적으로 모순되는 많은 관계들이 맺어진다. 주체가 어느 정도 강세에 있다면 그런 일은 전혀 일어날 수 없을 것이므로, 개인적인 관점의 마지막 잔재까지 억눌린다. 주체는 하나하나의 감정 과정에 흡수되어버리기 때문에, 관찰자는 감정 활동의 과정만 있고 주체는 없다는 인상을 받는다. 이런 상태에서 감정 활동은 본래의 인간적 따뜻함을 완전히 잃어버리고, 가식적이고 들뜨고 믿을 수 없다는 인상, 더 나쁜 경우에는 히스테리적이라는 인상을 준다.

외향적 감정형

사고보다 감정이 여성 심리의 두드러진 특성이므로, 여성에게서 분명한 감정형들이 발견된다. 외향적 감정 활동이 우위를 차지하면 외향적 감정형이라 한다. 떠오르는 이 유형의 예들은 거의 예외 없이 여성들이다. 이 유형의 여성들은 감정의 표준을 따라가며 산다. 교육의 결과로 그들의 감정은 순응되고 의식의 통제를 받는 기능으로 발달하였다. 극단적이지 않은 경우에는 감정이 개인적 성격을 띠지만, 주관적인 것은 이미 상당히 억제되었다. 따라서 그런 사람들의 성격은 객관적 여건들에 순응하는 것같이 보인다. 감정들은 객관적 상황들과 보편타당한 가치들에 일치한다. 이것이 가장 분명하게 나타나는 것은 배우자 선택에서이다. 이 유형의 여성은 어떤 다른 남자보다도 '적당한' 남성을 사랑한다. 그가 적당한 이유는 그 여성의 주관적인 숨은 본질에 호소하기 때문이 아니라—그녀는 대부분 그것을 전혀 모른다—그가 사회적 지위, 나이, 재산, 키, 가정 배경 등에서 모든 합리적 요구들에 맞기 때문이다. 이런 말이 비꼬고 깎아내리는 말처럼 들리겠지만, 이 여성은 선택한 사람을 진짜로 사랑한다. 그러한 '분별 있는' 결혼은 매우 많고, 또 그 부부들은 잘산다. 남편이나 자녀가 평범한 정신적인 기질을 갖고 있는 외향적 감정형의 여성들은 좋은 아내이고 어머니이다. '제대로' 느끼려면 그 어느 것도 감정을 방해하지 말아야 한다. 그런데 사고처럼 감정을 방해하는 것은 없다. 그래서 이 유형에서는 사고가 가능한 한 억제된다. 외향적 감정형의 여성이 전혀 사고를 하지 않는다는 말은 아니다. 그녀는 아주 많이 그리고 아주 현명하게 생각하지만 그녀의 사고는 결코 독자적이지 않다. 그녀의 사고가 에피메테우스적인 부속물처럼 감정에 붙어 따라간다. 그녀는, 느끼지 못하는 것은 의식에서 생각할 수도 없다. 한 여성 환자는 내게 "느끼지 못하는 것을 어떻게 생각해요"라고 화난 어조로 말한 적이 있다. 감정이 허락하는 한 그녀는 사고를 매우 잘하지만, 아무리 논리적인 결론이라도 감정을 방해하는 결과를 가져올 수 있다면 그 즉시 거부한다. 그 논리적 결론은 그냥 사고되지 않는다. 그래서 객관적 가치 판단에 비추어 좋은 것은 무엇이나 중히 여기고 좋아하지만, 그 밖의 것들은 단지 그녀 자신의 바깥에 존재하는 것같이 대한다.

 객체의 의미가 더 높아지면 이것이 달라진다. 그러면 앞에서 말한 것처럼 주체가 객체에 동화되는 나머지 감정의 주체가 어느 정도 사라진다. 감정 활동은 개인적 성격을 잃고 감정 그 자체가 되며, 그때그때의 감정 속에서 사람이 녹아 없어져버린다는 인상을 준다. 인생에서는 끊임없이 상황들이 서로 바뀌며 서로 다른, 심지어 서로 반대되는 감정 색조를 유발하기 때문에, 인격이 그와 마찬가지로 많은 서로 다른 감정들 속으로 없어져버린다. 그 사람은 한번은 이랬지만 다음에는 전혀 다르다. 물론 겉보기에 그렇다. 실제로는 그렇게 여러 종류의 인격이란 불가능하기 때문이다. 자아의 기초는 변하지 않기 때문에 자꾸 바뀌는 감정 상태들과 분명한 대조를 이룬다. 그에 따라 관찰자는 겉에 나타난 감정을 더 이상 그 사람의 개인적 표현이라 느끼지 않고 자아의 뒤바뀜, 즉 변덕이라 느낀다. 자아와 그때그때의 감정 상태 사이의 해리가 어느 정도냐에 따라 자기 자신과의 불일치의 징표들이 크고 작게 나타난다. 즉, 본래 보상적인 무의식의 태도가 반기를 들고 나선다. 이것은 우선 과장된 감정 표현에서 나타난다. 예컨대 시끄럽고 우겨대는 감정 표현이지만 어쩐지 믿을 수 없다. 그것은 공허하고 설득력이 없다. 반대로 그것이 어떤 저항을 과잉 보상하는 것이며, 실제로는 그런 감정 판단이 아주 다른 것일 가능성을 알아채게 한다. 조금 뒤에는 정말 감정 판단이 전혀 달라진다. 상황이 조금만 달라져도 똑같은 객체가 즉시 정반대로 가치 판단된다. 그러한 경험을 하는 사람은 결과적으로 이 판단도 저 판단도 믿지 못하게 된다. 그는 자기 자신의 판단을 삼가기 시작한다. 그런데 이 유형에게는 주변 사람들과 진한 감정 관계를 형성하는 것이 매우 중요하기 때문에 주위 사람들의 유보적 태도를 극복하려면 두 배로 애를 써야 한다. 상황은 계속 악화된다. 객체에 대한 감정 관계가 크게 강조될수록 무의식적 저항이 점점 더 많이 표면으로 올라오기 때문이다.

앞서 말한 바와 같이, 사고가 감정을 가장 잘 방해하기 때문에 외향적 감정형은 사고를 제일 많이 억제한다. 같은 이유로 사고도 순수한 결과에 도달하려면 감정을 배제하는 것이다. 감정 평가처럼 사고를 방해하고 왜곡하는 것은 없기 때문이다. 따라서 외향적 감정형에서는 사고가—그것이 하나의 독립적 기능이라면—억압된다. 그러나 이미 설명한 대로 아주 억압되지는 않고, 사고의 엄격한 논리가 감정에 맞지 않는 결론을 이끌도록 강제하는 범위 안에서만 억압된다. 감정의 봉사자 또는 더 적절히 표현해서 감정의 노예로서는 사고가 허용된다. 그의 등뼈는 부러졌다. 사고가 스스로 자신의 법칙에 따라 수행되지 못하는 것이다. 그러나 그래도 논리가 존재하고 냉엄할 정도로 옳은 결론들이 존재하므로 그것이 어디에선가 작동하고 있을 것이다. 그것들은 의식 밖에서, 즉 무의식에서 일어난다. 그래서 이 유형의 무의식 내용은 가장 일차적으로 특이한 사고, 즉 유아적·고태적·부정적 사고이다.

의식의 감정 활동이 개인적 성격을 유지하는 한, 달리 말해 인격이 하나하나의 감정 상태에 삼켜져버리지 않은 한, 무의식적 사고는 보상적이다. 그러나 인격이 해리되어 개별적인 서로 모순되는 감정 상태들 속에 소멸되면, 자아의 동체성同體性이 상실되고 주체는 무의식적이 된다. 주체가 무의식으로 들어가버리면 무의식적 사고와 연결됨으로써 무의식적 사고를 이따금씩 의식할 수 있도록 도와준다. 의식의 감정 관계가 강할수록, 그래서 감정이 '탈자아화'될수록, 무의식적 반항은 강해진다. 가장 높게 평가되는 객체들을 중심으로 이들의 가치를 무자비하게 깎아내리는 무의식적 생각들이 모여든다. '~에 지나지 않는다[不過]'라는 식의 사고가 일어나 객체들에 얽매인 감정의 지나친 권력을 파괴한다.

무의식적 사고는 그 일반적 성격이 언제나 부정적이고 가치를 깎아내리는, 때로는 강박적 성질의 착상着想의 형태로 의식 표면에 도달한다. 그래서 이 유형의 여성들에게는 감정이 가장 높게 평가하는 객체들에 최악의 생각들이 붙어버리는 순간들이 있다. 부정적 사고는 그 감정 가치에 회의를 느끼기에 알맞은 모든 유아적 편견이나 비교들을 이용하여, 그 감정들이 '~에 지나지 않음'을 밝히기 위해 모든 원시적 본능들을 끌어들인다. 여기에 곁들여 몇 마디 덧붙이자면, 이런 식으로 가면 집단적 무의식, 즉 원초적 상像들의 총합을 끌어들이게 된다. 그것들과 작업하면 외향적 감정의 태도가 다른 토대 위에서 재생될 가능성이 생긴다.

이 유형의 주된 신경증 형태는 히스테리로 무의식의 유아적-성적 표상 세계가 특징이다.

합리적 유형들의 요약

내가 위의 두 유형을 모두 합리적 또는 판단적 유형들이라고 하는 이유는, 합리적으로 판단하는 기능들이 우세하기 때문이다. 두 유형의 일반적인 특성은 그들의 인생이 상당 정도 합리적 판단에 종속된다는 점이다. 물론 우리는 여기서 개인의 주관적 심리학의 관점에서 말하는가, 아니면 밖에서 지각하고 판단하는 관찰자의 관점에서 말하는가를 고려해야 한다. 관찰자는 쉽게 상반된 판단에 이를 수 있는데, 그가 단지 일어나는 일만을 직관적으로 파악하고 그에 따라 판단할 때 그러하다. 총체적으로 이 유형의 삶은 이성적 판단에만 의존하는 법이 없고, 상당 정도 무의식적 비합리성에도 똑같이 의존한다. 단지 일어나는 일만 관찰하고 개체 의식의 내적 살림살이에는 신경 쓰지 않는 사람은 개체의 의식적 의도 및 동기들의 합리성보다는 그의 무의식적 표현들의 비합리성과 우연성에서 더 큰 인상을 받는다. 그래서 내 판단의 토대는 그 개체가 자신의 의식적 심리라고 느끼는 것에 있다. 그러나 나는 정반대로도, 즉 무의식으로부터 그런 심리를 똑같이 잘 이해하고 제시할 수 있다는 점을 인정한다. 나는 또한 내 자신이 만약 다른 개별적 심리학을 가지고 있다면 합리적 유형을 거꾸로 무의식 쪽에서 비합리적 유형이라고 기술할 것임을 확신한다. 이렇게 보는 관점에 따라 의견이 달라지기 때문에 심리적 사실들을 서술하고 이해하는 일이 심각하게 어려워지며 오해의 가능성이 말할 수 없이 커진다. 이 오해들에서 생겨나는 논의들은 보통 절망적인데, 서로가 서로의 말을 이해하지 못하기 때문이다. 이 경험은 내가 서술에서 개인이 주관적으로 의식하는 심리에 기초를 두게 된 또 다른 이유가 되었다. 그렇게 하면 최소한 하나의 특정한 객관적 발판을 가지게 되기 때문이다. 무의식을 기초로 심리학적 법칙성을 보고자 한다면 이러한 객관적인 발판은 완전히 없어질 것이다. 이 경우에 객체는 자신의 무의식에 대해 아는 것이 없으므로 더 이상 아무것도 할 말이 없게 될 것이다. 그럼으로써 관찰자, 즉 주체만이 판단을 내릴 수 있고, 그렇게 되면 그는 자신의 개인적 심리학에 판단의 토대를 두고 이 심리학을 피관찰자에게 강요하게 될 것이다. 내가 보기에는 프로이트의 심리학도, 아들러의 심리학도 이런 경우이다. 판단하는 관찰자가 개인을 마음대로 한다. 그러나 피관찰자의 의식심리학을 그 토대로 한다면 이런 일은 있을 수 없다. 이 경우에는 그가 능력자이다. 그 자신만이 자신의 의식적 동기들을 알기 때문이다.

  이 두 유형의 의식의 생활이 이성적이라는 것은 우연하고 비합리적인 것이 의식에서 배제된다는 것을 뜻한다. 이성적 판단이 하나의 권력이 되어 현실 사건의 무질서하고 우연한 것을 특정한 형태 안으로 강제로 집어넣거나 최소한 그런 시도를 한다. 그렇게 함으로써 한편으로는 삶의 가능성들 중에서 이성적인 것만 추려지고, 다른 한편으로는 일어나는 일을 지각하는 정신 기능들의 독립성과 영향이 상당히 제약된다. 물론 이 감각과 직관의 제약은 절대적이지 않다. 이 기능들은 언제나 존재하지만, 다만 그것의 산물이 이성적 판단의 선택 아래 놓이게 된다. 행동의 동기를 결정하는 것은 예컨대 감각의 절대 강도가 아니고 판단이다.

따라서 지각하는 기능들은 사고형의 경우에는 어떤 의미에서 감정의 운명을, 감정형의 경우에는 사고의 운명을 공유한다. 그들은 비교적 억압되어 있으며 따라서 덜 분화된 상태에 있다. 이런 사정으로 두 유형의 무의식에 독특한 특징이 생긴다. 의식적·의도적으로 행하는 것은 이성적(그들의 이성理性에 따라)인데, 그들에게 그냥 일어나는 일은 한편으로는 유아적-원시적 감각들의, 다른 한편으로는 유아적-원시적 직관들의 본체와 일치한다. 감각과 직관이 무엇인지는 뒤에서 서술하기로 한다. 여하튼 이 유형들에게 일어나는 일은 비합리적(물론 그들의 관점에서 볼 때)이다. 매우 많은 사람들이 이성적 의도에서 행동하며 살기보다는 그들에게 일어나는 일들을 그냥 겪으며 살아가므로, 만일 그런 사람이 우리의 두 유형을 주의 깊게 분석하고 나면 이들이 비이성적이라고 말하는 경우가 쉽게 생길 수 있다. 그런 의견은 얼마든지 있을 수 있는데, 흔히 한 사람의 무의식이 그의 의식보다 훨씬 더 강한 인상을 주며, 그가 하는 행동들이 그가 말하는 이성적 동기들보다 의미가 더 클 때가 많기 때문이다.

두 유형의 합리성은 객체에 방향이 맞추어져 있고, 객관적으로 주어진 것에 의존한다. 그들의 합리성은 그들이 속한 집단에서 이성적이라고 통하는 것과 일치한다. 주관적으로는, 누구나 다 일반적으로 이성적이라고 여기는 것만이 이성적이다. 그러나 이성도 상당 부분 주관적·개인적이다. 우리의 두 유형에서는 이 주관적·개인적 부분이 억압되어 있으며, 객체의 의미가 클수록 억압도 커진다. 주체와 주관적 이성은 언제나 억압될 위험에 처해 있으며, 억압당하면 그들은 무의식의 지배 아래 들어가는데, 이때 무의식은 매우 부정적인 특성들을 가지게 된다. 무의식의 사고에 대해서는 이미 말했다. 한편으로 무의식의 사고에 덧붙여지는 것은 원시적 감각들이다. 이들은 강박적 감각 추구로, 예컨대 가능한 모든 형태를 띨 수 있는 강박적 향락 중독(알코올 중독 등)의 형태로 표현된다. 다른 한편에는 원시적 직관들이 있는데, 그들은 본인과 주위 사람들에게 직접적으로 큰 고통이 될 수 있다. 싫고 괴로운 모든 것, 적대적이고 추하고 나쁜 모든 것이 감지되거나 추측된다. 대부분의 경우 그 직관들은 절반은 진실이지만, 절반만 진실인 것처럼 악의적인 오해를 만들어내는 데 적합한 것은 없다. 저항하는 무의식적 내용들의 영향을 강하게 받으므로 필연적으로 의식의 이성적 규칙이 자주 무너져서, 감각의 강도 때문에, 아니면 무의식적 의미 때문에 막강한 영향력을 얻는 우연성들에 속박되는 일이 눈에 띄게 생긴다.

감각

외향적 태도에서 감각은 주로 객체에 의해 생겨난다. 감관感官을 통한 지각으로서의 감각은 당연히 객체에 의존한다. 그러나 감각은 똑같이 주체에 의존하므로 객관적 감각과 아주 다른 주관적 감각도 존재한다. 외향적 태도에서는 감각의 주관적 부분이 억제 또는 억압되어 있다. 또 사고나 감정이 우위를 차지할 때는 비합리적 기능인 감각이 비교적 억압된다. 즉, 의식의 판단하는 태도가 우연한 지각들을 의식의 내용으로 만드는 만큼, 달리 말해 그 지각들을 인식하는 만큼만 감각이 의식적으로 기능을 발휘한다. 엄격한 의미에서 감각 기능은 물론 절대적이다. 즉, 생리적으로 가능한 모든 것이 보이고 들린다. 그러나 지각이 통각統覺, Apperzeption(의미지각意味知覺)도 되기 위해서는 최소한

의 강도(역치閾値)를 가져야 하는데, 모든 지각이 그 강도에 도달하는 것은 아니다. 감각이 우위를 차지할 때는 상황이 달라진다. 이렇게 되면 객체 감각에서 아무것도 배제되지 않고 아무것도 억압되지 않는다(위에서 언급한 것처럼 주관적 부분은 예외이다). 감각은 객체에 의해 결정되며, 개인의 심리에는 가장 강한 감각을 일으키는 객체들이 결정적이다. 그로써 객체들에 대해 아주 감각적인 속박이 생겨난다. 감각은 가장 강한 삶의 충동을 지닌 중요한 기능이 된다. 객체들은 감각을 불러일으키는 한 가치가 있고, 그것이 감각에 의해 가능한 한 전적으로 의식에 받아들여진다. 그것이 이성적 판단에 맞든 맞지 않든 상관없다. 객체들의 가치 준거는 객관적 특성들을 통해 정해진 감각 강도뿐이다. 따라서 모든 객관적 과정들이 감각들을 불러일으켜야 의식에 들어온다. 그러나 외향적 태도에서 감각들을 불러일으키는 것은 단지 구체적인, 감각적으로 지각할 수 있는, 누구나 언제 어디서나 구체적으로 감각할 만한 객체 또는 과정들이다. 개인은 순전히 감각적인 사실들에 방향을 맞춘다. 판단하는 기능들은 감각의 구체적 사실 아래에 놓이고 따라서 덜 분화된 기능들의 특성인 유아적·고태적 특징들을 띤 부정적 경향을 가진다. 물론 가장 강하게 억압되는 것은 감각에 대극되는 기능인 무의식적 지각, 즉 직관이다.

외향적 감각형

사실주의에서는 어떤 유형도 외향적 감각형을 따라가지 못한다. 그의 객관적 사실 감각事實感覺은 극도로 발달되어 있다. 그는 자신의 인생에서 구체적 객체에 대한 현실적 경험들을 쌓지만 분명한 유형일수록 자신의 경험을 이용하지 않는다. 어떤 경우에는 그의 체험이 '경험'이라는 이름을 붙일 만한 것이 못 된다. 그의 감각은 기껏해야 새로운 감각으로 가는 길잡이 구실을 한다. 그리고 그의 관심 분야에 들어오는 새로운 모든 것은 감각을 통해 얻어지므로 감각의 목적에 이바지해야 한다. 순수한 사실들에 대한 뛰어난 감각을 사람들이 아주 이성적인 것으로 이해하는 만큼 사람들은 그런 사람을 매우 이성적이라 칭찬할 것이다. 그러나 그들은 실제로 전혀 이성적이지 않다. 합리적 사건의 감각만큼이나 비합리적 우연의 감각에도 굴복하기 때문이다. 물론 그런 유형은─주로 남자들로 보이는데─감각에 '굴복한다'고 생각하지 않는다. 그는 이 표현이 부적절하다고 비웃을 것이다. 그에게는 감각이 삶의 구체적 표출이며, 풍요한 삶을 의미하기 때문이다. 그의 의도, 그의 도덕성은 구체적 향락을 지향한다. 참된 향락은 그 나름의 특별한 도덕, 그 나름의 특별한 절제와 법칙성, 그 나름의 공평무사함과 헌신적 자세를 가지기 때문이다. 그렇다고 그가 천박한 감각과 관능의 즐거움만을 추구하는 것은 아니고, 감각을 매우 심미적으로 순수하게 발달시키면서 가장 추상적 감각에서조차 객관적 감각의 원천을 저버리지 않을 수 있다. 불펜[3]의 삶의 향락에 대한 거침없는 안내서는 이런 유형의 꾸밈없는 자기 고백이다. 이 책은 이와 같은 관점에서 읽어볼 만한 책이라고 생각한다.

 이 유형의 사람은 좀더 낮은 단계에서는 만질 수 있는 현실만 중요하게 여기고 반성적 사고를 하려는 경향도, 지배하려는 의도도 없다. 그의 끊임없는 동기는 객체를 감지하고, 감흥을 느끼며, 가능하면 즐기는 것이다. 그는 밉살스런 사람이 아니고 오히려 반대로 호감을 주고 즐길 줄 아는 활기찬 사람으로, 때로는 유쾌한 친구, 때로는 안목 있는 심미가審美家이다. 유쾌한 친구일 때 인생의 커다란 문제는 어느 정도 잘 차려진 점심 식탁에 달렸고, 심미가일 때는 좋은 취미에 달렸다. 그가 감각으로 느끼면 그에게는 본질적인 모든 것이 말해지고 이루어진 것이다. 그 이상 구체적이고 현실적인 어떤 것도 없다. 구체적인 것 가까이, 또는 그것을 넘어서는 추측들은 감각을 강화시킬 때만 허용된다. 그가 원하는 것은 쾌락이라기보다 강도 높은 감각이며, 그는 그의 성질상 그것을 밖으로부터만 받을 수 있다. 안에서 오는 것은 병적이고 멸시할 만한 일로 여겨진다. 그가 생각하고 느끼는 한 그는 언제나 객관적 토대들로, 즉 객체로부터 오는 영향들로 환원시키고 논리 같은 것에는 신경 쓰지 않는다. 만질 수 있는 현실은 언제나 그를 편안하게 해준다. 이 점에서 그는 예상 밖으로 무엇이든 쉽게 믿어버리는 경향을 가지고 있다. 심인적心因的 증상은 저기압과 관련 있고, 심리적 갈등이 있다는 말은 그에게는 헛소리이다. 그는 분명 객체의 감각적 자극들을 사랑한다. 그가 정상적이라면, 주어진 현실에 눈에 띄게 순응하고 있음을 볼 수 있다. 눈에 띄는 이유는 그것이 항상 눈에 보이기 때문이다. 그의 이상理想은 사실성이고 이 점에서 그는 배려를 많이 한다. 그에게는 이념적 이상들이 없기 때문에 사실적 현실에 저항하여 어색하게 행동할 이유가 없다. 그것은 모든 외양과 언행에서 표현된다. 그는 때와 장소에 잘 맞추어 옷을 입고, 그의 집에 가면 사람들은 잘 먹고 잘 마시며 편안한 의자에 앉으며, 그가 가진 세련된 취미 때문에 주위 사람들에게 무리한 요구를 좀 해도 된다는 것을 깨닫는다. 그는 심지어 멋과 감각을 위해서라면 불편함이나 돈과 시간의 낭비 등을 감수해도 된다고 주위 사람들이 믿게 만든다.

그러나 감각이 우세해져서 감각 주체가 감흥Sensation 뒤로 사라져버릴수록 이 유형은 남들을 불쾌하게 한다. 그는 천박한 향락만 추구하게 되거나, 아니면 아름다움을 위해서는 못할 짓이 없는, 지나치게 세련된 심미주의자가 되어버린다. 그리하여 객체가 그에게 없어서는 안 되는데도 또한 객체의 가치를 그 자체로써 존재하는 것으로 깎아내린다. 객체는 무자비하게 억압되고 착취되며 단지 감각을 위한 단서로만 사용되고 만다. 객체에의 속박이 극단으로 치달으면서 무의식이 보상적 역할만 하지 않고, 드러내고 저항을 한다. 무엇보다도 억압된 직관이 세력을 얻어 객체에 투사된다. 기상천외한 억측들이 생겨나고, 성적인 대상에 관해서라면 질투 공상들이 큰 역할을 하며, 극심한 불안에 빠지기도 한다. 심한 경우에는 온갖 종류의 공포증, 특히 강박증상들이 생겨난다. 병리적 내용들은 놀랄 만큼 비현실성을 띠며 흔히 도덕적·종교적 색채를 지닌다. 교활한 궤변, 우스꽝스러울 만큼 양심적인 도덕성, 기이한 의식들을 행하는 원시적이고 미신적이고 '마술적'인 종교성이 발달되곤 한다. 이 모든 것들은 억압된, 덜 분화된 기능들에서 비롯되는데, 이 기능들은 의식의 사실 감각과 완전히 대립되는 허무맹랑한 전제들에 기초를 두고 있기 때문에 더욱 눈에 띄게 나타난다. 감정 활동과 사고 활동의 전체적인 교양이 이 제2의 성격에서는 병적 원시성으로 왜곡되어 나타난다. 이성은 궤변과 지나친 천착이 되고, 도덕은 지루한 설교와 뻔뻔한 위선이 되며, 종교는 허무맹랑한 미신이 되고, 인간의 고상한 능력인 예감 능력은 사적인 좁스러운 궁리벽, 이 구석 저 구석 냄새 맡고 다니는 작태가 되어, 넓게 나가지 못하고 너무도 인간적인 사소함의 바늘구멍 안으로 끌려가게 된다.

 이 유형에서 보이는 신경증적 증상들의 특수한 강박적 성격은 단지 지각하기만 하는 의식의 도덕적 강박성 상실에 대한 무의식의 대극을 나타낸다. 합리적 판단의 관점에서 보면 이런 태도는 일어나는 일을 분별없이 덮어놓고 받아들이는 태도이다. 감각형의 무전제성無前提性이 결코 절대적 법칙의 상실과 방종을 의미하는 것은 아니지만, 판단을 통한 본질적 제약이 없는 것은 사실이다. 그러나 합리적 판단은 의식적 강박성을 나타내며, 합리적 유형은 그것을 자유의지로 떠맡는 것

같이 보인다. 이 강박성이 감각형에게는 무의식으로부터 들이닥친다. 게다가 합리적 유형에게는 판단이 존재하기 때문에 감각형이 객체에 대해 갖는 무조건적 관계만큼 객체에의 속박이 커다란 의미를 지니는 적은 없다. 감각형의 태도가 너무 일방적이면, 의식에서 객체에 매달리기 때문에 그만큼 무의식에 장악될 위험에 처한다. 그가 일단 신경증에 걸리면 합리적 방식으로 치료하기가 훨씬 어렵다. 치료자가 쓰는 합리적 기능들이 그에게는 상대적으로 미분화된 상태에 있어, 거의 또는 전혀 신뢰할 수 없기 때문이다. 그에게 어떤 것을 의식화시키려면 종종 정감적情感的 강제 수단이 필요하다.

직관

무의식적 지각의 기능인 직관은 외향적 태도에서 전적으로 외적 객체들을 겨냥한다. 직관이 주로 무의식적 과정이기 때문에 그것의 본질을 의식에서 파악하기는 매우 어렵다. 의식에서 직관 기능은 예상하는 태도, 관조하고 조망하는 것으로 나타나는데, 언제나 결과를 보아야지만 얼마나 많은 것을 들여다보았는지 그리고 얼마나 많은 것이 정말 객체에 있었는지를 알 수 있다. 감각이—만약 우위를 차지한다면—단지 반응성 과정, 객체에게는 별 의미가 없는 과정이 아니라 객체를 붙잡고 형성하는 능동적 행위인 것처럼, 직관도 단지 지각하고 단순히 관조하는 것이 아니라 객체로부터 끄집어내지는 만큼 객체에 집어넣기도 하는 능동적·창조적 과정이다. 그 과정은 직관적 관조를 무의식적으로 끄집어내듯이 객체에 무의식적 효과를 만들어낸다. 우선 직관은 다른 기능들 가지고는 전혀 도달할 수 없거나 많이 우회해야 도달할 수 있는 관계들과 상황의 상像들, 또는 관觀, Anschauungen들을 전달한다. 직관이 우위를 가지면 이 상들은 행동에 결정적인 영향을 미치는 특정한 인식의 가치를 가지게 된다. 이 경우에 정신적 적응은 거의 예외 없이 직관에 기초해서만 이루어진다. 직관이 우세하면 사고, 감정, 감각은 상대적으로 억압되는데, 감각이 특히 억압된다. 의식적 감관 기능이 직관에 가장 많은 방해가 되기 때문이다. 감각은 무작정 달려드는 감관적 자극들을 통해 순수하고 편견 없고 순진한 직관을 방해한다. 이런 감관 자극들은 시선을 물리적 표면으로 향하게 하는데, 직관은 표면에 있는 것들 뒤에 도달하려고 하는 것이다. 외향적 태도에서는 직관이 객체를 겨냥하므로 실상 감각과 아주 가깝다. 왜냐하면 외부의 객체에 대한 예기적豫期的 태도는 그만큼 확실히 감각도 이용할 수 있기 때문이다. 그러나 직관이 기능을 할 수 있으려면 감각이 상당히 억제되어야 한다. 이 경우 내가 말하는 감각은 윤곽이 확실한 생리적·심리적 자료로서 단순하고 직접적인 감각이다. 먼저 그것을 분명히 해두어야 하는 이유는 직관적 유형에게 무엇에 방향을 맞추느냐고 물어보면 감각과 아주 닮은 것들을 이야기하기 때문이다. 그는 사실 '감각'이라는 표현을 자주 사용하기도 한다. 그는 실제로 감각을 가지고 있지만, 감각 활동에 방향을 맞추지 않고, 감각을 직관적 관조를 위한 정거장으로 삼을 뿐이다. 그 감각은 무의식적 전제를 통해 선택되어 있다. 선택에서 생리적으로 강도가 제일 높은 감각이 주요 가치를 얻는 것이 아니라, 다른 어느 감각이라도 직관형의 무의식적 태도에 의해 값이 현저히 올라가면 주요 가치를 얻는다. 직관형의 의식에는 그것이 순수한 감각인 것처럼 나타나지만, 사실은 그렇지 않다.

오직 그렇게 함으로써만 충만한 삶을 일깨우는 것처럼 보이기 때문에 외향적 태도에서 감각이 가장 강한 사실성에 도달하려 하는 것처럼, 직관은 최대의 **가능성들**을 파악하려 한다. 가능성들의 관조를 통해 **예감**이 가장 많이 충족되기 때문이다. 직관은 객관적으로 주어진 것에서 가능성들을 발견하려고 한다. 따라서 사방이 가로막힌 상황에서 빠져나갈 곳을 발견하지 못할 때 직관은—우위가 주어지지 않아도—단순한 보조 기능이라 해도 자동적으로 작용하여 도움을 준다. 직관이 우위를 차지하면, 모든 평범한 생활 상황들이 직관이 문을 열어야 하는 닫힌 공간들인 것처럼 나타난다. 직관은 항상 외적 생활의 출구와 새로운 가능성들을 찾는다. 직관적 태도를 지닌 사람에게 모든 생활 상황은 바로 감옥이 되고 짓누르는 족쇄가 되어버린다. 객체들은 때때로 지나치게 큰 가치를 지니는데, 바로 하나의 해결, 하나의 해방, 새 가능성의 발견에 봉사해야 할 때 그러하다. 그들의 봉사가 계단으로서, 다리로서 완수되자마자 그들은 더 이상 아무런 가치도 없어지며 귀찮은 부속품으로 버려진다. 하나의 사실은 그것을 넘어서는 새 가능성들을 열어주고 개체를 그 사실로부터 해방시키는 한에서만 사실로 통용된다. 가능성들이 보이기 시작하면 강박적인 동기가 되어 직관은 그 강제력을 벗어나지 못하고 다른 모든 것을 희생시킨다.

외향적 직관형

직관이 객체에 방향을 맞추기 때문에, 직관형에서는 외적 상황들에 강하게 의존하는 것을 볼 수 있지만, 의존 방식이 감각형과는 매우 다르다. 직관형은 보편적으로 인정되는 현실적 가치들이 있는 곳이 아니라 가능성들이 존재하는 곳에서 발견된다. 그는 싹트는 것, 미래가 약속된 것을 냄새 맡을 줄 안다. 보편적으로 인정되지만 제한된 가치를 지닌, 안정되고 오래 유지되어왔으며 토대가 잘 잡힌 여건 속에는 직관이 없다. 언제나 새로운 가능성들을 찾아다니기 때문에 안정된 여건 속에서는 질식할 위험이 있다. 그는 새로운 객체들과 새로운 길을 매우 강렬하게 그리고 때로는 극도로 열정적으로 붙들지만, 그들의 범위가 확인되고 상당한 발전이 더 이상 예감되지 않으면 존경심 없이, 그리고 겉보기에 추억도 없이 냉혹하게 포기해버린다. 어떤 가능성이 존재하는 한 그는 운명적으로 그것에 붙들려 있다. 마치 그의 삶 전체가 그 새로운 상황에서 소진하는 것 같다. 그는 마치 바로 지금이야말로 인생의 결정적 전환점에 도달한 것 같은 인상, 그래서 마치 이제부터는 다른 아무것도 더 이상 생각하거나 느끼지 못할 것 같은 인상을 남에게 주고 스스로도 그런 인상을 받는다. 그것이 아무리 합리적이고 합목적이라 해도, 또한 누가 보아도 안정으로 가는 것이 옳은데도 어느 날 그가 해방이자 구원으로 보인 똑같은 상황을 감옥으로 여기고 그렇게 다루는 것을 그 무엇으로도 말리지 못한다. 새 가능성이 그의 지금까지의 확신과 역행하더라도, 이성도 감정도 그를 말리거나 그 가능성을 두려워하게 할 수 없다. 확신의 불가결한 구성 요소들인 사고와 감정은 그에게는 덜 분화된 기능들이기 때문에 직관의 힘에 아무런 지속적 저항을 할 수 없다. 그럼에도 이 기능들만이 직관형에게 전혀 없는 판단력을 줌으로써 직관의 우위를 효과적으로 보상할 수 있다. 직관형의 도덕성은 지적인 것도 감정적인 것도 아니다. 그는 자기의 직관적 관조에 충실하며 그 힘에 기꺼이 굴복한다는 그 나름의 도덕성을 가지고 있다. 주위 사람들의 안녕에 대한 배려는 별로 없다. 그들 자신의 신체적 안녕도 중요하지 않다. 주위 사람들의 신념과 생활 습관들을 별로 존중하지 않기 때문에 그는 부도덕하고 뻔뻔스러운 모험가로 통하는 일이 드물지 않다. 그의 직관이 외부의 객체들에 집중하고 외적인 가능성들을 냄새 맡으므로, 그는 자신의 능력을 가능한 한 다방면으로 발휘할 수 있는 직업을 선택한다. 상인, 기업인, 투기업자, 중개인, 정치인들 다수가 이 유형에 속한다.

  이 유형은 남성보다 여성에게서 더 자주 나타나는 것 같다. 여성일 경우에 직관 활동은 직업에서보다는 사회생활에서 훨씬 두드러지게 나타난다. 여성들은 모든 사회적 가능성들을 이용하고 사회적 관계들을 맺고 가능성 있는 남성들을 찾아낼 줄 알지만, 새로운 가능성이 나타나면 다시 모든 것을 포기한다.

그런 유형이 국가 경제나 문화 발전에서 대단히 중요하다는 것은 누구라도 이해할 수 있다. 그가 온건하다면, 즉 너무 이기적이지 않다면 그는 모든 출발의 주도자이거나 최소한 촉진자로서 엄청난 공헌을 할 수 있다. 그는 당연히 장래가 유망한 모든 소수파들의 변호사이다. 그가 사물보다 사람을 겨냥하면 사람들에게서 능력과 가능성들을 직감으로 파악하기 때문에 그는 사람을 '만들' 수 있다. 옆 사람들에게 용기를 주거나 어떤 새로운 일에 대한 열광을 불어넣는 능력에서—그 자신은 내일 모레면 그것을 다시 떠나지만—그를 따라갈 사람은 없다. 직관이 강할수록 주체가 눈으로 보는 가능성과 융합되어버린다. 그는 그 가능성에 활기를 주고, 그것을 생생하고 설득력 있게 제시하며, 말하자면 그것과 하나가 된다. 그것은 배우처럼 연기하는 것이 아니라 그렇게 할 수밖에 없는 그의 숙명이다.

이 태도에는 커다란 위험이 있다. 직관형이 너무 쉽게 자기 삶을 이 일 저 일에 허비해버리기 때문이다. 그는 사람과 사물들에 활기를 주고 주변에 풍요한 삶을 퍼뜨리지만, 그 삶은 그가 아니라 남들의 차지가 된다. 그가 제자리에 머무를 수 있다면 노력의 열매를 딸 수 있을 테지만, 새로운 가능성을 좇아가느라 방금 씨 뿌린 밭을 빨리 떠나야 하므로, 그 밭의 열매는 남들이 거두게 된다. 결국 그는 얻는 것이 없다. 그러나 직관형이 그 지경까지 가면 자신의 무의식도 적으로 만든다.

직관형의 무의식은 감각형의 무의식과 비슷한 점이 있다. 사고와 감정 활동이 상대적으로 억압되어 있어 무의식에서 유아적·고태적인 사고와 감정들을 형성한다. 감각형의 사고, 감정들처럼 밖으로 강하게 투사되고 허무맹랑하지만, 직관형의 사고와 감정들에는 내가 보기에 신비적 성격이 없다. 그것들은 대부분 구체적이며, 반쯤 현실적인 것들에 해당되는데, 이를테면 성적·재정적 추측들, 병에 걸렸을지 모른다는 추측들이다. 직관형이 감각형과 이렇게 다른 이유는 현실 감각들이 억압되어 있기 때문인 것으로 보인다. 억압된 현실 감각은 직관형이 갑자기 자신과 전혀 어울리지 않는 여성 또는 남성에게─그 대상이 고태적 감각 영역을 건드렸기 때문에─집착하는 현상을 통해서 나타난다. 이렇게 해서 거의 의문의 여지 없이 가망 없는 객체에 대한 무의식적·강박적 속박이 생겨난다. 그런 경우는 이미 강박증상인데, 이것 또한 직관형의 특성이다. 그는 감각형과 비슷한 자유와 해방을 요구하는데, 그 자유란 합리적 판단을 따라서가 아니라 오로지 우연한 가능성들을 지각하기 때문에 결정을 내리는 자유이다.

이성을 통한 제약을 벗어나기 때문에 이 유형은 신경증에서는 무의식적 강박, 궤변, 좀스러운 궁리벽, 객체의 감각에 대한 강박적 구속에 빠진다. 의식에서 그는 감각과 감지된 객체를 오만불손하게 다룬다. 그 자신이 배려가 없다거나 오만하다고 생각하는 게 아니고 누구나 볼 수 있는 객체를 그는 전혀 보지 못하고 그냥 지나치는 것이다. 이는 감각형과 비슷하지만, 감각형은 객체의 심혼을 보지 못한다. 이에 대해 객체는 건강 염려증적 강박관념, 공포증, 모든 가능한 허황한 신체 감각들의 형태로 복수한다.

비합리적 유형들의 요약

위의 두 유형을 비합리적irrational이라고 부르는 이유는, 이미 서술했듯이 그들이 이성 판단이 아니라 지각의 절대 강도强度의 토대 위에서 모든 결정을 내리기 때문이다. 그들의 지각은 특히 판단을 통해 추려지지 않고 일어나는 현상을 겨냥한다. 이 점에서 두 유형은 앞서의 판단하는 유형들보다 훨씬 우월하다. 객관적으로 일어나는 것은 법칙성이기도 하고 우연이기도 하다. 그것이 법칙성이면 이성이 접근할 수 있고, 우연이라면 이성이 접근할 수 없다. 반대로 말하자면, 우리는 일어나는 일들 중에서 우리의 이성에 법칙성으로 보이면 법칙성이라고 부르고 우리가 아무런 법칙성을 발견하지 못하면 우연이라고 부른다. 보편적 법칙성의 요구는 우리의 이성만의 요구에 머물 뿐, 지각 기능들의 요구는 결코 아니다. 지각 기능은 이성의 원리와 그 요구에 전혀 토대를 두지 않기 때문에 본질상 비합리적이다. 따라서 나는 지각 유형들을 본질상 비합리적이라 부른다.

그러나 판단을 지각 밑에 놓는다고 해서 이 유형들이 '조리에 맞지 않는다'고 본다면 완전히 옳지 않다. 이 유형들은 고도로 **경험적**이다. 그들은 오직 경험에 근거를 두며, 심지어 판단이 경험을 좇아가지 못할 정도이다. 그럼에도 불구하고 판단 기능들은 존재한다. 다만 상당 부분 무의식적 존재로 남아 있다. 비록 무의식은 의식된 주체로부터 분리되어 있지만 반복해서 의식 표면에 나오기 때문에, 비합리적 유형들의 삶에서도 기이한 판단과 선택 행위들이 눈에 띄게 나타나는데, 외견상 그 형태는 궤변, 인정머리 없는 심판, 사람들과 상황들의 계산된 선택 등이다. 이 특징들은 유아적이거나 원시적인 특성을 띠어 때로는 눈에 띄게 순진하고, 때로는 **뻔뻔하고 거칠고 폭력적이다**. 합리적인 태도를 가진 사람에게는 이 사람들의 실제 성격이 나쁜 의미에서 합리주의적이거나 계산적인 것으로 보일지도 모른다. 그러나 이런 판단은 그들의 무의식에만 들어맞고 의식의 심리학에는 전혀 맞지 않는다. 의식에서는 지각만 하려 들며, 그것이 본질적으로 비합리적이기 때문에 이성적 판단이 가능하지 않다. 합리적 태도를 가진 사람은 우연한 것들이 그렇게 누적된 것에 '심리학'이라는 이름을 붙여도 되느냐고 의아해할지 모른다. 자신에 대한 이 경멸에 찬 판단에 맞서 비합리적인 사람이 합리적인 사람의 인상을 서술한다면, 그는 합리형이 절반만 살아 있어서 그들의 유일한 삶의 목적은 살아 있는 모든 것에 이성의 족쇄를 채우고 판단들로 목을 조르는 것이라고 할 것이다. 물론 양쪽 인상이 극단적이지만, 실제로 없는 것은 아니다.

합리적인 사람이 비합리적인 사람을 판단할 때 질이 떨어지는 합리형으로 묘사하는데, 그에게 일어나고 있는 일을 가지고 그를 파악할 때 그렇다. 그에게 일어나고 있는 일이 우연한 것이 아니라—그는 거기에 도사이다—이성적 판단과 이성적 의도가 그냥〔사고 추리 없이〕 그에게 부딪히는 것들이다. 합리적인 사람은 이것이 이해도 안 되고 생각도 할 수 없는 사실이라 충격을 받지만, 이성적 관념들을 살아 있는 현실적인 일보다 더 높게 치는 사람을 비합리적인 사람이 발견했을 때도 그만큼 놀란다. 그는 그러한 것을 믿을 수가 없다. 그에게 이런 쪽으로 원칙적인 것을 제시하려 하는 것조차 가망이 없는데, 왜냐하면 그가 이성적 의사 전달을 알지 못하고 심지어 싫어하기 때문이다. 합리적인 사람은 서로 이야기도, 약속도 없이 어떤 관계를 맺는다는 것은 상상도 하지 못한다.

이 맥락에서 서로 다른 유형들을 대표하는 사람들 사이의 심리적 관계의 문제를 생각해보자. 심리적 관계는 현대 정신의학에서 프랑스의 최면학파의 언어에서 따온 '라포르Rapport(관계)'라는 말로 표현된다. 일차적으로 라포르란 차이를 인정하면서도 **일치가 존재하는 감정**에 있다. 존재하는 차이를 공통적으로 인정하기만 하면 그조차 이미 라포르, 즉 일치감이다. 만약 그러한 경우 우리가 이 감정을 상당한 정도로 의식화한다면 우리는 그것이 더 이상 분석될 수 없는 성질의 감정 자체일 뿐 아니라 동시에 생각의 형태로 일치하는 점을 나타내는 하나의 통찰 또는 인식 내용이기도 하다는 것을 발견하게 된다. 이와 같은 합리적인 묘사는 합리적인 사람에게만 적용되며, 비합리적인 사람에게는 결코 적용되지 않는다. 왜냐하면 비합리적인 사람의 라포르는 판단에 전혀 근거를 두지 않고, 일어나고 있는 일, 살아 있는 사건의 병행성並行性에 근거를 두기 때문이다. 그의 일치감은 하나의 감각이나 직관을 공동으로 지각하는 것이다. 합리적인 사람은 비합리적인 사람과의 라포르가 순전히 우연에서 기인한다고 말할 것이다. 객관적 상황들이 우연히 맞으면 인간적 관계 같은 것이 생겨나지만, 이 관계가 얼마나 오래 갈지는 아무도 모른다는 것이다. 외적 여건들이 우연히 공통성을 나타내는 동안만 관계가 지속된다는 것은 합리적인 사람에게는 민망한 생각이다. 이것은 그에게 별로 인간적이 아니라고 여겨지지만, 비합리적인 사람은 바로 그 속에서 특히 아름다운 인간다움을 본다. 결과적으로, 한편은 다른 편과 관계 맺을 수 없다고 보고, 믿을 수 없으며, 제대로 사귈 수 없는 사람이라고 본다. 물론 그런 결과에 도달하는 경우는 인간관계의 방식에 대해 의식적 해명을 시도할 때이다. 그러한 심리학적 성실성은 너무나 드물기 때문에, 절대적 견해 차이에도 불구하고 일종의 라포르가 흔히 생겨나는데, 그 방식은 다음과 같다. 한편(합리형)은 다른 편이 중요한 사항들에서 같은 의견이라고 암묵적으로 투사하여 전제하고, 다른 편(비합리형)은 객관적 공통성을 예감 또는 감지한다. 그러나 이 공통성을 전자는 전혀 알지 못하며, 안다 해도 그 존재를 즉시 부정할 것이고, 마찬가지로 후자도 자신의 관계가 공통의 의견에 토대를 둔다는 생각을 결코 하지 못할 것이다. 투사에 토대를 두는 그러한 라포르가 가장 흔하며, 이 투사들이 나중에 오해를 불러일으키게 된다.

외향적 태도에서 심리적 관계는 언제나 객관적 요인들과 외적 조건들에 따라 조절된다. 내면이 어떤지가 결정적인 의미를 띠는 적은 없다. 현재 우리의 문화에서는 인간관계의 문제에서 원칙적 표준은 외향적 태도이다. 물론 내향적 원칙도 있으나 예외로 통하며, 주위 사람들이 잘 용인해주지 않는다.

3. 내향형

a) 의식의 일반적 태도

서론에서 이미 말한 것처럼, 내향적 유형은 객체와 객관적으로 주어진 것에 방향을 맞추지 않고 주로 주관적 요인들에 방향을 맞춘다는 점에서 외향적 유형과 다르다. 나는 내향적 유형이 객체의 지각과 자기 자신의 행동 사이에 주관적 견해를 밀어넣기 때문에 행동이 객관적으로 주어진 것과 일치하는 성격을 띠지 않는다고 말한 바 있다. 물론 이는 하나의 특별한 경우로 예를 든 것이고 단순화해서 보여준 것뿐이다. 여기서 우리는 좀더 일반적인 설명을 시도할 것이다.

내향적 의식도 외적 조건들을 보지만, 주체 요인을 결정적 요인으로 꼽는다. 따라서 내향적 유형은 지각과 인식 활동에서 감각적 자극을 받아들이는 주관적 성향을 나타내는 요인에 방향을 맞춘다. 예를 들어 두 사람이 똑같은 객체를 보아도 거기서 얻은 심상心像이 절대적으로 동일한 경우는 없다. 감각 기관들의 예리함이 다르다는 것과 개인적인 차이는 아예 접어두더라도, 지각상知覺像들을 정신적으로 동화하는 방식과 정도에도 커다란 차이가 있다. 외향형은 언제나 객체로부터 오는 것에 기준을 두는 데 비해, 내향형은 외적 인상이 주체 속에서 배열되는 것에 근거를 둔다. 개별적인 통각統覺, Apperzeption의 경우에도 물론 미묘한 차이가 있지만, 심리적 에너지의 전체적인 안배 과정에서는 그 차이가 아주 크게 나타난다. 그 차이는 자아의 유보권留保權의 형태를 취한다. 나는 내향적 태도를 자가 성애적自家性愛的, autoeroticism 또는 자아 중심적 또는 주관주의적 또는 이기주의적이라 표현하는 바이닝거Otto Weininger의 견해가 원칙적으로 오해를 불러일으키며 가치를 깎아내리는 것이라고 본다는 점을 처음부터 분명히 해두고자 한다. 이 견해는 내향형의 본질에 대한 외향적 태도의 편견과 일치한다. 모든 지각과 인식이 객관적일 뿐 아니라 주관적으로도 정해진다는 것을 결코 잊지 말아야 하는데, 외향적 견해를 가진 사람은 이를 너무 쉽게 잊어버린다. 세계는 그 자체로 존재할 뿐 아니라 나에게 나타나는 대로 존재하기도 한다. 심지어 우리는 주체에 동화되지 않는 세계를 판단하도록 해주는 아무런 준거도 가지고 있지 않다. 만약 우리가 주관적 요인을 간과한다면 절대적 인식 가능성에 대한 커다란 의문을 부정하는 것이 된다. 그렇게 되면 20세기 초를 망쳐놓은 공허하고 천박한 실증주의로 넘어가게 되고, 그럼으로써 감정적 야만과 우둔하고도 주제넘은 폭력성의 선구자인 지적 오만에 빠져들게 된다. 객관적 인식 능력을 과대평가함으로써 우리는 주관적 요인의 의미를, 한마디로 주체의 의미를 억압한다. 주체란 무엇인가? 주체는 인간이며, 우리가 주체이다. 인식에는 주체가 있으며, '나는 인식한다'—그로써 이미 모든 인식의 주관적 제약을 인정한 것이다—라고 말하지 않는다면 인식도 없고 따라서 우리에게 세계도 없다. 이 사실을 잊는다는 것은 말이 안 된다. 이는 인식뿐 아니라 모든 정신 기능에도 적용된다. 정신 기능에는 객체만큼이나 불가결한 주체가 있는 것이다.

현대는 외향성을 중시하므로 '주관적'이라는 말이 때로는 거의 비난처럼 들리고, '단지 주관적'이라는 말은 객체의 무조건적 우월을 완전히 확신하지 않는 사람을 해치기 위한 위험한 무기이다. 따라서 여기서의 고찰에서는 '주관적'이라는 표현이 무엇을 뜻하는지를 분명히 해둘 필요가 있다. 내가 주관적 요인이라 말하는 것은 객체의 영향과 융합되어 새로운 정신적 사실을 만드는 심리적 작용 또는 반작용이다. 태곳적부터, 그리고 지구의 모든 종족들에서 주관적 요인이 거의 변하지 않으므로—기초적 지각과 인식들이 언제 어디서나 똑같은 것들이기 때문에—그것은 외적 객체만큼 똑같이 확실한 토대를 가진 현실이다. 만일 그렇지 않다면 지속적이고 변하지 않는 세계를 말할 수 없을 것이고, 전승傳承과의 협조가 불가능하게 될 것이다. 따라서 주관적 요인은 바다의 넓이와 지구의 반경만큼이나 움직일 수 없는 소여所與(주어진 것)이다. 또한 주관적 요인도 그만큼 세계를 결정하는 존엄한 요인으로 마땅히 인정받아야 하며, 결코 어디서도 이 요인을 우리의 고려에서 배제할 수 없다. 주관적 요인은 다른 또 하나의 세계율世界律이며, 그 토대 위에 있는 사람은 객체에 근거를 둔 사람과 마찬가지로 안전하고 타당한 토대를 갖게 된다. 그러나 객체와 객관적으로 주어진 것이 언제나 똑같지 않고 약해지기도 하며 우연에 종속되기도 하듯이, 주관적 요인도 변화와 개인적 우연성에 굴복한다. 따라서 그것의 가치도 상대적이다. 의식에서 내향적 관점이 지나치게 발달하면 주관적 요인을 더 잘, 더 타당하게 사용하게 되는 것이 아니라, 의식의 인공적인 주체화가 일어나 '단지 주관적'이라는 비난을 면치 못하게 된다. 과장된 외향적 태도에서 의식이 탈주체화되는 것에 대응하는 일이 생기게 되는데 이것은 바이닝거가 '오자적誤自的, misautisch(그릇된 자신의)'이라고 부른 것에 해당된다.

내향적 태도가 심리적 적응에 보편적으로 존재하는, 실재하며 절대 불가결한 조건에 토대를 두기 때문에, '자아중심적' 따위의 표현들은 부적절하고 비난받아야 마땅하다. 그런 표현들은 내향적 태도에서는 자아만 중요하다는 편견을 불러일으키기 때문이다. 그런 가정처럼 잘못된 것은 없다. 그러나 외향적인 사람이 내향적인 사람에 대해 판단할 때 그런 편견이 흔하게 발견된다. 물론 나는 이 오류를 외향적인 사람 개인의 탓으로 결코 돌리고 싶지는 않다. 그보다는 현대에 보편적인 외향적 견해 때문에 생기는 것이라고 본다. 외향형뿐만 아니라 내향형도 똑같이 이 견해를 옹호한다. 후자는 자기 자신의 존재 방식에 충실하지 못하다는 비난을 받아 마땅하나, 전자는 적어도 그런 비판은 받지 않아도 된다.

내향적 태도는 정상적인 경우에는 유전을 통해 주어진, 주체 안에 존재하는 정신 구조에 방향을 맞춘다. 그러나 이러한 정신 구조를 주체의 자아와 똑같은 것으로 보아서는 안 된다. 위에서 언급한 내향적 태도에 대한 잘못된 표현에서 그런 오해가 생길 수 있다. 그러나 내향적 태도란 자아가 발달하기 전의 주체의 정신 구조이다. 원래 깊숙이 밑에 놓인 주체, 즉 자기는 자아보다 훨씬 광범위하다. 자기는 무의식을 포괄하는 데 비해 자아는 본질적으로 의식의 중심이기 때문이다. 자아가 자기와 같다면 우리가 어떻게 꿈에서 때로는 아주 다른 형태와 의미들로 나타날 수 있는지 생각할 수가 없을 것이다. 그런데 내향적인 사람에게 고유한 특성은 자신의 성향과 보편적 편견에 따라 자아를 자기와 혼동하고 자아를 정신 과정의 주체로 높이는 것이다. 그렇게 되면 앞서 말한 대로 의식이 병적으로 주체화되어 객체와 멀어진다.

이 정신 구조는 지몬[4]이 '기억Mneme'이라고 했고, 내가 집단적 무의식

das Kollektive Unbewußte이라고 한 것과 같다. 개별적인 자기Selbst는 어디에나, 어느 생명체에나 존재하며 종에 따라 등급에 차이가 나며, 또 모든 생명체가 거듭 새롭게 가지고 태어나는 정신적 진행 방식의 부분, 단편, 또는 대표자이다. 옛날부터 선천적 **행동** 양식은 **본능**Instinkt이라 하며, 나는 객체를 정신적으로 파악하는 방식이나 형태를 원형이라 부르자고 제안하였다. 본능이 무엇인지는 누구나 알고 있다고 전제할 수 있다. 그러나 원형은 그렇지 않다. 내가 말하는 원형이란 야코프 부르크하르트Jacob Burckhardt(19세기의 스위스 문화예술사학자)에 의거하여 '근원적 심상'이라 부른 것이다.[5] 원형은 상징적 공식으로, 의식된 개념들이 아직 존재하지 않거나 아니면 그런 개념들이 내적 또는 외적 이유들로 전혀 가능하지 않는 곳에서는 어디서나 기능을 발휘한다. 집단적 무의식의 내용들은 의식 속에서 분명한 성향이나 견해들로 나타난다. 개인은 그것들이 객체에 의해 정해지는 것으로 이해하지만, 사실은 정신의 무의식적 구조에서 나오며 객체의 작용을 통해 유발된다. 이 주관적 성향과 견해 들은 객체의 영향보다 강하고 심리적 가치가 더 높기 때문에, 모든 인상印象들의 위에 놓인다.

언제나 객체가 결정적이어야 한다는 것이 내향적인 사람에게 이해가 되지 않는 것처럼, 외향적인 사람에게는 주관적 견해가 어떻게 객관적 상황보다 위에 있다는 것인지 그것이 수수께끼이다. 그가 내향적인 사람을 오만한 이기주의자 아니면 편협한 몽상가라고 추측하는 것은 피할 수 없는 일이다. 최근의 표현으로 말하면 그는 내향적인 사람이 무의식적 권력 콤플렉스의 영향을 받는다는 가설을 가지게 될 것이다. 내향적인 사람도 이 외향적 편견을 확실히 거드는데, 단호하고도 매우 일반화하는 표현 방식을 통해 다른 모든 의견을 처음부터 배제한다는 인상을 주기 때문이다. 주관적 판단을 객관적으로 주어진 모든 것 위에 올려놓는 단호함과 경직성만으로도 자아중심성이 강하다는 인상을 불러일으키기에 충분하다. 이 편견에 대해 내향적인 사람은 대부분 제대로 반박하지 못한다. 자신의 주관적 판단이나 주관적 지각들이 무의식적으로는 보편타당한 전제들을 가진다는 것을 모르기 때문이다. 시대 조류에 맞게 그는 밖에서 찾고 자신의 의식을 뒤돌아보지 않는다. 그가 만일 신경증적이라면, 무의식적으로 자아가 자기와 전적으로 동일한 것이 됨으로써 자기의 의미가 없어지고 대신 자아는 무제한 부풀어오른다. 주관적 요소의 명백한, 세계를 좌우하는 힘이 자아 속으로 밀어넣어지고, 그 결과 과도한 권력 요구와 어리석은 자아중심성이 생겨난다. 인간의 본질을 무의식적 권력 충동으로 환원시키는 모든 심리학은 이 성향에서 생겨난다. 예컨대 니체의 많은 몰취미들도 의식의 주체화 때문에 나온다.

b) 무의식의 태도

의식에서 주관적 요인이 우월한 위치를 차지한다는 것은 객관적 요인이 평가절하된다는 것을 의미한다. 객체는 마땅히 귀속받아야 하는 의미를 지니지 못한다. 외향적 태도에서 매우 커다란 역할을 하는 객체는 내향적 태도에서는 매우 하찮은 것이다. 내향적인 사람의 의식이 주체화되고 자아에게 지나친 의미를 부여할수록, 객체에게 주어지는 위치는 오래 지탱되지 못한다. 객체는 의심할 수 없는 권력인 반면, 자아는 매우 제한되고 약한 것이다. 자기가 객체에 대립한다면 문제는 다를 것이다. 자기와 세계는 비슷한 크기이기 때문에 정상적 내향적 태도는 정상적 외향적 태도와 똑같이 마찬가지로 큰 존재권리와 타당성을 지닌다. 그러나 자아가 주체임을 요구하고 나섰으면, 자연스럽게 그에 대한 보상으로 무의식에서 객체의 영향이 강화된다. 이 변화를 알아챌 수 있는 것은, 자아의 우월성을 보장하려고 때로는 발작적으로 애를 쓰는데도 불구하고 객체와 객관적으로 주어진 것이 막강한 영향력을 발휘할 때이다. 이 영향력은 개인을 무의식적으로 사로잡기 때문에 의식의 저항을 받지 않고 밀어닥치며, 그래서 더 극복되지 않는다. 자아와 객체의 관계가 부족하기 때문에—지배하려 드는 것은 적응이 아니다—무의식에서 객체에 대한 보상적 관계가 생겨나고, 이것이 의식에서 객체에 대한 무조건적이고도 억제되지 않는 속박으로 나타난다. 가능한 모든 자유를 보장하려고 할수록 독립적이고 우월하고, 의무들을 벗어나려고 할수록 자아는 객관적으로 주어진 것의 노예가 되어버린다. 정신의 자유는 굴욕적·재정적 의존에 묶여버리고, 걱정 없이 자유롭게 행동하다가 번번이 여론 앞에서 겁먹고 꺾이며, 도덕적 우월이 저급한 관계들의 수렁에 빠져버리고, 지배욕이 사랑받고 싶은 가련한 욕망으로 끝난다.

무의식은 일차적으로 객체와의 관계에 힘쓴다. 그리고 그 관계 형성 방식은 의식의 권력 환상과 우월 환상을 철저하게 쳐부수는 데 알맞은 것이다. 의식에서는 깎아내리는데도 객체는 겁날 만큼 막강해진다. 그에 따라 자아가 객체를 분리시키고 지배하려고 더욱 애쓴다. 결국 자아는 최소한 우월 망상을 지키려고 하는 안전 장치들(아들러가 적절하게 묘사한)의 완벽한 체계로 자신을 둘러싼다. 그러나 그럼으로써 내향적 인간은 객체로부터 아주 단절되고, 한편으로는 방어 조치들을 취하느라, 다른 한편으로는 성과도 없이 객체를 위압하며 자기 뜻을 관철시키려고 하느라 진을 뺀다. 그러나 이 노력들은 그가 객체로부터 받는 압도적 인상들에 의해 끊임없이 좌절된다. 그의 의지와는 반대로 객체가 그를 계속 위압하며 극도로 불쾌하고 지속적인 강한 감정 상태를 만들어내며 그를 어디나 쫓아다닌다. 그는 '무너지지 않기' 위해 내적으로 끊임없이 엄청난 노력을 해야 한다. 그래서 이 유형의 전형적 신경증은 정신쇠약Psychasthenie〔현재의 신경쇠약증에 해당된다〕이다. 이 병은 한편으로는 매우 예민함을, 다른 한편으로는 쉽게 지치고 만성적으로 피로함을 느끼는 것이 특징이다.

개인적 무의식을 분석하면 엄청나게 활성화된 객체들에 대한 공포와 짝을 지은 대량의 권력 환상들이 모습을 드러낸다. 내향적인 사람은 실제로도 쉽게 그런 객체들의 제물이 된다. 그는 객체를 두려워하기 때문에 비겁해져서 자기 주장을 못 하게 된다. 객체의 영향력이 더 커질까 봐 무서워하기 때문이다. 그는 남들의 강한 정감 상태를 두려워하며 남들의 영향권 아래 들어갈지 모른다는 불안을 어쩌지 못한다. 객체들은 그에게 공포를 일으키는 막강한 특질들을 지니는데, 그는 이 특질들을 의식에서는 볼 수 없지만 무의식을 통해서는 본다고 믿는다. 객체에 대한 관계가 그의 의식에서는 비교적 억압되어 있으므로 그것이 무의식을 통하여 무의식의 특질들을 부여받게 되는 것이다. 이 특질들은 무엇보다 유아적·고태적이다. 따라서 그의 대상관계對象關係도 원시적이어서, 원시적 대상관계의 특징이 되는 모든 특성들을 띠게 된다. 그렇게 되면 객체는 마치 마술적 권력을 소유하는 것 같다. 낯선 새로운 객체들은 미지의 위험을 숨기고 있는 것처럼 공포와 불신을 유발하고, 오래전부터 알고 있는 객체들은 보이지 않는 실로 그의 영혼에 매달아놓은 듯, 모든 변화가 객체의 마술적 활기를 의미하는 것처럼 보이기 때문에 위험하거나 적어도 교란시키는 것으로 나타난다. 움직이도록 허락하는 것만 움직이는 무인도가 이상이 된다. 피셔의 소설 『또 한 사람』[6]에는 내향적·심적 상태의 이런 측면과 동시에 그 뒤에 숨은 집단적 무의식의 상징성을 들여다보는 데 적합한 것이 들어 있다.

이 집단적 무의식의 상징성은 이 유형 기술에서는 제외했다. 그것은 이 유형에만 속하는 게 아니고 보편적이기 때문이다.

c) 내향적 태도에서 본 심리적 기본 기능들의 특성

사고

이미 외향적 사고를 서술할 때 내향적 사고의 특징을 짧게 묘사하였다. 독자들은 그 부분을 다시 한 번 읽어보기 바란다. 내향적 사고는 일차적으로 주관적 요인에 방향을 맞춘다. 주관적 요인의 최소한의 특징은 주관적 방향감이 궁극적으로 판단을 결정한다는 것이다. 때로 그 방향감은 어느 정도 표준의 구실을 하는 완결된 상像이기도 하다. 사고는 구체적 또는 추상적인 것들에 집중할 수 있지만, 언제나 결정적인 곳에서는 주관적으로 주어진 것에 방향을 맞춘다. 즉, 구체적 경험으로부터 다시 객관적인 것으로 가지 않고 주관적 내용으로 간다. 내향적인 사람은 그런 인상을 주고 싶어 하지만, 외적 사실들은 내향적 사고의 원인과 목적이 아니고, 현실적 사실성의 영역 안으로 멀리 들어갈 때조차 내향적 사고는 주체에서 시작해서 주체로 돌아간다. 따라서 그 사고는 새로운 사실성들을 제시하는 점에서는 간접적으로 가치가 있는데, 일차적으로 새로운 견해들을 전달하고 새로운 사실들의 내용은 훨씬 적게 전달하기 때문이다. 그것은 문제 제기와 이론들을 창출하고, 전망과 통찰을 열어주지만, 사실들에 대해서는 그다지 말을 하지 않는다. 사실들은 예가 되어줄지언정 주도적 역할을 해서는 안 된다. 사실들을 수집하는 것은 예를 들기 위해서이지 그 자체를 위해서가 아니다. 만일 사실 자체를 위해 사실 수집을 한다면 단지 외향적 스타일의 비위를 맞추기 위해서이다. 내향적 사고에서는 사실들이 부차적 의미를 띠고 있다. 주도적 가치는 주관적 이념, 그의 내면의 눈앞 어둠 속에 있는 시초의 상징적 상을 발전시키고 제시하는 데 있다. 따라서 내향적 사고는 구체적 사실성을 머릿속에서 재구성하려 들지 않고, 어둠 속의 심상을 빛나는 이념으로 만들어내려고 한다. 그 사고는 사실성에 도달하려고 하고, 외적 사실들이 자신의 이념의 틀을 어떻게 채우는지를 보려고 한다. 외적 사실들 속에는 없었지만 그 사실들의 가장 적절한 추상적 표현인 이념을 생산하는 데서 그 사고의 창조력이 확증된다. 그것에 의해 창조된 이념이 외적 사실들에서 나오는 결론으로 보이고, 또한 그 사실들을 통해 타당성이 입증될 수 있을 때 내향적 사고의 과제는 완성된다.

구체적 사실들로부터 견실한 경험 개념을 뽑아내거나, 새로운 사실들을 창출하는 일이 외향적 사고에서 언제나 성공하는 것은 아닌 것처럼, 내향적 사고가 처음의 심상을 언제나 사실들에 맞는 이념으로 옮기게 되는 것은 아니다. 외향적 사고에서 순전히 경험적인 사실을 모아서 쌓아놓는 것이 사고를 위축시키거나 의미를 질식시키는 것처럼, 내향적 사고도 사실들을 자신의 상의 틀 안으로 억지로 집어넣거나, 환상 속의 상을 풀어내기 위하여 아예 무시해버리는 위험한 성향을 보인다. 이 경우에 제시된 이념은 어두운 고태적 상에서 유래한다는 것을 부정하지 못한다. 그런 이념에 붙는 신화적 특성을 사람들은 '기발함'이라고 부르고, 또는 나쁘게 말할 경우에는 변덕스러움이라고 해석한다. 신화적 모티프를 모르는 전문가에게는 그 고태적 성격이 보이지 않기 때문이다. 그러한 이념의 주관적 설득력은 보통 매우 크며, 외적 사실들과 접촉이 적을수록 설득력이 더욱 커진다. 그 이념을 옹호하는 사람에게는 자신의 얼마 안 되는 사실 재료가 자신의 이념의 신뢰성과 타당성의 근거이자 원인인 것처럼 여겨지지만, 사실은 그렇지 않다. 그 이념의 설득력은 그것의 무의식적 원형에서 나오며, 그 원형은 보편타당하고 영원한 진리이다. 그러나 이 진리는 너무 보편적이고 상징적으로 표현되므로 그것이 삶에서 가치 있는 실제적 진리가 되려면 먼저 현재 인정되고 또 인정될 수 있는 인식들 속으로 들어가야 한다. 예를 들어, 인과 관계가 아무 데서도 실제적 원인과 실제적 결과들에서 인식될 수 없다면 그것이 무슨 소용이겠는가?

내향적 사고는 주관적 요인의 무한한 진실 속으로 쉽게 사라져버린다. 그것은 이론을 위한 이론들을 만들어내며, 현실의 사실들, 또는 최소한 가능한 사실들을 고려하기는 하지만 관념적인 것으로부터 단지 비유적인 것으로 넘어가 버리려는 성향이 뚜렷하다. 그렇게 되면 많은 가능성들을 볼 수 있지만 그중 어느 것도 현실화되지 않으며, 결국 창조되는 심상들은 외적 현실에 존재하는 아무것도 더 이상 표현해주지 않고, 전혀 인식할 수 없는 것의 상징에 머물 뿐이다. 그로써 이 사고는 신비주의적인 것이 되며, 객관적 사실들의 틀 안에서만 이루어지는 사고만큼이나 비생산적이 된다. 외향적 사고가 사실에 입각한 상상의 수준으로 내려앉듯이, 내향적 사고는 모든 비유를 뛰어넘기조차 하는, 상상할 수 없는 것을 상상하는 방향으로 달아나버린다. 사실에 입각한 상상은 이론異論의 여지가 없는 진실이다. 왜냐하면 주관적 요인이 배제되고 사실들이 스스로 증명되기 때문이다. 상상할 수 없는 것의 상상도 주관적으로 직접적인 설득력이 있으며, 그 자체의 존재로부터 증명된다. 전자는 "존재한다. 그러므로 존재한다Est, ergo est"고 말하며 후자는 "생각한다. 그러므로 생각한다Cogito, ergo cogito"고 말한다〔데카르트의 "생각한다. 그러므로 나는 존재한다Cogito, ergo sum"를 원용한 말〕. 극단으로 밀고 나간 내향적 사고는 자신의 존재의 명증성明證性에 도달하는 반면 외향적 사고는 객관적 사실과의 완전한 동체성의 명증성에 도달한다. 외향적 사고가 객체에 완전히 동화됨으로써 자기 자신을 부정하는 것처럼, 내향적 사고는 모든 내용을 벗어던지고 단지 존재하는 것으로 만족한다. 그에 따라 외향적·내향적 사고, 두 경우에 삶의 전진은 사고 기능에서 내몰려 그동안 비교적 무의식 상태에 있던 다른 심리적 기능들로 나가게 된다. 내향적 사고에서 객관적 사실들의 빈곤은 풍부한 무의식적 사실들에 의해 보상된다. 사고 기능을 가진 의식이 아주 작고 가능한 한 비어 있는, 그러나 신성으로 가득 찬 것으로 보이는 원圓으로 제약될수록 무의식적 환상은 무수한 고태적 형태의 사실들, 마술적·비합리적인 악령들로 넘친다. 이들은 어느 기능이 삶의 주인으로서 사고 기능을 대체하느냐에 따라 특별한 성질을 얻는다. 그것이 직관 기능이면, '다른 쪽'을 쿠빈Alfred Kubin(1877~1959, 오스트리아 작가 및 삽화가로 기괴하고 환상적인 세계를 그렸음)이나 마이링크Gustav Meyrink (1868~1932, 낭만적·공상적 소설을 쓴 오스트리아 작가) 같은 사람의 눈으로 보게 된다. 그것이 감정 기능이면, 모순으로 가득 차고 이해할 수 없는 성격을 띤 전대미문의 환상적 감정 관계와 감정 판단들이 생겨난다. 그것이 감각 기능이면, 자신의 몸 안팎에서 감각들이 새로운 것, 전에 전혀 경험하지 못한 것을 발견한다. 이 변화들을 자세히 연구하면 모든 특징을 다 갖춘 원시적 심리를 어렵지 않게 입증할 수 있다. 물론 경험되는 것은 원시적일 뿐 아니라 상징적이기도 하며, 오래되고 근원적인 것으로 보일수록 영원무궁한 진리이다. 우리 무의식의 모든 옛것은 앞으로 올 것을 뜻하기 때문이다.

보통의 경우에는 '다른 쪽'으로 넘어가는 것조차 안 되는데, 무의식을 통한 구원의 통과는 말할 것도 없다. 자아가 무의식적 사실성 아래, 그리고 무의식적 객체의 제약된 현실 아래 굴복하지 못하도록 의식이 저항하기 때문에 '넘어감'이 대부분 방해받는다. 그 상태는 하나의 해리인데, 달리 말하면 내적 소모와 증강된 뇌의 피로를 특성으로 하는 신경증인 정신쇠약이다.

내향적 사고형

다윈 같은 사람이 정상적인 외향적 사고형을 나타낸다면, 예컨대 칸트가 그에 대조되는 정상적인 내향적 사고형이라 할 수 있을 것이다. 전자가 사실들을 통해 말하듯이, 후자는 주관적 요인에 근거를 둔다. 다윈은 객관적 사실성의 넓은 들판으로 돌진하는데, 칸트는 인식 자체를 비판하고 나선다. 퀴비에Georges Cuvier(19세기의 프랑스 동물학자)를 데려오고 맞은편에 니체를 세우면, 외향적 사고형과 내향적 사고형의 대조가 더 분명해진다.

내향적 사고형은 위에서 서술한 사고가 우위를 차지하는 것이 특징이다. 그는 외향적 사고형처럼 이념의 영향을 크게 받지만, 이 이념은 객관적으로 주어진 것에서가 아니라 주관적 토대에서 나온다. 외향적인 사람처럼 그도 자신의 이념을 따라가지만, 방향은 정반대여서 밖이 아니라 안으로 간다. 즉 깊이를 추구하고 넓이는 추구하지 않는다. 이 근본 성향을 통해 그는 외향적 사고형과 현저히 달라, 오인될 수 없다. 외향적 사고형의 특징인 객체에 대한 집중은 내향적 사고형에게는 때로 전혀 볼 수 없다. 이것은 사고형이 아니라도 모든 내향적 유형에게 해당된다. 객체가 사람이라면, 이 사람은 내향적 사고형이 자신을 부정적으로만 생각한다는 것을 분명히 느낀다. 즉, 가벼운 경우에는 자신이 쓸모없다고 의식하고, 더 심한 경우에는 자신이 방해가 되어 곧장 거부한다고 느낀다. 객체에 대한 부정적 관계, 무관심이나 거부는 모든 내향형의 특징으로 그 유형의 서술을 아주 어렵게 만든다. 모든 것은 그의 안에서 사라지고 숨는 경향이 있다. 그의 판단은 차고 완고

하고 임의적이고 냉혹하다고 여겨지는데, 객체보다 주체 중심이기 때문이다. 그 판단에서 객체에 좀더 높은 가치를 부여할 만한 아무것도 느낄 수 없고, 객체를 무시하고 언제나 주체의 우월성이 느껴진다. 그는 예절 바르고 친절할 수도 있지만, 거기에는 일종의 불안이라는 묘한 여운이 있다. 흔히 이 불안스러움은 예절과 친절의 뒤에 숨어 있는 의도를 노출시킨다. 그것은 적의 무장해제라는 의도이다. 적은 안심시키거나 가만히 있게 해야 한다. 적이 방해할 수 있기 때문이다. 그는 적이 아니지만, 그가 예민하다면 밀려난다거나 심지어 가치가 깎아내려진다고 느낄 것이다. 객체는 언제나 어느 정도 소홀히 취급당하며 더 심한 경우에는 공연히 경계의 대상이 된다. 그렇게 해서 이 유형은 기꺼이 오해의 구름 뒤로 사라진다. 자신의 열등한 기능들의 도움을 받아 어느 정도 세련된 모습의—그의 진정한 본질과 흔히 극도로 대조가 되는—가면을 쓰려고 보상적으로 노력할수록 이 구름은 더욱 두꺼워진다. 내향적 사고형은 자신의 이념 세계를 구축할 때는 아무리 대담한 모험도 두려워하지 않고, 어떤 생각도 위험하고 혁명적이고 이단적이고 남의 감정을 상할 수 있다는 이유로 물리치지 않지만, 그 모험이 외적 현실이 되어야 할 때는 극도의 불안에 사로잡힌다. 그것은 그의 성미에 맞지 않는다. 생각들을 생산해낸다 해도, 걱정하는 어머니가 자식들을 보살피듯 하는 것이 아니라 그냥 내버리듯 하고는 그 생각들이 스스로 알아서 앞으로 나가지 않으면 화를 내는 게 고작이다. 대부분 실제적 능력이 대단히 부족하거나 모든 점에서 광고를 싫어하기 때문에 그렇다. 자신이 만들어낸 것이 주관적으로 옳고 진실된 것으로 보인다면, 그것은 분명 옳은 것이며 남들은 이 진실에 그냥 고개를 숙여야 마땅하다. 그는 자기가 만든 것을 위해 어떤 사람을, 특히 영향력 있는 사람을 움직이려고 찾아가지 않을 것이다. 찾아나선다 해도 대부분 너무 서투르기 때문에 의도한 바와는 정반대의 결과를 얻게 된다. 그는 자기 분야의 경쟁자들과 주로 나쁜 경험을 하게 되는데, 그들의 호의를 얻을 줄 모르기 때문이다. 그는 심지어 그들이 자신에게 얼마나 쓸모없는지를 알게 해준다.

자신의 이념을 좇아갈 때 그는 끈질기고 고집스러우며 남에게 좌우되지 않는다. 그와 기묘한 대조가 되는 것이 개인적인 영향들에 쉽게 넘어가는 그의 피암시성이다. 한 객체가 외견상 위험하지 않은 것으로 인식되면 열등한 요소들이 이 유형에 접근하기는 아주 쉬워진다. 그것들은 무의식 쪽에서 그를 붙잡는다. 자기의 이념 추구가 방해받지만 않는다면 그는 이 열등한 요소들이 자기에게 횡포를 부리고 모욕적일 정도로 착취하도록 내버려둔다. 그는 자신이 등 뒤에서 약탈당하고 실제적 손상을 입는 것을 보지 못한다. 그에게는 객체에 대한 관계가 부차적이고 자신의 소산所産의 객관적 평가가 의식되지 않기 때문이다. 자신의 문제들을 되도록 머릿속에서 심사숙고하기 때문에 그는 문제들을 복잡하게 만들고, 그로 인해 가능한 모든 위험들에 사로잡혀 있다. 생각들의 내적 구조가 분명한 만큼이나 그들이 현실 세계의 어디에 어떻게 속하느냐 하는 것은 그에게 불분명하다. 자신에게 분명한 것이 누구에게나 분명하게 나타나지 않는다는 가정을 하기가 매우 힘들다. 그의 표현 방식은 의혹에서 비롯되는 온갖 첨가물, 제약, 조심, 의심들 때문에 힘들어진다. 그는 작업을 쉽게 마치지 못한다. 그는 말이 없거나, 아니면 자신을 이해하지 못하는 사람들과 만나면서 인간은 얼마나 어리석은가 하는 증거를 수집한다. 우연히도 자기를 이해하는 사람을 만나면 경솔한 자기 과신에 빠진다. 그는 객체에 대한 그의 무비판적 태도를 이용할 줄 아는 야심 많은 여성들의 제물이 되거나, 또는 사람을 싫어하는 어린애 같은 정서를 지닌 총각이 된다. 흔히 그의 외부적인 언행은 서투르고, 남의 눈을 끌지 않으려고 지나치게 조심하는가 하면, 어린애같이 순진하여 놀랄 만큼 격의가 없다. 그는 자신의 특수한 작업 분야에서 아주 격렬한 갈등을 불러일으키지만 어떻게 대응해야 할지를 모른다. 그저 격분한 나머지 신랄하고도 비생산적인 논쟁에 끌려 들어갈 뿐이다. 많은 이에게 그는 인정 없고 권위적인 사람으로 통한다. 그러나 그를 잘 알수록 그에 대한 판단이 긍정적이 되고, 아주 가까운 사람들은 그가 아주 정이 많음을 높게 평가한다. 잘 모르는 사람들에게는 뻣뻣하고 가까이 다가갈 수 없고 교만해 보이며, 그가 사회를 부정적으로 보기 때문에 불만투성이로 보인다. 그는 선생으로서 별 영향력이 없는데, 학생들의 마음을 모르기 때문이다. 또한, 혹시 이론적인 문제를 다룬다면 몰라도 가르치는 일에는 흥미가 없다. 그는 선생으로서는 그다지 좋지 않다. 가르치는 동안 교육 재료에 대해 생각하고, 그것을 알아듣게 설명하는 것만으로는 만족하지 못하기 때문이다.

이 유형적 태도가 강화되면 신념들이 더 경직되고 완고해진다. 남의 말을 듣지 않고, 잘 모르는 사람들에게는 더 호감을 잃으며, 그 대신 가까운 사람들에게는 더 의존하게 된다. 그의 언어는 더 개인적이고 독선적이 되며, 그의 사상은 깊지만 잘 표현되지 못한다. 그 부족함은 감정적이고 예민해지는 것으로 메워진다. 밖에서 남의 영향을 받는 것은 거칠게 거절하지만, 안에서 무의식 쪽에서 오는 영향에는 사로잡히고, 그에 대응하여 남이 보기에는 전혀 불필요한 것들에 대해 반박하는 증거들을 모아야 한다. 객체에 대한 관계가 결핍되므로 의식이 주체화되고, 결과적으로 그에게 가장 중요한 것은 은밀하게 그 자신Person에게 가장 많이 관계되는 것이다. 그래서 그는 자기의 주관적 진실을 자기와 혼동하기 시작한다. 아무에게도 자기의 신념들을 강요하지는 않지만, 아무리 정당하게 비판해도 인신공격으로 받아들이고 몹시 화를 낸다. 그럼으로써 그는 모든 면에서 점점 고립된다. 처음에는 생산적이었던 그의 이념들에 분노의 독이 배어들어 파괴적이 된다. 밖으로 고립되면서 무의식적 영향과의 싸움은 커지는데, 그 영향은 점점 그를 마비시키기 시작한다. 혼자 있으면 무의식적 영향으로부터 보호받을 것 같지만, 보통 갈등은 점점 깊어져 그를 기진하게 한다.

내향적 유형의 사고는 이념의 발전과 관련하여 긍정적이며 합성적이다. 그 이념들은 원초적 상Urbilder들의 영원한 타당성에 점점 더 접근해간다. 그러나 객관적 경험과의 관련이 약해지면, 그 이념들은 신화적이 되고 현시점에서는 허위가 된다. 이 사고가 그 시대 사람들에게도 가치가 있는 것은 그 당시 알려진 사실들과 눈에 보이고 이해할 수 있는 관계를 맺는 동안뿐이다. 그러나 사고가 신화적이 되면 시대와 무관해지고 자기 자신 속으로 흘러 들어가 버린다. 이 사고에 대립하는 비교적 의식되지 않은 기능들인 감정·직관·감각은 열등하며 원시적이고 외향적인 성격을 띠기 때문에, 내향적 사고형을 지배하는 외적 영향들이 그를 괴롭힌다. 그런 사람들이 자신의 둘레에 쌓는 자기보호 조치들과 방어벽은 충분히 알려져 있으므로 여기서 서술하지 않아도 될 것이다. 이 모든 것은 '마술적' 영향력들을 막아내기 위한 것이며, 여성에 대한 공포도 거기에 속한다.

감정 활동

내향적 감정 활동은 주로 주관적 요인에 의해 결정된다. 이것은 사고의 내향과 외향이 다른 것처럼 감정 판단에서는 내향적 감정과 외향적 감정이 다름을 의미한다. 내향적 감정 과정을 지적으로 서술하거나 가깝게라도 묘사하는 일은 분명히 어려운 일이지만, 알아채기만

하면 그 특이성은 어김없이 눈에 띈다. 이 감정은 주로 주관적 선행 조건들에 지배되고 이차적으로만 객체에 집중하기 때문에, 밖으로 훨씬 덜 나타나고 보통 오해를 일으킬 여지가 있다. 이 감정은 외견상 객체를 평가절하며 대부분 부정적인 인상을 준다. 긍정적인 감정이 있다는 사실은 말하자면 간접적으로만 추리될 뿐이다. 이 감정은 객관적인 것에 순응하려 하지 않고, 그것의 밑에 깔린 상(像)들을 무의식적으로 실현시키려고 시도함으로써 그 위에 서려고 한다. 내향적 감정은 언제나 현실에서는 만날 수 없지만 전에 보았다고 할 수 있는 심상을 찾는다. 객체들은 내향적 감정의 목표에 맞는 법이 없으므로 그냥 무시되어버리는 것처럼 보인다. 내향적 감정은 내적 강렬함을 추구하는데, 객체들은 기껏해야 그 강렬함에 자극을 줄 뿐이다. 이 감정의 깊이는 예감될지언정 분명히 측량되지는 않는다. 그것은 사람을 조용히 다가가기 힘들게 만든다. 그것이 객체의 무지막지함에 놀라 물러나서 주체의 깊은 배경을 가득 채우기 때문이다. 자기 보호를 위해 그것은 부정적 감정 판단들이나 눈에 띄는 무관심 뒤에 숨는다.

근원적 심상들은 다 아는 대로 감정이자 이념이다. 그래서 신, 자유, 불멸 같은 근본적 이념들도 이념으로서 의미 깊은 만큼이나 감정 가치들이기도 하다. 따라서 내향적 사고에 대해 말한 모든 것을 내향적 감정에도 적용시킬 수 있을 것이다. 다만 여기서는 모든 것이 생각되는 대신 느껴진다. 그러나 통상적으로 생각은 느낌보다 더 이해하기 쉽게 표현될 수 있다는 사실 때문에, 이 감정의 풍요함을 조금이라도 밖에 제시하거나 전달하려면 보통 이상의 언어적 또는 예술적 표현 능력이 있어야 한다. 주관적 사고가 객체와 관계를 맺지 못하기 때문에 제대로 이해받기 어렵듯이 주관적 감정은 더하다. 감정이 전달되려면 외적 형태를 발견해야 한다. 그것은 한편으로는 주관적 감정을 제대로 수용하고, 다른 한편으로는 상대방에게도 유사한 감정 과정이 생기도록 전달하는 데 알맞은 형태여야 한다. 인간은 내적으로(물론 외적으로도) 비슷하기 때문에 이런 결과에 도달할 수가 있지만, 감정 활동의 방향이 아직 일차적으로 근원적 상들의 귀중한 보배에 맞추어져 있는 동안은 감정에 상응하는 형태를 찾기가 아주 어렵다. 그러나 감정이 자기중심성에 의해 왜곡되면 주로 자아에만 신경을 쓰기 때문에 공감을 주지 못한다. 그리되면 감상적으로 자기만 사랑하고, 흥미 있게 보이려 하고, 병적으로 자기 도취에 빠진다는 인상을 준다. 내향적 사고의 주관화된 의식이 추상화된 많은 것을 또 추상화하고자 시도함으로써 내용 없이 텅 빈 사고 과정이 절정에 도달하는 것처럼, 자기중심적 감정도 내용 없는 열정으로 내려앉아 자기 자신만을 느끼게 된다. 이 단계는 신비적·망아적忘我的이며, 감정에 의해 억압된 외향적 기능들로 넘어가도록 준비해준다.

마술적 세력을 지닌 객체가 매달려 있는 원시적 감정이 내향적 사고에 대립되듯이, 비할 바 없이 구체적이고, 사실들에 노예처럼 사로잡히는 원시적 사고가 감정에 대립된다. 감정은 점점 더 객체와의 관계에서 해방되어 주관적으로만 구속되는 행동 및 양심의 자유를 만들어낸다. 때로 이 자유는 모든 인습으로부터 해방을 선언한다. 그럴수록 무의식적 사고는 객관적인 것의 세력에 지배된다.

내향적 감정형

내향적 감정의 우위를 나는 주로 여성들에게서 보았다. '잔잔한 물은 깊다'는 속담은 여성들에게 해당된다. 그들은 대부분 말이 없고, 사귀기 힘들고, 이해하기 어렵고, 흔히 어린애 같거나 평범한 가면 뒤에 숨어 있고, 또 침울한 기질을 가지고 있다. 그들은 설치고 나서는 법이 없다. 주로 주관적인 감정에 이끌리므로 진정한 동기들이 대부분 숨겨져 있다. 밖으로는 남의 눈에 띄지 않고 편안하며, 공감적 일치의 인상을 주고 남을 부추기거나 남에게 인상을 남긴다거나 영향을 미친다거나 남을 변화시키려고 들지 않는다. 이런 외적 인상이 어느 정도 두드러지면, 무심하고 냉정하다 못해 남들의 행불행幸不幸에 관심이 없다는 의심이 든다. 객체로부터 등을 돌리는 것이 분명히 느껴지는 것이다. 그러나 정상적인 유형에서는 객체가 어떤 식으로든 너무 강하게 작용할 때에만 이런 경우가 발생한다. 이 유형이 객체의 감정을 조화롭게 따라가는 일은 객체가 중간 정도의 감정 상태에서 자신의 감정에 머물고 상대의 감정을 바꾸려 들지 않는 동안에만 일어난다. 이 유형은 객체가 원래 느끼는 감정들을 따라가지 않고 가라앉히거나 막거나, 또는 더 잘 표현하면 부정적 감정 판단으로 '냉각'시킨다. 언제나 조용하고 조화롭게 공존하려는 자세가 되어 있지만, 낯선 타인에 대해서는 다정하거나 따뜻하지 않고, 무심하고 냉정하고 거부적이기까지 하다. 그 앞에서 사람들은 때로 자신의 존재가 의미 없다고 느끼게 된다. 열광적인 것을 보면 이 유형은 호의적으로 중립적이다가 때로는 우월감과 비판을 비쳐, 예민한 대상 같으면 김이 빠지게 된다. 격렬한 감정을 살인적 차가움으로 단칼에 베어버릴 수도 있는데, 그 감정이 무의식에서 나와 개인을 사로잡는다면, 달리 말해 어떤 근원적·감정적 심상이 살아나 이 유형을 사로잡는다면 다르다. 이런 경우에 이 유형의 여성은 순간적 마비를 느끼지만, 그럴수록 나중에 심하게 저항하여 그 객체의 아픈 데를 찌르고야 만다. 객체에 대한 관계는 조용하고 안전한 중간의 감정 범위에 머물며, 정열과 광기는 고집스럽게 멸시된다. 그래서 감정 표현이 적어, 객체는 계속 자신이 별로 평가받지 못한다고 느낀다. 그러나 언제나 그렇지는 않다. 그 결손이 매우 자주 무의식적으로 남지만, 그 대신 시간이 가면서 무의식적·감정적 요구 때문에 더 큰 주의 집중을 강요하는 증상들을 발달시키기 때문이다.

이 유형이 대부분 냉정하고 말이 없어 보이기 때문에, 겉모습으로 판단하면 감정이라고는 전혀 없는 것 같다. 그러나 그것은 전적으로 잘못이다. 왜냐하면 감정들이 외연적이지 않고 내포적이기 때문이다. 즉, 감정은 안으로 깊이 전개된다. 예컨대 외연적 동정심은 적절할 때 말과 행동으로 표현되고 금방 없어질 수 있지만, 내포적 동정심은 밖으로 전혀 표현되지 않고 안으로 뜨겁고 깊어져서 세상의 고통을 그 속에 포함하는 나머지 굳어진다. 지나치면 터져나와 소위 영웅적인 성격의 놀라운 행위가 나올지 모르지만, 객체도 주체도 그런 행위와 제대로 관계를 맺을 수가 없다. 밖에서 보기에는, 그리고 눈먼 외향적인 사람에게 이 동정은 차가움으로 비친다. 왜냐하면 눈에 보이는 것이 아무것도 없기 때문이다. 외향적 판단은 눈에 보이지 않는 힘이라는 것을 믿지 않는다. 이런 오해는 내향적 감정형의 삶에서 일어나는 특징적인 사건이며, 객체에 대해 깊은 관계가 없다는 중요한 증거로 기록된다. 그런데 이 감정 활동의 진정한 대상이 무엇인지는 이 정상 유형 자신에게도 다만 예감될 뿐이다. 그것은 은밀하고 세속적 눈길들을 소심하게 경계하는 종교성으로, 또는 똑같이 소리 없는 시詩적인 형태들로 자신의 목표와 내용을 스스로 표현할지 모른다. 이때 그렇게 함으로써 객체에 대한 우월성을 지키려는 은밀한 야심이 없는 것은 아니다. 자녀를 둔 부인들은 그중 많은 것을 자녀들 속에 들여놓는다. 그들은 남몰래 아이들에게 자신의 열정을 불어넣는 것이다.

정상형에서는 위에서 암시한 경향, 즉 남몰래 느낀 것을 드러나 보이게 객체 위에 올려놓거나 또는 압도하듯 강요하려는 경향들이 장해를 일으키는 역할을 하지 않으며, 결코 이런 쪽으로 심각하게 시도하려 들지 않는다. 그렇지만 그중 어느 만큼은 새어 나와 객체에 미치는 개인적 영향이 되는데, 그 영향의 형태는 흔히 콕 집어내기 어려운 지배욕이다. 짓누르는 또는 질식시킬 것 같은 느낌이 주위 사람들을 사로잡는다. 그로써 이 유형은 어느 정도의 비밀스러운 힘을 얻으며, 그것은 특히 외향적인 남성을 매혹시킬 수 있다. 그것이 그의 무의식을 건드리기 때문이다. 이 권력은 감득感得된 무의식적인 상들에 그 근원이 있지만, 의식에 의해 쉽게 자아에 연결되고, 그럼으로써 그 영향이 왜곡되어 개인적 횡포가 되어버린다. 그러나 만약 무의식적 주체가 자아와 동일시되면 강렬한 감정의 비밀스러운 권력도 진부하고 기고만장한 지배욕, 허영심, 독재적 강제로 변해버린다. 거기서 한 여성형이 생기는데, 그녀는 거리낌 없는 명예욕과 교활한 잔인성으로 악명 높다. 그러나 이렇게 되면 신경증이 된다.

    자아가 무의식적 주체의 아래에 있다고 느끼고, 감정이 자아보다 더 높고 더 막강한 것을 열어주는 한, 이 유형은 정상이다. 무의식적 사고는 고태적이기는 하지만, 자아를 주체로 높이려는 이따금씩의 발작을 제한함으로써 잘 보상된다. 그러나 제한하는 무의식적 사고 영향들을 완전히 억누름으로써 자아가 주체로 높아지는 일이 생기면, 무의식적 사고가 대립하는 자로 변하여 객체들 속에 자신을 투사한다. 자아중심적이 되어버린 주체는 평가절하된 객체들의 권력과 의미를 느끼게 되고, 의식은 '남들이 무슨 생각을 하는지'를 느낌으로 알기 시작한다. 물론 남들은 온갖 야비한 것을 생각하고, 악한 계획을 세우며, 몰래 선동하고 계략을 꾸미고 있을 것이라고 느낀다. 주체는 스스로 선수를 쳐서 예방적으로 계략을 꾸미고 혐의를 두고 엿듣고 연결시키기를 시작한다. 주체는 온갖 소문에 엄습되어 다가오는 위협적인 열세를 우세로 바꾸기 위하여 기를 쓰고 노력해야 한다. 비밀스러운 성격의 끝없는 라이벌 관계가 생겨나고, 이 격전에서 어떤 야비한 수단도 꺼리지 않을 뿐만 아니라, 유리한 입장을 위해서라면 미덕도 남용된다. 일이 그렇게 발전하면 탈진이 온다. 신경증 형태는 히스테리보다는 신경쇠약이고, 여성들에게서는 흔히 신체 상태가 같이 나빠져 빈혈과 그에 따르는 증상들이 온다.

합리적 유형들의 요약

앞의 두 유형은 이성적으로 판단하는 기능들에 토대를 두므로 합리적 유형들이다. 이성적 판단은 단지 객관적으로 주어진 것뿐만 아니라 주관적인 것에도 토대를 둔다. 객체 요인이 우세하냐, 주체 요인이 우세하냐 하는 것은 어릴 때부터 존재하는 심리적 성향에 의해 정해지는데, 이 태도가 이성을 굴절시킨다. 정말 이성적인 판단이라면 두 요인 모두에 토대를 두고 둘 다 제대로 고려할 수 있어야 할 것이다. 그것은 이상적인 경우로, 외향성과 내향성이 똑같이 발달할 것을 전제로 한다. 그러나 두 방향은 서로 반대로 가며, 딜레마가 생긴다면 결코 동시에 존재하지 못하고 기껏해야 서로 교대할 수 있다. 그래서 일반적 여건들에서도 이상적인 이성이 불가능한 것이다. 합리적 유형은 언제나 전형적으로 다종다양한 이성을 가지고 있다. 내향적·합리적 유형들은 분명 이성적 판단을 하지만, 이 판단은 주관적 요인에 방향을 맞춘다. 논리는 어디서도 굴복될 필요가 없다. 문제는 전제가 일방적이기 때문이다. 그 전제는 모든 결론과 판단에 앞서 존재하는 주관적 요인의 우세이다. 주관적 요인은 처음부터 객체 요인보다 당연히 더 높은 가치를 지닌다. 가치가 부여되었다기보다는, 모든 가치 부여 이전에 존재하는 자연적 성향이다. 그래서 내향적인 사람의 이성 판단은 외향적인 사람의 이성 판단과는 반드시 미묘한 차이가 난다. 일반적으로 말하자면, 내향적인 사람에게는 주관적 요인으로 끌고 가는 사고 추리가 객체로 끌고 가는 사고 추리보다 약간 더 합리적으로 보인다. 개별적인 경우에는 이 차이가 작아서 거의 눈치챌 수 없지만 전체로서는 극명한 대립을 유발한다. 하나하나의 경우에서 심리적 전제를 통한 아주 작은 견해 차이를 인식하지 못할수록 이 대립은 더 이해가 안 된다. 그때 보통 발생하는 주된 오류는 사고 추리의 오류를 증명하기 위해 노력하고 심리적 전제의 차이를 인정하지 못하는 것이다. 모든 합리적 유형은 그러한 인정을 잘 하지 못하는데, 그렇게 인정한다면 자신의 원칙의 외견상 절대적인 타당성이 무너지고 그것과 반대로 가야 하는, 거의 재앙 같은 일이 생기기 때문이다.

외향형보다도 내향형이 오해를 더 받는다. 외향적인 사람이 내향적인 사람보다 더 가혹하거나 비판적이기 때문이 아니라, 시대가 내향적인 사람 편이 아니기 때문이다. 우리의 일반적·서구적 세계관에서 그는 외향적인 사람보다 소수파에 속한다. 숫자로는 소수파가 아니겠지만 감정상 그렇다. 그는 일반적 스타일을 의심 없이 쫓아가다가 자기 자신을 무너뜨린다. 왜냐하면 보이고 만져지는 것만 인정하다시피 하는 현재의 스타일은 그의 원칙에 반대되기 때문이다. 그는 주체 요인이 눈에 보이지 않기 때문에 평가절하하고, 외향적인 사람처럼 객체를 과대평가하도록 자신을 강요할 수밖에 없다. 그 자신이 주관적 요인을 너무 낮게 평가하고 열등감에 시달린다. 따라서 바로 우리의 시대에, 그리고 특히 시대를 앞서가는 운동들에서 주관적 요인이 과장되어 몰취미하고 만화 같은 방식으로 표출되는 것은 놀라운 일이 아니다. 오늘날의 예술을 보라. 자신의 원칙을 과소평가하기 때문에 내향적인 사람은 이기주의적이 되고, 어쩔 수 없이 억압받는 자의 심리를 나타낸다. 그가 이기적일수록 그에게는 마치, 현대의 스타일을 전부 따라갈 수 있는 다른 사람들이 억압자인 것처럼 보이고, 그들에 맞서 자신을 지키고 방어해야 하는 것처럼 여긴다. 그는 자신의 일차적 오류 대부분이 자신이 주관적 요인에 충실하지 않은 데 있다는 것을 보지 못한다. 외향적인 사람이 객체에 충실히 방향을 맞추듯이 말이다. 자신의 원칙을 과소평가하기 때문에 이기주의 성향이 나타날 수밖에 없고, 그래서 외향적인 사람이 편견을 가지게 만드는 것이다. 만일 그가 자신의 원칙에 충실하다면 이기주의자라는 판단이 전혀 맞지 않을 것이고, 자신의 태도에 정당성을 부여하면 일반적인 결과들이 긍정적으로 나타나고 오해들이 사라질 것이다.

감각

감각은 본질상 객체와 객관적 자극에 의지하지만, 이것 역시 내향적 태도에서는 상당히 달라진다. 감각에도 주관적 요인이 있는데, 감각되는 대상 외에 감각하는 주체, 감각적 자극에 자신의 주관적 성향을 투여하는 주체도 있기 때문이다. 내향적 태도에서 감각은 지각의 주관적인 부분에 주로 토대를 둔다. 외적 대상들을 재생하는 예술 작품들을 생각하면 이 말의 의미가 분명해진다. 예를 들어 여러 명의 화가가 똑같은 경치를 사진처럼 그리려고 노력한다 해도, 그림들은 모두 다를 것이다. 능력의 차이 때문이 아니라 보는 눈이 다르기 때문이다. 몇몇 그림에서는 형상이 갖는 분위기와 그 색채와 형상의 움직임에서 심리적인 차이까지도 드러날 것이다. 이 특성들은 주관적 요인이 같이 작용함을 보여준다.

감각의 주관적 요인은 본질적으로 이미 언급한 다른 기능들에 대해서와 마찬가지이다. 감관感官 지각이 발생할 때 이미 무의식적 성향이 그것을 변화시킴으로써 객체만 작용하지 못하게 만들어버린다. 이 경우에 감각은 압도적으로 주체에 관련되고 단지 이차적으로만 객체에 관련된다. 주관적 요인이 얼마나 강할 수 있는지는 예술이 가장 분명하게 보여준다. 주관적 요인의 지배는 때로 객체의 작용이 완전히 억제되는 지경에까지 이른다. 그래도 감각은 여전히 감각이다. 물론 감각은 주관적 요인의 지각이 되어버렸고, 객체의 작용은 단지 자극만 주는 수준으로 떨어졌다. 내향적 감각은 이 방향으로 더 나아간다. 제대로 된 감관 지각이 존재하기는 하지만, 마치 객체들이 전혀 주체 안으로 뚫고 들어가지 못하고 주체가 객체들을 다른 사람들과 아주 다르게, 또는 아주 다른 것을 본다는 인상을 준다. 실제로 주체는 모든 이와 똑같은 것을 지각하지만, 순수한 객체의 작용에만 머물지 않고 객관적 자극이 유발한 주관적 지각에 몰두한다.

주관적 지각은 객관적 지각과는 아주 다르다. 주관적으로 지각한 것은 객체에서 전혀 발견되지 않거나, 아니면 암시적으로만 발견될 뿐이다. 즉, 주관적 지각이 다른 사람들에게서도 비슷할 수 있지만 사물의 객관적 행태에 직접 근거를 두고 있지는 않다. 그것은 의식의 산물이라는 인상을 주지 않는다. 그러기에는 너무 순수하다. 그러나 그것은 정신적이라는 인상을 준다. 그 속에서 보다 높은 정신적 질서를 갖춘 요소들을 인식할 수 있기 때문이다. 그러나 이 질서는 의식의 내용들과는 일치하지 않는다. 그것은 집단적·무의식적 전제 또는 성향들, 신화적 상들, 관념들의 원초적 가능성들이다. 주관적 지각에는 의미심장함이 있다. 그것은 객체의 순수한 모습 이상의 것을 말해주고 있다. 물론 그 주관적 요인을 조금이라도 이해하는 사람에게만 그러하다. 다른 사람에게는 재생된 주관적 인상이 객체와 아주 유사하지는 않기 때문에 지각의 목적을 그르쳤다고 보일 것이다. 내향적 감각은 물리적 세계의 표면보다는 배경들을 포착한다. 객체의 현실성을 결정적이라 느끼는 것이 아니라 주관적 요인의 현실성, 즉 전체로서 심리적 거울 세계를 나타내는 근원적 상들의 현실성을 결정적이라 느끼는 것이다. 이 거울의 특이한 능력은 의식의 현재 내용들을 우리가 잘 아는 형태로 제시하지 않고 영원성의 관점에서, 즉 1백만 년 된 의식意識을 보는 것처럼 제시할 수 있다는 것이다. 그렇게 고태적인 의식이라면 사물들의 형성과 소멸을 그들의 현재 순간의 존재와 동시에 볼 것이고, 그뿐 아니라 그들의 형성 이전에도 있었고 소멸 뒤에도 있을 다른 존재도 볼 것이다. 현재의 순간이란 이 의식에는 믿기지 않는 것이다. 물론 이는 내향적 감각을 어느 정도라도 분명히 하기 위해 필요한 비유일 뿐이다. 내향적 감각이 전달하는 상은 객체를 재생해내기보다는 태고의, 그리고 미래의 주관적 경험의 침전물을 객체에 덧씌운 것이다. 그럼으로써 단순한 감각적 인상이 예감에 찬 깊이를 향해 펼쳐진다. 이에 비해 외향적 감각은 순간 순간의, 흔히 밖에 드러나 있는 사물들의 존재를 포착한다.

내향적 감각형

내향적 감각의 우세는 일정한 유형을 만들며 그것은 몇 가지 특이한 점을 나타낸다. 그는 일어나는 일을 주로 이성 판단에 따라 선별하지 않고 그냥 일어나는 것에 방향을 맞추기 때문에 비합리적인 유형이다. 외향적 감각형은 객체의 작용 강도에 의해 결정되는 데 비해, 내향적 감각형은 객관적 자극을 통해 유발된 주관적 감각 부분의 강도를 따라간다. 객체와 감각 사이의 관계는 비례적 관련이 전혀 아니고 겉보기에 전적으로 부정확하며 임의적이다. 따라서 무엇이 인상을 남기고 무엇이 그렇지 않을지는 밖에서는 예측할 수가 없다. 감각 강도에 비례하는 표현 능력 및 의지가 있다면, 이 유형의 비합리성이 무척 눈에 띌 것이다. 예를 들면 그 사람이 생산적인 예술가일 때 그렇다. 그러나 이것은 예외이기 때문에, 내향적인 사람을 특징짓는 표현의 어려움이 그의 비합리성도 숨겨준다. 그는 오히려 조용하거나 수동적이어서, 또는 이성적 절제 때문에 눈에 띌 수 있다. 그러한 특이함 때문에 피상적 판단에 잘못이 생기는데, 그런 특성이 생기는 것은 그가 객체들에 관련을 맺지 않기 때문이다. 정상적인 경우에는 객체가 결코 의식적으로 평가절하되지는 않지만, 실제의 객체와 별 관계가 없는 주관적 반응이 그 객체의 자극을 즉시 대치하여 박탈해버린다. 그것은 물론 객체의 평가절하처럼 작용한다. 그러한 유형을 보면, 우리가 대체 왜 존재하는지, 객체가 존재하는 이유가 무엇인지 하는 의문을 쉽게 갖게 된다. 왜냐하면 모든 본질적인 것은 객체 없이도 발생하기 때문이다. 극단적인 경우들에는 이런 의심이 정당하지만 정상적인 경우에는 그렇지 않다. 감각에는 객관적 자극이 불가결하다. 다만 이 유형에서는 그 자극이 바깥에서 추측할 수 있는 것과는 다른 것을 끌어낼 뿐이다.

밖에서 보면 객체가 주체에 전혀 영향을 미치지 않는 것처럼 보인다. 이런 인상이 생기는 이유는 주관적인, 무의식에서 유래하는 내용이 객체와 주체의 사이를 비집고 들어가 객체의 영향을 가로채기 때문이다. 이러한 비집고 들기는 매우 거칠게 일어나기 때문에 사람들은 그 사람이 객체의 영향들로부터 직접 자기를 보호한다는 인상을 받게 된다. 심한 경우에는 실제로 그러한 보호적 방어가 있을 수 있다. 무의식이 조금만 강해지면 주관적 감각 부분이 너무 생생해져서 객체의 영향을 거의 덮어버리는 것이다. 그렇게 되면 한편으로 객체는 전적으로 평가절하된다는 느낌을 갖게 되고, 다른 한편으로 주체는 현실을 이해한다는 착각을 하게 된다. 병적인 경우에서는 실제의 객체와 주관적 지각을 구별하지 못하는 지경에까지 이르게 된다. 그렇게 중요한 구별은 거의 정신병적인 상태에서야 완전히 없어지지만, 그 훨씬 전에도 실제의 객체를 분명히 보면서도 주관적 지각이 사고, 감정, 행동에 커다란 영향을 미칠 수 있다. 객체의 영향이 특별한 여건 때문에, 예를 들면 특별히 강하거나 무의식적 상과 아주 같아지기 때문에 주체까지 밀고 나가는 경우에서는, 이 유형의 정상적 사례도 그의 무의식의 지시에 따라 **행동**하도록 부추겨진다. 이 행동은 객관적 현실에 비추어볼 때 망상적이고 아주 기이하다. 그것은 이 유형의 주관성이 현실과 동떨어져 있음을 단번에 드러내준다. 객체의 영향이 완전히 뚫고 들어가지는 못할 때, 이 유형은 별 관심 없이 호의적인 중립성을 취하여 언제나 진정시키고 조정하려고 애쓴다. 너무 낮은 것은 어느 정도 높이고, 너무 높은 것은 어느 정도 낮추며, 열정에서는 김을 빼고, 무절제함은 제어하고, 비범한 것은 '올바른' 형식에 집어넣는데, 이 모두는 객체의 영향을 제한하기 위해서이다. 그로써 이 유형도 그의 착함에 의심의 여지가 조금이라도 있다면 주위 사람들에게 압박을 가하는 것처럼 작용한다. 그러나 그 착함이 전적으로 의심의 여지가 없다면 그는 쉽게 남들의 공격성과 지배욕의 제물이 된다. 그런 사람들은 보통 남들에게 이용당하고 그에 대한 복수로 엉뚱한 때에 저항과 고집을 부린다.

 예술적 표현 능력이 전혀 없다면, 모든 인상들이 내면으로 깊이 들어가 의식을 속박하게 되는데도, 그는 그 매혹적인 인상을 의식적인 표현을 통해서 지배하지 못한다. 이 유형은 자신의 인상에 대해 고태적 표현 가능성들만 어느 정도 마음대로 쓸 수 있다. 사고와 감정이 비교적 무의식적이며, 의식된다 해도 필수적이고 진부하고 일상적인 표현들만 쓸 수 있기 때문이다. 의식적 기능들로서 사고와 감정은 주관적 지각들을 적절하게 표현하는 데 아주 부적합하다. 그래서 이 유형은 객관적으로도 이해하기가 극히 어렵거니와 자기 자신도 대부분 스스로를 이해하지 못한다.

 그는 발달하면서 점차 객체의 현실로부터 멀어지고 주관적 지각들에 내맡겨진다. 이 지각들은 그의 의식을 고태적 현실로 끌고 가지만, 그는 비교 판단을 못 하기 때문에 이 사실을 전혀 의식하지 못한다. 그러나 그가 실제로 움직이는 곳은 신화적 세계로서, 거기서는 사람, 동물, 기차, 집, 강과 산이 그에게 자애로운 신들로도, 악령들로도 나타난다. 그들이 그렇게 나타나는 것을 그는 의식하지 못한다. 그러나 그들은 그의 판단과 행동에 영향을 미친다. 그는 그러한 귀신, 악령들과 마치 관계가 있는 것처럼 판단하고 행동한다. 이것이 그의 눈에 띄기 시작하는 것은 자신의 감각들이 현실과 아주 다르다는 것을 발견할 때이다. 그가 객관적 이성으로 더 기울면 이 차이를 병적이라 느낄 것이지만, 자신의 비합리성에 충실하여 자신의 감각이 현실이라고 평가하려 들면 객관적 세계가 그에게는 가상이 되고 희극이 되어버린다. 그러나 극단적인 사례들만 이 딜레마에 도달한다. 보통 그는 자신의 폐쇄성과 현실의 진부함에 만족하지만, 무의식적으로는 현실을 고태적으로 다룬다.

 그의 무의식은 주로 직관의 억압으로 인한 특징을 보이는데, 직관은 외향적이고 고태적인 성격을 갖고 있다. 외향적 직관은 객관적 현실의 모든 가능성들을 잘 '냄새 맡는' 명민함이 특징이지만, 무의식적·고태적 직관은 현실의 모든 불확실하고 어둡고 더럽고 위험한 배경들을 냄새 맡는 능력이 있다. 이 직관 앞에서 객체의 실제적이고 의식적인 의도는 아무 의미가 없다. 이 직관은 그러한 의도의 고태적 선행단계들의 모든 가능성을 냄새 맡는다. 직관은 그래서 위험하고 파괴적인 그 무엇을 지니며, 이 파괴성은 의식의 호의적인 착한 태도와 날카로운 대조를 이룬다. 개체가 객체에서 너무 멀어지지 않은 동안은 이 무의식적 직관이 의식의 조금은 환상적이고 잘 믿어버리는 태도에 대해 유익한 보상으로 작용한다. 그러나 무의식이 의식에 대립하게 되면, 그러한 직관들이 표면에 올라와 해로운 영향들을 펼친다. 그들은 강제로 밀려와서 객체들에 대한 극도로 적대적인 강박관념들을 유발시킨다. 거기서 생겨나는 신경증은 보통 강박신경증이며 히스테리적 특징들은 탈진 증상들 뒤로 물러난다.

직관

내향적 태도에서 직관은 무의식의 요소들이라 해도 좋은 내적 객체들을 겨냥한다. 내적 객체들은 물리적이 아닌 심리적인 현실이지만 의식에 대해 외적 객체들과 아주 비슷하게 행동한다. 내적 객체들은 직관적 지각에게 외적 경험에서는 만날 수 없는 무의식의, 궁극적으로 집단적 무의식의 내용을 이루는 것들의 주관적 상像들로 나타난다. 이 내용들은 그 자체로 존재하므로 물론 경험으로 접근할 수 없으며, 그런 면에서 이는 외적 객체들과의 공통된 특성이다. 외적 객체들이 우리가 그렇게 지각하는 상대적인 모습이듯이, 내적 객체들이 나타나는 형태들도 상대적인 것들로서, 우리가 접근할 수 없는 객체들의 본질과 직관 기능의 특성이 만들어내는 산물이다. 감각처럼 직관에도 주관적 요인이 있는데, 외향적 직관에서 가능한 한 억제되는 주관적 요인이 내향적 직관에서는 결정적인 크기를 가지게 된다. 내향적 직관은 외적 객체들에게 자극을 받기는 하지만, 외적 가능성들에 머물지 않고 외적인 것이 내면에 유발시킨 것에 머문다. 내향적 감각이 독특한 신경감응神經感應 현상들을 무의식을 통해 지각하는 일에 주로 제한되고 그 지각에 머무는 반면, 직관은 주관적 요인의 이 측면을 억제하고 신경감응을 유발한 심상心像을 지각한다. 예컨대, 누군가 심리적 이유로 갑자기 현기증이 생겼다고 하자. 감각은 이 신경감응 장해의 독특한 상태에 머물면서 그것의 모든 특질들, 강도強度, 시간적 경과, 발생과 소멸의 양식 등을 모두 세세하게 지각하면서도 그 위로 올라가 현기증 발작의 동기가 된 내용으로 전혀 나아가지 않는다. 반면 직관은 그 감각으로부터 자극만 받아들이고 즉시 활동을 개시하여 그 배후를 보려 하며, 또 표현된 현상인 현기증 발작을 유발시킨 내적 상을 바로 지각한다. 예컨대 심장에 화살을 맞은 남성의 상이 보인다. 직관은 이 상에 매혹되어 그것에 머물면서 모든 세부를 알아내려 한다. 직관은 이 상을 붙들고 그것이 어떻게 변하고 발전하며 결국에는 사라지는지를 아주 커다란 관심을 가지고 확인한다.

이런 식으로 내향적 직관은 의식의 모든 배경 과정들을 마치 외향적 감각이 외적 객체들을 지각하듯 똑같이 분명하게 지각한다. 이 직관에게는 무의식적인 상들이 사물이나 객체처럼 존엄하다. 그러나 직관이 감각의 공동 작용을 배제하기 때문에, 무의식적인 상들에 의한 신경감응 장해나 신체에 미치는 영향에 관해서는 전혀 알지 못하거나, 알더라도 불충분하게 알고 있다. 그로써 심상들은 주체에서 떨어져나간 것으로, 그 사람과는 관계없이 스스로 존재하는 것으로 나타난다. 따라서 앞의 예에서 현기증이 난 내향적 직관형의 사람은 지각된 상이 자기 자신과도 관계가 있으리라는 생각을 하지 못할 것이다. 그것은 물론 판단하는 태도를 가진 사람에게는 거의 생각할 수 없는 일로 여겨지지만, 이 유형에서는 내가 자주 경험한 사실이다.

외향적 직관형이 외적 객체들에 관해 이상하리만큼 무관심한 것처럼 내향적 직관형은 내적 객체들에 대해 그러하다. 외향적 직관형이 쉴 새 없이 새로운 가능성들을 냄새 맡으며 자신과 남들의 안녕에 신경 쓰지 않고 이 가능성들을 쫓아가며, 인간적 배려 따위는 무시해버리고 영원한 변화중독증에서 방금 지은 것을 다시 허물어버리듯이, 내향형도 상에서 상으로 무의식이 낳는 모든 가능성들을 쫓아가면서 자신과 그 현상의 관련은 성립시키지 못한다. 세계가 그것을 감각만 하는 사람에게는 결코 도덕적 문제가 되지 않듯이, 직관형에게도 심상들의 세계가 도덕적인 문제로 변하는 법이 없다. 두 유형 모두에게 세계는 심미적 문제이며, 지각의 문제이며, 하나의 '감흥感興'이다. 이렇게 해서 내향적 직관형의 시야에서는 자신의 신체적 실존의 의식도, 그것이 남들에게 미치는 영향에 관한 의식도 사라져버린다. 외향적 태도의 사람이라면 내향적 직관형의 사람을 "현실은 그에게 존재하지 않고 그는 헛된 꿈에 골몰하고 있다"고 말할 것이다. 무의식의 상들을 직관하는 것은 무한한 창조력을 낳지만 직접적 유용성의 면에서는 사실 비생산적이다. 그러나 이 상들이 에너지에 새롭게 낙차落差를 마련할 수 있는 견해들의 가능성들이라면, 외적인 세계에 전혀 낯선 이 기능도 정신적인 총체적 살림살이에서는 불가결하며, 마찬가지로 그런 유형은 한 민족의 정신 생활에서 결코 없어서는 안 된다. 이 유형이 존재하지 않았다면 이스라엘에 예언자들이 없었을 것이다.

 내향적 직관은 무의식의 선험적, 즉 유전되어 존재하는 토대들에서 나오는 상들을 포착한다. 원형들의 아주 깊은 본체는 경험으로 접근할 수 없다. 그것은 조상 대대로 이어온 정신 활동의 잔재, 즉 생명체의 수백만 번의 반복을 통해 쌓여왔고 형型으로 농축된 경험들을 나타낸다. 따라서 이 원형들은 이 지구상에서 태곳적부터 발생한 경험들을 전부 대변하고 있다. 그 경험들은 태초의 시간부터 이 지구상에 출현한 것들이다. 그것들이 자주 나타났고 강렬했을수록 원형 속에서 더욱 분명하다. 칸트의 용어를 빌리자면 원형은 직관이 지각하고 또 그러면서 만들어내는 본체Noumenon〔현상Phenomenon에 대응하는 개념으로, 생각할 수는 있으나 눈에 보이지 않는 것)라 할 수 있다. 무의식은 증류 뒤 남은 찌꺼기처럼 그냥 놓여 있는 죽은 것이 아니라, 같이 살면서 내적 변화들을 겪는, 세상 전체와 내적 관계를 맺는 변화들을 겪는 것이다. 여기서 내향적 직관은 내적 과정들을 지각함으로써 세상사의 이해에 매우 중요할 수 있는 자료들을 준다. 내향적 직관은 심지어 새로운 가능성들과 더불어 나중에 실제로 일어날 일도 명료하게 또는 덜 명료하게 예견할 수 있다. 그것이 예언자같이 예언할 수 있는 것도, 경험할 수 있는 모든 것들의 규칙적 경과를 나타내는 원형들과 관계를 맺기 때문이다.

내향적 직관형

내향적 직관의 특성상 그것이 우위를 차지하면 신비한 몽상가 겸 예언자이거나 환상가 겸 예술가인 독특한 유형이 생긴다. 후자가 정상적 경우일 텐데, 일반적으로 이 유형에는 직관의 인지Wahrnehmung하는 성격에 집중하려는 성향이 있기 때문이다. 직관형은 보통 인지하는 일에 머무는데 그의 가장 중요한 역할은 인지이고—그가 생산적인 예술가라면—인지한 것의 형상화이다. 그러나 환상가는 관조하는 것으로 만족하며, 그 관조를 통해 자신의 모습을 가다듬는다. 즉 결정을 내리게 한다. 직관이 깊어지면 개체는 바깥 현실로부터 극도로 멀어져서 잘 아는 사람들에게조차 아주 수수께끼가 되어버린다. 그가 예술가라면 그의 예술은 비범한, 속세를 떠난 것들을 알린다. 그들은 온갖 색깔로 빛나며, 의미 깊으면서 진부하고, 아름다우면서 기괴하고, 숭고하면서 변덕스럽다. 예술가가 아니라면, 그는 흔히 인정 못 받는 천재, 능력을 허비하는 게으름뱅이, 현명한 기인奇人, '심리소설'에 나올 법한 인물이다.

인지를 도덕적 문제가 되도록 만들려면 판단하는 기능들이 어느 정도 강화되어야 하기 때문에, 내향적 직관형에 아주 잘 맞지는 않는다. 그러나 판단이 조금만 분화되어도 직관을 순전히 심미적인 것으로부터 도덕적인 것으로 바꿀 수 있다. 그렇게 해서 이 유형의 한 변이가 생기는데, 심미적 형태와는 본질적으로 다르지만 그럼에도 불구하고 내향적 직관형에는 특징적인 것이다. 도덕적 문제가 발생하는 때는 직관형이 자신의 환상Vision과 관계를 맺을 때, 단지 관조하고 그것의 심미적 평가와 형상화로 만족하지 않고 다음과 같은 물음을 던지게 될 때이다. 그것은 나에게 또는 세계에게 무엇인가? 그것의 결과로서 나에게 또는 세계에게 무슨 의무나 과제가 생겨나는가? 판단을 억압하거나 또는 감지의 지배 속에서만 판단하는 순수한 직관형은 근본적으로 결코 이런 물음을 던지지 않는다. 그의 물음은 단지 '어떻게' 감지하는가 하는 것이기 때문이다. 그래서 그는 도덕적 문제를 이해할 수 없다거나 아예 황당하다고 여기고, 본 것에 대해 가능한 한 생각하지 않는다. 그러나 도덕적인 태도의 직관형은 다르다. 그는 자신의 환상의 의미에 집중하고, 그것의 심미적 가능성들에 신경 쓰기보다는 내용상의 의미에서 생겨나는, 가능한 도덕적 영향들에 신경 쏜다. 그의 판단은 그로 하여금—물론 단지 어렴풋이—그가 인간으로서 전체로서 자신의 환상 속에 포함되어 있고, 그 환상은 단지 관조될 수 있는 것일 뿐 아니라 주체의 삶으로 변하고자 하는 것이라는 인식을 갖도록 만든다. 이러한 인식을 통해서 그는 자신의 환상을 자신의 삶으로 개조해야 할 의무감을 느낀다. 그러나 그가 주로 환상에만 근거를 두기 때문에 그의 도덕적 시도는 일방적인 것이 되어버린다. 즉, 그는 자신과 자신의 삶을 상징적인 것으로 만들어, 사건의 내적인 영원한 의미에는 적응하지만 실제 현실에는 적응하지 못한다. 그로써 그는 현실에 효력을 발휘하지 못한다. 아무도 그를 이해하지 못하기 때문이다. 그의 언어는 일반적으로 말하는 언어가 아니라 아주 주관적인 언어이다. 그의 주장들에는 확신을 주는 분별력이 없다. 그는 단지 고백하거나 선포할 수만 있다. 그는 황야의 설교자의 목소리이다.

내향적 직관형은 객체의 감각을 가장 많이 억압한다. 그것이 그의 무의식을 특징짓는다. 무의식에는 고태적 성격을 가진 보상적·외향적 감각 기능이 존재한다. 그러므로 무의식의 인격은 천박하고 원시적인 종류의 외향적 감각형이라고 기술하면 가장 적절할 것이다. 이 감각의 특성은 충동적이고 무절제하며 아울러 감관적 인상에 극도로 구속된다. 이런 특질은 높은 데로만 올라가려는 의식의 태도를 보상하며 그것에 일종의 무게를 주어 완전한 '승화昇華'를 막는다. 그러나 의식의 태도가 지나치게 과장됨으로써 내적 인지에 완전히 굴복하게 되면 무의식이 저항을 하게 되고, 객체에 지나치게 구속되어 의식의 태도에 반발하는 강박적 감각들이 생기게 된다. 잘 나타나는 신경증은 강박신경증으로, 건강 염려증적 현상들, 감관 기관들의 과민성, 특정인이나 특정 객체들에 대한 강박적 집착 등의 증상들을 나타낸다.

비합리적 유형들의 요약

위에 묘사한 두 유형은 밖에서는 거의 판단할 수가 없다. 그들은 내향적이기 때문에 표현의 능력이나 의지가 적어서 적절하게 판단할 여지를 별로 주지 않는다. 주된 활동이 안을 향하므로, 밖으로는 오직 수줍고, 숨고, 무관심하거나 자신 없고 이유 없이 당황하는 모습만 보인다. 무엇이 표현되면, 그것은 대부분 열등하고 비교적 무의식적인 기능들의 간접적 표현들이다. 그러한 표현들 때문에 주위 사람들이 이 유형들에 대해 편견을 갖게 된다. 그러므로 그들은 대부분 과소평가되거나 적어도 이해받지 못한다. 판단이 상당히 결핍되었기 때문에 이 유형들이 스스로를 이해하지 못하면, 왜 자기가 남들에게 끊임없이 과소평가되는지를 이해하지 못한다. 자신이 밖으로 성취하는 행동이 실제로는 열등하다는 것을 깨닫지 못하기 때문이다. 그들의 시선은 주관적 사건들의 풍요로움에 사로잡혀 있다. 안에서 일어나는 것이 너무도 매력 있고 무한한 자극을 주기 때문에, 주위 사람들에게 전달하는 것이 그들이 자신의 내면에서 체험하는 것의 극히 작은 부분만 포함한다는 것을 그들은 전혀 깨닫지 못한다. 주위 사람들이 그들의 단편적이고 일시적인 의사 전달을 이해하려면 너무 힘이 들거니와, 그들의 의사 전달에는 대상을 향하는 열기―이것만이 설득력을 가질 수 있을 텐데―가 없다. 반대로 이 유형들은 흔히 외부에 대해 거칠게 거부하는 행동을 나타내지만, 이것을 전혀 의식하지 못하고 또한 그렇게 보이려는 의도도 없다. 내면에서 보는 것을 남이 이해할 수 있는 언어로 옮기기가 얼마나 어려운지를 사람들이 안다면 그런 사람들을 더 공정하게 판단하고 더 관대하게 대하게 될 것이다. 물론 이 관대함이 지나쳐서 그들에게 의사 전달의 요구를 아예 하지 않으면 결코 안 된다. 이는 그런 유형에게 가장 큰 피해가 될 것이기 때문이다. 숙명 자체가, 아마 다른 사람들보다 더 자주 그들에게 엄청난 외부적 난관을 마련하여 그들이 내적 관조의 도취에서 깨어날 수 있게 해준다. 그러나 그들이 마침내 인간적인 의사 전달을 하지 않을 수 없게 만드는 것은 어려움이 아주 절박한 경우일 것이다.

 외향적이고 합리주의적인 관점에서 보면 이 유형들은 가장 쓸모없는 인간들일 것이다. 그러나 보다 높은 관점에서 보면 그 사람들은 풍요하고 격동하는 세계와 그 넘치고 황홀한 삶이 밖에만 있는 것이 아니라 안에도 있다는 사실을 입증하는 살아 있는 증인들이다. 물론 그들은 한쪽으로 치우치지만, 그때그때의 정신적 유행에 눈멀지 않는 사람에게는 많은 교훈을 준다. 그런 태도의 사람들은 나름대로 문화 진흥자이자 교육자이다. 그들의 삶이 그들의 말보다 더 많이 가르친다. 우리는 그들의 삶으로부터 그리고 무엇보다도 그들의 가장 큰 오류인 의사 전달 능력의 부족으로부터 우리 문화의 가장 큰 오류들의 하나인 말과 서술에 대한 미신, 말을 통한 방법들에 의한 가르침의 지나친 과대평가를 이해하게 된다. 아이는 물론 부모의 훈계에 존경심을 느끼게 될 수 있고, 심지어 사람들은 그로써 아이가 교육된다고 믿는 것 같다. 실제로는 부모의 삶 자체가 아이를 교육하며, 부모가 말로 치장하면 아이는 기껏해야 혼란만 느낄 뿐이다. 교사도 마찬가지다. 사람들은 방법을 너무 믿기 때문에 방법만 좋으면 그것을 사용하는 교사는 신성하다고 여긴다. 열등한 인간은 결코 좋은 교사가 아니다. 그런데 그 교사는 학생들에게 은연중에 해독을 끼치는 그의 해로운 열등성을 탁월한 방법론과 빛나는 지적 표현력 뒤에 감춘다. 물론 나이가 든 학생은 무적無敵의 방법들을 믿는 일반적 태도에 이미 넘어갔기 때문에 유용한 방법들의 지식만 요구한다. 그는 텅 빈 머리라도 한 방법만 맹목적으로 잘 따라갈 수 있으면 가장 좋은 학생이 된다는 것을 이미 경험했다. 주위 사람들 모두가 성공과 행복은 밖에 있으며, 올바른 방법만 있으면 원하는것을 이룰 수 있다고 떠들고, 또 그것을 삶으로 보여준다. 아니면 그의 종교 교사의 삶이 풍부한 내적 직관에서 나오는 행복을 보여준다. 비합리적 내향형들은 물론 완성된 인간은 아니다. 그들에게는 이성과 이성의 윤리가 부족하다. 그러나 그들의 삶은 우리의 문화에 고통스러울 만큼 부족한 다른 가능성을 가르쳐준다.

주 기능과 보조 기능

지금까지의 서술들을 통하여 나는 결코 이 유형들이 실제 그렇게 순수한 형태로 자주 나타난다는 인상을 주고 싶지 않다. 여기서 서술한 것은 다만 일종의 골턴식 가족 사진처럼 공통된 전형적인 특징은 합해져 비교가 안 될 정도로 분명하게 드러나는 데 비해 개별적인 특징들은 그 또한 비교가 안 될 정도로 지워진다(골턴은 무수한 사진들을 중첩시켜 평균인을 합성해내었다). 개별 사례를 자세히 연구하면 가장 많이 분화된 기능 외에 언제나 제2의 기능이 의식 속에 존재하며 영향력을 발휘한다는 규칙적 사실이 나온다. 제2의 기능은 이차적 의미를 가지고, 그래서 덜 분화되어 있다.

분명히 해두기 위해 다시 한 번 반복하겠다. 모든 기능들의 산물이 의식적일 수 있다. 그러나 우리가 어떤 기능의 의식성을 말할 때는, 그 기능이 의지로 수행될 뿐 아니라 의식의 방향 설정을 위한 그 원칙이 표준이 될 때이다. 원칙이 표준이 되는 경우는 예컨대 사고가 절름발이로 뒤따라오는 숙고와 궁리가 아니고, 그것의 추론이 절대적 타당성을 지녀 그 논리적 결론이 다른 증거 없이도 실제 행동의 동기이자 보증이 될 경우이다. 이 절대적 우위는 경험적으로 언제나 하나의 기능에만 속하며, 또 그럴 수밖에 없다. 다른 기능도 똑같이 독자적으로 개입한다면 필연적으로 첫 번째의 방향 설정에 최소한 부분적으로 대립되는 다른 방향 설정이 나올 것이기 때문이다. 의식의 적응 과정에는 언제나 분명한 목표들을 가지는 것이 중요한 조건이기 때문에, 두 번째 기능이 동등해질 수 없다. 제2의 기능은 이차적 의미를 지닐 수밖에 없고, 이는 경험적으로도 언제나 확인된다. 이차적 의미라는 것은 그것이 제1의 기능처럼 경우에 따라서는 절대 유일의 신빙성이 있을 뿐 아니라, 결정적인 것으로 여겨지지 않고 보조 또는 보충 기능으로 고려된다는 것을 말한다. 물론 제2의 기능으로 나타날 수 있는 것은 본질상 주 기능에 대립되는 기능이 아니다. 예컨대, 사고 옆에는 결코 감정이 제2의 기능으로 나타날 수 없는데, 그것의 본질이 사고에 너무 대립되기 때문이다. 사고는 감정을 조심스럽게 배제시켜야 자신의 원칙에 충실할 수 있다. 물론 사고와 감정이 같은 수준이며 둘이 똑같이 의식되는 유발력을 가진 개인들이 없는 것은 아니다. 그러한 경우는 분화된 유형이 아니고 사고와 감정이 비교적 발달되어 있지 않은 경우이다. 기능들이 똑같이 의식되거나 의식되지 않는다는 것은 원시적 정신 상태의 징표이다.

경험상으로 제2기능은 주 기능과 본질상 다르지만 대극적對極的인 기능은 아니다. 예컨대, 주 기능으로서의 사고는 제2기능으로서의 직관과 쉽게 짝이 되거나 감각과 좋은 짝이 되지만, 앞에서 말했듯이 감정과는 결코 짝이 되지 않는다. 직관이나 감각도 사고에 대극은 아니어서 꼭 배제될 필요는 없는데, 판단 기능으로서 사고와 경쟁해서 이길 수 있는 감정과 달리 그들은 사고에 고마운 도움을 주는 인지 기능들이기 때문이다. 그러나 그들이 사고와 같은 분화 수준에 도달한다면, 그들은 사고의 경향에 모순되는 태도의 변화를 가져올 것이다. 즉, 판단적 태도에서 인지하는 태도로 바꿀 것이다. 그렇게 되면 사고에 불가결한 합리성의 원칙이 억제되고 대신 단지 인지하는 것의 비합리성이 커질 것이다. 따라서 보조 기능은 주 기능에 봉사하면서 자신의 원칙의 자율성을 요구하지 않는 한 가능하고 유용하다.

실제로 나타나는 모든 유형들에 적용되는 원칙은 의식적 주 기능 외에 비교적 의식된, 모든 면에서 본질상 주 기능과 다른 보조 기능을 가진다는 것이다. 이 혼합들로부터 생겨나는 모습들은 잘 알려져 있다. 예컨대, 실용적 지성은 감각과 짝이고, 사색적 지성은 직관과 섞여 있으며, 예술적 직관은 감정 판단들에 의해 심상들을 선택하여 제시하고, 철학적 직관은 강한 지성의 힘으로 환상을 이해 가능의 영역으로 바꿀 수 있다.

　의식의 기능 관계에 상응하여 무의식의 기능 군집群集도 모습이 정해진다. 예컨대 의식의 실용적 지성에 상응하는 무의식적 직관과 감정적 태도에서는 감정의 기능이 직관보다 더 강하게 억제되어 있다. 이런 특이성은 그런 사례들의 심리학적 치료에 종사하는 사람들에게만 흥미가 있을 것이다. 그러나 이들은 이것을 알고 있어야 한다. 나는 치료자가 예컨대 뛰어난 지성인에게서 감정 기능을 무의식으로부터 직접 발달시키려고 애쓰는 것을 자주 보았다. 이런 시도는 아마 언제나 실패할 것이다. 의식의 관점에 너무 큰 폭력을 쓰는 것이기 때문이다. 폭력이 성공하면 환자는 치료자에게 강박적으로 의존하게 되며 이 '전이'는 난폭한 수단을 써야만 끊어진다. 폭력을 통해 환자는 관점을 잃고 치료자가 그의 관점이 되기 때문이다. 무의식에 가장 많이 억압된 기능에 쉽게, 그리고 의식의 관점을 충분히 지각하면서 접근하려면 제2의 기능을 통해 나아가야 한다. 즉, 합리적 유형의 경우 비합리적 기능을 통해서이다. 제2기능에 힘입어 의식의 관점은 가능한 것과 일어나는 것을 돌아볼 수 있고, 그로써 의식이 무의식의 파괴적 영향에 대해 충분히 보호받게 된다. 반대로 비합리적 유형에서는 의식에 나타난 합리적 보조 기능을 더 강하게 발달시켜야 무의식이 입히는 타격을 받아낼 준비를 충분히 할 수 있게 된다.

　무의식적 기능들은 고태적·동물적 상태에 있다. 꿈과 환상들에서 나타나는 그들의 상징적 표현들은 대부분 두 마리의 짐승, 또는 두 거인의 투쟁이나 대적對敵을 나타낸다.

　　　　　　　　　　　　　　　　　　　　　　번역: 홍숙기

정신분열증

지나간 길을 되돌아보는 것은 나이 먹은 사람의 특권이다. 나의 전문가 동료들의 단체를 위해서 정신분열증〔한국 정신의학계에서는 정신분열증schizophrenie을 조현병調絃病이라 부른다. 본 역서에서는 용어 본래의 뜻(schizo: 분열, phren: 정신, iatros: 병)과 역사적 의의를 살리는 의미에서 '정신분열증(조현병)' 또는 '정신분열증'이라 기술하였다.〕 분야에서 내가 경험한 것을 종합적으로 제시할 기회를 갖게 된 것은 만프레드 블로일러Manfred Bleuler 교수의 호의적인 관심 덕분이다.

부르크횔츨리 정신병원의 젊은 조무 의사였던 내가 그 당시 나의 주임 교수였던 오이겐 블로일러Eugen Bleuler 교수에게 나의 박사학위 논문의 주제를 정해달라고 부탁드린 것은 1901년의 일이었다. 그는 나에게 정신분열증에서의 관념 붕괴를 실험적으로 연구할 것을 제안했다. 그 당시 우리는 연상 실험의 도움으로 정신분열증 환자의 심리 속으로 파고들어 가 정신분열증에서 표현되는, 정감적으로 강조된 콤플렉스의 존재를 알고 있었다. 그것은 기본적으로 신경증에서 확인되는 것과 같은 콤플렉스들이었다. 콤플렉스들이 연상 실험에서 어떻게 표현되느냐 하는, 그 표현 양식은, 급성으로 혼란에 빠진 많은 사례에서는 히스테리 환자와 같은 것이라 말할 수 있었다. 그러나 다른 사례의 경우, 그러니까 언어 영역이 함께 침해된 경우에는 정신분열증에서만 특별히 볼 수 있는 상이 나타났다. 즉 신경증에 비해서 엄청나게 많은 수의 연상의 차단, 보속保續, 조어증造語症, 동문서답, 그리고 탈락 등이 콤플렉스를 자극하는 자극어 주변이나 그 자극어의 반응에서 일어났다.

문제는 우리가 어떻게 여기에서부터 특수한 장해의 구조 속으로 탐구해 들어갈 수 있느냐 하는 것이었다. 그러나 당시로서는 거기에 대해 아무런 답도 구하지 못한 채 둘 수밖에 없었다. 나의 존경하는 스승인 주임 교수도 어떤 조언을 해야 할지 몰랐다. 그래서 나는 그 당시에―분명 우연이라고 할 수 없는―다른 하나의 주제를 골랐다. 그것은 한편으로는 비교적 다루기 쉬운 주제였고, 다른 한편으로는 그 대상이 한 소녀의 체계적인 인격의 해리라는 점에서 정신분열증의 유비를 묘사하는 것이었다.[1] 그 소녀는 영매로 알려져 있었고, 심령술의 자리에서 진정한 몽유병을 일으켰으며, 그 가운데서―의식에는 낯선―내용이 무의식에서 출현하여 인격 분열의 가시적 원인을 이루고 있었다. 정신분열증에서도 아주 흔하게 낯선 내용들이 발견되며, 그것은 갑자기 의식을 범람하고 인격의 내적 결속을 분해하는데, 물론 정신분열증에 특징적인 방식으로 한다. 신경증적 해리가 체계적인 성격을 결코 놓치지 않는 데 비해 정신분열증은 이른바 비체계적인 우연성의 상을 보인다. 신경증의 특징을 나타내는 의미 연관성을 흔히 식별하기 불가능할 정도로 파괴한다.

1907년 간행된 「조발성 치매의 심리학에 대하여」[2]라는 논문에서 나는 내가 그 당시 알고 있는 바를 표현하고자 했다. 그때 다룬 대상은 특징적인 언어 장해를 가진 전형적인 편집증 환자였다. 비록 그 환자의 병리적인 내용이 보상적인 내용임을 알 수 있어 그 내용이 체계적 성질을 보여주고 있음을 부인할 수 없었으나, 그 표현의 밑바닥에 있는 관념들은 비체계적인 우연성에 의해서 이해하기 불가능할 정도로 분해되어 있었다. 그 내용이 본래 가지고 있는 보상적인 의미를 다시 볼 수 있도록 하기 위해서는 확대된 확충 작업을 통해서 얻은 연상 자료들이 자주 필요했다.

그러나 정신분열증에서 신경증 고유의 성격을 붕괴시키고 체계적인, 즉 대등한 유비 대신에 모순되고 기괴한, 아니면 전혀 예기치 않은 그런 유비의 단편들이 생겨나는 까닭이 어디에 있는지 우선은 알 수가 없었다. 우리는 그저 이와 같은 관념의 붕괴가 정신분열증에 특징적이라는 사실을 확인할 수 있을 뿐이었다. 정신분열증은 이와 같은 특이성에서 정상적인 정신 현상, 즉 꿈과 공통점을 가지고 있다. 꿈속에서 우리는 겉보기에 똑같은, 우연하고 모순되고 조각난 성격을 관찰할 수 있다. 그 성격을 이해하기 위해서는 똑같은 확충적 방법이 요구된다. 그러나 꿈과 정신분열증에서 결코 간과할 수 없는 차이점은, 꿈은 수면 상태에서, 그러니까 의식이 고도로 차단된 상태에서 일어나며, 정신분열증적 현상은 의식의 기본적 지남력指南力을 별로, 혹은 전혀 침해하지 않는다는 사실이다.(곁들여 지적할 수 있는 것은 정신분열증 환자 대다수의 꿈과 정상인의 꿈을 구별하기는 매우 어렵다는 점이다.) 정신분열증 현상과 꿈이 깊은 유사성을 보여준다는 인상은 나의 경험이 축적됨에 따라 더욱더 확고해졌다.(당시 나는 해마다 최소한 4,000개의 꿈을 분석하고 있었다!)

1909년 정신치료 개업에 전념하기 위해 대학병원을 그만둔 뒤에도 나는 내가 우려한 것과는 달리 정신분열증과의 접촉을 잃어버리지 않았다. 오히려 나는 개업을 하고 나서 예상 밖으로, 나 자신도 적지 않게 놀랄 만큼 이 질환과 처음으로 올바른 관계를 맺게 되었다. 잠재적인 정신병은 발현된 정신병 증례에 비해서 놀라울 정도로 많다. 정확한 통계적 사실은 알 수 없지만 내 추측으로는 10대 1 정도 되는 것 같다. 히스테리성 신경증〔오늘날의 해리성(전환) 장애〕이나 강박신경증 같은 전형적인 신경증 가운데 적지 않은 수가 치료 과정에서 잠재적 정신병이라는 것이 드러났고, 때로는 발현된 정신병으로 이행할 수 있었다. 이것은 정신치료자가 항상 조심해야 할 사실이다. 비록 나 자신의 공로라기보다 운이 좋아서 나의 환자 중에 잠재성 정신병이 정신병으로 빗나가버린 환자를 보지 못했지만, 공동으로 치료한 의사로서는 그런 증례들을 상당히 많이 목격하였다. 예를 들면 전형적인 강박신경증의 강박충동이 차츰 그에 해당되는 환청으로 변한다거나, 틀림없는 히스테리가 사실은 여러 가지 정신분열증 형태를 덮고 있는 것이 밝혀진 경우 등인데, 이런 경험은 임상정신과 의사에게 결코 생소한 일이 아니다. 어쨌든 내가 개입을 시작했을 때 정신병원에서는 비교적 다수의 잠재성 정신분열증을 대부분 무의식적이지만 계획적인 의도로 회피하고 그 대신 심리학자에게 조언과 도움을 부탁한다는 사실을 알게 되었는데, 그것은 나에게 새로운 사실이었다. 이 증례들은 단지 정신분열증 소인素因을 가진 사람이 아니라 진정한 정신병인데 의식의 보상이 아직 결정적으로 파괴되지 않은 사람들이다.

이제 내가 정신분열성 장해를 심리적 수단으로 치료할 수 있고, 또한 고칠 수 있다는 사실을 실제 경험을 통해서 확신하게 된 지 만 50년이 된다. 내가 보기에 정신분열증 환자는 치료에 임해서 신경증 환자나 다름없이 행동한다. 그는 같은 콤플렉스들과 같은 통찰과 요구를 가지고 있다. 그러나 **토대의 안정성**이 다르다. 신경증 환자는 본능적으로 자기 인격의 해리가 결코 그들의 조직적인 성격의 상실을 일으키지 않으며, 그의 전체성 및 단일성과의 내적인 관련이 결코 심각하게 문제되지 않는다는 것을 믿는 데 비해서, 잠재성 정신분열증 환자는 항상 그의 토대가 어디선가 굴복하여 멈추지 않는 붕괴를 일으키고, 그의 관념과 개념, 그 긴밀함과 다른 사람에 대한 관계, 다른 연상 영역이나 주위 세계와의 조화를 잃어버릴지도 모른다는 가능성을 항상 계산에 넣고 있다. 이로써 그는 우연성이라는 극복할 수 없는 혼동의 위협을 받고 있다는 사실을 인식한다. 그는 안전하지 못한 토대 위에 서 있고, 그 자신도 그것을 알고 있다. 그의 정신 상황이 지닌 위험성은 흔히 대재앙, 세계의 몰락, 또는 이와 비슷한 것에 관한 격렬한 꿈으로 제시되는 경우가 많다. 그가 서 있는 바닥이 흔들리기 시작하여 벽이 휘거나 옮겨지고, 단단한 땅은 물이 되고, 폭풍이 그를 공중으로 날리고, 모든 친척들이 죽는 등의 꿈을 꾼다. 이와 같은 상들은 관계의 근본적인 장해, 다시 말해 환자와 그의 주위 세계와의 **상호 소통 관계**Rapport의 근본적인 장해를 묘사하며 그를 위협하는 **고립**을 암시한다.

이 장해의 직접적인 원인은 세찬 정감情感이다. 이 정감은 신경증 환자의 경우에서는 모든 다른 경우의 정동처럼 분열증적 장해를 일으킨 정감과 비슷하지만, 미리 일어난 소외나 고립은 급속히 지나가버린다. 또한 그 장해를 묘사하기 위해 신경증 환자의 환상이 사용하는 상들은 경우에 따라서 정신분열성 상상Schizoide Imagination과 어느 정도 비슷하게 보이지만, 그것들은 정신분열증의 위협적이며 섬뜩한 성질과는 반대로 극화劇化되고 과장된 인상을 준다. 그러므로 그것들은 치료에서 아무런 손상 없이 간과될 수 있는 것이다. 그러나 잠재성 정신병에서의 고립 증후는 이와는 전혀 다르게 평가해야 한다! 여기서 그것들은 위험의 징후를 의미한다. 그 위험성으로 미루어 이 징후를 일찍 알수록 좋은 것이다. 그런 징후는 즉각적인 조치를 요청한다. 즉 치료 중단, 개인적 의사소통의 조심스러운 재현, 환경 변화, 다른 치료자의 선택,

무의식적 내용에 들어가는 것, 특히 꿈의 분석을 엄격히 삼가는 일, 그리고 그 밖의 많은 것에 대한 조치가 필요하다.

물론 이것은 단지 일반적인 조치일 뿐이다. 개인적인 경우에는 온갖 변형된 조치를 취하게 된다. 예를 들어 설명해보자. 그녀는 대학 교육을 받은 부인인데, 그때까지는 내가 모르던 사람이다. 그녀는 무의식의 내용과 함께 매우 자세히 다루었던 나의 탄트리즘 문헌에 관한 강의를 듣고 있었다. 그녀는 새로운 관념에 관해 점점 매혹을 느끼고 흥분하였으나 그녀 안에서 일어나는 알 수 없는 의문과 문제들을 설명할 수는 없었다. 이에 발맞추어 그녀는 이해할 수 없는 성질의 보상적인 꿈들을 꾸었다. 그 꿈은 급속히 파괴적인 상들, 위에서 방금 이야기한 고립 증후를 나타냈다. 이 단계에서 그녀는 내게 상담을 요청했다. 그녀는 분석받기를 원했고, 이해할 수 없는 생각들을 이해할 수 있도록 도와주기를 바랐다. 그러나 그녀의 지진에 관한 꿈, 집들이 무너지는 꿈, 홍수의 꿈 들은 내가 보기에는 그녀의 기대와는 반대로 그녀의 현재 상황을 근본적으로 변화시킴으로써 이미 위험스런 무의식의 폭발에서 구출되어야 함을 가리키고 있었다. 나는 그녀가 내 강의를 듣는 것을 금했다. 그 대신에 나는 그녀에게 쇼펜하우어의 『의지와 표상으로서의 세계 Welt als Wille und Vorstellung』를 철저하게 공부할 것을 권했다.[3] 다행히도 그녀는 내 충고를 받아들일 만큼 충분히 이성적이었다. 그렇게 하자마자 증후적인 꿈이 중단되었고, 흥분이 가라앉았다. 나중에 알았지만, 환자는 25년 전에 짧은 기간 정신분열성 발작을 일으킨 적이 있고, 그 뒤에는 한 번도 재발한 적이 없었다고 한다.

이미 성공적인 치료를 받고 있는 정신분열증 환자에게서 위험을 알리는 증상이나 특히 파괴적인 꿈들을 제때에 인지하지 못할 경우, 정서적인 문제에 휘말려서 정신병이 재발하거나 급성 초발初發 정신병을 일으키게 된다. 이렇게 일이 진전될 때 취할 수 있는 치료나 제지에 필요한 것은 결코 격렬한 처치가 아니다. 또한 우리는 일상적인 치료 조치를 통하여 환자의 의식을 무의식으로부터 확실히 떼어놓도록 할 수 있다. 예를 들면, 환자가 자기의 정신적 상황에 관한 그림을 연필이나 색채화구로 그리도록 가르치면 된다.[4] 그렇게 함으로써 겉보기에 이해할 수 없고 설명할 수 없던 혼돈된 전체 상황이 가시적인 것이 되고 객관화되어 어느 정도 거리를 두고 바라보게 되며, 분석되고 해석될 수 있다. 이 방법의 효과는 원초적인 혼돈된, 혹은 끔찍한 인상을 자신 밖으로 밀어놓은 그림으로 대치하는 데 있는 것 같다. 무서운 것은 그림에 의해 '사로잡히고', 대수롭지 않은 것으로 깎아내려지고, 친숙한 것으로 바뀌어버린다. 그리고 만약 환자가 위협적인 정감을 통해 원초적 체험을 상기했다면, 그것은 거기에 관해 그린 그림에게 떠맡겨지고 충격은 억제될 것이다. 이와 같은 과정의 좋은 예는 성 니콜라우스 수사의 무시무시한 신의 환상이다. 그는 이것을 한 남부 독일 신비가가 가진 도표의 도움으로 오랜 명상 끝에 삼위일체의 그림으로 변환하였는데, 그것은 오늘날 스위스 작젤른Sachseln의 교구교회에 걸려 있다.

정신분열성 소인의 특징은 일반적으로 평범한 콤플렉스에서 나온 정감이 신경증 환자의 경우보다 훨씬 깊은 충격을 주는 결과를 빚는다는 데 있다. 심리학적인 입장에서 볼 때 정신분열증 특유의 것을 형성하는 것은 증후학상으로 정감적 속발續發 현상이다. 그 속발 현상은 이미 강조한 대로 비체계적이며 혼돈스러운 우연이다. 그것은 그 밖에도 어떤 종류의 꿈들과 비슷하여 **원시적 혹은 고태적 연상 형상**聯想形像의 특징을 가지고 있다. 이것은 신화의 주제 및 신화적 관념과 밀접한 관계가 있다.[5]

이미 프로이트는 신경증에 흔한 근친상간의 콤플렉스를 신화적인 주제와 비교하지 않을 수 없었고, 이에 대한 적합한 이름인 **오이디푸스 콤플렉스**를 골랐다. 그러나 이 주제는 결코 유일한 것이 아니다. 벌써 여성심리학에서 이에 필적한 다른 표식을 골라낼 수 있다. 이를테면 내가 벌써 오래전에 제안한 **엘렉트라 콤플렉스**와 같은 것이다. 이 밖에도 동족 결혼 콤플렉스Endogamiekomplex에도 많은 다른 복잡한 문제들이 있는데, 그것들도 신화적 주제와 효과적으로 비교될 수 있다.

우리가 정신분열증 환자에게서 관찰하듯이 고태적 연상 형태와 연상 형상들이 이 환자에게서 자주 재현되어 나온다는 사실은 심지어 나에게 무의식에 대한 어떤 의견을 처음으로 갖도록 하였다. 즉, 무의식은 잃어버린 본래의 의식 내용에서뿐 아니라 인류의 환상적 특성인 신화적 주제와 같은 보편적 성격과 비슷한, 어떤 면에서는 보다 깊은 층으로 이루어진다는 생각이다. 이 신화적 주제들은 결코 **발명된 것**이 아니다. 오히려 자연 발생적이고 어느 정도는 보편이며 전통과는 무관하게 신화, 민담, 공상Phantasie, 꿈, 환상Visionen, 망상상妄想像에 출현하는 전형적인 형태로 **발견된 것**이다. 그러한 주제를 자세히 살펴보면 그것은 인간의 전형적인 태도, 행동 양식, 표상 양식과 충동을 말한다는 것을 알 수 있는데, 그것은 인간에게 전형적인 **본능적 행태**라고 이름 붙일 수 있을 것이다. 그러므로 이에 대해서 내가 선택한 용어인 **원형**은 생물학에서 알려진 '행동 유형Patterns of behaviour'과 밀접한 관계가 있다. 결코 유전된 **관념들**이 아니라 유전된 본능적인 동인動因, Antriebe과 형태로 모든 생명체에서 관측되는 것이다.

그러므로 만약 고태적인 형태가 정신분열증에서 특히 빈번히 나타난다는 것은 나의 생각으로, 이러한 현상은 이 질병에서 정신의 생물학적인 토대가 신경증과는 비교할 수 없을 만큼 높은 정도로, 동시에 침해되어 있음을 제시하는 것이다. 우리는 특징적인 누미노제Numinose

〔신성한 힘〕를 수반하는 고태적 꿈의 형상들이 상당수의 정상인에게서 주로 개인적인 실존의 기초가 위협될 때, 즉 생명을 위협하는 순간들, 사고가 나기 전이나 후, 중병을 앓을 때, 수술 시 등에서 나타난다는 사실을 경험을 통해 알고 있다. 혹은 개인의 삶에서 아마도 파멸적인 전기를 가져올 만한 정신적인 문제가 생겼을 때, 또는 지금까지의 정신적 자세의 수정이 어쩔 수 없이 강요되는 인생의 분기점에서, 혹은 직접적인, 또는 광범위한 환경의 근본적인 변화가 있기 전, 그동안, 또는 변화 뒤에 나타날 수 있다. 그러므로 이러한 꿈은 아레오파고스 회의〔고대 그리스의 아레오파고스 언덕 위에 있는 최고법정〕나 로마의 원로원에게만 통고된 것이 아니라, 원시사회에서나 오늘날에도 장황한 수다스런 집회의 대상이 되고 있다. 이것으로 미루어볼 때, 그런 꿈에 대해서는 일찍이 일종의 집단적인 의미가 인정되고 있었음이 분명하다.

진정으로 긴급하게 중요한 상황에서 의식이 그 상황에 대해 아무런 통찰을 못 하더라도 정신의 본능적 토대가 활동을 개시한다는 것은 말할 것도 없이 수긍할 만하다. 심지어 우리는 바로 그때야말로 본능이 자신을 관철하는 데 가장 좋은 기회를 갖는다고까지 말할 수 있다. 긴급한 또는 위협적인 정신병의 중요성은 말할 것도 없이 명백하므로, 정신분열증적 상황에서 본능적인 내용이 나타난다는 것은 결코 이상한 일이 아니다. 주목할 점은 다만 이러한 현상이, 예를 들면 히스테리증의 경우처럼 의식의 활동 범위 안에서 체계적으로 이루어지지는 않는다는 사실이다. 히스테리증에서는 일방적으로 상실되어가는 의식의 인격에 대응해서 하나의 체계적으로 조직된 인격이 보상적으로 나타나며, 그것은 합리적으로 구성되고 표현이 투명하여 인격을 통합하는 데 훨씬 나은 기회를 주고 있다. 이에 반해서 정신분열증성 보상은 거의 규칙적으로 집단적이고 고태적인 형태에 틀어박혀 있기 때문에 그것을 이해하고 통합할 수 있는 길을 비교할 수 없을 정도로 가로막고 있다.

정신분열증성 보상, 즉 정신분열증성 정감 콤플렉스의 표현이 단지 고태적인, 또는 신화적인 설명으로 충족될 수 있다면 환자의 연상상聯想像들은 쉽게 시詩적으로 옮겨 쓴 것이라고 이해될 수 있을 것이다. 그런데 대개는 그렇지가 않다. 그것은 정상적인 꿈만큼 이해하기가 어렵다. 꿈에서나 마찬가지로 연상은 비체계적이고, 두서없이 갑자기 나타나고, 기괴하고, 이치에 맞지 않는 것이어서 그만큼 이해하기 어렵거나 이해할 수 없는 것들이다. 그러므로 정신분열증의 보상적인 상들은 고태적인 것일 뿐 아니라 이에 더하여 혼돈스런 우연성에 의해 왜곡되어 있다.

여기서 문제되는 것은 분명 하나의 통각統覺, Apperzeption의 붕괴, 통합 부전이다. 그것은 극도의 '정신 수준의 저하abaissement du niveau mental' (피에르 자네), 고도의 피로나 중독 시에 관찰되는 경우와 같다. 이 경우에 아주 흔하게 정상적인 통각에서 제외된 연상의 변이가 의식 영역에 나타난다. 즉 환각제, 메스칼린 작용Meskalinwirkung의 특징적인 형태와, 의미와 가치상의 수많은 뉘앙스를 볼 수 있다. 메스칼린과 같은 종류의 약물은 의식의 문턱을 낮추는 작용을 하며, 보통 무의식적인 지각변이Perzeptionsvarianten들[6]을 인지할 수 있게 하는데, 그로써 한편으로는 통각을 놀랄 만큼 풍부하게 하지만 다른 한편으로는 일반적인 의식의 지남력에 통합하는 능력을 박탈한다. 이런 일은 의식화된 변이가 증가함으로써 하나하나의 통각 작용이 의식 전체를 채울 정도로 확대되도록 도움으로써 일어난다. 이것은 메스칼린 현상에 그토록 특징적인 현혹Faszination에 해당된다. 정신분열증적 통각이 이것과 아주 비슷하다는 것은 논란의 여지가 없다.

그러나 지금까지 이루어진 경험 자료에 따르면 메스칼린과 정신분열성 독물Noxe이 동일한 장해를 일으키는지는 확실하지 않다. 정신분열증의 통각은 갑작스러우며 냉혹하고 잘 중단되며 불연속적인 상태에 있는데, 이는 메스칼린 증후의 유동적인 연속성과는 구별된다. 교감신경의 장해, 신진대사, 혈액 순환의 장해와 관련하여 정신분열증의 심리적·생리적·총체적 임상상臨床像을 얻을 수 있는데, 이 임상상을 보면 여러 가지 면에서 독성 장해를 상기시킨다. 이미 50년 전부터 특수한 대사성 독물[7]이 여기에 간여할 것이라 생각해왔다. 그 당시 나는 심리학적인 경험 부족으로 정신분열증의 원인이 일차적인 독성 때문인지, 이차적인 것인지 하는 의문을 해답 없이 둘 수밖에 없었지만, 오랜 임상 경험 뒤에 나는 이 병의 심인성 원인이 독성 원인보다 더 가능성이 크다는 견해에 도달했다. 수많은 가볍고 일과성인, 드러난 정신분열성 질환이 있다. (그보다 더 많은 잠재성 정신병을 논외로 하더라도) 이러한 정신분열성 질환은 순전히 심리적으로 시작되고 심리적인 경과를 밟는다— 일종의 독성 뉘앙스로 추정되는 것을 제외하고—. 그리고 순수한 정신치료로 완전히 회복될 수 있다. 심한 증례에서도 같은 경우를 관찰했다.

예로서 19세 소녀의 증례가 생각난다. 그 소녀는 17세에 긴장증 Katatonie과 환각증으로 정신병원에 입원하고 있었다. 그의 오빠도 의사였다. 이런 재앙으로 이끌게 된 일련의 병적 체험에 오빠 자신도 간여하였기 때문에 그는 절망한 나머지 참을성을 잃고 나에게 와서 '절대 권한'을 주었다(자살 가능성도 있었다). 그래서 '마지막에 한 번 사람이 할 수 있는 모든 일을 하도록' 맡겼다. 그가 나에게 그 여자 환자를 데려왔을 때 그녀는 긴장증 상태에 있었다. 완전히 입을 다물었으며, 창백한 찬 손에 얼굴 여기저기에는 울혈 자국이 있고, 동공은 초점

없이 확대되었으며 빛 반사는 약했다. 나는 그녀를 근처에 있는 요양소에 묵게 하고, 그곳에서 매일 한 시간씩 나에게 와서 상담을 받도록 했다. 일주일간의 노력 끝에, 상담 시간이 끝날 무렵마다 끊임없이 반복된 질문에 그녀는 한두 마디 말을 중얼거릴 만큼 되었다. 그녀가 말을 시작하려는 순간, 그녀의 동공은 축소되고 얼굴의 울혈은 사라졌으며, 손도 곧 따뜻해지며 정상적인 색깔이 되었다. 마침내 그녀는—끝없는 막힘 끝에—말하기 시작했고, 나에게 자신의 정신병의 내용을 설명하였다. 그녀는 그저 단편적인 교육을 받았을 뿐이고, 작은 도시의 서민 환경에서 성장했으며 신화와 민담의 지식이란 흔적조차 가지고 있지 않았다. 그런데 그녀는 나에게 길고 자세한 신화를 들려주었는데, 그것은 달에서의 그녀의 인생을 기술한 것으로, 그곳에서 그녀는 달의 주민들을 위한 여성 구원자의 역할을 하고 있었다. 그녀는 달과 정신병과의 전형적인 관계는 물론 그녀의 이야기 속에 드러난 수많은 신화적 주제를 알지 못했다. 4개월가량의 치료 뒤에 첫 번째 재발이 일어났다. 자신의 비밀을 인간에게 누설했기 때문에 다시는 달로 돌아갈 수 없다는 사실을 불현듯 깨달은 것이 원인이었다. 그녀는 심한 흥분 상태에 빠졌으므로 정신과 병원으로 옮겨야 했다. 나의 예전 과장, 오이겐 블로일러 교수는 긴장증의 진단을 확인했다. 2개월 뒤에 상태가 완화되어 환자는 요양소로 돌아가 다시 치료를 할 수 있게 되었다. 그녀와 나는 이제는 조금 가까워질 수 있어서 신경증 사례에서 특징적으로 볼 수 있는 문제에 관해 토론하기 시작했다. 예전의 무감동과 정감 결여의 상태는 차츰 굼뜬 정서와 감정 같은 것으로 바뀌었다. 피할 수 없는 일이지만 그녀의 마음속에서 정상 생활로 복귀하고 인간적·사회적 실존을 받아들이는 문제가 점점 더 분명해지기 시작했다. 그녀가 이러한 과제를 피할 수 없음을 알게 되자 두 번째 재발이 일어났고, 그녀는 다시금 심한 조광躁狂 발작으로 병원에 입원해야 했다. 이번의 임상 진단은 '비통상적인 뇌전증 비슷한 의식혼탁상태'가 의문시된다는 것이었다. 그동안에 다시 살아난 감정 생활이 분명 정신분열증과 같은 특징들을 지워버린 것이다.

나는 약간의 회의에도 불구하고 환자를 1년 이상의 치료 뒤에 치유된 것으로 보고 퇴원시켰다. 30년 이상이나 그녀는 그때그때의 건강 상태를 편지로 계속 알려주었다. 그녀는 치유된 지 수년 뒤에 결혼하여 아이를 낳았고, 한 번도 병적인 발작을 일으킨 적이 없다고 확실하게 말했다.

물론 중환자의 정신치료에 대해서는 비교적 좁은 한계가 그어져 있다. 어느 정도 적절한 치료 방법이 존재한다고 생각한다면 그런 가정은 잘못이다. 이에 관련된 이론적 전제는 아무것도 아니라고 할 수 있다. '방법'이라는 말조차도 꺼내지 말아야 한다. 치료에서 무엇보다도 중요한 것은 치료하는 사람의 개인적인 관여, 진지한 의도와 열의, 그리고 헌신이다. 나는 이해성이 많은 간병인과 비전문가가 개인적인 용기와 헌신으로 환자와 정신적인 의사소통을 회복하여 놀랄 만한 치료 효과를 얻게 된, 몇 사람의 진정한 기적 같은 성과를 목격한 일이 있다. 물론 이와 같이 어려운 과제를 수행할 수 있는 의사는 극소수이고, 그럴 수 있는 환자의 수도 제한되어 있다. 그러나 사실 심한 정신분열증도 '자기 자신의 체질이 견디는 한' 정신적인 치료로 현저하게 좋아지고, 심지어 치유될 수 있다. 이런 문제는 경우에 따라서 정신치료가 치료자에게 비상한 노력을 요구할 뿐 아니라 자기 자신도 불안정한 소인을 가진 치료자에게 정신적인 감염을 일으킬 수 있다는 점에서 진지하게 고려해야 한다. 나의 경험으로는 세 사람 이상의 감응感應 정신병이 이와 같은 치료에서 일어났다.

진기한 치료 결과를 보이는 경우들이 흔히 있다. 60세의 과부의 경우가 생각난다. 그녀는 균성 분열증적 에피소드로 몇 달간 정신병원에 입원한 환자로, 30년 동안 환각에 시달리고 있었다. 그녀는 '목소리'를 온몸에서 듣고 있었다. 즉 목소리는 신체의 모든 열린 구멍들, 젖꼭지, 배꼽에 몰려 있었다. 이 장해는 그녀를 무척 괴롭혔다. 나는 이 증례를 '치료'하기 위해(치료라기보다는 조정이라고 생각하지만) 그 환자를 맡았다. 치료적으로 그녀는 가망이 없어 보였다. 특히 환자가 제약된 지능을 가진 사실 때문에 더욱 그랬다. 그녀는 가정 살림은 그럭저럭 할 수 있었지만 이해할 만한 대화를 나누는 것은 거의 불가능했다. 그래도 환자가 '신의 목소리'라고 부른 소리에 관계되는 말을 하면 대화가 제일 잘 되었다. 그 소리는 가슴뼈의 중간 정도에 국한된 채 나오고 있었다. 이 소리가 그녀에게 말했다. 환자가 상담 시에 매번 내가 고른 성경 구절 가운데 하나를 읽고 그것을 그동안 집에서 기억하고 거기에 관해 깊이 생각해보는 작업을 나에게 맡기라고. 나에게는 다음 상담 시간에 그녀로부터 거기에 관해 청취하라는 것이었다. 언뜻 듣기에 이상한 이런 제안이 그 뒤에 적지 않게 중요한 치료 조치임이 판명되었다. 즉, 그러한 연습이 환자의 언어 및 표현 능력뿐 아니라 의사와의 상호 관계도 현저히 개선하였기 때문이다. 최종 성과는 8년 뒤에 몸의 오른쪽 반쪽의 정확하게 중간 경계선 부분까지의 소리가 완전히 사라졌다는 사실이다. 소리는 이제 왼쪽에서만 지속되었다. 참을성 있게 실시한 연습의 이와 같은 뜻밖의 결과는 아마 환자의 관심과 주의력을 계속 활성화시킨 정황 덕분이었을 것이다(그녀는 그 뒤에 뇌졸중으로 사망하였다).

일반적으로 치료의 예후에 환자의 지능과 교육 정도는 매우 중요하다. 내가 보기에는 급성기의 증상이 해소되기 시작한 경우나 병의 초기 단계에서 증상, 특히 정신병의 내용을 해명하는 상담은 큰 가치가 있는 것 같다. 원형적 내용에 매혹된다는 것은 특히 위험하기 때문에 그 내용을 보편적이고 비개인적인 의미로 해명하는 것은 특히 큰 도움이 된다고 생각한다. 개인적인 콤플렉스에 관한 통상적인 토론과는 좀 대립되는 작업이다. 위에서 든 콤플렉스들은 본래 고태적 반응과 보상을 일으킨 원인들이다. 그러므로 그것들은 언제라도 다시 같은 결과를 빚어낼 것이다. 그러므로 우리는 환자의 관심을 개인적인 자극원刺戟源에서 최소한 일시적이나마 분리해, 환자로 하여금 그의 혼란된 상황 속에서 보편적인 방향 감각과 전망을 가질 수 있도록 해야 한다. 그러므로 나는 지적인 환자에게는 가능한 한 많은 심리적인 지식을 전달하는 것을 원칙으로 삼고 있다. 환자가 여기에 관해서 알면 알수록 그의 예후는 더 상태가 좋아진다. 그 까닭은 만약 그가 필요한 지식으로 무장되어 있다면 새로운 무의식의 폭발을 이성으로 맞이하고, 그러한 식으로 무의식의 낯선 내용을 동화하며, 그것을 그의 의식 세계에 통합할 것이기 때문이다. 그래서 나는 자기의 정신병의 내용을 기억하는 사례들에서 그 내용을 환자와 더불어 자세히 설명하고, 가능한 한 이해할 수 있는 길을 열어주도록 힘쓰고 있다.

물론 이러한 과정은 의사에게 정신의학적 지식 이상의 것을 요구한다. 왜냐하면 그는 신화학, 원시인 심리 등을 알아야 하기 때문이다. 그러한 지식은 오늘날 정신치료자의 장비에 속한다. 그것은 계몽시대가 오기 전까지는 의학 지식의 중요한 부분을 차지하고 있었다(중세의 파라켈수스파 의사들의 예를 생각해보라). 특히 고통받고 있는 상태에 있는 인간의 심혼을 그에 관해서는 다만 개인적인 콤플렉스만을 알 뿐인 문외한의 무지로 대면할 수는 없을 것이다. 신체의학이 해부학과 생리학에 대한 철저한 지식을 전제로 하는 까닭이 여기에 있다. 객관적인 인체가 있는 것처럼 또한 특수한 구조와 활동을 지닌 객관적 정신이 존재하며, 정신치료자는 적어도 이에 관한 충분한 지식을 가지고 있어야 한다. 물론 이 점에서는 과거 반세기 동안 변한 것이 거의 없다. 내가 보기로는 이론을 형성하려는 몇 가지 성급한 시도가 있기는 하나, 이것은 상담실의 편견과 사실에 관한 지식의 결핍으로 좌초되고 있다. 비교해부학의 결과에 비길 만한 토대가 그나마 확고해지기 전까지는 우리는 정신 현상의 모든 분야에서 아직 많은 경험을 수집해야 할 것이다. 우리는 오늘날 신체의 상태에 대해서 심혼의 구조보다도 무한히 많은 것을 알고 있으며, 신체생물학은 신체적인 장해를 이해하고 결국 인간을 이해하는 데 앞으로 그 중요성이 증가될 것이다.

나의 50년 이상의 경험으로 얻게 되었고, 이곳에서 간단히 개관하고자 한 정신분열증의 전체적 임상상은 아무런 뚜렷한 병인Ätiologie을 제시하지 않는다. 물론, 나는 나의 증례들의 병력 정취와 임상적 관찰을 넘어서 그들을 분석적으로 연구할 때, 즉 꿈과 정신병적인 자료의 도움으로 치료 시초의 상태뿐 아니라 보상 과정의 경과에 이르기까지 확인할 수 있었던 만큼, 나는 나의 증례에서 논리적 혹은 인과적으로 관련된 발전을 보이지 않은 증례는 하나도 없었음을 확인할 수 있었다. 나는 이 경우, 나의 관찰 자료가 주로 가벼운, 유동적인 경우와 잠재성 정신병으로 이루어지고 있다는 사실을 비판적으로 직시하고 있다. 그러므로 나는 예컨대 심지어 죽을 수도 있고, 보통 정신치료자의 상담 시간에 오지 않는 심한 긴장증 환자에서는 사정이 어떨지 모른다. 그러므로 나는 심인성 원인이 그저 사소할 정도로, 혹은 전혀 문제가 되지 않을 수 있는 정신분열증도 있다는 가능성을 열어놓아야겠다.

순수하게 심리적인 질병 경과를 기대할 만한, 대체로 틀림없는 심인성에도 불구하고 정신분열증에서는 내가 보기에 심리학적으로 더 이상 설명할 수 없는 것처럼 보이는 속발증상續發症狀이 있다. 이런 현상은 이미 위에서 암시한 것처럼 병원적인 콤플렉스의 주위에서 일어나고 있다. 일반적으로, 신경증의 범위 내에서는 콤플렉스에 결합된 정감은 증상을 일으키며, 이것은 정신분열증의 비교적 가벼운 전前형태라고 해석될 수 있는 것으로, 무엇보다 그의 특징적인 일방성, 판단의 흐림, 의지의 약화와 콤플렉스 작용에 결부된 연상의 막힘Sperrung, 보속保續, Perseveration, 상동증常同症, Stereotypie, 언어운동의 피상성, 두운법頭韻法, Alliteration, 유운類韻, Assonanz 등의 성질을 동반하는 '정신 수준의 저하'가 있다. 마찬가지로 그 정감Affekt은 조어증Neologism을 만들어낸다는 사실을 보여주고 있다. 모든 이런 현상은 증가되고 강화되어 정신분열증으로 되돌아가는데, 그것은 두말할 것 없이 정감의 비상한 강렬함으로 나타난다. 이런 일이 흔히 일어나지만 정감은 언제나 인지될 수 있는 것은 아니다. 말하자면 그것은 극화劇化되어 나타나지 않고 밖의 관찰자에게는 보이지 않게 안으로 표명되어서 무의식 측의 강렬한 보상 현상을 일으킨다.[8] 이것은 특히 망상 형성과 꿈에서 표현되는데, 그것은 집요한 힘으로 의식을 지배한다. 그것이 지닌 매혹의 강도는 병원적인 정감의 강도에 해당되며, 보통 이 정감으로 설명이 가능하다.

그러나 이제 정상과 신경증의 범위 안에서는 이러한 급격한 정감이 비교적 빨리 소실되고, 만성적인 정감이 일반적인 의식의 지남력과 처리 능력을 침해하는 정도가 극히 약하여 거의 눈에 띄지 않을 정도인데 반해서, 정신분열증의 콤플렉스는 몇 배로 강력하게 작용하고 있다. 그 표현은 고정되고, 상대적인 자율성은 절대적이 되며, 그것은 의식을 사로잡아서 인격의 소외와 파괴에 이르게 한다. 정신분열증(조현병)의 콤플렉스는 결코 '이중인격'을 생기게 하지 않고, 콤플렉스가 자아 인격을 대치함으로써 자아 인격을 무력화시킨다. 이런 현상은 오직 최고로 급성이고 가장 심한 정감 상태, 그래서 병리적인 정감이라고 이름 붙일 만한 상태거나 또는 섬망상태에서 관찰될 수 있다. 이런 상태의 정상적인 선행 형식은 꿈이다. 그러나 이것은 정신분열증과는 달리 각성 시가 아니고 수면 상태에서 일어난다.

여기서 우리는 판단상의 딜레마에 부딪힌다. 원인적 요인을 자아 인격의 일종의 약화라고 해야 할 것인가, 혹은 특수한 정감의 강도라고 가정할 것인가 하는 점이다. 나는 후자의 가정이 유력하다고 보는데, 그 이유는 다음과 같다. 심리학적 이해를 위해서는 누구나 알고 있는 수면 상태에서의 자아 의식의 약화란 내용상 무의미하다. 그러나 정감이 강조된 콤플렉스는 역동적으로나 내용상으로 꿈의 의미를 결정한다. 우리는 이러한 인식을 정신분열증 상태에 적용해도 좋을 것이다. 왜냐하면 지금까지 우리가 볼 수 있었던 것처럼 이 병의 전체 현상학은 병적인 콤플렉스에 중심을 두고 있다. 해석의 시도로서 우리는 사실로부터 출발하는 것이 가장 좋을 것이다. 자아 인격의 약화는 이차적인 것으로 정상 범위에서 생긴 정감적 콤플렉스이지만, 결과적으로 그 강렬한 힘으로 인격의 단일성을 부서버린 콤플렉스의 파괴적 결과라고 볼 수 있다.

모든 콤플렉스는 신경증적인 영역일지라도, 스스로 정상화하려는 뚜렷한 경향을 가지고 있다. 즉, 보다 높은 정신적 질서의 계위에 자신을 편입시키든가, 최악의 경우 자아 인격에 필적하는 개인적 분리를 일으킨다. 정신분열증의 경우에는 이에 반해서 콤플렉스가 고태적인 것에 머물러 있을 뿐 아니라 혼돈된 우연성에 틀어박혀 있어서 그의 사회적 측면에 대한 고려가 전혀 없다. 콤플렉스는 기이하고 이해할 수 없으며 직접성을 띠게 되는데, 마치 대다수의 꿈의 내용과도 같다. 꿈이 보여주는 이와 같은 특이성은 수면 상태 때문이다. 이에 반해서 정신분열증에서는 설명 가설로 특수한 독Noxe을 가정할 필요가 있다. 여기서 우리는 과도한 정감Affekt으로 생겨난 독소Toxin를 상상할 수 있을 것이다. 물론 우리는 그 독소의 특수한 작용을 전제로 해야 할 것이다. 즉, 작용은 보통 일반적으로 생각되는 의미로 감관 작용이나 운동 기관에 다같이 장해를 주는 것이 아니고 병인적病因的인 콤플렉스 주변에서만 작용하면서 그것의 연상 과정을 강력한 '정신 수준의 저하'에 의하여 고태적인 단계까지 내리눌러서 부분적으로는 그것들을 기본적인 조각들로 분해해버린다.

이러한 주장은 물론 **국재성**局在性, Lokalisierung이라는 생각에 근접하는데 그런 생각은 아마 너무 대담한 생각으로 보일지 모른다. 그러나 서신을 통한 보고에 의하면, 최근 미국의 연구자 두 명이 후두엽 피질[9]의 자극을 통해서 원형적 형상의 환각성 환상Vision을 일으키는 데 성공했다고 한다. 그것은 뇌전증의 경우로 발작의 전구증상으로 매번 사각四角 속의 원圓의 환상을 보았던 것이다. 이러한 주제는 일련의 이른바 만다라〔티베트 밀교에서 흔히 쓰이던 명상의 도구로, 4각과 원으로 구성된 그림으로 중심이 강조됨〕상징에 속하는 것으로, 그것이 뇌간에 국재한다는 것을 나는 오래전부터 추측하고 있었다. 이것은 심리학적으로 핵심적 의미를 가지고 있고, 보편적으로 널리 퍼져 있는 원형이다. 그것은 모든 전승과는 상관없이 독자적으로 무의식의 산물에 자연스럽게 나타난다. 원형은 쉽게 인식될 수 있으며, 꿈에 대한 얼마간의 경험이 있는 사람에게는 자기 모습을 숨기지 않는다. 나로 하여금 뇌간에서의 국재성이라는 가정을 갖게 한 근거는 특히 만다라와 같은 원형이 방향을 제시하는 **지시자**指示者, Anordner의 역할에 적합하다는 사실에 있다.[10] 그러므로 만다라의 상징은 흔히 정신적 방향 상실의 순간에 나타나는데, 그것도 보상적인 질서 요인으로 나타난다. 후자의 측면은 주로 상징의 **수학적 구조**를 표현하는데, 그것은 그리스 후기 고전시대 이래 연금술의 자연

철학에서 최고의 예언녀 마리아Maria Prophetissa〔아마 기원전 3세기의 신플라톤학파의 여자 철학자〕의 공리公理로서 알려져 있었고, 1400년 동안 열띤 사변의 대상이었다.[11]

원형의 국재성이란 생각이 더 많은 경험으로 증명된다면 특수한 독소에 의한 **병원성 콤플렉스의 자가 붕괴**Selbstzerstörung des pathogenen Komplexes라는 설은 현저히 큰 가능성을 얻게 될 것이고, 그렇게 되면 파괴적인 과정이 일종의 잘못 진행된 생물학적 방어 반응이라고 이해할 가능성이 생긴다.

물론 한편으로 생리학과 뇌병리학, 다른 한편으로 무의식의 심리학이 서로 손을 잡을 수 있기까지는 많은 시간이 경과해야 할 것이다. 그때까지 그 둘은 분리된 길을 전진할 것이다. 그러나 전체 인간과 작업해야 하는 정신의학은 환자를 이해하고 치료해야 하는 과제를 통하여 하나의 측면과 함께 다른 하나의 측면을 모두 배려하도록 요청받고 있다. 정신 현상의 이 두 측면 사이에 입을 벌리고 있는 심연은 상관할 것이 없다. 비록 우리의 현재의 통찰이 아직 두 기슭, 한편으로는 눈에 보이고 만질 수 있는 뇌의 실체, 다른 한편으로는 정신적 형상들의 개연적인 비물질성을 서로 결합하는 다리를 찾아내는 것을 허락하고 있지 않지만, 그럼에도 불구하고 그러한 다리가 존재한다는 것은 분명하다. 이러한 확신은 연구자가 성급하고 참을성 없이 하나를 다른 것 때문에 소홀히 한다든가, 심지어 하나를 다른 것으로 대치하고자 하는 태도에서 그를 지켜줄 것이다. 자연은 물론 실체성 없이 존재하지 않을 것이다. 그리고 그것이 정신에 반영되어 있지 않았다면 그 또한 존재하지 않을 것이다.

번역: 이부영

주석

실제 정신치료의 기본 원칙

1935년 취리히 의학협회 강연. *Zentralblatt für Psychotherapie*, VIII, 1935. 2, pp. 66~82. 융전집(이하 『전집』) 16에 수록.

1 Herbert Silberer, *Probleme der Mystik und ihre Symbolik*, Wien, 1914, p. 138.
2 『기본 저작집』 5.

정신치료의 목표

1929년 독일 정신치료학회의 학회 보고에 발표된 강연. *Seelenprobleme der Gegenwart*, 5, Aufl. 1950, p. 76ff.; 『전집』 16에 수록.

1 Leipzig, 1904~1913.
2 『전집』 6 : *Psychologische Typen* XI, Funktion 제하 참조.
3 Schiller, *Über die ästhetische Erziehung des Menschen*, 15. 편지.
4 이런 결핍은 그 이후 제거되었다. *Zur Empirie des Individuationsprozesses*, 『전집』 9/1 참조.

정신치료와 세계관

1942년 9월, 심리학회 학술대회에서의 토론을 목적으로 한 서론적 발제. 처음 *Schweizerische Zeitschrift für Psychologie*, Bd. I, H. 3, 1943에 수록되었고, 그 뒤에 *Aufsätze zur Zeitgeschichte*, 1946, pp. 57~72; 『전집』 16에 수록됨.

정신치료의 현재

1941년 취리히에서 열린 스위스 정신치료자 모임에서의 강연. *Schweizerische Zeitschrift für Psychologie*, Bd. IV, H. 1, 1945; *Aufsätze zur Zeitgeschichte*, 1946, pp. 25~56. 『전집』 16에 발표.

1 알다시피 부모 이마고Elternimago는 한편으로는 개인적인 부모의 개인적으로 획득된 상으로 이루어지고, 다른 한편으로는 부모의 원형으로 이루어지는데, 이것은 선험적으로, 즉 정신의 전前의식적 구조에 존재한다.

2 세례. 이에 관해서는 부활절 미사에서의 benedictio fontis의 원문도 참조.

3 Henry Alexander Murray (ed.), *Explorations in Personality*, New York and London, 1938.

4 Paracelsus, *Labyrinthus medicorum errantium. Vom Irrgang der Ärzte*, 1537/38. ed. Karl Sudhoff, Bd. II, pp. 161~221, Kap. 8: Theoria medica, München und Berlin, 1928.

5 Paracelsus, *De ente dei*, Tractatus de ente dei (p. 225): Bruchstücke des Buches Von den fünf Entien, Volumen medicinae Paramirum de medica industria라 명명, 1520년경. ed. Karl Sudhoff, Bd. I, pp. 163~239, München und Berlin, 1929, p. 226.

6 *Psychologie und Alchemie*, 『전집』 12; 『기본 저작집』 5권과 6권, 그리고 *Psychologie und Religion*, 『기본 저작집』 4 참조.

7 Henricus Khunrath, *Von hylealischen, das ist pri-materialichen catholischen, oder allgemeinem natürlichen Chaos*, Magdeburg, 1597.

8 Pestalozzi, *Ideen*, hg. von Martin Hürlimann, Bd. II, Zürich, 1927, p. 187에서 말하기를 "시설, 방책, 교육 수단 등 집단과 군중과 그 필요 때문에 만들어진 이와 같은 것들은 그것이 어떤 형태와 어떤 모습으로 나타나든 … 이것들은 인간을 교육하는 것들이 결코 아니다. 수천의 사례에서 이것들은 아무 소용도 없고 오히려 이들에게 대립되는 것이다. 우리 인류는 본질적으로 얼굴과 얼굴을 맞대고, 오직 가슴과 가슴으로 인간답게 인격을 도야할 수 있다. 그것은 본질적으로 오직 긴밀하고 작은 모임, 점진적으로 다정함과 사랑, 확신과 믿음으로 확대되는 모임에서만 이루어진다. '인간성의 교육', '인간 교육'의 모든 수단은 그 근원과 그 본체에 있어 영원히 개체의 것이며, 그것에 대해 긴밀하고도 친근하게, 그의 정서와 그의 정신을 지지하는 제도의 것이다. 그것들은 결코 대중 집단의 것이 아니다. 그것들은 결코 문명의 것이 아니다."

9 "우리 인류의 집단적 존재는 오직 문명화zivilisieren될 수 있을 뿐이다. 그는 문화화kultivieren될 수 없다. 그대는 그것을 매일매일 보고 있지 않느냐? 무리를

지어 함께 있는 인간 군집群集이 중요하면 할수록, 게다가 운동장이 넓으면 넓을수록, 법률적으로 집중된 대중의 폭력을 대변하는 모든 관청의 힘이 크면 클수록, 인간 정서의 섬세하고도 신성한 입김 또한 이 인간 군집과 관료적 인간 속에 소멸되기 쉽다는 것을, 그리고 그와 마찬가지로 인간 본성이 지닌 진리 감수성의 깊은 토대 역시 그 속에서 쉽게 같은 정도로 상실된다는 것을, — 이것이 사실이 아니고 무엇이냐? 인간이 집단적으로 연합된 인간 이외의 아무것도 아니라면, 그는 모든 관계에서 문명의 깊은 파멸 속에 가라앉으며, 이 파멸 속에 가라앉고서 그는 숲속의 원시인도 찾고 있는 것에 불과한 것을 온 지구 위에서 찾고 있다."(Pestalozzi, 앞의 책, p. 189f.)

10 100년도 넘는 그 이전에 오늘의 시대와 비슷한 상황에서 페스탈로치는 말했다 (앞의 책, p. 186). "인류는 질서를 부여하는 힘 없이 사회적으로 통일될 수 없다. 문화의 힘은 인간을 독립된, 법과 예술에 의해 자유로운 개인으로서 통일한다. 문화가 없는 문명의 힘으로는 독립성, 자유, 법과 예술을 고려함이 없이 대중으로서 폭력에 의해 통일한다."

정신치료의 기본 문제

Dialectica, Neuchâtel, Bd. V, H. 1, 1951, pp. 8~24에 발표. 『전집』 16.

1 *Über die Psychologie des Unbewußten*, 『전집』 7, Paragr. 16~55.
2 Karl Kerényi, *Der göttliche Arzt. Studien über Asklepios und seine Kultstätte*, Basel, 1948, p. 84.
3 Freud, *Eine Kindheitserinnerung des Leonardo da Vinci*, Ges. Werke VIII.
4 예를 들면 「시편」, 147장 3절, 「욥기」, 5장 18절.
5 원형 개념은 생물학에서 '행동 유형'이라고 하는 것의 심리학적 특수 예이다. 따라서 원형은 결코 상속된 관념이 아니고 행동 양식을 말한다.
6 J. B. Rhine, *Extra-Sensory Perception*, Boston, 1934.

제반응의 치료적 가치

강연의 번역. "The Therapeutic Value of Abreaction", *British Journal of Psychology*, London, 1921, I, pp. 13~22에 발표. 뒤에 개정되어 *Contributions to Analytical Psychology*, London and New York, 1928로 간행. 『전집』 16.

1 William Brown, "The Revival of Emotional Memories and Its Therapeutic

Value", *British Journal of Psychology*, London, 1920/21, Medical Section, I, pp. 16~19.
2 앞의 책, I, 1920/21, 23/29.

꿈 분석의 실용성

1931년 '정신치료를 위한 일반의사협회Allgemeine Ärztliche Gesellschaft für Psychotherapie' 학술대회(드레스덴)에서 행한 강연. 학회 보고서와 *Wirklichkeit der Seele*, 3. Aufl., 1947, p. 68ff. 『전집』16에 발표.
1 W. M. Kranefeldt, "'Komplex' und Mythos", in C. G. Jung, *Seelenprobleme der Gegenwart*, 1931, Olten, 1973.

꿈의 심리학에 관한 일반적 관점

처음 영어로 "The Psychology of Dreams"라는 제목으로 발표. Constance E. Long(ed.), *Collected Papers on Analytical Psychology*, Baillière, Tindall and Cox, London, 1916. 본래의 원고는 많이 확대되어 현재의 제목으로 간행되었다. *Über die Energetik der Seele*(Psychologische Abhandlungen II), Rascher, Zürich, 1928. 다시 한 번 개정하고 확대하여 *Über psychische Energetik und das Wesen der Träume*(Psychologische Abhandlungen II), Rascher, Zürich, 1948; Paperback 1965. Studienausgabe bei Walter, Olten, 1971. 『전집』8에 포함됨.
1 Einleitung zu: Kant, *Die Logik*, Werke VIII, Berlin, 1922 참조.
2 *Über die Psychologie der Dementia praecox*, 『전집』3 참조.
3 Théodore Flournoy, "Automatisme téléologique antisuicide", in *Archives de psychologie* VII, Genf, 1908, p. 113ff.
4 Alphonse Maeder, "Sur le mouvement psychanalytique", in *L'Année psychologique* XVIII, Paris, 1912, p. 389ff.; Maeder, "Über die Funktion des Traumes", in *Jahrbuch für psychoanalytische und psychopathologische Forschungen* IV, Leipzig und Wien, 1912, p. 692ff.; Maeder, "Über das Traumproblem", in *Jahrbuch für psychoanalytische und psychopathologische Forschungen* V, 1913, p. 647ff. 참조.
5 Emma Fürst, "Statistische Untersuchungen über Wortassoziationen und

über familiäre Übereinstimmung im Reaktionstypus bei Ungebildeten", in *Diagnostische Assoziationsstudien*, hg. von C. G. Jung, Leipzig, 1906/10, Neuauflagen 1911/15, II, p. 95 참조.
6 Théodore Flournoy, *Des Indes à la planète Mars. Etude sur un cas de somnambulisme avec glossolalie*, 3, Paris und Genf, 1900; "Nouvelles observations sur un cas de somnambulisme avec glossolalie", in *Archives de psychologie* I, Genf, 1902, pp. 101~255.
7 텔레파시의 문제에 대해서 나는 다음 문헌을 제시한다. J. B. Rhine, *New Frontiers of the Mind*(독일어로 *Neuland der Seele*, Stuttgart, 1938).
8 Herbert Silberers, Arbeiten zur 'Symbolbildung', in *Jahrbuch für psychoanalytische und psychopathologische Forschungen* III(1911) und IV(1912) 참조.
9 우리는 여기서도 아들러와 만난다.
10 Alphonse Maeder, "Über das Traumproblem", a.a.O., p. 680ff.
11 Lucien Lévy-Bruhl, *Les fonctions mentales dans les sociétés inférieures*, Paris, 1912, p. 140. 유감스럽게도 이 저자는 전적으로 적합한 '신비적'이란 말을 다시 삭제하였다. 아마도 그는 '신비적'이라는 말에서 그들 자신의 진부함을 생각한 바보들의 성화에 못 이긴 듯하다.
12 주관 단계의 해석에 대해서 매더는 "Über das Traumproblem"에서 몇 가지 예를 제시했다. 이와 같은 두 가지 해석 방법은 나의 책, *Über die Psychologie des Unbewußten*, 『전집』 7(Paragr. 128ff.)에서 자세히 논의되었다.
13 전이에서의 투사에 관해서는 *Die Psychologie der Übertragung*(전이의 심리학), 『기본 저작집』 3 참조.
14 전형적인 투사 내용에 관해서는 *Die Psychologie der Übertragung*, 『기본 저작집』 3 참조.
15 만전을 기하기 위해서 언급할 것은 어떤 이마고도 외부에서만 유래되지 않는다는 것이다. 그 특수한 형상에는 또한 선험적으로 존재하는 정신적 소인, 즉 원형 Archetypus이 한몫을 한다.
16 그것으로 '원형'설을 말하고 있다. 생물학적 개념인 '행동유형 pattern of behaviour'도 형이상학적인가?
17 이 뒤를 이어 훨씬 나중에 쓴 논문(바로 다음 글 「꿈의 특성에 관하여」 Vom Wesen der Träume)에는 몇 가지 보충한 것들이 더 들어 있다.

꿈의 특성에 관하여

본래 *Ciba Zeitschrift* IX/99(Basel, Juli 1945)에 발표. 개정 증보되어 *Über psychische Energetik und das Wesen der Träume*(Psychologische Abhandlungen II), Rascher, Zürich, 1948; Paperback 1965. Studienausgabe bei Walter, Olten, 1971. 『전집』 8.

1 앞의 글과 비교하라.
2 Freud, *Die Traumdeutung*, Ges. Werke II/III 참조.
3 이것으로 상보성相補性의 원리를 부인하는 것이 아니다. 보상의 개념은 다만 같은 것을 심리학적으로 섬세하게 규정한 것이다.
4 Freud, *Zur Psychopathologie des Alltagslebens*, Ges. Werke IV 참조.
5 C. A. Meier, *Antike Inkubation und moderne Psychotherapie*, Zürich, 1949 참조.
6 *Über die Psychologie des Unbewußten*, 『전집』 7 참조.
7 「어린이 원형의 심리학에 대하여」 *Zur Psychologie des Kindarchetypus*, 『기본 저작집』 2 참조.
8 『다니엘서』, 4:7 ff.
9 나무는 동시에 연금술의 상징이다. 『기본 저작집』 6, 〈그림 231〉과 표제 그림, 『기본 저작집』 1 참조.
10 사슴은 그리스도에 비유된다. 왜냐하면 전설은 그에게 스스로 새로워지는 능력을 부여하고 있기 때문이다. 그리하여 호노리우스 폰 오턴 Honorius von Autun은 그의 *Speculum Ecclesiae*(Migne, P. L. CLXXII, col. 847)에서 다음과 같이 말하고 있다. "이르기를, 사슴은 그가 뱀을 삼킨 뒤에 서둘러 샘가로 가서 한 모금의 물을 마셨다 하였다. 그리하여 독을 몸 밖으로 내뿜고 그런 뒤에 뿔과 머리털을 벗어던지고 새것을 얻었다."(라틴어 원문은 『전집』을 보라) *Saint-Graal*(hg. von Hucher, III, pp. 219, 224)은 이야기하기를, 그리스도는 젊은이들에게 때로는 네 마리 사자(=복음자)를 수반한 흰 사슴으로 나타난다고 한다. 연금술에서 메르쿠리우스 Mercurius는 사슴에 비유되었다. 왜냐하면 사슴은 스스로를 재생시킬 수 있기 때문이다(Manget, *Bibliotheca chemica curiosa*, Genf, 1702, II, tab. IX, fig. XIII). 그리고 다른 곳에서 "Les os du cuer du serf vault moult pour conforter le cuer humain"(Delatte, *Textes Latins et vieux français relatifs aux Cyranides*, Lüttich, 1942, p. 346).
11 여기서 적용한 연금술 개념에 관해서는 『기본 저작집』 5와 6을 보라.

콤플렉스 학설의 개요

1934년 5월 5일 취리히 연방공과대학에서 강연한 취임 강의. *Kultur- und staatswissen-schaftliche Schriften der ETH* XII, Sauerländer, Aarau, 1934에 같은 제목으로 발간됨. 개정 보완되어 *Über psychische Energetik und das Wesen der Träume*(Psychologische Abhandlungen II), Rascher, Zürich, 1948, Paperback 1965. Studienausgabe bei Walter, Olten, 1971. 『전집』 8에 수록.

1 콩디야크(Étienne Bonnot de Condillac, 1715~1749)는 프랑스의 철학자이자 국가경제학자. 프랑스에 로크의 사상을 전파하였고, 1749년에 쓴 *Traité des systèmes*과 *Traité des sensations* 등을 통하여 감각주의Sensualismus의 실질적 창시자로 떠올랐다.
2 이 법칙의 예외는 조직 표본의 성장 과정으로, 이것은 생명 보존을 위하여 배양액 내에 저장된다.
3 Otto Veraguth, *Das psychogalvanische Reflexphänomen*, Berlin, 1909.
4 Friedrich Theodor Vischer, *Auch Einer*, 2 Bde., Stuttgart und Leipzig, 1884와 비교하라. 또한 Jung, *Psychologische Typen*, 『전집』 6, Paragr. 568과 『기본 저작집』 1, p. 252f.

심리학적 유형에 관한 개설

이 기고는 『전집』 6에 수록된 것이다.

1 "Das Typenproblem in der Dichtkunst", 『전집』 6, Paragr. 526과 비교.
2 Carl Spitteler, *Prometheus und Epimetheus*, Jena, 1915(1. Aufl. 1880/81).
3 Willem van Wulfen, *Der Genußmensch; ein Cicerone im rücksichtlosen Lebensgenuß*, München, 1911.
4 Richard Semon, *Die Mneme als erhaltendes Prinzip im Wechsel des organischen Geschehens*, Leipzig, 1904.
5 『전집』 6, XI장, '상像Bild'의 제목 아래를 참조.
6 Friedrich Theodor Vischer, *Auch Einer*, 9판, Leipzig, 1902.

정신분열증

최초로 *Schweizer Archiv für Neurologie und Psychiatrie* LXXXI, Zürich, 1958, pp. 163~177. 『전집』 3에 발표됨.

1 *Zur Psychologie und Pathologie sogenannter occulter Phänomene*, 『전집』 1.
2 『전집』 3.
3 내가 바로 쇼펜하우어를 선택한 까닭은 이 철학자가 불교의 영향 아래 있으면서 의식의 구원 작용을 강조한 데 있다.
4 그림 그리는 것은 색채가 감정을 표현하도록 한다는 점에서도 효과적이다.
5 물론 그런 고태성은 노이로제 환자에게서도 정상인에게서도 나타난다. 그러나 드문 편이다.
6 이 용어는 윌리엄 제임스가 사용한 개념 'fringe of consciousness'보다 조금 더 특수하다(*Pragmatism*, London and Cambridge, Mass., 1907).
7 *Über die Psychologie der Dementia praecox*, 『전집』 3, p. 41, Paragr. 195f.
8 이 상태에 해당되는 것이 정신분열증의 정감 상실성이다.
9 [Wilder Penfield와 Herbert Jasper, *Epilepsy and the Functional Anatomy of the Human Brain*(1954)에 수록된 증례 참조. 독일어 원문에는 '뇌간Hirnstamm'으로 되어 있으나 논문 내용대로 '후두엽 피질'로 바꾸었다. ― 옮긴이]
10 이에 대해 자세한 것은 *Traumsymbole des Individuationsprozesses*(꿈에 나타난 개성화 과정의 상징), 『기본 저작집』 5, '11. 꿈'; *Über Mandalasymbolik*, 『전집』 9/1; *Synchronizität als ein Prinzip akausaler Zusammenhänge*, passim, 『전집』 8; "Über Synchronizität"(동시성同時性에 관하여), 『기본 저작집』 2에 들어 있다.
11 이에 관한 역사적 원본은 플라톤 『티마이오스』의 이야기 속에 숨은 우주론적 문제의 어려움일 것이다(*Versuch einer psychologischen Deutung des Trinitätsdogmas*, 『전집』 11, p. 131ff. 참조).

C. G. 융의 분석심리학과 국내외의 동향

칼 구스타프 융(1875~1961)은 19세기 말에서 20세기 중반을 넘어 활동한 스위스의 정신의학자로 분석심리학의 창시자이다. 그의 학설은 정신의학과 정신치료학뿐 아니라 신학, 종교심리학, 신화학, 문화인류학, 문화예술, 심리측정학, 물리학에 이르기까지 인문사회 및 자연과학의 여러 분야에 광범위한 반향을 일으켰다. 그래서 어떤 이는 융을 가리켜 문화철학자라고 부르기도 하지만 융 자신은 언제나 심혼의 의사Seelenarzt로 자부하고 있었다.

스위스의 실용적 전통에 걸맞게 융은 유럽의 오랜 전통적 문화유산을 깊이 탐구하면서도 그것이 항상 정신요법의 실전에서 응용되고 활용되어야 함을 강조했다. 그가 초기에 프로이트와 만나 그의 정신분석 운동에 적극적으로 합류한 것도 경험론자로서 프로이트의 경험을 높이 산 때문이고 6년 뒤에 프로이트를 떠난 것도 경험을 통해 볼 때 프로이트의 성욕 중심설과 이에 따른 신경증 이론이 모든 신경증 환자에게 해당되는 것이 아니라는 통찰 때문이었다.

융의 학설을 프로이트의 정신분석학설의 많은 수정학파 중 하나쯤으로 보려는 사람도 있으나, 학설의 관점이나 내용으로 볼 때 그런 시각은 융의 심리학적 관점을 잘 모르는 데서 나온 단견이다. 무의식의 자율적·창조적 기능, 대극 합일의 상징으로서의 자기원형과 객체 정신의 존재, 인간심리와 그 병리현상의 인과적 접근을 부인하지 않으면서 목적론적 관점을 도입한 합성적synthetic·전체적 태도, 정신과 신체의 가장 근본적인 관계를 설명해주는 원형론, 시간·공간을 상대화하는 무의식의 절대지絶對知를 근거로 한 비인과적 동시성론 등은 다른 어떤 수정학파에서도 볼 수 없는 깊고 포괄적인 통찰의 결과이다.

독자들이 이 기본 저작집과 국내에서 출간된 분석심리학 입문서를 읽어가노라면 그의 사상의 이와 같은 핵심을 이해할 수 있을 것이다. 그러나 그의 심리학설을 진정으로 터득하려면 책을 읽는 것만으로는 부족하고 스스로의 체험이 뒤따라야 할 것이다. 체험이 무르익을 때 융의 말은 항상 새로운 의미로 독자들에게 다가올 것이다.

1961년 융 서거 후 분석심리학은 그의 제자이자 동료들에 의해서 계승·발전되었다. 융은 이미 1948년 정신치료의 올바른 수련을 위하여 제자와 동료들과 함께 스위스 취리히에 C.G. 융 연구소를 설립하여 후진을 양성했다. 그러나 이미 그 당시에 그의 사상을 토대로 독창적으로 발전시켰거나 그와 같은 방향의 연구를 한 몇몇 친우들이 있었다. 의식의 발전과정의 신화적 관련을 체계적으로 해석 시도한 이스라엘의 에리히 노이만Erich Neumann, 어린이 원형과 신화의 관계를 공동연구한 헝가리의 신화학자 카알 케레니Karl Kerényi, 도교 경전을 공동연구한 중국학자 리하르트 빌헬름Richard Wilhelm, 인도학자 하인리히 치머Heinrich Zimmer, 동시성론을 공동집필한 노벨물리학상 수상자 볼프강 파울리Wolfgang Pauli, 융연구소 교수였던 개신교 신학자 한스 셰어Hans Schär, 조직신학 및 종교사학자 울리히 만Ulrich Mann 등이 전공 분야는 다르지만 깊은 공감을 나눈 사람들이다.

그러나 무엇보다도 스위스의 마리-루이제 폰 프란츠Marie-Louise von Franz는 융이 시작하고 완성하지 못한 연금술에 관한 연구, 민담의 원형적 상징, 물질과 정신의 관계를 구명한 수數 상징의 연구, 죽음과 무의식의 반응에 관한 연구 등을 통하여 융의 이론을 확충했다. 폰 프란츠는 적극적 명상의 대가인 영국인 바바라 하나Barbara Hannah, 1960년대 취리히 융연구소를 이끈 프란츠 리클린Franz Riklin과 함께 융의 사상을 충실히 계승·발전시킨 사람이다. 이 밖에도 융의 1대 제자 가운데는 그림요법을 체계화한 욜란드 야코비Jolande Jacobi, 정신분열병의 정신치료로 유명했던 스위스의 하인리히 카알 휘에르츠Heinrich Karl Fierz, 해박한 지식과 경륜을 지니고 실험적 연구에도 큰 관심을 가졌던 C. A. 마이어Meier 교수, 미국의 조지프 헨더슨Joseph Henderson, 영국의 게르하르트 아들러Gerhard Adler 등 1대 융기언들이 있는데 대부분 타계했다.

오늘날 융학파의 분석가들은 전 세계에 걸쳐 분포되어 있고 그 활동이 계속 확대되고 있다. 융연구소는 세계 각국의 주요 도시에서 분석가들을 길러내고 있다. 국제분석심리학회도 중남미, 남아프리카에 이르기까지 나날이 확대되고 있다. 동구권과 러시아에서도 융에 대한 관심이 고조되어 연구회를 조직하여 공부하고 있고, 중국에서도 학회 중심의 활동을 통해 나날이 성장하고 있다. 대만, 홍콩에서도 융학파 분석가가 활동하고 있다.

한국은 이미 1968년 이부영에 의해 분석심리학의 임상실제가 본격적으로 소개되었고, 1978년 이래 분석심리학 연구회로 시작된 한국분석심리학회가 전문가 수련을 맡아오다가 1997년 이부영에 의해 설립된 분석심리학의 전문연구 교육기관인 한국융연구원이 국제분석심리학회 공인 분석가 수련 교육을 담당하고 있다.

1960년도 중반에 첫 분석가(가와이 하야오河合隼雄)를 얻은 일본은 그 사이에 취리히연구소를 수료한 상당수의 전문가를 확보했으며, 학회 중심의 국제 공인 수련을 진작부터 실시해오고 있다. 한때 전문가와 일반인이 모두 참여하는 대규모의 융 클럽이 전문가 집단을 후원한 적이 있고 국제 학술대회를 개최할 만큼 크게 성장했다.

학회가 커지고 회원수가 늘다 보면 자연히 융 사상에 대한 다양한 해석과 접근방법에 대한 새로운 시도를 하게 마련이다. 그러는 가운데 절충학파와 정통파가 갈라지는 수도 있다. 프로이트 정통파와 수정학파, 신 프로이트 학파 등의 분리와 같은 현상이 일어날 수 있는 것이다. 융학파도 물론 사람에 따라 강조하는 바가 다르고 치료상의 기법이나 접근방향이 다를 수 있다. 그러나 그렇다고 해서 신 융학파니 정통 융학파니 지칭하는 학파가 생기지 않는 이유는—물론 그런 이름을 붙여 분류하는 것을 좋아하는 사람이 있기는 하지만—무엇보다도 분석심리학의 창시자인 융 자신이 자기의 학설을 신성불가침의 도그마로 삼은 적이 없고 정신치료의 방법을 절대시하지 않았다는 데 있다.

융이 중요시한 것은 방법이 아니라 치료자의 자세였다. 인간의 의식과 무의식을 통틀어 마음의 전체를 바라보는 자세를 갖추는 것, 그것이 융에게 중요했다. 문제는 그 마음의 전체를 어느 만큼 이해하고 있느냐 하는 데 있다. 분석심리학을 진지하게 배우고 뼈아픈 성찰을 통해 체험한 사람이면 그는 진정한 융기언이다. 유행심리나 영웅심, 또는 사치스런 사회적 특전을 위하여 분석심리학을 지식의 장식으로 삼거나 이권의 수단으로 삼는다면 이들은 사이비 융기언일 것이다.

융의 기본정신에 따른다면 엄밀한 의미에서 '융기언'이란 없다. 그것은 페르조나일 뿐이다. 인간 심성의 끝없는 심연 앞에서 겸허하게 자기를 성찰하며 인간의 심성이 과거의 소산일 뿐 아니라 또한 미래를 향한 지향적 의미를 가지고 있다는 사실을 알며, 환자이든, 이른바 건강한 사람이든 누구의 마음속에나 갈등과 고통을 이겨내게 할 수 있는 대극 합일의 원동력, 전체 인격을 실현할 수 있는 핵이 존재한다는 것을 깨달은 자는 진실로 융을 아는 사람이다.

전 세계적으로 인간정신의 외향화, 집단주의, 정신치료의 대중화의 거센 시류 속에서 개인의 존엄과 심층적 성찰의 의미, 객체적 정신의 창조적 자율성에 대한 신뢰가 날로 위협받고 있는 지금, 분석심리학계라 하여 그 위험에서 자유로울 수는 없었다. 치료기법과 대상이 치료자의 기본자세보다 중시되어 융 사상의 본질에서 거리가 먼 치료기술과 심리학적 관점이 융의 이름으로 회자되는 경우가 생기기 시작했다.

C.G. 융의 심리학을 충실히 계승·발전시킨 M.-L. 폰 프란츠를 중심으로 형성된 스위스의 분석가 그룹이 1990년대에 기존 학회와 연구소를 떠나 C.G. 융과 M.-L. 폰 프란츠에 의한 심층심리학 연구 및 수련 센터를 설립·운영하게 된 것은 융 사상의 본질을 지키고 발전시키고자 하는 일종의 분석심리학계의 쇄신운동으로 역사적으로 의미 있는 사건이다. 그러한 소집단 형성과 활동이, 의식적인 권력욕이나 개인적 이익이 아니라 집단성원 개개인의 무의식적 반응을 토대로 이루어진 점은 특히 주목할 일이다.

M.-L. 폰 프란츠의 영향을 직접·간접으로 받은 한국의 2대 및 3대 융학파 분석가들로 이루어진 한국융연구원은 수적인 확대보다 소수정예 원칙에 따라 심혼의 의사, C.G. 융의 인간심성에 대한 기본 자세를 '바르게' 전수하고 발전시킨다는 창설 초기의 수련목표를 지키면서 뜻을 같이하는 해외 수련자와 동료 분석가와의 교류를 긴밀하게 유지해나갈 것이다.

영어중역본이 아니고 독일어 원서에서 직접 번역된 C.G. 융 기본 저작집이 융의 사상을 우리나라 독자들에게 더욱 가까이 전해줄 것으로 기대한다.

2022. 4.

한국융연구원장 李符永

C. G. 융 연보

1875. 7. 26.
칼 구스타프 융Carl Gustav Jung이 스위스 동북부 투르가우Thurgau주 보덴 호수 가의 케스빌Keßwil 마을에서 목사인 아버지 요한 파울 아킬레스 융 Johann Paul Achilles Jung(1842~1896)과 어머니 에밀리에 프라이스베르크 Emilie Preiswerk(1848~1923) 사이에서 출생.

1876(생후 6개월)
가족이 라인폭포Rheinfall 상류의 라우펜Laufen으로 이사.

1879(4세)
바젤Basel 근처의 클라인휴닝겐Kleinhüningen으로 이사.

1884(9세)
여동생 게르트루트 융Gertrud Jung(1884~1935) 출생.

1886(11세)
바젤에서 김나지움(대학예비교)에 입학.

1895~1900(20~25세)
바젤대학에서 자연과학 수학 후 의학 전공.

1896(21세)
아버지 사망.

1898년(23세)

학위 예비연구 시작.

1900(25세)

의사 국가시험에 합격하고, 정신의학을 전공하기로 결심. 12월 10일 "부르크횔츨리Burghölzli"라고 불리는 현 취리히 주립정신병원 및 취리히대학 의학부 정신과의 오이겐 블로일러Eugen Bleuler 주임교수 밑에 차석 조수로 들어감.

1902(27세)

부르크횔츨리에서 수석 조수가 되고, 학위논문 "소위 심령 현상의 심리와 병리에 대하여Zur Psychologie und Pathologie sogenannter okkulter Phänomene" 발표. (전집 1)

1902~1903(27~28세)

겨울 학기에 파리Paris 살페트리에르Salpêtrière 정신병원의 피에르 자네 Pierre Janet와 이론 정신병리학을 연구.

1903(28세)

스위스 북부 샤프하우젠Schaffhausen의 기업인의 딸 엠마 라우셴바흐 Emma Rauschenbach(1882~1955)와 결혼. 슬하에 다섯 자녀: 아가테 니후스Agathe Niehus, 그레트 바우만Gret Baumann, 프란츠 융Franz Jung, 마리안네 니후스Marianne Niehus, 헬레네 회르니Helene Hoerni를 둠.

1903~1905(28~30세)

취리히대학 의학부 정신과에서 견습의사Volontärarzt로 근무.
"진단적(정상 및 병적) 단어연상에 관한 실험적 연구Diagnostische Assoziationsstudien"(1906, 1909)(Studies in Word-Association, 1918)를 함. (전집 2)
이미 1900년에 접했던 프로이트Freud의 "꿈의 해석Traumdeutung"을 다시 읽고, 자신이 수행한 단어 연상실험의 결과와 프로이트의 이론에 관련이 있음을 발견함.

1905~1909(30~34세)

취리히대학 의학부의 정신과 강사Dozent, 취리히대학 정신과 상급의사 Oberarzt로 1913년까지 전임교수직(사강사Privatdozent) 유지. 정신신경증과 심리학 강의. 외래의 최면요법 담당.
조발성 치매Dementia Praecox(정신분열증/조현병)에 관한 연구를 시작.

1906(31세)

논문 "진단적 연상실험에 관한 연구Diagnostische Assoziationsstudien"를 프로이트에게 보냄으로써 4월 그와 서신 왕래가 시작되고, 프로이트를 개인적으로 알지 못했으나 뮌헨München의 한 학회에서 그의 이론을 옹호함.

1907(32세)

3월 비엔나Vienna에서 프로이트를 처음으로 만남.
"조발성치매의 심리에 관한 연구Über die Psychologie der Dementia Praecox" 발표. (전집 3)

1908(33세)

잘츠부르크에서 개최된 제1회 국제정신분석학대회에 참석.
취리히 근교 퀴스나흐트Küsnacht시에 자택 신축.

1909(34세)

신화를 심층적으로 연구하기 시작.
퀴스나흐트에서의 개업에 따른 격무로 인해 대학병원 진료를 그만둠.
미국 클라크대학Clark University, Worcester의 초청을 받아 단어연상 연구에 관한 강의를 하고, 명예 법학박사 학위를 받음. 함께 초청을 받은 프로이트와 동행함.

1909~1913(34~38세)

블로일러와 프로이트가 발행한 "정신분석 및 정신병리학 연구 연감 Jahrbuch für psychoanalytische und psychopathologische Forschungen"(Leibzig/Wien)의 편집인이 되어 1913년까지 계속함.

1910(35세)

뉘른베르크Nürnberg에서 개최된 제2차 국제정신분석학대회에 참석. 새로 결성된 국제정신분석협회의 회장직 수행(1914년, 39세까지).

1911(36세)

바이마르Weimar에서 개최된 제3차 국제정신분석학대회에 참석.

1911~1913(36~38세)

프로이트와 점차 거리를 둠.

1912(37세)

뉴욕의 포덤대학Fordham University에서 "정신분석학 이론The Theory of Psychoanalysis" 강의. (전집 4)
"심리학의 새로운 길Neue Bahnen der Psychologie(New Paths in Psychology)" 발표. 후에 개정증보하여 "무의식의 심리학On the Psychology of the Unconscious". (전집 7)
"리비도의 변환과 상징Wandlungen und Symbole der Libido" 발간. 후에 "변환의 상징Symbole der Wandlungen"이라는 이름으로 개정하여 1952년 출간. (전집 5, 기본 저작집 7, 8)

1913(38세)

뮌헨에서 개최된 제4차 국제정신분석학대회에 참석.
프로이트와의 정신분석학 운동을 결별하고, 자신의 심리학을 '분석심리학Analytische Psychologie'이라 명명함(한때 '콤플렉스 심리학'이라고도 함).
취리히대학 교수직 사임.

1913~1919(38~44세)

'철저한 내향기'에 자기 자신의 무의식과 그 자신의 신화적 체험을 관조.
이탈리아 라벤나Ravenna 여행.

1914(39세)

7월 스코트랜드 아버딘Aberdeen시 영국협회British Association에서 강연.

국제정신분석협회의 회장직 사임.

1916(41세)

"죽음에 관한 일곱 가지 설법Septem Sermones ad Mortuos" 발표(자전적 체험기 "C. G. 융의 회상, 꿈, 그리고 사상Erinnerungen, Träume, Gedanken von C. G. Jung"에 수록).
"초월적 기능Die transzendente Funktion"이라는 논문에서 '적극적 명상 aktive Imagination'에 대해 처음 기술. (전집 8, 기본 저작집 2)
'개인적 무의식', '집단적 무의식', '아니마Anima', '아니무스Animus', '자기Selbst', '개성화Individuation' 등의 개념을 그의 논문 "무의식의 구조Die Struktur des Unbewußten"에서 처음 사용(전집 7의 부록에 수록). 후에 "자아와 무의식의 관계Die Beziehungen zwischen dem Ich und dem Unbewußten"라는 제목의 논문으로 수정 보충됨. (전집 7, 기본 저작집 3)
파리에서 자아와 무의식의 관계에 관한 강연을 함.
취리히 심리학클럽Psychologischer Club, Zürich 설립.

1917(42세)

"무의식의 과정에 관한 심리학Die Psychologie der unbewußten Prozesse" 발표. 후에 수정 보충하여 "무의식의 심리학에 관하여Über die Psyhcologie des Unbewußten"로 출간. (전집 7)

1918~1919(43~44세)

대위로서 샤토-데Château-d'OEX의 영국군 수용소 의무실장으로 군 복무.
"본능과 무의식Instinkt und Unbewußtes" (전집 8)에서 '원형Archetypus'이라는 용어를 전까지 사용하던 '집단적 무의식의 지배적인 것(주상主想) Dominanten des kollektiven Unbewußten'과 부르크하르트Jakob Burckhardt의 '원상原像, Urbilder' 개념 대신에 처음으로 사용.
만다라 연구.

1918~1926(43~51세)

신지학Gnosis의 문헌을 연구하기 시작.

1920(45세)
북아프리카 튀니지와 알제리를 여행.

1921(46세)
"심리학적 유형Psychologische Typen" 발표. (전집 6, 기본 저작집 1)

1922(47세)
장크트갈렌Sankt Gallen주 볼링겐Bollingen에 취리히 호수를 끼고 있는 토지를 구입하여 '탑Turm'으로 불리는 별장을 짓기 시작.

1923(48세)
볼링겐에 첫 번째 탑을 세움.
모친 사망.
리하르트 빌헬름Richard Wilhelm이 취리히 심리학클럽에서 "역경" 강독.

1924~1926(49~51세)
미국 애리조나Arizona와 뉴멕시코New Mexico의 푸에블로Pueblo 인디언 족 답사.

1925~1926(50~51세)
케냐Kenya와 우간다Uganda를 탐사함. 영국령 동아프리카 원주민, 특히 엘곤Elgon산의 마사이족을 탐사.

1925(50세)
런던에서 열린 웸블리Wembley 세계 박람회 방문.
취리히 심리학클럽에서 처음으로 영어 세미나를 주재함.

1928(53세)
"자아와 무의식의 관계Die Beziehungen zwischen dem Ich und dem Unbewußten"(전집 7, 기본 저작집 3), "심혼의 에너지론Über die Energetik der Seele"(전집 8) 발표.
빌헬름과 중국의 도교경전 "태을금화종지太乙金華宗旨, Das Geheimnis der

Goldenen Blüte"를 공동으로 연구하기 시작했고, 1929년 같은 제목으로 출간(융의 저술 부분은 "유럽 평론Europäischer Kommentar"으로 전집 13에 수록). 이 연구를 통하여 처음으로 연금술을 접함.

1928~1930(53~55세)
취리히 심리학클럽에서 영어 세미나 "꿈의 해석Interpretation of Dreams" 주재.

1930(55세)
크레츠머Ernst Kretschmer 교수가 회장직을 맡고 있던 '정신치료 범 의학회Allgemeine Ärztliche Gesellschaft für Psychotherapie' 부회장에 선출.

1930~1934(55~59세)
취리히 심리학클럽에서 영어 세미나 "환영幻影의 해석Interpretation of Visions" 주재.

1931(56세)
"현대의 심혼적 문제Seelenproblem der Gegenwart"(전집 4, 6, 8, 10, 15, 16, 17에 에세이로 수록).

1932(57세)
신문에 발표한 "피카소론"으로 취리히시로부터 문학상 수상.

1933(58세)
취리히 스위스 연방공과대학에서 처음으로 "현대심리학" 강의.
스위스 남부 아스코나Ascona시에서 열린 제1회 에라노스 학술회의에 참가(1933~1952)하고, 그의 첫 강연으로 "개성화 과정의 경험에 관하여Zur Empirie des Individuationsprozesses"를 발표. (전집 8)
이집트Egypt와 팔레스타인Palestine 크루즈 여행.

1934(59세)
국제 정신치료 범 의학회Internationale Allgemeine Ärztliche Gesellschaft für

Psychotherapie(International General Medical Society for Psychotherapy)를 창설하고 회장에 피선.

에라노스 학술회의에서 두 번째 강연으로 "집단적 무의식의 원형Die Archetypen des kollektiven Unbewußten"을 발표. (전집 9/1, 기본 저작집 2)

연금술을 체계적으로 연구하기 시작.

"심혼의 실재Wirklichkeit der Seele"(전집 8, 10, 15, 16에 에세이로 수록).

1934~1939(59~64세)

취리히 심리학클럽에서 영어 세미나 "니체의 차리투스트라의 심리학적 측면Psychological Aspects of Nietzsche's Zarathustra" 주재.

"정신치료 및 인접분야 중앙학술지Zentralblatt für Psychotherapie und ihre Grenzgebiete"(Leipzig) 발행인에 취임하여 1939년까지 역임.

1935(60세)

국제 정신치료 범 의학회의 회장에 피선.

스위스 연방공과대학의 명예교수로 위촉되고, "현대심리학Moderne Psychologie"을 강의.

에라노스 학술회의에서 "꿈에 나타난 개성화 과정의 상징Traumsymbole des Individuationsprozesses" 강연. 후에 보완되어 전집 12 "심리학과 연금술Psychologie und Alchemie"의 제2장으로 수록. (기본 저작집 5)

런던의 의학심리학 연구소Institute of Medical Psychology에서 "분석심리학의 기초 개념들에 관한 강의(타비스톡 강좌Tavistock Lectures)"를 행함. 1968년에 비로소 "분석심리학: 이론과 실제Analytical Psychology: Its Theory and Practice"로 출간. (전집 18)

"티베트 사자의 서書"에 대한 심리학적 논평.

1936(61세)

미국 하버드대학에서 "인간행동의 심리적 결정인자" 강의. 명예박사학위를 받음.

에라노스 학술회의에서 "연금술에서 본 구원의 관념Erlösungsvorstellungen in der Alchemie" 강연. 후에 전집 12 "심리학과 연금술"의 제3장에 수록.

"보탄Wotan" 발표. (전집 10, 기본 저작집 6)

1937(62세)

　　미국 예일대학에서 "심리학과 종교Psychology and Religion"를 강의(테리 Terry 강좌)하고, 1940년 독일어로 발표. (전집 11)
　　에라노스 학술회의에서 "초시모스의 환영The Visions of Zosimos" 발표. (전집 13)

1938(63세)

　　인도 주재 영국 총독부 초청으로 콜카타대학 25주년 축하 행사에 참석. 콜카타대학, 알라하바드Allahabad와 바라나시Varanasi의 힌두대학에서 명예박사학위를 받음.
　　그 밖에 우스터Worcester 소재 클라크대학, 뉴욕의 포덤대학, 옥스퍼드대학, 스위스 연방공과대학 ETH에서 명예박사학위 받음.
　　에라노스 학술회의에서 "모성원형의 심리학적 측면Psychologische Aspekte des Mutter-Archetypus" 강연. (전집 9/1, 기본 저작집 2)
　　영국 옥스퍼드에서 열린 국제 정신치료 의학대회International Medical Congress for Psychotherapy에 참석.
　　런던 왕립의학원Royal Society of Medicine의 명예회원으로 위촉됨.

1939(64세)

　　에라노스 학술회의에서 "재탄생에 관하여Über Wiedergeburt" 강연. (전집 9/1)

1940(65세)

　　에라노스 학술회의에서 "삼위일체 도그마의 심리학적 해석 시론Versuch einer psychologischen Deutung des Trinitätsdogmas" 발표. (전집 11)

1941(66세)

　　케레니Karl Kerényi 교수와 공저로 "신화학 입문Einführung in das Wesen der Mythologie(Essays on a Science of Mythology)" 출간(융의 저술 부분은 전집 9/1에 수록, 기본 저작집 2)
　　에라노스 학술회의에서 "미사에 나타난 변환의 상징Das Wandlungssymbol in der Messe" 강연. (전집 11, 기본 저작집 4)

1942(67세)
"파라켈수스Paracelsus" 발표. (전집 13과 15에 나뉘어 수록, 기본 저작집 9)
스위스 연방공과대학 교수직 사임.
에라노스 학술회의에서 "메르쿠리우스 영Der Geist Mercurius" 강연. (전집 13)

1943(68세)
"무의식의 심리학에 관하여Über die Psychologie des Unbewußten" 발표. (전집 7)
스위스 학술원Schweizerische Akademie der Wissenschaften 명예회원이 됨.

1944(69세)
바젤대학의 의학심리학과(정신과) 주임교수로 부임했으나, 건강상의 이유로 같은 해에 사임.
"심리학과 연금술" 발표. (전집 12, 기본 저작집 6)

1945(70세)
제네바대학에서 70회 생일 기념으로 명예박사학위 수여.
에라노스 학술회의에서 "정신의 심리학에 관하여Zur Psychologie des Geistes" 강연. (전집 9/1에 "민담에 나타난 정신의 현상에 관하여Zur Phänomenologie des Geistes im Märchen"라는 제목으로 수록, 기본 저작집 2)
스위스 임상심리학회Schweizerische Gesellschaft fur praktische Psychologie 설립, 회장 취임.

1946(71세)
"심리학과 교육Psychologie und Erziehung"(전집 17에 나뉘어 수록), "시대적 사건에 관한 논술Aufsätze zur Zeitgeschichte"(전집 10과 16에 나뉘어 수록), "전이의 심리학Die Psychologie der Übertragung"(전집 16 수록) 발표. (기본 저작집 3)
에라노스 학술회의에서 "심리학의 정신Der Geist der Psychologie" 강연. 이를 보충하여 "정신의 본질에 관한 이론적 고찰Theoretische Überlegungen zum Wesen des Psychischen"로 발표. (전집 8, 기본 저작집 2)

1948(73세)

취리히 C. G. 융 연구소C. G. Jung-Institut, Zürich 설립.
"정신의 상징론Symbolik des Geistes" 발표. (전집 9/1, 11, 13에 나뉘어 수록)

1950(75세)

"무의식의 형상들Gestaltungen des Unbewußten" 발표. (전집 9/1, 15에 나뉘어 수록)

1951(76세)

"아이온Aion" 발표. (전집 9/2)
에라노스 학술회의에서 "동시성에 관하여Über Synchronizität" 강연. (기본 저작집 2)

1952(77세)

파울리Wolfgang Pauli와의 공저인 "자연 해석과 정신Naturerklärung und Psyche"에 "비인과론적 관련 원리로서의 동시성Synchronizität als ein Prinzip akausaler Zusammenhänge"이라는 제목으로 발표. (전집 8)
"변환의 상징Symbole der Wandlung(Symbols of Transformation)" 출간. (전집 5, 기본 저작집 7, 8)
"욥에의 응답Antwort auf Hiob" 발표. (전집 11, 기본 저작집 4)
중병에서 회복.

1953(78세)

영문판 "전집"(R. F. C. Hull 번역)이 뉴욕에서 볼링겐 시리즈Bollingen Series로 간행되기 시작.

1954(79세)

"의식의 뿌리Von den Wurzeln des Bewußtseins" 발표. (전집 8, 9/1, 11, 13에 나뉘어 수록).

1955(80세)

스위스 연방공과대학으로부터 80세 생일 축하로 명예 자연과학 박사학위 수여받음.

11월 27일 부인 사망.

1955~1956(80~81세)

"융합의 비의Mysterium Coniunctionis"를 2권으로 발표. 연금술의 심리학적 의의에 관한 최종 저술. (전집 14)

1957(82세)

"현재와 미래Gegenwart und Zukunft(The Undiscovered Self [Present and Future])" 발표. (전집 10)

자전적 체험기 "칼 융, 회상, 꿈, 그리고 사상Erinnerungen, Träume, Gedanken von C. G. Jung"을 편자인 야페A. Jaffé 여사에게 구술하기 시작. 융 서거 후 1962년에 출판됨.

프리먼John Freeman과 BBC TV 인터뷰.

1958(83세)

"현대의 신화Ein moderner Mythus(Flying Saucers: A Modern Myth)" 발표. (전집 10)

1960(85세)

독일어판 "전집"이 제16권 "정신치료의 실제Praxis der Psychotherapie" (기본 저작집 1 참조)를 필두로 출판되기 시작함.

85회 생일 기념으로 퀴스나흐트시로부터 명예시민권을 받음.

1961(86세)

사망 10일 전 그의 마지막 저술 "무의식에의 접근Approaching the Unconscious" 탈고. 1964년에 "인간과 상징Man and His Symbols"에 수록.

1961년 6월 6일(86세)

퀴스나흐트시의 자택에서 짧은 와병 후에 영면.

6월 9일 퀴스나흐트에서 영결식 및 장례.

참고 문헌

이부영(2011), 분석심리학: C. G. Jung의 인간심성론, 제3판, 일조각, 서울, pp. 16~40.
이철(1986), 심성연구 1: Carl Gustav Jung 연보, 서울, pp. 91~99.
Jaffé, A. (1977), C. G. Jung: Bild und Wort, Princeton University Press.
Jaffé, A. (1979), C. G. Jung: Word and Image, Princeton University Press.
Jaffé, A. (hrsg.) (1962), Erinnerungen, Träume, Gedanken von C. G. Jung, Rascher Verlag, Zürich.
Jaffé, A. (hrsg.), C. G. Jung Briefe, Bd. 1, Zeittafel, Walter-Verlag, Olten u. Freiburg im Breisgau: 15~18.
Von Franz, M.-L. (2007), Sein Mythos in unserer Zeit, Verlag Stiftung für Jung'sche Psychologie, pp. 265~267. [이부영 번역(2007), C. G. 융: 우리 시대 그의 신화, 한국융연구원, pp. 309~311.]

역편자: 이 철 李哲

제1권 역자 후기

　이번에 번역출간되는 융 기본 저작집 1권은 스위스 발터출판사가 간행한 *Grundwerk C. G. Jung* 1권으로, *C. G. Jung : Grundfragen zur Praxis*이다.

　책의 제목이 보여주듯이, 여기에는 주로 분석심리학의 임상 실제에 관계되는 주옥같은 글이 실려 있다. 독자들은 여기에서 정신치료에 관한 융의 기본입장, 꿈의 실용적 의미와 그 해석상의 접근법, 정신분열증(조현병)에 관한 현대적인 견해에 접할 수 있으며, 동시에 콤플렉스와 심리학적 유형에 관한 학설을 만날 수 있다. 심리학적 유형 설은 융의 초기 학설이지만 의식이 지닌 특성들의 차이점을 밝히고 그것과 무의식과의 관계를 역동적 관점에서 서술한 점에서 매우 독창적이고도 보편타당한 학설이다. 이에 관한 융의 설명이 때로는 난삽하기도 하여 혹시 중도에서 읽기를 포기하고 싶은 유혹을 느낄지도 모르겠다. 그러나 인내심을 가지고 한자 한자 음미해 들어가면 이해 못할 것이 없다.

　모든 몰이해는 일차적으로 경험의 부족에서 온다. 융의 분석심리학은 경험에서 나온 가설이기 때문에 각자가 자기 자신의 무의식과의 만남, 대인관계 등 인생의 여러 문제를 어느 만큼 깊게 체험했는가에 따라 그 사상을 이해하는 정도와 측면이 달라진다. 그러므로 융의 저서는 시간 간격을 두고 여러 번 읽어볼 필요가 있다. 인생에서 겪은 경험이 축적됨에 따라 그때마다 새로운 것을 발견할 수 있을 것이다.

각 글은 번역위원들이 분담해서 작업했지만, 용어나 문체의 통일, 그리고 오자·탈자 등은 감수자를 비롯하여 번역위원들의 수차례에 걸친 윤독을 통해 최대한 바로잡았다. 그리고 번역자를 글 말미에 밝혀 책임성을 부여했다. 융이 즐겨 사용한 라틴어에 대해서는 이유경 번역위원이 맡아 수고해주었다. 본문에서는 인명에 원어를 병기하지 않고 찾아보기에 인명색인을 따로 마련해 원명을 명시했으며, 라틴어, 불어, 그리스어 등은 원어를 병기하지 않았다. 다만 색인의 학술용어에 원어를 일부 병기함으로써 그 말이 지닌 원어의 정신을 독자들이 느낄 수 있도록 했다. 학술용어는 이부영의 『분석심리학』(개정증보판, 일조각, 1998)을 따랐고, 본문 중에 필요한 경우에는 역자 주를 달았다. 최대한 쉽고 정확한 우리말로 표현하고자 했으나, 융의 개념을 정확하게 옮기기 위하여 그만의 독특한 논법은 다소 생소하더라도 가능한 한 살려서 번역했다.

이제 오랜 진통 끝에 융의 『기본 저작집』 첫 권을 세상에 내보낸다. 이 책을 기다려온 많은 전문가와 일반인들에게 조금이나마 빚을 갚는 느낌이다. 앞으로 계속하여 『기본 저작집』의 2·3권이 출간될 예정이지만, 성실한 번역본을 내놓기 위해서는 전 9권이 모두 세상에 나오려면 제법 시간이 걸릴 것이다. 이 점 독자들에게 미리 양해를 구한다.

2001년 5월
한국융연구원 C.G. 융 저작 번역위원회

찾아보기(인명)

니체Nietzsche, Friedrich Wilhelm 174, 254, 315, 322
다빈치da Vinci, Leonardo 108
다윈Darwin, Charles 322
데카르트Descartes, René 320
뒤부아Dubois, Paul 18
라이프니츠Leibniz, Gottfried Wilhelm van 129, 254
레만Lehmann, Alfred Georg Ludwig 21, 153
레비-브륄Lévy-Bruhl, Lucien 30, 108, 196
마그누스Magnus, Albertus 88
마이링크Meyrink, Gustav 321
매더Maeder, Alphonse 184, 186, 194, 195, 375
맥두걸 McDougall, William 115, 117, 118, 120
메스머Mesmer, Franz Anton 98
모스Mauss, Marcel 30
바빈스키Babinski, Joseph 18
바이닝거Weininger, Otto 311, 312
베라구트Veraguth, Otto 244
베른하임Bernheim, Hippolyte-Marie 18, 25, 98
베이컨Bacon, Roger 88
부르크하르트Burckhardt, Jakob 314
브로이어Breuer, Josef 98, 115, 117
블로일러Bleuler, Eugen 351, 362
블로일러Bleuler, Manfred 351
샤르코Charcot, Jean-Martin 98
셸링Schelling, Friedrich Wilhelm Joseph von 254
쇼펜하우어Schopenhauer, Arthur 356, 378
슈피텔러Spitteler, Carl 264
슐츠Schultz, J. H. 18
실러 Schiller, Johann Christoph Friedrich von 56
아들러Adler, Alfred 18, 39, 40, 43~48, 97, 100, 107, 294, 316, 375
오토Otto, Rudolf 256
위베르Hubert, Henri 30
자네Janet, Pierre 98, 129, 246, 360, 386
제임스James, William 252, 275, 378
질버러Silberers, Herbert 24, 194
카루스Carus, Carl Gustav 129, 254
칸트Kant, Immanuel 129, 165, 254, 322, 342
콩디야크Condillac, Étienne Bonnot de 242, 377
쿠빈Kubin, Alfred 321

퀴비에Cuvier, Georges 322
크레치머Kretschmer, Ernst 106
파라켈수스Paracelsus, Theophrast 37, 84, 87~89, 97, 98, 365, 394
페스탈로치Pestalozzi, Johann Heinrich 373
포렐Forel, Auguste 44, 98
프로베니우스Frobenius, Leo 174
프로이트Freud, Sigmund 18, 24, 25, 39, 40, 44~47, 57, 76, 78, 98~102, 105, 107, 108, 110, 113, 115, 117, 121, 131, 142, 147, 153, 162~164, 168, 171~173, 179, 180, 188, 194, 195, 223, 224, 228, 252~255, 268, 294, 357
프린스Prince, Morton 246
플루르누아Flournoy, Théodore 129, 181, 193
피셔Vischer, Friedrich Theodor 247, 317
하르트만Hartmann, Karl Robert Eduard von 254
홀Hall, Granville Stanley 230
히포크라테스Hippocrates 37

찾아보기(주제어)

ㄱ

가부장적 질서 81~83, 88, 89
가슴의 예지intelligence du coeur 226
가톨릭 교인(교도) 35, 83~85
가톨릭 의식 81
감각 48, 253, 265, 272, 274, 279,
　　289, 294~302, 309, 321, 326,
　　334, 336, 337, 339
　　─주체 299
　　─형 297, 300, 301, 303, 305,
　　306, 336
　　─형의 무전제성 300
　　─적인 속박 297
감관 기관 345
감응感應 정신병 363
감정 48, 74, 117, 119, 184, 188,
　　246, 274, 279~282, 287, 288,
　　296, 362, 363
　　─형 271, 289~292, 295
　　─활동의 해리解離 289
　　─의 열등함 281
　　─적 부하負荷 117
감흥Sensation 299, 342
강박
　　─성 300
　　─신경증 21, 340, 345, 354
　　─증상 300, 306
　　─충동 354
　　─적 감각 296, 345
　　─적 성격 196, 300
　　─적 성질의 착상着想 292
　　─적 속박 관계 196
개별적인 것 19, 21, 22, 113, 204
개성 19~23, 25~27, 90, 93, 185
개성화 27, 28, 93, 158, 230
　　─과정Individuationsprozess 13,
　　33, 40, 86, 87, 93, 230, 233
　　─과정의 꿈 231
개신교 35, 81, 85
개인 19~21, 92
　　─신경증 109
　　─적 무의식 232, 317
　　─적인 것에 초점을 맞춘 심리학
　　78
　　─적인 치료 20
　　─적인 콤플렉스 365
객관 단계 199~203, 212
　　─의 해석 199
객관적
　　─사실 79, 273, 276, 278, 320,
　　321
　　─사실 감각事實感覺 297
　　─이념 272, 276, 277
　　─정신 365

―지각 335
　　―인 지적 공식公式 278
객체 196, 200, 259, 284, 287~292,
　　294~297, 301
　　―이마고 208, 209
　　―와 동일시 203, 209
　　―에 투사 204, 207, 208, 300
　　―의 감각적 자극 299
건강 염려증적
　　―강박관념 306
　　―현상 345
검열 99, 168, 180
견진성사 81
결혼 52, 81
계몽주의의 망상 57
계통발생적 발전 175
계획 140
고고학 55, 62
고대 그리스 철학의 대화술 17
고대의 문명 90
고립 242, 355, 356
고산병高山病 131, 133, 266
고태적 62, 108, 175, 268, 283, 292,
　　297, 317, 339, 350
　　―기능 양식 112
　　―꿈의 형상 359
　　―사고 188
　　―연상 형태 358
고통 70, 73
　　―받는 인간의 심혼 365
　　―의 의미 74

　　―의 치유 과정 74
공생 91
공포스런 꿈 155
공포와 저항 253
공포증 249, 300, 306
공허 공포 84
과도한 정감Affekt 369
관觀 84
관심과 주의력 263
관점 18, 40, 43, 275
관조 301
교육 분석 102~104, 126
교육적 방법 18
교회 공동체 88
교회의 고백과 은총 35
교회의 비의秘儀 85
국가 89, 91~95
　　―공동체 88
　　―의 전체주의적 요구 92
군중심리 22
권력
　　―설 190
　　―의지 18, 39
　　―충동 100
귀령론鬼靈論 256
귀령신앙 252
귀령학적 관념 97
그렇게 있음Sosein 87
그림 43, 58, 60~63, 231, 234, 257,
　　269, 288, 334, 357, 369
극劇의 구조 235, 237

근심 140
근원적 256
　―심상 327
근친상간近親相姦 47, 268
　―의 콤플렉스 357
급전Peripetie 236
기능 유형 259, 267
기독교 74, 91
　―교회의 치유적인 제도 88
　―도(인) 81, 83, 104
　―이전과 비기독교적 세계관 75
　―이전 시대에 뿌리를 둔 철학 75
　―적 세계관 105
기술적인 방법 22
기억상記憶像 98, 99, 124, 125
긴장증Katatonie 361, 362, 366
　―환자 366
길가메시 서사시 252
꿈 28~32, 51~58, 108, 122, 129, 171~175, 356
　지진에 관한― 356
　집들이 무너지는― 356
　최초의― 131, 135, 137, 138, 231
　특이한 색깔의― 58
　홍수의― 356
　―내용의 합목적성 182
　―분석의 목표 215
　―분석의 치료적 실용성 129
　―이론 51, 140, 182

―해석 51, 55, 137, 148, 188, 226
―해석자 142
―과 정신병적인 자료 366
―과 정신분열증(조현병) 353
―꾼(꾸는) 사람 32, 54, 134
―에서의 전형적인 주제 174, 222
―의 계열 144, 230
―의 관점 28, 185, 227
―의 극적 구조 180
―의 기능(작용) 170, 180, 181, 188, 223, 227, 229
―의 기능과 구조 142
―의 맥락 142, 225, 233
―의 모체 227, 228
―의 반복 222
―의 분류의 문제 174
―의 분석(해석) 129, 130
―의 불투명성 142
―의 상像 54, 142~144, 164, 197, 210, 234
―의 상 자체 172
―의 상징성 152, 172
―의 상징주의 171
―의 성 언어 195
―의 숨은 의미의 존재 163
―의 실용성 133
―의 심리학 163, 173, 175, 214, 220, 230
―의 앞면 142

—의 예시적 기능 184
　　—의 예시적 의미 184
　　—의 의미 141, 143, 162, 165,
　　　172, 186, 194, 221, 223, 225,
　　　227, 232, 368
　　—의 전체 계획 154
　　—의 주제 175, 222, 226
　　—이 노이로제의 원인 134
　　—이 수면을 보호 180
꿈의 보상 181
　　—양식 182
　　—적 의미 178

ㄴ

나무 179
남근 153, 172, 198
　　—상징 153
남성 33
　　—적 항의 100
　　—적인 징후 33
내 속에 있는 타자 61
내적 상 341
내적 직관 347
내향적
　　—감각 335, 340
　　—감각형 336
　　—감정형 328, 330
　　—감정 활동 326
　　—관점 312
　　—사고 273~275, 318~321, 328
　　—사고형 322
　　—유형 310, 326
　　—의식 310
　　—직관 340, 341
　　—직관형 341~345
　　—태도 48, 105, 311, 313, 315,
　　　318, 334
내향형 310, 322, 347
내향화Introversion 266
노년과 죽음 233
뇌간 369, 378
뇌병리학 370
뇌의 실체 370
누미노제 256, 358
늙은이 32

ㄷ

다산형prolific 261
대극對極 19, 68, 227
　　—성의 문제 69
　　—합일 380, 383
　　—적인 무의식적 태도 283
대상관계 317
대우주의 아들 87
대학심리학 98, 99, 215
도덕성 168, 169, 221, 304
도덕적
　　—검열 기관 107
　　—계율 214
　　—관점 170
　　—문제 257, 342~344
　　—성질의 편견 28

—인 갈등 37
　　—인 부하負荷 시험 38
　　—인 의도 237
독Noxe 361, 368
독성 원인 361
독소Toxin 369, 370
동굴 232
동물 29, 32
동물자기설動物磁氣說 22
동의同意 35, 139
동족 결혼 콤플렉스
　　Endogamiekomplex 358
동체성同體性 90, 136, 196, 197,
　　203, 204, 207, 292, 320
동화同化 41, 112, 119, 120, 124,
　　146, 147, 152, 158, 187, 216,
　　242, 243
동화력 248
두운법頭韻法Alliteration 367
드러난 꿈의 내용 177, 182, 198
딜레마 89, 101, 107, 332, 339, 368

ㄹ

라포르Rapport 103, 266, 308, 309
리비도 25, 197, 200, 201, 204, 206,
　　208, 259

ㅁ

마나Mana 21, 153
만다라 369
　　—의 상징 369

말[馬] 155~157
망상관념 113, 231
망상상妄想像 358
맥락Kontext 142~144
　　—의 취합 225
메디신맨[呪醫] 21, 22, 46
메스칼린 360, 361
　　—현상 360
명제 19
모성 상징 156
모성 원형 157
목적 의미Zwecksinn 166
목적 지향적 배열 212
목적론적teleologische 166
　　—관점 164, 171, 172, 380
　　—관찰 173
　　—관찰 방식 172
　　—관찰 양식 174
목적성Finalität 166
목적인目的因causa finalis 219
목적적 166
목적지향적 관찰법 168
목표 158
목표지향성 166
몽유병 98, 352
무슨 까닭에? Warum 135
무슨 목적으로? Wozu 135
무의식 18, 28, 33, 40, 49, 63, 85,
　　93, 99, 102, 108, 112, 129, 130,
　　141, 144, 146~149, 171, 184,
　　187, 188, 209, 225, 228, 230,

238, 252, 268, 271, 292, 305, 307, 316, 340, 345, 350, 356
개인적— 232, 317
집단적— 30, 86, 232, 293, 317
—의 가설 130
—의 기능 170, 186, 350
—의 독자적인 기능 227
—의 동화 학설 147
—의 반응 51
—의 보상 112, 148, 152
—의 본체 148, 226
—의 사고 296
—의 성 언어 195
—의 심리학 113, 370
—의 심혼 51
—의 에너지 82
—의 원대한 전체 기획 154
—의 위험성 147
—의 유아적-성적 표상 세계 293
—의 의미와 가치 146
—의 의식으로의 통합 233
—의 의인화 33
—의 자율성 227
—의 철학 254
—의 태도 228, 267, 270, 291, 315
—의 투사 138, 205
—의 환원적 기능 188
—적 사고 292, 328, 331
—적 상황의 자율적인 자기 표현 194
—적 원형 320
—적 직관 297, 350
—적 현상의 의미 146
—적 형이상학 53
—적인 상 331, 338, 341
—적인 주제의 연속성 30
—적인 층 98
무익한 투사 205, 206
문화 147
문화 발전 305
물의 요정 33
물질주의 178, 215, 216
　—적 세계관 105
　—적인 태도 48
미지의 여인(상) 30~33
민담 51, 113, 147, 156, 175, 230, 248, 358
민속학적 157
밀교적 규율 87

ㅂ

바다의 요정 33
바람의 요정 33
바빌로니아 문명 90
반명제Antithese 19
반응꿈Reaktionstraum 190, 191
반응성 꿈 191
발전 209
방법 347
방향을 제시하는 지시자Anordner 369

배열Konstellation 185, 230, 243
배화교도拜火敎徒 104
뱀 113, 222, 232
변이 85, 102, 344, 360
변증법 17
　　──적 과정 17, 23, 24, 26, 40, 103
　　──적 방식(방법) 20, 23, 24, 27, 35
병든 사람 36, 68
병의 전체 현상학 368
병인적病因的인 콤플렉스 369
병적으로 장해를 입은 정신 전체 76
병적인 상태의 진단과 예후 220
병적인 콤플렉스 368
보배 75, 141, 232, 328
보상補償Kompensation 148, 227
　　──기능 122, 178, 180, 186
　　──이론 182, 186
　　──행위 229
　　──이라는 개념 229
보상적 28, 148, 151, 178, 180~183, 189, 236, 266, 267, 270, 291, 323, 359, 360
　　──감각 기능 345
　　──과정 179
　　──관계 112, 190, 316
　　──기능 184, 188, 229
　　──꿈 190, 191, 356
　　──정신 과정 182
　　──태도 229

　　──인 상징 112
　　──인 의미 178, 182, 265, 353
　　──인 질서 요인 369
보상학설 148
보속補續 352, 367
보조 기능 303, 347, 349, 350
보충하는 것Komplementierung 227
보편적 인간적 본질 233
보편적인 것 19, 21, 22, 87
보편타당한 가치 289
본능Instinkt 314
　　──적인 내용 359
본체Noumenon 342
부모상父母像 24, 80~85, 89
　　──의 투사 80
부모의 인격 78
부분 영혼 32
　　──적 특징 248
부분 인격과 콤플렉스 사이 246, 247
부정적 292
　　──감정 판단 327, 329
　　──인 관점 146
분석 126, 129
분석가 24, 122, 136, 189, 202, 207
분석적 121
　　──관조 방식 189
　　──방법 40, 121, 163
　　──치료 139, 140, 189, 202, 215
　　──치료 기법 215
　　──치료법 159

—치료의 도구 215
　　—이고 환원적인 방법 40
불멸의 영혼의 존엄성 90
불수의적不隨意的 정신 활동 220
불안한 꿈 222
불투명한 꿈 142, 144
비교
　　—신화학 157
　　—심리학 175
　　—종교사 62
　　—종교학 230
비의적秘儀的 죽음 90
비종교적인 견해 37
비합리성 219, 293, 336, 337, 339, 349
비합리적irrational 220, 295, 306, 307
　　—내향형 347
　　—유형 294, 306, 307, 336, 345
　　—체험 140
　　—인 사람 308, 309

ㅅ

사고思考 272, 273
　　—의 판단 284
　　—형 278, 284, 295, 322
사과 166~168, 172, 174, 175
사상 교정 21
사원寺院 수면의 꿈Inkubationsträumen 229
사회 91

　　—의 하나의 입자粒子 92
산부인과 의사 38
산의 요정 33
삶 64, 233
　　—의 역동 72
　　—의 운반자 92
　　—의 의미 50, 59, 62, 95
삼위성三位性 32
상像 28, 77
　　—의 전이 83
상동증常同症 367
상상력 51, 56
상징 57, 62, 75, 86, 108, 112, 133, 152~158, 168, 172, 184, 194~198, 202, 212, 320
상호 관계 → 라포르
생리적 요소 68
생리적인 극 73
생리학 287, 365, 370
생물학 247, 260, 358
생물학적인 보상 기능 180
서구적 세계관 333
선녀 32
설득 36, 48, 97, 139, 170, 206, 249, 253
성性 122, 190
성 도덕 170
성 및 욕구학설 190
성애性愛 체험 169
성애 행위 169, 170
성욕 18, 65, 153, 198, 379

성인식成人式Initiation 234
성적
　—내용 153, 195
　—상징 153
　—욕구의 대상 125
　—전이 122
　—환상 122, 180
　—인 것 122
　—인 생각 168
　—인 콤플렉스 252
　—인 형태 121
성찬식聖餐式 82
세계관 67, 69, 70, 83, 100, 105, 178, 211, 283
　—의 논란 70
　—의 문제 105, 211
　—적 요인 107, 108
　—적 전제의 핵 110
　—적 판단 105
세계율世界律 312
세례 81, 372
소녀 31, 155, 352, 361
소리 364
순응Einpassung 264
술어적述語的pradikativ 284
승화昇華 345
시대적 문제 69
시대정신 37
시적詩的으로 옮겨 쓴 것 360
신 그 자체 214
신경감응神經感應 현상 340

신경증 22, 27, 34, 38~40, 43, 44, 47, 50, 70, 76, 106, 107, 109, 115, 116, 118, 120, 135, 269, 280, 315, 331, 351~354
　—치료 79, 120, 130, 228
　—형태 293, 332
　—환자 28, 47, 109, 110, 123, 195, 357
　—환자의 환상 355
　—의 기원 124
　—의 외상 이론 115
　—의 진정한 원인 135
　—적 소인素因 116
　—적 증상 27, 68, 146, 300
　—적 해리 41, 70, 120, 352
　—적인 개인주의자들 23
신권神權정치 88
신성 214, 321
신의 상像 214
신지학적神智學的theosophisch 사고 286
신체 18, 19
　—생물학 366
　—와 정신 76, 192
　—적 토대 78
신탁神託 183
신현神顯의 빛 75
신화 33~36, 51, 55, 113, 153, 156, 230, 358, 362
신화소神話素 104, 111, 114, 231, 232, 234

신화시대 34
신화적 40, 319, 326, 339
　—사고 53
　—이미지 33
　—주제 108, 174, 175, 231, 357, 358
　—표상 34, 35
　—인 꿈 36
신화학 365
심령술 352
심령의 신비주의 89
심령의 현상 76
심리 유전기성流電氣性 반사현상 244
심리과학 92
심리적
　—수단으로 치료 354
　—유아 상태 57, 60
　—전체상 280
　—평형 171, 231
심리학 255, 308
　게슈탈트— 107
　실험— 67, 242
　여성— 358
　응용— 45
　의학— 99, 101, 110, 114, 146, 211, 219, 220
　일반— 99, 101, 215
　—과 연금술 230
　—과 철학 75
　—적 보상 178, 230
　—적 의학 211

—적 자가 조정 178, 181
—적인 공감 226
심리학자 44, 64, 95, 177, 260, 354
심미적 가능성 344
심상心像 83, 85, 310, 317, 327, 340
심인성心因性 361, 366
　—노이로제(신경증) 99, 211
　—증상 98, 220
　—증상의 모체 228
심혼(아니마) 31, 33, 34, 36, 45, 51, 61, 64, 65, 77, 78, 81, 82, 84, 88, 91, 92, 121, 122, 127, 128, 141, 148, 153, 190, 198, 211, 213~215, 219, 231, 256, 306, 365
　—의 구조 366
　—의 본질 36, 102
　—의 본체 178
　—의 부분들 Seelenteile 63
　—의 종교적 요구 57
　—의 치료 77
　—적인 극 73

ㅇ

아니마 → 심혼
아들 134, 150, 151
아들러
　—의 관점 40, 44~46
　—의 심리학 294
　—형의 심리 47
아버지 79, 81, 83, 149~151, 167

—와의 관계 150
　　　—의 아들 151
아버지상像 84
아이 53, 54, 79, 164, 261, 347
앓음Kranksein 84
암시 20, 26, 52, 97, 104, 120, 127, 132, 139, 140
암시요법 18, 20, 21, 25
애욕적 전이 122
양심의 가책 167
어린 시절의 결정적인 외상 체험 135
어린이 79~81, 380
어머니 79, 155~157, 214
　　　—라는 말 156
　　　—와 '말'[馬] 155, 157
　　　—인 교회 81, 83
억압 47, 68, 147, 148, 177, 184, 188, 199, 200, 280, 295
　　　—이론 99, 253
　　　—된 성적 환상 180
　　　—된 욕망 224
억제 108, 266~268, 296
에난치오드로미Enantiodromia 79
에너지 30, 52, 82, 85
여성
　　　—상징 172
　　　—적인 징후 33
여성상 31
역사적 요인 268
역逆전이 207

연금술 87, 88, 234, 235, 369, 376
　　　—의 표상 234
　　　—적 관념 97
연상 54, 55, 98, 142, 143, 169, 360
　　　—실험 351, 386, 387
　　　—형상 357, 358
　　　—의 막힘 367
연속적인 꿈 29~31
열등감 44, 98, 123, 126, 333
열쇠 171, 172
영웅 232, 233, 330, 382
영적靈的 안내자 32
영적인 측면의 원형적 내용 73
영체靈體Astralkörper 286
예감 97, 156, 300, 302, 336
예시적 184, 187~190, 309
　　　—기능 184~187
예언 162, 177, 184
예측 137, 140
예후豫後 134, 154, 185, 220, 364, 365
옥스퍼드 집단 운동 35
외과 38
외상 115~117, 120, 248
　　　—이론 115, 116, 121, 135
　　　—적 원인 115
　　　—적 정감 118, 119
외상인성外傷因性 135
외향성 270, 312, 332
외향적 259, 260, 263, 270, 272, 278

―감각 336, 341
―감각형 297, 336, 345
―감정 287, 288
―감정의 태도 293
―감정형 271, 289, 292
―감정형의 여성 290
―사고 272~277, 288, 318~321
―사고의 내재적 판단 284
―사고의 현상 275
―사고형 277~279, 322
―사고형의 사고 283, 284
―유형 264, 310
―직관 339, 340
―직관형 303, 341
―태도 48, 105, 263, 265~272, 279, 287, 296, 297, 301, 302, 310~312, 315, 342
―인 사람 106, 261, 265, 313, 314, 330, 333, 334
―인 사람이 처하는 위험 265
외향형에서 가장 흔한 신경증 266
요가 86, 87
요정 31~33, 247, 248
요해了解Verstehen 124, 138, 139, 170, 209
욕구 27, 39, 140, 141, 168, 170~172, 188, 265, 267, 268
욕구 충족 140, 148, 180, 183, 194, 201, 212, 224
용 232, 234
원상源像 30

원시인 21, 35, 109, 112, 147, 153, 204, 205, 209, 210, 231, 251, 256
―심리 55, 365
―언어의 특징 174
―의 심리학 108, 230
원시 종족 72, 81, 82, 90
―삶과 번영 81
원시적 80, 81, 256, 268, 270
―감각 296
―연상 형상聯想形像 357
―정신 상태 256, 349
―직관 296
원죄 74, 167
―와 기독교 교리 74
원초적 상Urbilder 30, 111, 326
―들의 총합 293
원형原型Archetypen 73, 113, 154~157, 231, 314, 320, 342, 358, 375
―의 고태적 상징 75
―적 꿈 233
―적 내용 40, 73, 75, 365
―적 상 153
―적 형상 232
―적 형상의 환각성 환상 369
―적인 특성 30
위험성 55, 123, 139, 147, 355
유대 정교正敎 104
유럽 문명 83
유럽인의 심혼 88

유물론 286, 287
　—적 사고 277, 286, 287
유아적 268
　—소망 환상 107
　—-원시적 감각 295
　—-원시적 직관 295
유운類韻Assonanz 367
유익한 투사 205
유전된 본능적인 동인動因Antriebe 358
유형 293
유형의 심리학 259
음양설 156
의醫Medizin 21
의미 있는 존재 126
의사 26, 27, 36, 38, 48, 98, 99, 102~106, 110, 112, 115, 119, 120, 124, 126, 127, 137~142, 144, 154, 158, 202, 211, 212, 220, 249, 282, 354, 361, 363~365
　—에 대한 강렬한 결속 124
　—와 환자 사이 17, 25, 121
　—의 신비한 능력 138
　—의 주관적 확인 138
의식 82, 228, 339, 348, 350
　—상황 149, 151, 152, 154, 172, 175, 176, 181, 184
　—상황에 관한 지식 190
　—현상 99, 182, 183, 226, 238, 262

　—과 꿈 사이 149
　—과 무의식 사이의 관계 112, 148
　—과 무의식의 불일치 228
　—과 무의식의 상호 삼투 146
　—과 무의식의 일치 228
　—된 공동체 94
　—의 사실 감각 300
　—의 연속성 161
　—의 외향적 태도 267, 268
　—의 일반적 태도 262, 310
　—의 태도 147, 181, 182, 185, 186, 188, 268~270, 280, 281, 283, 285, 345
　—의 해리 가능성 246
　—의 확대 92
　—적 인식 141
의식화 205, 268
의지의 재교육 18
의학 교육 212
의학심리학자의 관점 110
의학적 정신치료자 212
의학적 진단학 226
의학철학가들 76
이것 아니면 저것Entweder-Oder 152
이교도의 철학 104
이론 18, 25, 26, 44, 45, 51, 67, 69, 97, 103, 106, 118, 139, 141, 189, 239, 318
이마고Imago 196, 197, 203, 208~210, 214

—의 주관성 203
이성적 295
　　—판단 293~295, 297, 308, 332
E.S.P. 현상 114
이웃사랑 279
이율배반 18, 19, 22
이의적二義的 49
이인화離人化 200
이중의 주제 31
이집트 90
인간 17, 56, 76, 78, 89, 90~94, 101, 114, 170, 195, 196, 213, 216, 268, 286, 300, 358
인간 공동체의 의식성 93
인간관계의 세계Beziehungswelt 105
인간 심혼 34, 127, 178, 211, 213~215, 231
인간의 정신 49, 175, 210
인간적인 모든 관계 196
인격
　　—발전 과정 229
　　—의 성숙 140
　　—의 소외와 파괴 367
　　—의 재구성 108
　　—의 해리 109, 147, 250, 352, 354
인과성 149, 219
　　—과 목적성 166
인과적 173
　　—관점 164, 171, 172
　　—인 관련 219

　　—인 관찰 166, 168, 171, 173
　　—인 의미 내용 222
인생 37, 47, 49, 70, 72, 81, 95, 123, 133, 151, 185, 206, 224, 290, 297, 298, 304, 359
인지(지각)Wahrnehmung 343
　　—기능 349
임시적 삶 151

ㅈ

자가 붕괴 370
자가 성애自家性愛autoeroticism 311
자가 조정自家調整 178, 181, 184, 186, 187, 228
자기Selbst 61, 86, 87, 314
자살 155, 228, 270, 361
자아Ich 86, 233
　　—의식성 249
　　—중심적 경향 267
　　—의 유보권留保權 311
자연 235, 370
　　—그대로의 정신 상태 196
　　—물 147
　　—의 빛Lumen naturae 75, 89
　　—의 사건 235
　　—의 신비주의 89
자연과학 76, 219
　　—적 정신 88, 173
자유연상 142, 143
자유연상법 57
자율성 118, 191, 227, 228, 246,

249, 254
자율적 241
　—콤플렉스 119, 120, 257
　—훈련 18
　—인 전체 인간의 실현 233
자율화된 상처의 내용 191
작용-인作用因causa efficiens 116, 219
'작은' 꿈 231
잘못된 해석 147
잠재 기억 193
잠재성
　—정신병 34, 354, 355, 361, 366
　—정신분열증(환자) 354, 355
잠재적
　—꿈 내용 182, 193
　—정신병 228, 354
장례 관습 81
저항 103, 137, 199, 208, 253
적응Anpassung 121, 260, 264, 301
적응증Indikation 48, 49, 130
전이轉移 25, 47, 83, 86, 121~127, 138, 202, 207, 208, 350
　—관계 85
　—관계의 속박 126
　—현상 124
　—에서의 투사의 되돌림 202
전쟁 21, 116, 191
　—과 혁명 206
　—의 심리 205
전체성 73, 84, 89, 128, 233, 254, 354

전체 인간의 완전한 실현 158
전체 인격 158, 187
　—의 도덕적 능력 124
전통 82, 272, 273
　—의 가부장적 질서 82
　—의 해체 82
전행적前行的 25
전형적인 꿈의 주제 174, 175, 222
절정Kulmination 236, 328
젊은이 32, 46, 47, 149
정감Affekt 118, 367
정리 과정Ordnungsprozess 230
정신Psyche 18, 26, 63, 68, 83, 97, 173, 241
　—체계 17, 19, 20, 24, 25, 108, 228
　—치유Mental Healing 21
　—현상의 본질 189
　—과 육체의 통합 76
　—의 본능적 토대 359
　—적 방향 상실 369
　—적 산물 164
　—적 상처(외상) 116, 117, 191
　—적 유기체의 자가 조정 184, 186
　—적 융통성의 능력 73
　—적 주상主想Dominante 70, 72
　—적 체질 254
　—적 행태의 기본 법칙 148
정신과 의사 138
정신병 34, 77, 85, 104, 215, 216,

248, 354, 356, 366
　─의 내용 362, 364, 365
　─적인 상태 338
정신병리학 215, 242
정신분석 18, 22, 121, 176
정신분열성(조현병성) 361
　─독물 361
　─상상 355
　─소인의 특징 357
　─장해 354
정신분열증(조현병) 33, 109, 351, 361, 366, 367
　─현상과 꿈 353
　─환자 351
　─성 보상 360
　─성 정감 콤플렉스 360
　─에서의 관념 붕괴 351
　─의 망상형 33
　─의 임상 관찰 109
　─의 콤플렉스 367
　─적 상황 359
정신쇠약Psychasthenie 109, 317, 322
정신신경증 23, 129
정신신체 의학 99
정신의학 99, 111, 211, 215, 308, 370
정신치료 17, 18, 20, 21, 25, 35, 37~41, 46, 49, 67, 68, 70, 75, 76~78, 80, 89, 92, 97, 104, 111
　─관계 17

　─기술 70
　─의 치유 목적 92
　─적 개입 34
정신치료자 23, 24, 34, 36, 38, 39, 46, 69, 71, 95, 102~105, 111, 237, 354, 366
　─의 장비 365
정위定位기능Orientierungsfunktion 101
정화법(카타르시스) 120, 121
정화적淨化的 방법 97
제반응除反應Abreagieren 39, 115, 117~120
제2의 기능 348~350
제2의 성격 300
존재 이유 81
종교 34, 82, 110, 283
　─비판 110
　─의 문제 211
　─의 신화적인 표상 35
종교적 37, 68
　─보상 178
　─요소(요인) 72
　─태도 57, 72
　─인 이념 32
　─인 확신 36
종합 능력 226
주관 단계 198~203, 210
　─에서의 해석 206
　─의 해석 198, 199, 201, 202, 207, 211

주관적 312
　—요인 105, 267, 287, 310~312, 315, 318, 320, 322, 332~336, 340
　—지각 315, 335, 337~339
　—편견 100, 101
주 기능 347~349
주체와 객체의 관계 260
주체의 우월성 323
중국 철학 156
중년기 남자 233
중세의 의사 75
중심화 과정 63, 86
증상 39, 76, 98, 116, 152, 153, 212, 220, 253, 266, 269, 356, 364
지각 184, 208, 243, 296, 297, 301, 307, 310, 335, 337~343
　—변이 360
지각상知覺像 310
지아나dhyana 86
지적인 관점 122
지적인 환자 365
직관 301~303, 339~343
　—형 303~306, 342, 344
　—형의 무의식 302
　—의 억압 339
　—적 지각 340
직업적 허영심 138
진단 154, 220
진동 286, 287
진리 320

질투 공상 200
집단인간 22, 23, 33, 233
집단적 무의식das kollektive Unbewußte 30, 63, 86, 232, 293, 313, 314, 317, 340
　—의 내용 86
　—의 상징성 317, 318
집단표상 30, 108, 109, 112

ㅊ

착각 64
착상着想 방법 165
착종Verwicklung 236
처녀 귀신 33
철학 213
　—과 신학 211
　—과 종교 211
　—적 문장 140
　—적 문제 238, 257
　—적 요소 72
　—적 인내 73
　—적 태도 72
청년기 삶의 자세 47
초감각 지각(ESP) 114
초개인적인 것 78
초자아 108, 109
최면 170
최면술 22, 25, 97, 121
최면학파 308
추상화抽象化 273, 328
추억 140, 199~201

충동 28, 68, 69, 73, 90, 100, 105,
　　157, 183, 213, 214, 253, 358
　—억압 69
　—체계의 복잡한 분석 26
　—학설 213
치료 25, 50, 97, 103, 127
　—교육Heilpädagogik 21
　—방법 36, 40, 46, 50, 120, 127,
　　363
　—법 25, 118, 121, 127, 158,
　　159
　—효과 25, 39, 120, 121, 130
　—상의 문제 257
　—의 성공 46
　—의 예후 364
　—적으로 변화 27
　—적응증 47~49
치료자 24, 26, 49, 50, 70
　—자신 24, 70
　—자신의 신경증 38
　—가 환자 55, 72, 73
　—의 무력감 69

ㅋ
코끼리 19
콤플렉스 70, 118, 243~254, 367,
　　368
　　감정적으로 강조된— 242
　　엘렉트라— 358
　　오이디푸스— 358
　　외상성— 118, 119

자아— 249
　—공포 253
　—실언 248
　—현상 247
　—를 동화 250, 251
　—의 기원 248
　—의 배열 245
　—의 자율성 247, 250
　—의 파괴적 결과 368
쾌락 원칙 100
크리스천 사이언스Christian Science
　　21, 192
'큰' 꿈 231

ㅌ
탁자 223, 224
탄트리즘 356
탐식형devouring 261
탐욕 39, 167
텔레파시 192~194, 286
　—꿈 193
　—현상 192, 194
　—적 환상 140
토빗기 252
통각統覺Apperzeption 296, 311, 360,
　　361
　—작용 360
　—의 붕괴 360
통속적인 해몽서 226
퇴행적으로 해석 25
투사 80, 90, 125, 189, 197, 204,

205, 207
　　―대상 197, 207
　　―된 내용의 의식적 인식 197
　　―의 기회 207
　　―의 철회 80, 85
　　―의 충동 90

ㅍ

편집증 환자 352
편집증적 정신장애 196
평균치 110
평형을 이루는 상호 관계 149
평형을 이루려는 무의식의 기능 170
표징Zeichen, Sign 153
프로이트
　　―학파 130, 153, 172, 198, 382
　　―식의 견해 146
　　―의 관점 44, 45, 47
　　―의 발견 98, 99, 162
　　―의 성 개념 153
　　―의 심리학 294
　　―의 인과적 관찰 방식 168, 171, 173
피관찰자의 의식심리학 294

ㅎ

학교의학 75
함께 체험하는 자Miterlebender 24
합리성의 원칙 349
합리적 34, 300

　　―유형 293, 294, 301, 332, 333, 350
　　―정신교정법 18
　　―인 사람 308, 309
합리주의적인 관점 346
합목적적 151, 168, 181, 182, 184, 205, 207, 304
　　―반응 181
　　―으로 보상하는 내용의 활발한 꿈 181
　　―인 무의식적 기능 184
합성合成 17, 124
합성적 40, 187, 283, 326, 380
　　―치료 40
해결Lösung 236
해리解離 40, 70, 109, 118, 120, 250, 277, 289, 292, 352
해리성 256
해석 168
해소Lysis 236
행동 유형patterns of behaviour 358
행복 37, 74
헛말lapsus linguae 270
현대의 상징적 회화 63
'혼이 깃든' 객체 209
확충적 방법 353
환상幻像Visionen(환영) 358
　　―의 선험적 범주 30
　　―적 이미지 231
환원 164, 187
환원적 187, 286

—기능 187, 188
　　—꿈 188, 190
　　—분석 39, 124, 125
　　—인 꿈 187
환자 27, 40, 53, 55, 57~60, 78, 103,
　　109, 120~128, 131, 138~142,
　　144, 146, 350
　　—의 개성 20, 26
　　—의 개인적인 생활 116
　　—의 심리적인 발달 선상 124
　　—의 연상상聯想像 360
　　—의 의식의 심리학 189
회의와 비판 146
흡혈귀 33
흡혈여귀 33
히스테리 98, 155, 266, 293
　　—현상 98
　　—환자 237, 249, 266
히스테리성 동통 74
히스테리성 신경증 293, 354
히스테리증 359

융 기본 저작집 총 목차

제1권 정신 요법의 기본 문제

실제 정신치료의 기본 원칙
정신치료의 목표
정신치료와 세계관
정신치료의 현재
정신치료의 기본 문제
제반응의 치료적 가치
꿈 분석의 실용성
꿈의 심리학에 관한 일반적 관점
꿈의 특성에 관하여
콤플렉스 학설의 개요
심리학적 유형에 관한 개설
정신분열증

―

제2권 원형과 무의식

정신의 본질에 관한 이론적 고찰
집단적 무의식의 원형에 관하여
집단적 무의식의 개념
아니마 개념을 중심으로 본 원형에 대하여
모성 원형의 심리학적 측면
어린이 원형의 심리학에 대하여
민담에 나타난 정신 현상에 관하여
초월적 기능
동시성에 관하여

제3권 인격과 전이

자아와 무의식의 관계
제1부 의식에 대한 무의식의 작용
개인적 무의식과 집단적 무의식
무의식의 동화에 뒤따르는 현상들
집단정신의 한 단면으로서의 페르조나
집단정신으로부터 개성을 해방하기 위한 여러 가지 시도
제2부 개성화
무의식의 기능
아니마와 아니무스
자아와 무의식의 형상들 사이를 구분하는 기법
마나-인격
전이의 심리학
연금술서『현자의 장미원』의 일련의 그림들

제4권 인간의 상과 신의 상

심리학과 종교
무의식의 자율성
도그마와 자연적 상징
자연적 상징의 역사와 심리학
미사에서의 변환의 상징
서론
변환의식의 개별 단계
변환 신비의 유례
미사의 심리학
욥에의 응답

제5권 꿈에 나타난 개성화 과정의 상징

연금술의 종교 심리학적 문제 서론
꿈에 나타난 개성화 과정의 상징
서론
최초의 꿈
만다라의 상징성

제6권 연금술에서 본 구원의 관념

연금술의 기본 개념
연금술 작업의 정신적 특성
작업
원질료
라피스-그리스도-유례
종교사적 틀에서 본 연금술의 상징

제7권 상징과 리비도

사고의 두 가지 양식에 관하여
과거사
창조주의 찬가
나방의 노래
리비도의 개념에 대하여
리비도의 변환
부록: 프랭크 밀러의 원문

제8권 영웅과 어머니 원형

영웅의 기원
어머니와 재탄생의 상징들
어머니로부터 해방되기 위한 투쟁
이중의 어머니
희생
부록: 프랭크 밀러의 원문

제9권 인간과 문화

인격의 형성
유럽의 여성
심리학적 관계로서의 결혼
생의 전환기
심혼과 죽음
심리학적 관점에서 본 양심
분석심리학에서의 선과 악
심리학과 시문학
꿈꾸는 세계 인도
인도가 우리에게 가르쳐줄 수 있는 것
동양적 명상의 심리학에 관하여
『역경』서문
초시모스의 환상
의사로서의 파라켈수스
지그문트 프로이트

번역위원 소개

이부영 李符永

서울대 의대 및 동 대학원을 졸업했다. 의학박사, 신경정신과 전문의, 융학파 분석가, 국제분석심리학회(IAAP) 정회원, 서울대 의대 명예교수이다. 스위스 취리히 C.G. 융 연구소를 수료하고(1966), 동 연구소 강사를 역임했다(1966~1967, 1972). 독일, 스위스의 여러 정신병원에서 근무했다. 서울대 의대 교수(1969~1997), 미국 하와이 동서센터 연구원(1971~1972, '문화와 정신건강' 연구), 서울대 의대 정신과 주임교수 및 서울대병원 신경정신과 과장 등을 역임했다. 뉴욕 유니온 신학대학원 '종교와 정신의학' 강좌 석좌교수(1996)를 지냈고, 한국분석심리학회, 한국융분석가협회(KAJA) 창립회장 및 각종 국내외 학회 회장 및 임원을 역임했다. 서울대 정년퇴임(1997) 뒤 한국융연구원을 설립, 현재 동 연구원 원장으로 후진을 양성하고 있다. 한국융연구원 C. G. 융 저작 번역위원회 대표로 이 기본 저작집의 일부 번역과 전체 감수를 맡고 있다.

주요 저서로는 『분석심리학 — C. G. Jung의 인간심성론』(1978), 개정증보판(1998), 제3판(2011), 『한국민담의 심층분석』(1995), 분석심리학의 탐구 3부작: ① 그림자(1999); ② 아니마와 아니무스(2001); ③ 자기와 자기실현(2002), 『한국의 샤머니즘과 분석심리학』(2012), 『노자와 융』(2012); 『괴테와 융, 파우스트의 분석심리학적 이해』(2020), 『동양의학 연구』(2021), 역서로는 융의 『현대의 신화』(1981), 『인간과 상징』(공역, 1995), 야훼(엮음)의 『C. G. 융의 회상, 꿈, 그리고 사상』(1989), 마리 루이제 폰 프란츠, 『C. G. 융 우리시대 그의 신화』(2016)를 위시해 폰 프란츠의 『민담의 심리학적 해석』(2018), 『민담 속의 그림자와 악』(공역, 2021) 등이 있다.

분석심리학, 문화정신의학, 정신병리학, 정신의학사 관련 논문 220여 편이 있다.

이유경 李裕瓊

홍익대학교 대학원 미학과 석·박사과정 졸업했으며 「신화의 형성과 해석에 관한 분석심리학적 연구」로 철학박사 학위를 받았다. 스위스 취리히대학에서 철학, 민속학, 심리학을 공부했으며, 스위스 취리히 C. G. Jung 연구소를 졸업하여 국제융학파 분석가 자격을 취득했다(1995). 국제분석심리학회(IAAP) 정회원, 스위스 융 연구소 졸업자 분석가 협회(AGAP) 정회원, 한국융 분석가 협회(KAJA) 정회원이며 현재 분석심리학연구소 대표이다.

논문으로는 「서양 연금술의 분석심리학적 의미」(1996), 「서양 중세 연금술에서의 안트로포스」(1998), 「프로이드 미학」(1999), 「신화의 심층심리학적 이해 및 해석」(2000), 「중국 연금술의 분석심리학적 이해」(2000), 「'이시스-오시리스' 신화의 분석심리학적 해석」(2002), 「분석심리학적 신화 읽기」(2003), 「민담 '손 없는 색시'를 통한 여성 심리의 이해」(2006), 「천도교 교조 수운 최제우의 원형적 체험과 치유적 수용에 관하여」(2008), 「적극적 명상」(2012), 「영성과 무아」(2013), 「Woman in Korean Fairytale "Chun Hyang"」(2016) 등이 있다. 저서로는 『원형과 신화』(2008), 『한국 민담의 여성상』(2018)이 있으며, 역서로는 C. G. 융 기본저작집 『연금술에서 본 구원의 관념』(제6권), 『영웅과 어머니 원형』(제8권), 『융심리학적 그림해석』(2008), 『융심리학적 모래놀이치료』(2009), 『의식의 기원사』(2010), 『민담에 나타난 모성상』(2012), 『황금꽃의 비밀』(2014)이 있다.

이죽내 李竹內

경북대 의대를 졸업, 경북대 의대 부속병원에서 수련받았으며 신경정신과 전문의이다. 취리히 대학 대학원을 수료하여 철학박사 학위를 받았다(심리학 전공). 취리히 C. G. 융 연구소를 수료했으며(1978) 국제분석심리학회 정회원이고, 경북대 의대 정신과학교실 주임교수 및 경북대 의대 부속병원 신경정신과 과장, 경북대 의대 학장, 한국분석심리학회 회장 등을 역임했다. 현재 경북대 의대 명예교수이자 한국융연구원 이사회 상임이사로 있다.

저서로 C. G. Jung und symbolisches Verstehen, Peter Lang(Frankfurt am Main, Berlin/Bern/New York/Paris/Wien, 1997)이 있다.

한오수韓五洙

서울대 의대 및 동 대학원을 졸업했으며 의학박사이다. 서울대 의대 부속병원에서 수련, 신경정신과 전문의이다. 취리히 C. G. 융 연구소에서 수학했고(1978~1984), 독일 리피쉐 신경정신과 병원에서 근무했다(1982~1984). 국제분석심리학회(IAAP) 정회원이며, 한국정신병리·진단분류학회장, 울산의대 서울중앙병원 정신과 과장, 정신과학교실 주임교수 등을 역임했다. 현재 울산의대 명예교수이다. 한국분석심리학회, 임상예술학회 회장을 역임했으며, 현재 한국융연구원 상임고문으로 있다.

K. 슈나이더, 『임상정신병리학』(공역, 1996), 마리안느 쉬스, 『사랑에 대하여 ─ 사랑에 대한 칼 융의 아포리즘』(2007), 마리-루이제 폰 프란츠, 『꿈과 죽음』(2017) 등의 역서가 있고, 한국융연구원 M.-L. 폰 프란츠 저작번역위원회 위원장을 맡고 있다.

홍숙기洪淑基

서울대 문리대 심리학과 (1974) 및 동 대학원 졸업(1976)(석사), 독일 괴팅겐Göttingen 대학교 심리학과 박사학위 취득(1982), 강원대학교 심리학과 교수(성격심리학)로 재직하였고(1982~2014), 다년간 융학파 개인분석 체험. 한국융연구원 C. G. 융 저작 번역위원회 위원. 저서로 『일과 사랑의 심리학: 젊은이의 정신 건강』(1994) 증보판(1998), 『성격심리(상)』(수정판 2014), 『성격심리(하)』(전면개정판 2011), 『성격』(성격심리 전면개정합본 2016) 등이 있고, 역서로 E. J. Phares의 『성격심리학』(1987), 『정신요법의 기본 문제』(융 기본 저작집 1, 공역) 등이 있다.

연보 편자: 이철李哲

서울의대 및 서울대 대학원 졸업, 의학박사(1967~1982). 서울의대부속병원 신경정신과 수련(1974~1978), 신경정신과 전문의(1978). 스위스 취리히 C. G. 융연구소 수학(1982~1985). 울산의대 정신의학 교수, 명예교수(1989~). 한국분석심리학회장(1995~1997), 한국융연구원 평의원, 감사 역임. 서울아산병원 교육부원장(1996~2002), 울산대학교 총장(2011~2015), 국립정신건강센터장(2016~2019). 논문「한국 대학생에 대한 연상검사의 예비적 연구」(1976) 등, 정신의학분야 논문 다수. 번역서로 이부영, 우종인, 이

철 공역, 『WHO(1992) ICD-10 정신 및 행태장애 — 임상기술과 진단지침』(1994)이 있다.

융 기본 저작집 1
정신 요법의 기본 문제

1판 1쇄 인쇄	2001년 7월 10일
개정판 2쇄 발행	2025년 9월 17일

지은이	C. G. 융
옮긴이	한국융연구원 C. G. 융 저작 번역위원회
펴낸이	임양묵
펴낸곳	솔출판사

총괄이사	박윤호
편집	임윤영 김민석
마케팅	한의연
경영관리	백승은

주소	서울시 마포구 와우산로29가길 80(서교동)
전화	02-332-1526
팩스	02-332-1529
블로그	blog.naver.com/sol_book
이메일	solbook@solbook.co.kr
출판등록	1990년 9월 15일 제10-420호

ⓒ 솔출판사, 2002

ISBN	979-11-6020-193-2 (94180)
ISBN	979-11-6020-192-5 (세트)

· 잘못된 책은 구입한 곳에서 바꿔드립니다.
· 책값은 뒤표지에 표시되어 있습니다.